本丛书由澳门基金会策划并资助出版

澳门研究丛书 MACAU STUDIES

澳门研究丛书 MACAU STUDIES

转型时期的
澳门政治精英

A Study of Political Elites in Macau during
the Transition Period

蔡永君/著

社会科学文献出版社
SOCIAL SCIENCES ACADEMIC PRESS (CHINA)

澳門基金會
FUNDAÇÃO MACAU

序一

  "精英"一词源于法文的"elite"，原意是指"特别优良的商品"或者"遴选出来的少数东西"，后来又转指"特别优秀的人物""杰出人物""精华"等。在古代汉语里，"精英"一词见于杜牧《阿房宫赋》的"齐楚之精英"，意指"精华""精粹"。现代汉语里"精英"一词是指"特别杰出的人物"或者"智能、才能超众的优秀分子"等。

  在社会科学中，精英理论认为应该由少数具备知识、财富与地位的社会精英来进行政治决策，主导社会走向。系统而有影响的精英主义形成于19世纪末20世纪初，在20世纪70年代达到其发展的顶峰。莫斯卡、帕累托、米歇尔斯等人在批判大众民主的基础上发展了早期的精英主义理论，韦伯、熊彼特等人则从民主政治出发，论证了精英民主的政治合理性。当代的精英主义者，如伯纳姆、米尔斯等人从经济和制度的角度论证了精英主义。

  因为在解释权力、政治和社会变迁过程中做出了重要贡献，精英理论受到了政治学、社会学和历史学界的广泛关注。但在民主日益成为世界主要潮流的今天，精英主义备受质疑、批判与挑战。

  虽然如此，精英主导公共事务运作的情形，即使在自由民主社会中仍屡见不鲜。如在美国，精英集团的巩固和普选是并行不悖的（形式民主和实质民主、精英执政和大众民主）。因此，在民主化的趋势下谈精英主义的意义何在？如何看待精英与大众的关系？精英主义又是否与民主背道而驰？蔡永君博士的《转型时期的澳门政治精英》一书为我们探索这些问题提供了可供参考的答案。

  基于历史的原因，澳门与香港在殖民管治下产生了精英治理的传统。在"一国两制"的政策下，根据"港人治港""澳人治澳"的要求，民主政治的发展在两个特区成为不可避免的主题。在此背景下，原有的精英治理与新时期的民主发展是否必然会产生冲突，又该如何调适与衔接，亦成为两个特区政府需要解决的主要问题。从这个角度而言，本书以社会转型的视角分析澳门政治精英的代际转换，在明晰澳门地区政治精英的特质、精英结构的基础上揭示了其在利益代表中存在的问题，为澳门在新时期寻求适当的治理模式提供了一个可参考的思路与方向。

本书以回归前后的澳门为案例，把视角投放在利益代表与表达的实际执行者——政治精英身上，讨论了"精英资格的先决条件是什么""什么人才可以成为精英""少数族群如何才能更多地跻身于精英行列""精英群体是否具有凝聚力""他们会团结为一个整体还是会由于利益冲突不断产生紧张、分化""精英的继承体系是循环流动的、还是封闭坚守的""精英如何才能适应社会转型中的革命性变化"等一系列问题。

在对上述问题的分析解释中，本书打破了人们以往印象中"精英—大众"的两分法，以代际转换的动态视角，考察不同时期的精英特征、精英间的结构对利益代表的影响来解释精英与大众的联系及其对社会稳定所起的作用。通过这一研究，我们可以发现民主参与和精英代表不是必然冲突的。

一方面，精英与大众的界限并非绝对的。早期的精英主义有一种贵族倾向，把身份、地位、财产作为衡量精英的标准。但到后期，对精英的定义转向了后天性的标准，如习得的技能等。由此，我们不应该从静态的视角将精英视为一种脱离社会和国家以及对社区、社会、民族不承担任何责任的独立存在，而应视精英是可以生成、流动、转换、再生产的。精英循环理论确定了精英研究走向"民主"的价值转向。该理论认为精英循环是社会发展的动力，为推进社会民主化进程提供了重要的理论基础，并直接影响了现代精英理论的产生。其代表人物拉斯维尔主张应从社会的各阶层而非少数阶级中挑选精英。

因此，一个有活力的精英执政集团应该是充满流动性的。在一个积极的社会中，精英的角色和位置是向所有人开放的，大众都有机会在社会流动中成为精英，从而形成"精英的循环"。在一定的竞争性选拔的过程中，社会中下层的人群可以通过一定的法则进入精英集团，人们必须能够根据其表现在社会层级的阶梯上上升或者下降。

另一方面，精英治理只是让那些最有才能的人去做最困难的、最重要同时也可能是报酬最丰厚的工作，而不是让少数人代替多数人做决定。我们不应该只关注抽象意义上或者结构意义上的精英制，而应该同时考察精英及其所代表的民众之间的代表性问题。因此，精英制并不只是精英当权而已，我们不能把目光仅停留在"如何把精英选出来"，而需要将视野扩展到如何在精英和其他社会阶层之间建立一种普遍的代表性。

大部分人都能认同：极端而稳定的"精英主义"社会和"民主"社会都只是理想化的状态。当今几乎所有国家、地区的政体均建基于某一种形式的代议制政府，而民主也被界定为把大量的公众意见透过数量及质性差异较少的、被选举出来的代表作为大众利益偏好表达的过程。早期的精英主义认为精英是统治者，但在不断的发展过程中，精英主义逐渐接受并融合了民主的某些要素，发展成为精英民主。精英民主更倾向于将民主视为一种方法或是一种程序，对民主采取工具主义的态度。

根据本书的研究，精英结构和组成与社会经济发展之间的时间差应尽可能缩短，以减少累积影响社会安定的负面因素。因此，作者建议，由社会变迁而造成的利益表达需求，及其与制定变迁相结合而形成的精英生成模式，如能处在相同的变迁步伐上，将能更及时地反映社会各阶层的利益需求，有助于保持社会的稳定发展。

由于各种不同的社会政治精英之间通常并不存在统一的利益、价值观或者意识形态，也不存在统一的组织和行动，在精英或者精英集团之间存在着竞争和妥协。作者进而提出，精英整合程度是指精英间能否透过正式和非正式的网络联结在一起，并能使经营与决策行为者保持联系，同时在主要政治规则上是否具有相当的共识；而分化程度则更多针对精英的来源是否在组织和功能上的多元化，以及他们之间及其与国家、政府间是否具相对的独立性。在推动澳门民主政制发展的过程中，可考虑的方向是精英结构向"共识型的精英"迈进。

自澳门特别行政区政府成立以来，澳门经济社会发展迅速，对人才的渴求日渐突出。中央政府亦一直强调要重视和加强参政议政人才的培养，确保爱国爱澳力量后继有人，薪火相传。为了配合社会发展的需求，顺利地推进特区各项事业的建设，特区政府于2014年初设立"人才发展委员会"，以规划人才发展的战略部署及加强人才的培养和储备。换言之，中央和特区政府以及社会各界已经充分认识到，只有加速人才培养，壮大精英队伍，加快精英循环和代际交替，才能适应新时期特区发展的需要及其可持续发展的步伐，才能确保"一国两制"伟大构想的实现。

人才培养是政府和社会的共同责任，需要社会各方共同参与。在此过程中，了解澳门政治人才的发展脉络、特征、重点及未来方向为有关工作的开展提供了基础。虽然本书以澳门立法会议员为分析主体，但"政治精英"的范围实际上更为广泛，包括那些已经或者可能掌握社会政治领导权，具有杰出领导才能并且已经或者可能控制重大决策过程的优秀人物，不仅包括当权的和在朝者，还包括那些潜在的精英人物。由此，本书为该主题的研究打开了一扇门，希望未来有更多的后继者可以不断丰富及深化这一研究，在探讨澳门政治精英与治理模式独特性的同时，为澳门社会的顺利转型提供更全面的理论支持。

是为序。

吴志良

2016 年 5 月 15 日

序二

　　作为中国仅有的两个特别行政区之一，澳门虽然偏处南方一隅，但其历史悠远，传统根基深厚。澳门不仅是中国对外开放最早的通商口岸之一，而且在华洋共处的样态下长期维持着一种独特的稳定和祥和；回归后在"一国两制"的制度性保障下，其发展更形健硕，经济增长提速，公共服务优化，社会福利升值，社会态势相对平稳。由此，"特区"的身份吸引着学界投入更多的关注和更大的学力到以澳门为主题的研究中。

　　在学界的关注中，"一国两制""澳人治澳"显然成为聚焦的中心点。这又涉及两方面的递进内容，在"澳人治澳"之下，"澳人"所指为何且有无类型转换？"治澳"又取何种形式且有无演化变迁？

　　就前者论，相对于考察澳门社会构成的基础性变化而言，集中分析专职承担社会管治之责的澳门政治精英群体更为直观和简便。在葡人管治时期，澳门属于完全的精英统治，政治体制以葡萄牙派来的政治精英与在澳门土生土长的葡裔精英为主导，仅为因应现实的需求而容纳少数华人精英参与共治。回归使澳门的政治精英群体经历了一次史无前例的大规模转换，在基本法的框架下，行政主导作为澳门政治体制的既定原则而延展了特区精英管治的特征，但回归后的精英生成与此前有大不相同之处，并且对澳门社会的治理产生了至深的影响。

　　就后者言，与回归前葡人的管治不同，回归后的澳门似乎更倾向于治理的模式。治理的本质在于偏重管治机制而并不单纯依靠政府的权威或制裁，治理所希图创造的结构或秩序不能单纯由外部所强加，治理所发挥的作用是依靠多种参与管治进程并在其间发生影响的行为者的互动，即所谓"自主自立，多元共治"①。所以，伴随着精英在功能和意义上的变化，昔日的政治精英在现今更多指向治理精英，其要义在于强调精英与大众的界限已较过往淡化，精英与大众之间形成了相互影响、良性互动的关系。

也正因如此，治理精英与多元治理的模式可说是一种具有内生性的演化关系，影响着澳门政治的发展及路向，也是影响澳门特区可确切落实"一国两制""澳人治澳"的重要因素。讨论澳门政治精英在这一历史背景下的转型具有相当大的现实意义。

尽管澳门只是一个小小的城市社会，但能够以小见大、以小鉴大。且正是由于澳门体量的相对微细，其作为研究个案具有相当的便利性，使得研究者可以便利地就特定的议题对澳门进行深入的剖析。同时，作为一个处于转型时期的特殊政体，澳门在多个方面还可以产生出更多的、具有借鉴和提示意义的经验，其启发性之所向无疑具有突出的普适性。例如，澳门在社会治理方面的一些独特做法和制度安排，固然生成于澳门的特定社会历史进程之中，却从中可以引申之于其他地方仍有意义的先导性举措。又如，澳门目前的社会利益分化、利益分化基础上的利益聚集和组织化发展、组织化利益格局下的共处，也同样提示了具有示范价值的发展进程。又如，澳门社会组织在参与社会治理过程中的自治、共治和法治的相互衔接，特定的"拟法团化"和"拟政党化"的发展进程，也许就是社会发育的一种具有前瞻性的预演。唯其如此，有关澳门的研究成果中，澳门的社会组织状况、社团发展进程、在社区生活中社团的功能与作用等，成为诸多学者著述的主题，形成了丰厚的知识积累。

但必须指出的是，有关澳门社会、社团和社区问题的研究，侧重于从历史到当下的延续性，以及在这种延续过程中的演进和变化。相对而言，澳门的政治发展、政治精英及其政治行为却不能不更多地从断裂性的设定着手进行研究，因为回归已然给定了澳门政治体系的旧去新来，已经给定了治理精英群体的替换新生。如果说此前较少有学者涉足这一研究题域，与其说是因为相关主题缺乏意义，毋宁说是因为回归并不久远，因而可供观察和分析的经验事实相对较少。

---

① J. Kooiamn，M. Van Vliet，"Governance and Public Management," in Eliassen K. and J. Kooiman（eds.），*Managing Public Organizations*，London：Sage，1993.

　　在整体的政治图景中，特别是在社会政治生活处于急剧变化中的澳门，治理精英的态度、行为以至价值的取向始终决定着公共政策的制订以至执行的过程。这意味着，回归后不同于以往的新型治理精英的替代及其后续生成的样式在相当程度上决定了精英群体的行为取向与价值观，也影响着澳门整体政治发展的路径与步伐。更具体地说，澳门回归后原以社团领袖为主的华人精英群体，急剧完成了转型，成为澳门治理精英的核心组成部分；接着，新的精英群体又开通了新一代精英的成长路径，新的制度安排和新的政治平台以远非昔日可比的条件和方式展开了治理精英的成长进程。其间无疑包括着诸多值得研究的宏观结构性问题和微观过程性问题，且对于理解澳门具有重要的意义和价值。

　　值得庆幸的是，于今而论，澳门回归已逾十年又五，时间的推移对于有志研究者而言则是材料的积累。长期从事澳门政治研究的蔡永君博士，选取从澳葡时期第一届至特区第五届立法会议员作为澳门政治精英的研究对象，以历史制度主义为基本视角，剖析由历史背景而塑造的澳门政治精英结构组成、精英间的网络关系以及与大众之间的联系，从而写出了《转型时期的澳门政治精英》一书，终于在这个极其重要的研究领域完成了一份重要的知识贡献。

　　蔡永君博士首先借用布迪厄提出的"社会资本"概念，指出在社会变迁的过程中精英所拥有的资本价值和组合也会有相应的调整和变化；同时，又强调成为政治精英群体的成员需要透过制度建设的路径才能实现转变。基于澳门的历史发展和选举制度的变迁过程，蔡博士选取了 1996～1999 年、2005～2009 和 2009～2013 年三个届别的立法会做了横断面的研究，试图分析政治、经济、文化因素及其相互影响的态势对于政治精英之资本构成的不同影响，归纳出直选、间选和委任三种不同的路径下精英拥有的资本在价值和组合上所出现的差异，从而提出在转型社会中，其精英生成是社会变迁与制度变迁的共同结果。

　　如果说蔡永君博士在考察澳门精英生成时特别注重社会变迁与制度变迁的双重共生意义，那么，他对澳门政治精英的研究又同样关注精英成长的不同模式加之于澳门政治发展的影响。他概括了由精英生成的不同模式而构成的立法会内不同政治力量的划分和分布，进而又分析了政治精英的议程前发言、书面质询及对热点议题的利益取态和行动进行定性和定量的分析。在他看来，相对稳定的精英群体结构及其态度分布与澳门回归后所经历的社会经济以至文化转变形成了特定的反差，由于制度变迁的步伐落后于社会变迁，由社会变迁造成的利益表达需求因而并不能完全在现有的精英生成模式中得以实现，进而回归后出现了均衡利益代表的缺位，埋下了引发体制外利益表达的隐患。这对于理解近年来澳门较为频繁地出现的社会运动建构了一条可供探究的路向。

从观察至分析，从论述至结论，蔡永君博士不仅希冀作为学术的追求而对澳门的社会政治现象做出分析探究，更期望在研究的过程中引导出可为特区的政治发展所用的政策建议。他因之指出，从历史的实证视角，"共识型"的精英结构即精英整合程度较高、精英组成分化程度较大的结构，被认为是稳定的民主政体的发展前提；他乐观地认为，根据澳门的政治传统和现实条件，可从制度调整着手，建构出新的共识型精英，进而强化政治精英的流动性及其利益代表功能的发挥。当然，其论或可争议，其意良善可嘉。

多年前，蔡永君博士曾在我的指导下于中国人民大学完成博士研究生的学业并获得了博士学位。彼时彼地，我不仅被他所执守的治学精神留下深刻印象，更为他所表达的治学所向而感动；此时此刻，目睹他经过努力而写就的《转型时期的澳门政治精英》一书，当可体会出他那种为报效生长之地而获得的欣喜。感同身受，欣然命笔，是为序。

张小劲

2016 年 7 月于清华园明斋

目 录

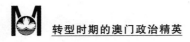

表目录

图目录

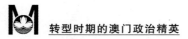

第一章
导　论

　　1999 年澳门回归中国，以"澳人治澳"为原则的特别行政区政府（以下简称"特区政府"）正式成立，澳门进入了机遇与挑战并存的时代。平稳过渡的实现以及特区政府的管治保持了社会的整体稳定，回归后澳门更取得亮丽的经济成绩，1999～2013 年本地生产总值年均增速达 16.4%①，这均是瞩目突出的成果。与此同时，治权的回归与博彩专营权的开放给澳门的政治制度、经济结构以至社会文化均带来不同程度的影响，这片约 30 平方公里的土地正处于急速变迁的时期。

　　在政治发展方面，特区政府与澳葡政府的最大差异之一是管治主体的转变。澳葡时期澳门的政治舞台由葡萄牙派来的政治精英与土生葡裔精英主导，只因现实的需求允许少量华人精英参与共治；而回归使澳门的政治精英经历一次史无前例的大规模转换。澳门的政治精英是否因此在结构和组成上发生巨大的变化？或仅为原有华人精英群体力量的延续？影响澳门精英生成过程的是否只有治权回归这单一的政治因素？社会的各种变迁是否构成对精英生成的影响？澳门的政治精英具有怎样不同于其他政体的特征？

　　较之于澳门，政党政治及选举制度的变更引起的香港政治精英生成的变迁，在一定程度上给香港特区政府的管治带来挑战，并使社会矛盾有所加剧而或呈现民粹主义的倾向②，社会意见的大相径庭和欠缺共识引发了一些混

---

① 根据澳门特别行政区政府统计暨普查局公布之数据计算。

② 朱世海：《香港社会中民粹主义的影响、成因及消解》，《中央社会主义学院学报》2011 年第 3 期。另有关香港政治精英的生成和结构，可见 Leo F. Goodstadt, "China and the Selection of Hong Kong's Post-Colonial Politicl Elite," *The China Quarterly* 163（2000）: 721 - 741; Wing-Chung Ho, Wan-Lung Lee, Chin-Man Chan, Yat-Nam Ng & Yee-Hung Choy, "Hong Kong's Elite Structure, Legislature and the Bleak Future of Democracy under Chinese Sovereignty," *Journal of Contemporary Asia* 40, 3（2010）: 466 - 486。

乱的状况。回归后澳门的各种施政与政策更多的是以由上而下的方式推动着社会的转型发展，而当地独有的社团政治模式趋向强化精英生成的稳定性。然而，近年来澳门的社会运动频生，不论在规模、参与人数还是阶层组成上均有所扩展，利用体制外的利益表达管道渐渐成为常用的争取利益诉求的手段。这一反常的现象是否意味着政治精英未能有效发挥其利益代表和表达的作用？政治精英的利益代表和表达作用是否可从根本上通过精英生成模式得以体现？表面看来稳定的澳门精英组成，又是否适应政治、经济与社会的快速变迁？

与博彩业的开放所引发的巨大经济变迁而带来的戏剧性效果相比，虽然回归带来的治权更迭的影响是深刻和直接的，但其对澳门政治发展和文化所构成的政治结果却不那么明显，需要更深入的观察和发掘。作为政治学的一个重要研究视角，对精英的分析或许能为澳门的政治发展研究开辟具意义的观察路径，对精英生成模式的研究也往往见于转型政体或社会①。因此，预期在澳门社会经济形势的急速变化和发展上，精英生成的模式和态势对澳门未来的政治发展路向具有一定的影响力，并能生动地体现澳门政治生态的变迁过程；同时，精英作为社会阶层的利益代表，其在利益表达上的效用将是保持社会和谐稳定的一个重要元素。

一　研究意义

比较政治学家阿尔蒙德和鲍威尔把政治过程分为利益表达、利益综合、政策制定、政策实施四个阶段，其中利益表达是第一个阶段："当某个集团

---

① 见〔美〕吉尔·伊亚尔（Gil Eyal）、〔美〕伊万·塞勒尼（Ivan Szelenyi）、〔美〕艾莉诺·汤斯利（Eleanor Townsley）《无须资本家打造资本主义——后共产主义中欧的阶级形成和精英斗争》，吕鹏、许龄译，社会科学文献出版社，2008；胡杨：《精英与资本：转型期中国乡村精英结构变迁的实证研究》，中国社会科学出版社，2009；董晓阳：《俄罗斯利益集团》，当代世界出版社，1995；Robert D. Putnam, *The Comparative Study of Political Elites*, N. J. : Prentice-Hall, 1976, Frane Adam and Matevz Tomsic, "Elite (Re) Configuration and Political-Economic Performance in Post-Socialist Countries," *Europe-Asia Studies*, 54, 3 (2002): 435 – 454；杨景明：《引领转型：变革社会中的韩国与俄罗斯政治精英》，上海交通大学出版社，2011；龙异：《政治精英结构与民主巩固：菲律宾与印度尼西亚的比较》，北京大学博士学位论文，2009；等等。

或个人提出一项政治要求时，政治过程就开始了。"① 在西方的民主社会中，政党是利益表达的最主要渠道之一。萨托利指出："政党是表达要求的管道。这就是说：政党首要而且最重要的是作为一种代表手段，它们是代表人民表达要求的工具或机构。"② 虽然澳门到目前为止并没有出现过严格意义的政党，但在回归前的澳葡政府管治时期，由于澳葡政府采取"无为而治"的施政策略，保持最低程度的政府守夜人角色，形成历史上的"二元政治"形态，华人社团长期透过为占人口绝大多数的华人提供社会服务而获得社会的肯定，并成为澳葡政府与民间沟通的桥梁以及利益表达/整合的中介；而自 1976 年《澳门组织章程》颁布后，华人社团得以通过正式的管道进入立法会，在政治系统内参政议政，分享政府的权力。为此，若把政党的定义更概括地理解为"有组织、有地方支持基础、为影响政府决策而参加选举的团体"，则可把澳门的社团视为政党或是政党组织的雏形③。

在澳门的语境下，社团取代了政党政治性的社会整合与动员、利益综合与表达的功能，且在政治性功能的基础上承担了公共物品供给以及文化认同和传递的角色④，"社团政治"也就被认为是澳门政治生态的一个特点⑤，而社团由此也呈现垄断性的特征。首先，社团政治是以传统社团在政治领域的领导性地位为核心，具传统社团背景的五大顶级社团——"澳门中华总商会""澳门中华教育会""澳门工会联合总会""澳门街坊会联合总会"和"澳门妇女联合总会"在立法会的政治精英组成中所占比例相当突出；其次，除与一般市民具较直接联系的立法会精英外，社团实际上垄断了参与政府咨询组织进行利益代表的途径，由于政府与各社团在治理网络中具有不同

---

① 〔美〕加布里埃尔·阿尔蒙德（Gabrial A. Almond）、〔美〕宾厄姆·鲍威尔（G. Bingham Powell）：《比较政治学：体系、过程和政策》，曹沛霖等译，上海译文出版社，1995，第199 页。

② 〔美〕萨托利（Giovanni Sartori）：《政党与政党制度》，韦伯文化事业出版社，2000，第 44 页。

③ 卢兆兴：《议会派系、政党、政治组合和选举制度》，载郑宇硕、卢兆兴编《九七过渡：香港的挑战》，香港中文大学出版社，1997，第 61 页。

④ 有关澳门社团的功能，详见娄胜华《转型时期澳门社团研究——多元社会中法团主义体制解析》，广东人民出版社，2004，第 217～234 页。

⑤ 见冯邦彦、何晓静《回归以来澳门政治生态的基本特点与发展趋势》，《"一国两制"研究》2010 年第 5 期；而有关澳门社团所发挥的政治功能，见刘祖云《澳门社团政治功能的个案研究》，《澳门研究》2010 年第 58 期。

的距离①，在咨询组织成员的委任上也体现为社团性质的差异，偏好委任属"建制派"之传统社团代表。

（一） 问题的提出

在澳门的政治研究中，大部分的学者将研究澳门政治发展与治理模式的目光投向了社团，把"社团治理社会"模式视为澳葡政府管治下社会能保持稳定繁荣的重要元素，并可成为"一国两制"下澳门社会管治模式的治理资源②。但与此同时，大规模社会运动和一系列社会矛盾的发生也归因于政府与社团关系的变迁而造成的社团体制变化未能适应转变中的社会需求，社团的自治乃至代表功能在回归后同时转弱③，社团利益代表功能的弱化使大众的利益表达需要更为多元的路径。

同时，在自我定位上，大部分社团认为其角色在回归后有了关键的转变，使得原在澳葡时期，行政当局将华人社团代表纳入澳门的行政管理构架并将其作为换取社会与政府合作管治的共生关系在回归后更为突出，"政府—社团—社会"的治理模式也一直有所延续④。

再者，纵然政府与个人之间的联系与意见回馈机制在回归后日渐强化，但由于长期以来澳葡政府的去政治化策略⑤，加之澳门并没有经过完整的工业化过程，一般伴随工业化过程而徐徐发展起来的公民社会欠缺足够的发展背景，澳门自身移民社会的特质和不高的人口教育程度也使公民社会的建立在过去长期面对不少的困难。虽然特区政府努力转变过往"官本位"的管治作风，但在与市民的交往中，双方地位不对称的状况仍然十分突出，在重大政策议题或事情上，社团作为利益表达的效用始终较个人更高。

---

① 陈震宇：《现代澳门社会治理模式研究》，社会科学文献出版社、澳门基金会，2011，第153页。

② 娄胜华：《转型时期澳门社团研究——多元社会中法团主义体制解析》，广东人民出版社，2004，第344~348页。

③ 潘冠瑾：《澳门社团体制变迁——自治、代表与参政》，社会科学文献出版社、澳门基金会，2010，第245~266页。

④ 潘冠瑾：《澳门社团体制变迁——自治、代表与参政》，社会科学文献出版社、澳门基金会，2010，第129页。

⑤ 陈震宇：《现代澳门社会治理模式研究》，社会科学文献出版社、澳门基金会，2011，第53~90页。

为此，回归后出现了三种矛盾但却相互关联的状况，一方面，政府与社团（尤指传统或顶级社团）更为紧密的合作共生关系使社团的功能定位模糊化，也使得其利益代表取向存疑，而在社团更为积极扩展其政治功能的同时，其原来的利益代表功能则相应弱化，造成政府在资源上增加对社团的支持未能达到预期的效果。另一方面，特区政府与个人利益沟通机制的进一步加强淡化了社团原来作为政府与社群间中介桥梁的角色，可是，在现阶段政府与个人的沟通互动中，"强政府"的政治结构仍使后者处于被动的位置，以社团为核心的利益代表机制在回归后并没有发生根本性的转变，因而社团的角色和作用难以被取代。由此，这几种矛盾情况的出现可能是回归后澳门利益代表机制出现梗阻的原因（图1－1）。

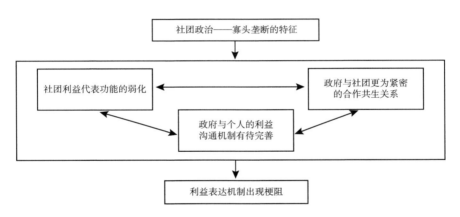

图1－1　回归后澳门利益表达机制出现梗阻的可能原因

　　与此同时，纵然社团或政党作为利益表达的载体是显而易见的，但精英作为社会的一个群体却是整个过程中的实际执行者/代表者。古典的精英理论把精英群体理解为统治阶级，把精英作为大众生活中因精神道德和物质需要而应运而生的产物，并具有历史发展的必然性。而在现代资本主义和工业化的过程中，精英的领导性和道德性功能有所淡化，但其更为复杂的社会整合、利益代表等功能却被更多地发掘出来[①]。另外，城邦古典民主至国家选举代表制的过渡把民主的理念从抽象的理想转化为现实的实践，代议制中精

---

① 蔡永君：《回归后澳门治理精英的来源、特征及其与大众关系的演变》，《当代港澳研究》2013年第3期。

英的一个最重要角色便是代表某一阶层的利益，透过选举把相关的利益在政治系统中转化为政策的实施。

在澳门的场景下，去政治化的政治行政体制设计倾向于以法团主义的概念作为组建政治行政体制的蓝图①，但在社会急速发展而带来的多元利益分化的情形下，大众参与政治的意识有所提高，去政治化的目标将呈弱化的倾向。为此，立法会议员作为政治精英所担当的利益代表角色正起着更大的作用。

首先，在民主政治的框架下，代议制度的本质是政治精英作为市民大众的代表进入立法机构，旨在维护公众的利益而行使被赋予之权利。因此，在政治系统的运行中，大众的诉求透过政治精英的中介实现"输入"—"输出"的转换。澳葡时期的特殊政治环境使得社团取代政党发挥有关的角色，但澳门社团的管理模式和组织结构以魅力型领袖家长制管理和简单混合式组织结构为特征②，在精英输出的机制上，以论资排辈的模式为核心，"薪火相传"的传统使得社团在吸纳新生精英上欠缺足够的动力；而社团领袖的选举一般也仅作为形式进行，鲜有社团内部之竞争。故此，社团成员在缺乏话语权的情形下，"被选择"的社团领袖之代表性也相应降低。

其次，虽然澳门的立法会选举并非全部议席均由自然人选民直接选出，部分由社团以法人选民间接选出和由行政长官委任，但在各种利益代表的渠道中，仍以立法会的政治精英所具有的民意代表性最高，因其较大程度体现了大众的选择结果。

最后，立法会作为澳门特区唯一的立法机关，议员与其他利益代表管道（如行政系统内作为咨询组织）的成员相比，拥有的政治力量最大。根据《中华人民共和国澳门特别行政区基本法》（简称《基本法》）规定，澳门特区立法会具有以下权力：制定、修改、暂停实施和废除法律；审核、通过政府提出的财政预算案和审议政府提出的预算执行报告；批准由政府负担的债务；就公共利益问题进行辩论；接受澳门居民申诉并做出处理。纵使澳门

---

① 陈震宇：《现代澳门社会治理模式研究》，社会科学文献出版社、澳门基金会，2011，第170页。

② 冯邦彦、任郁芳、焦张义、彭兰：《澳门社团政治：特征、作用与发展趋势》，《澳门经济学刊》2010年第29期。

的政治体制以"行政主导"为原则，行政与立法的关系更多体现为合作配合，而非监督平衡，但立法会作为独立的体系，其权力已开宗明义包括接受居民申诉并做出处理，也就是代表居民的利益并进行跟进。

所以，立法会的政治精英所具有的角色、力量、民意代表性等，注定了其与利益代表具有密不可分之关系，而在回归后因个人、社团和政府关系变迁而可能导致的利益表达梗阻，也就更为凸显其所发挥的利益代表角色。

（二）　精英生成研究的意义

目前，现有澳门的政治研究中较少以精英作为研究对象。在整体的政治图景中，特别是在社会经济处于急剧变化的澳门，精英的态度、行为以至价值的取向始终决定了政策的制定以至执行的过程，而精英的取态则与其童年经历、出身阶层、教育程度、进入精英阶层的社会化相关[1]；也就是说，精英的生成在一定程度上决定了精英的行为取向与价值观，也影响着整体政治发展的路径与步伐。事实上，透过对精英价值取向的研究，我们可知，纵使在经济发展水平和民主程度相当的国家，精英对公平的理解也大大影响社会分配政策的框架和内涵[2]。精英在政治系统的运作中，始终发挥着决定性的作用。

澳门的政治发展一直在走一条特殊的道路，独特的"社团治理社会"模式使其成为世界上所有经历过殖民管治的地区中实现平稳发展的一朵奇葩。在西方发达国家的精英生成中，工业革命的来临除了带来生产能力的突破性提高外，还伴随着政治的民主化，促成了新精英群体的产生，而随着后工业化的到来其又经历了另一场精英生成的变换，并形成精英更高度的分化。然而，没有经历完整工业化阶段的澳门，从渔农业到制造业的短暂过渡，以至制造业与服务业并举及现阶段服务业主导的过程中，精英的生成是否也同样具有独特性？还是与发展中国家和地区的精英生成较为接近？

---

① Robert D. Putnam, *The Comparative Study of Political Elites*, U. S. : Prentice-Hall, 1976, pp. 92 – 98.

② Sidney Verba et al. , *Elites and the Idea of Equality: A Comparison of Japan, Sweden, and the United States*, U. S. : Harvard University Press, 1987.

目前，澳门特区政府正着力探索新的社会治理模式，培育公民社会，强化利益表达机制，吸纳和培育政治人才。特别是作为"一国两制"实践探索的澳门特区，其稳定的发展离不开各类人才尤其是政治人才的支撑。原国家主席胡锦涛在澳门回归五周年大会上，强调"人才是关键"，"要重视和加强参政议政人才的培养，确保爱国爱澳力量后继有人，始终保持朝气和活力"①。这些都表示中央政府对培养澳门政治精英的关注。但对当今政治精英的研究除了不能脱离其历史的背景因素外，还需从其结构、组成、演变的整个动态过程做出剖析。

另外，在澳葡政府管治时期，澳门的精英绝大部分由葡萄牙派来的政治高官、在澳门的土生葡人社群垄断。他们以族裔与语言的纽带作为社会的特殊群体，而其政治行为的取态也自然而然是以葡萄牙的国家利益以及葡萄牙人/葡裔人士在澳门的利益为依归。但由于华人一直占澳门总体人口的绝大多数，在这一历史条件下，澳门在管治历程中逐渐形成一种特殊的社会结构——华人与葡人共处分治的双层二元复合社会结构。"双层"是指政府与民间两个层次，"二元"是指华人与葡人两个不同的社区单元②。这种二元分治的状态所导致的结果之一是政权与治权的分离，促成体制外力量的存在，这也就为社团组织的生成带来土壤；而澳葡政府为了能实施最基本的管治，也就选择"间接的方式"，通过寻找华人社会的经纪人来维持一种低度的社会整合③。这意味着澳葡政府通过与华人精英建立一种简单的制度联系，让社会精英如士大夫阶层一般以中国传统社会的方式调解地方矛盾④。然而，对华人精英的吸纳仅处于最低的可能程度，且他们在统治系统中的位置不高，早期更多限制在咨询性组织成员的范围内。为此，极少数的华人精英便代表着占澳门人口绝大多数的华人的利益，整体来说，精英的社会代表性程度很低。

因澳门回归祖国，精英的生成经历了一次大规模的转换，政治精英被华

---

① 《胡锦涛四点期望勉澳人》，《澳门日报》2004 年 12 月 20 日，第 A01 版。
② 娄胜华：《转型时期澳门社团研究——多元社会中法团主义体制解析》，广东人民出版社，2004，第 217 页。
③ 娄胜华：《转型时期澳门社团研究——多元社会中法团主义体制解析》，广东人民出版社，2004，第 217 页。
④ 潘冠瑾：《澳门社团体制变迁——自治、代表与参政》，社会科学文献出版社、澳门基金会，2010，第 44 页。

人精英取代，葡裔人士成为精英的少数族群，精英整体的社会代表性在原则上大大提高，这也就是"澳人治澳"的基本前提。然而，就在回归后澳门经济高速发展的势头下[①]，社会各阶层的利益分化有所加速，公布的民意调查显示，大众对政府的施政不满有所上升，并质疑政府行为向商界利益倾斜[②]。与此同时，社会运动在数量、频率和强度方面都呈现显著的上升趋势，打破了澳门原有稳定结构的社会状态，且与过去的社会运动不同，新生社会运动表明体制外的政治参与活动在澳门已发生变动，且在一定程度上对社会运动产生强大的压力[③]。在大规模的游行示威中，也首次发现处于中产阶层的专业人士以及年青一代（"80后"）的参与，这是否标示澳门的精英与大众的关系并没有随着政治精英由华人主导而变得更为密切，社会的利益表达渠道也并没有得到强化？

因此，对澳门政治精英生成的研究别具现实意义，本书试图剖析在澳门由被澳葡政府管治后期至回归后"澳人治澳"的转型时期，其政治精英的生成模式如何？什么因素在影响着澳门政治精英的生成？在转型时期澳门政治精英的生成是否体现并与当地政治和经济文化发展相适应？循常理，治权的回归使精英与大众之间的关系有所强化，但近年的社会事件却呈现相反的势头，这是否反映精英的利益代表功能有所弱化？而更重要的是，在保持特区社会稳定和民主发展循序渐进的原则下，澳门政治精英的生成是否需要以及该如何变迁？

作为特别行政区，澳门的政治发展具有多方面的特殊性，在实行资本主义、奉行自由港和积极不干预经济政策的框架下，澳门的经济发展水平处于

---

① 1999～2013年本地生产总值年均增速达16.4%；失业率从1999年的6.3%下降至2013年的1.8%；工资中位数在这期间也由4920澳门元增至1.2万澳门元。资料来源：澳门特别行政区政府统计暨普查局。

② 例如，市民对特区政府的施政与管治的满意度有所下降。根据澳门特别行政区政府可持续发展策略研究中心公布的《澳门居民综合生活质素第五期研究（2009）——政府管治与施政》，对社会现状的各方面没有一项获半数或以上受访者的正面评价，而从纵向的数据分析（2005～2009年）来看，16个项目中13个呈显著的下跌趋势，而一直处于较高水平的"社会稳定"也由2005年的3.59分下降至2009年的3.3分（满分为5分）。见澳门特别行政区政府可持续发展策略研究中心：《澳门居民综合生活质素第五期研究（2009）——政府管治与施政》。

③ 娄胜华、潘冠瑾、林媛：《新秩序——澳门社会治理研究》，社会科学文献出版社，2009，第49页。

区域甚至是世界的前列水平①。然而，以政治的发展水平来衡量，其政治与社会仍处于发展中阶段，是传统的家长式政治、保守主义主导政治和社会的发展水平，市民对政府角色的认知仍以"能改善市民生活质量的就是好政府"为主流，对政府的期望深受传统的中国文化价值影响，期望政府扮演"父母官"的角色，照顾老百姓的生活；同时，西方民主体制所强调的"三权分立"也没有得到市民的普遍认同②。这种处于意识形态图谱两端的发展模式使澳门的政治现象难以利用西方的理论体系做很好的解释，而与转型中的国家如东欧各国相比，澳门的政治变迁显然更为平淡和寂静，与发展中国家和地区相似，在公民社会的构建仍处于起步及相对不稳定的背景下，正面对转型过程中社会利益多元化带来的挑战。因此，笔者期望透过本书的研究能在比较政治学的研究谱系中，推进对转型中国家/地区政治发展的研究，有别于适用于西方国家的从政党和利益团体的视角剖析政治精英的利益代表功能，本书提出从精英生成的视角出发，以了解转型时期下澳门的利益代表情况。本书虽然认同精英理论所强调的精英在政治系统内不可或缺的功能与地位，但并非在价值判断的意义上使用精英概念，相反，只强调精英作为一种分析概念和研究工具的有效性。这意味着，通过对进入政治领导层的"精英"及其行为和社会关联性的分析，可以便利地理解和直接地认知社会政治生活的演进和变化。为此，本书集中分析立法会议员，试图由此透视澳门政治的发展，并提出未来精英生成中可强化民主发展的方向。

二　研究现状与回顾

（一）精英研究

针对澳门精英的研究，现存较大比例的是人物传记，以历史的角度剖析

---

① 2009 年澳门地区的人均本地生产总值已达 38968 美元，在亚洲仅次于日本，至 2013 年则达 87306 美元，成为亚洲第一。2012 年的人文发展指数（Human Development Index）已达 0.882，全球排名第 21 位。澳门特别行政区政府统计暨普查局：《联合国人文发展指数报告 2013》，见 http://hdr.undp.org/en/statistics/hdi/。

② 有关澳门市民对民主的认知和对政府角色的认知数据，见余振、吕国民《大众政治文化》，载王家英、黄绍伦、尹宝珊、郑宏泰编《澳门社会新貌—从指标研究看生活素质》，香港中文大学亚太研究所，2007，第 307~310 页。

某一精英人物的经历和成就①。相对来说，把精英放在一个宏观的角度来阐述澳门的政治结构或社会情况的研究仍属有待开发的领域。其中，张小梅的《新政治系统下澳门社会管治模式探析——澳门精英转换视角下的考察》属于比较新颖的尝试。传统的精英转换理论并不适用于澳门在澳葡政府管治时期至特区政府成立的精英转换，这很大程度与澳门作为特别行政区所被赋予的历史机遇不无关系。"一国两制"与澳门在澳葡政府管治下形成的"二元政治"相嫁接，社团的力量及其在"二元政治"下积极地参与强化"一国两制"使其成功落实，造就澳门在治权回归中顺利完成精英转换。笔者认为精英政治是不可避免的事实存在，在精英转换的过程中，原澳葡政府管治时期的行政吸纳政治模式以及强大的社团力量是路径依赖过程的必然结果，在《基本法》赋予的强势行政主导下，将澳门特区的社会管治模式概括为"强势政府主导下的精英治理"，当中特别强调"精英统治"与"治理"这两个相互矛盾的概念在实践上所具有的互补性与现实意义②。

　　张小梅所借用的行政吸纳政治模式可以说是香港在港英政府管治时期产生华人政治精英的一个最重要机制，并保持了港英政府管治时期的长期稳定。金耀基指出："'行政吸纳政治'是指一个过程，在这个过程中，政府把社会中精英或精英集团所代表的政治力量，吸收进行政决策结构，因而获致某一层次的'精英整合'，此一过程，赋予了统治权力以合法性，从而，一个松弛的、但整合的政治社会得以建立起来。"③ 而这种模式亦被认为是中国在20世纪90年代所采纳的一种政治模式，以此来赢得政治稳定④。虽然港英政府和澳葡政府采取的管治策略不同，特别是港英政府极其注意对华人的管治，扶植华人精英，为"行政吸纳"政治模式创造了条件⑤，但澳门

---

① 关振东、陈树荣：《何贤传》，澳门出版社，1999；谢常青著，全国政协文史和学习委员会、广东省政协文史资料研究委员会编《马万祺传》，中国文史出版社，1998；冷夏：《何鸿燊传》，明报出版社，1994。

② 张小梅：《新政治系统下澳门社会管治模式探析——澳门精英转换视角下的考察》，中国人民大学政治学系硕士学位论文，2005。

③ 金耀基：《行政吸纳政治——香港的政治模式》，载《中国政治与文化》，牛津大学出版社，1997，第27页。

④ 康晓光：《再论"行政吸纳政治"——90年代中国大陆政治发展与政治稳定研究》，《二十一世纪》2002年8月号总第5期。

⑤ 吴志良：《港澳政治制度比较：澳门的挑战》，载吴志良、陈欣欣《澳门政治社会研究》，澳门成人教育学会，2000，第8~17页。

华人精英的产生也部分地与澳葡政府采取的类"行政吸纳"模式①有关。

事实上，澳葡政府开放部分政治参与渠道给华人社团，这也就是"行政吸纳政治"的一个具体路径，因此，不论在回归前还是在回归后，澳门的社团发展与社会的管治一直紧密相关，且紧扣澳门的精英构架。娄胜华认为以澳门社团为组成的潜性法团主义管治结构是澳门长久以来能保持社会秩序循序化运行的保证。事实上，澳门的法团主义治理机制不是人为制度设计的产物，而是社会选择的结果，澳葡政府采用以社会利益界别团体为依托的政治吸纳方式来保证华人有限的政治参与。因此，在中央集权下的总督主导制与民间社会的低度化政治参与，导致澳门政府决策模式选择趋向精英共识，少数华人精英进入政体的输送管道也只能是功能性代表社团，也就是说，只有加入社团而成为领袖才能成为政治体系内的精英②。虽然透过社团成为政治精英的唯一路径在回归后已有所改变，但从澳门的选举制度以至咨询机构等的成员配置来看，以社团代表进入政体而拥有政治精英身份的模式并未有实质性的改变，澳门的精英生成也不可避免地与澳门的社团发展具有密不可分的关系。

然而，社团政治也被看成弱化精英流动的一个因素，作为澳门政治精英的摇篮，社团与政府关系的变迁引发社团体制的变迁。潘冠瑾的研究指出，虽然社团在回归后参政的功能得到强化，可是，以社团为单位的参选方式难以培养民众对政权的认同感，同时增加了贿选的可能性。更重要的是，在以成为社团成员为唯一途径的立法会间接选举中，透过协商而产生的候选人名单强调论资排辈的传统；而直接选举中以组别参选的方式强调组别名单排序，使政治的人才一直保持较低的新陈代谢率，新生代政治人才不足③。因此，社团的特性决定了其在培养政治人才与促进精英流动上本质的缺陷。

另外，澳门的政治精英除了与社团的发展和转变结下不解之缘外，其与商界的关系也是大众关注的焦点，甚至总被认为具有官商勾结的嫌疑。黄湛

---

① 港英政府采取的"行政吸纳政治"模式在港英政府管治的初期已透过教育和出版的方式打下了基础，且具有明显的主导性和全面性，而澳葡政府开放渠道予社团精英的"政治吸纳"方式则相对消极和局限。

② 娄胜华：《转型时期澳门社团研究——多元社会中法团主义体制解析》，广东人民出版社，2004，第295～318页。

③ 潘冠瑾：《澳门社团体制变迁——自治、代表与参政》，社会科学文献出版社、澳门基金会，2010，第214～228页。

利对港澳政商关系的研究虽然并没有正面触及精英的研究，但若以米尔斯"权力精英"① 的概念来界定，商界与政府的关系是构成"权力精英"的核心要素之一。黄湛利的研究显示港澳商界在政府决策过程中处于较优越的位置，而政府在处理各项经济危机/问题时也惯常依赖市场模式，或以咨询委员会制度为基础的社团主义模式及咨询模式，但研究证实两地均没有严重的官商勾结、利益输送现象的存在。总的来说，政府与商界社团及大企业的关系是共生性的、支持性的与一定程度的保护性的②。

由澳门发展策略研究中心牵头进行的《澳门特区政治人才问题研究》可说是与澳门政治精英题材最为相近的研究。虽然其研究主题为政治人才，但从其研究的视角来看，其所指的政治人才与政治精英之定义相近，包括地区政治领袖、政府高级管理人才、政治活动家和政治智库人才，基本上涵盖了对澳门政治决策具影响力的群体。该研究指出"一国两制"的政制发展对澳门的政治人才提出了新的要求，但从澳门的政治制度、社团政治、公务员的现状、政治文化和政府人才策略五方面看，现时澳门仍缺乏培养政治人才成长或发掘政治人才的环境和机制，建议提高公民参与政治、促进社团向政团方向的发展、构建公务员精英制、制定人才战略等，整体来说提议澳门可走新加坡的精英政治与民主政治相结合的发展模式③。

直至目前为止，对于澳门精英的研究已有一点积累，然而，由于篇幅所限或研究的主体取向（多以社团为研究对象，政治精英的研究只是当中涉及的部分内容），这些研究对于政治精英生成的模式或影响因素并没有提出完整的研究理路，对澳门政治精英的变换过程虽然有所涉及，但较大程度上以单一的时间点（1999 年）或单一的因素（治权的回归）进行分析，未能系统地对澳门政治精英的生成做出较为完整的理解，并动态体现其在转型时期所呈现的特征。特别是自回归后澳门的经济出现了跳跃性的增长，博彩经营权的适度开放带来巨额的外来投资，以收益计算，澳门荣登世界第一大的博彩中心，整体经济暴富的效应已超越对经济领域的影响而涉足社会的各个

① 〔美〕查尔斯·赖特·米尔斯（C. Wright Mills）：《权力精英》（第二版），王昆、许荣译，南京大学出版社，2005。
② 黄湛利：《论港澳政商关系》，澳门学者同盟，2007。
③ 澳门发展策略研究中心—澳门政治人才问题研究小组：《澳门特区政治人才问题研究》，2009。

方面。与此同时，澳门的整体教育水平在回归后得到显著的提高，公民意识有所增强，为此，单一的政治因素分析可能会忽略了经济与文化的因素在精英生成上所起的作用。

精英生成指向精英的形成过程，在精英生成的研究中，其最主要的理论源自精英的形成与流动，以及精英结构与民主发展的关系①。作为古典的精英理论家，莫斯卡（Gaetano Mosca）深刻意识到精英阶级出现的必然性，但他并不认为精英阶级的构成总是一成不变的，莫斯卡强调统治阶级并不是封闭的，内部间的内渗与阶级间的外渗这两股力量使统治阶级时刻处于稳定与发展的动态过程中，当把社会的上层与下层阶级相互隔离，后者处于孤立地位而前者又失去了原有的动力时，便会导致阶级间的冲突而最终致使革命的发生②。

透过对历史现象的观察和总结，帕累托（Vilfredo Pareto）指出精英的更替循环是持之以恒的，宗教危机的上升（旧的宗教失去其原有的教化作用）促使旧的精英阶层衰落，使社会主义兴起并取而代之。在他看来，旧的精英阶层一方面变得比较"温良恭俭"而不懂捍卫自身的权力，另一方面对财富的贪婪和强夺却丝毫不减，这使得某一阶层所拥有的权力和它所支配的捍卫这一权力的力量之间失去了平衡；同时，工人阶层与资产家出身的领袖透过工业化和资本充足化而壮大起来，他们拥有旧精英阶层所欠缺的知识，此消彼长下，新的精英阶层取代旧有的③。因此，革命是在上层社会加速走向腐朽，下层社会不断向前发展的过程中产生的④。

西方工业化过程所带来的社会阶层变化给精英生成提供了一个绝佳的理论试验场。曼海姆（Karl Mannheim）指出，随着工业化过程的深化，精英的数量只会增加而不会减少，因为他认为精英是由独立的部分所组成的一个系统，而每一部分则是政治体系（body politic）的一个构成元素，这个政治体系将随着工业化的过程而有所扩大，这预示着精英在范畴上将有所扩展和

---

① 假定精英的代表功能与民主发展具有一定的相关性，相关论证见下述文献回顾。

② 〔意〕加埃塔诺·莫斯卡（Gaetano Mosca）：《政治科学要义》，任军锋、包军译，上海人民出版社，2005，第446~473页。

③ 〔意〕维尔弗雷多·帕累托（Vilfredo Pareto）：《精英的兴衰》，戴北成译，上海人民出版社，2003。

④ Vilfredo Pareto, *The Mind and the Society*, London: Jonathan Cape, 1935, p. 1430.

多样化。同时，在他看来，精英行使着功能的（functional）和制度的（institutional）权力，在现代社会中，功能和制度的权力将取代个人和恣意的权力而成为社会的趋势，因此，曼海姆预言工业化的发展将使精英的结构、流动和功能等发生深刻的变化①。而查尔斯·赖特·米尔斯（C. Wright Mills）的《权力精英》则把制度对精英权力的影响做了最为深刻的阐述和分析。他把权力精英定义为那些占据着社会结构中战略命令位置的一小撮人，他们控制着大公司、国家机器并掌握实权，指挥着军事建设，构成由政治的、经济的和军事的圈子组成的相互渗透、相互依存的集团，他们共同制定至少具全国性效果的决策②。美国经济制度的结果（工业化与资本主义的结合）使经济、政治和军事这三大领域内制度化单位扩大，使其变得日益行政化，并且其决策权力也变得集中化。由此，精英占据政府、企业和军事机构中的重要位置，而这种制度则是权力、财富和声望的必然基础，亦是他们寻求更大的权力来源的最佳机遇和手段。但米尔斯并不乐观地认为权力精英形成后是一个封闭的小圈子，也就是排除了社会流动的可能性或是精英的更替。

米尔斯的悲观强调了制度作为一种新的权力来源，也就是精英生成的一个载体，而从功能主义出发的精英研究也是工业化所带来对精英研究的一个新冲击。Suzanne Keller 便从工业化所带来的职业分工出发，认为有别于以往对精英的分类（包括统治阶级、专制阶级等），现代社会的精英是战略精英（strategic elites）③。战略精英的最大特点是其基于功绩或功劳（merit）所获得的地位以及多样性的构成，与莫斯卡所指的"统治阶级"不同，作为精英群体战略精英可以是多个的，他们规模较小，但结构却更为集中，然而，与"统治阶级"相比，他们获得的权力范围是狭隘的。因此，随着工业化的深化所带来经济上的劳动分工，社会阶层的划分更多的是看其对社会的贡献（功能），而不是传统因世袭和封建主义的先天因素而成为精英。战略精英的概念把工业化与精英的生成和对其结构的影响拉上关系，并为民主

---

① Karl Mannheim, *Man and Society in an Age of Reconstruction*, London: Kagan Paul, 1946, Part V.

② 〔美〕查尔斯·赖特·米尔斯（C. Wright Mills）：《权力精英》（第二版），王昆、许荣译，南京大学出版社，2005，第17页。

③ Suzanne Keller, *Beyond the Ruling Class: Strategic Elites in Modern Society*, N. Y.: Random House, 1963, pp. 29–64.

精英理论提供支持。一方面众多精英次群体的存在产生竞争和制衡，减低了精英的少数特性所可能带来的独裁和武断；另一方面精英准入条件的转变为精英的流动带来可能性和持续性。

与精英的生成相关联，精英群体的结构也就限定了精英在社会上的角色和影响，甚至是对民主进程的正负面效果。Field 和 Higley 的研究认为共识型的团结精英（consensual unified elites）是保持政治稳定的前提，而政治的稳定也就是民主代表制政府的一个必要条件，并指出发展中国家在建构民主政制方面失败的原因很大一部分是源自精英的结构①。而 Anthony Giddens 把招募新成员进入精英位置的方式和精英群体的整合程度做出二分法，分别形成团结的精英、统一的精英、抽象的精英和确定的精英这 4 种不同的结构。其中，抽象的精英（开放的招募新成员方式和低的整合程度）是多元民主理论和现代资本主义社会的写照②。帕特南（Robert D. Putman）的政治精英研究则强调政治精英结构的核心内容是精英的整合，而其可能的结果是稳定与效力或寡头统治③。

当然，也有不少学者否定精英主义与民主理论契合的论点，巴特摩尔（Tom Bottomore）对精英的流动并不抱乐观的态度，他对各种精英理论家有关精英存在的必然性与合理性提出质疑。虽然各种精英主义的理论也强调了精英的流动是必需的，而精英的存在与民主的推进并不相悖等，然而，巴特摩尔认为"机会平等的观念……实质上是自相矛盾的。这种观点所要表示的机会平等，首先就是以不平等为前提的，因为'机会'意味着'跻身上流社会的机会'"④。与巴特摩尔持有的立场相同，Peter Bachrach 认为精英民主理论对民主方法的强调使其忘记了民主应有的本质意义，民主不应是方法而更应是一个目标，这个目标应包括提高对个人的尊重和个人的全面发展⑤。

---

① G. Lowell Field and John Higley, *Elitism*, U. K.: Routledge & Kegan Paul Ltd., 1980, pp. 117 – 130.

② Anthony Giddens, *The Class Structure of the Advanced Societies*, London: Hutchison University Library, 1973, pp. 118 – 124.

③ Robert D. Putnam, *The Comparative Study of Political Elites*, N. J.: Prentice-Hall, 1976.

④ 〔英〕巴特摩尔（Tom Bottomore）:《平等还是精英》，龙卫军译，辽宁教育出版社，1998，第 116 页。

⑤ Peter Bachrach, *The Theory of Democratic Elitism: A Critique*, Canada: Little, Brown and Company, 1967, pp. 93 – 106.

在他看来，维系民主的重责不可能附加在精英身上，因为设想精英的利益所在与民主的健康发展共生共融是不切实际的，而精英间达成保障民主的共识也是难以想象的。

为此，精英生成的理论一直就是与精英的产生、结构和流动相结合的，并引申作为判断民主程度和进程的工具。近年，在苏联解体、东欧各国的政治转型及中国的市场转型中，对精英生成的研究再次成为当中重要的社会观察视角。概括起来，精英的产生可透过两种模式，即循环/流动（circulation）与再生产（reproduction）。前者是指精英群体产生于非精英群体的过程，也就是帕累托最早提出的精英循环[1]，其可视为与政治民主化相并举的一个自然过程。而所谓再生产，则是指精英群体的自我再生产过程。莫斯卡则发现，精英的产生机制可能有两种，一种是渐变机制，即一部分来自下层社会的人的地位不断上升，从而导致现有精英的新陈代谢，这类似于帕累托的精英循环；另一种是突生机制，他认为，无论是在被统治阶级中还是在统治阶级中，都存在着自己的精英，两种精英在争夺权力的斗争中会发生相互替代，这类似于精英再生产[2]。

而在当今的国际政治中，精英的再生产理论指出东欧社会主义国家向市场机制的转型中，原来的政治权力者仍把持政治权力又或透过原职务之便的政治权力而转化为私人经济利益，正如斯坦尼斯基（Jadwiga Staniszkis）和汉基什（Elemér Hankiss）所预示出现的政治资本主义[3]，因此，精英的主体在改革前后并没有发生根本性的变化。然而，吉尔·伊亚尔（Gil Eyal）等透过对中欧三国波兰、捷克和匈牙利的跨国比较研究，推论在中欧的共产主义向资本主义转型的过程中，知识分子阶层透过其文化资本，并在与各派精英之相互联合与斗争中，成为引领国家转型的核心。政治资本主义并未在中欧的后共产主义时期出现；反之，原拥有的政治资本成为一种包袱，出现大规模的向下流动。因此，在后共产主义转型期间发生着的是精英循环[4]。

---

① Vilfredo Pareto, *The Mind and Society: A Treatise on General Sociology*, New York: Dover, 1963.

② Gaetano Mosca, *The Ruling Class*, New York: McGraw-Hill, 1939.

③ Jadwiga Staniszkis, "Political Capitalism in Poland," *East European Politics and Societies* 5, 1 (1991): 127–141; Elemér Hankiss, *East European Alternatives*, Oxford: Clarendon Press, 1990.

④ 〔美〕吉尔·伊亚尔（Gil Eyal）、〔美〕伊万·塞勒尼（Ivan Szelenyi）、〔美〕艾莉诺·汤斯利（Eleanor Townsley）：《无须资本家打造资本主义——后共产主义中欧的阶级形成和精英斗争》，吕鹏、许龄译，社会科学文献出版社，2008。

相对来说，俄罗斯的政治转型则更多地被认为是精英的再生产，"由官僚而来，羽毛丰满了又染指政权，回归官僚；用权力衍生资本，资本扩张后又开始插足政治，回归权力"①。因此，在俄罗斯政治转型后的新精英，多是由苏联时候的权贵精英演变而来。从广义的精英定义来说（包括监督管理者），俄罗斯的精英再生率为 80%，波兰和匈牙利分别则为 57% 和 50%②。但是，也有研究指出俄罗斯的精英并非简单地源于"再生"，因为精英结构中也发生了以循环为特征的部分变化，但其结构所凸显的更多是一种连续性和路径依赖的特征。为此，俄罗斯的政治转型导致了委任民主这种被称为"不成熟的民主"或者"准民主"的政治制度困境③。

而在中国，精英的生成更多是与社会的阶层结构相提并论的。市场化改革带来的社会资源分配方式的变化，形成新的精英阶层，孙立平对此提出总体性精英的观点，指出在市场化改革的过程中，实际出现的是一个掌握文化资本、政治资本和经济性资本的精英集团，而这个集团的原资本是他们自己和父辈所掌握的政治或行政权力。在政体连续性背景下的"渐进式改革"，权力的延伸性使各种资本间并没有出现确切的"转换过程"，而是一种总体性资本在不同领域展现的过程，而总体性资本的出现就是以社会的高度不分化为基础的。其结果是总体性精英过多地垄断了社会资源，侵犯了社会众多阶层的利益，这也被认为是中产阶级难以形成的部分原因④。

令人悲观的是，通过数据的分析，中国新生的精英阶层——私营企业主的形成，已从过去以精英循环为主转向以精英复制（又或精英再生产）为主，虽然这具有一定的现实性，私营企业主社会来源的精英化能够对这个阶层的发展产生积极和促进的作用，但同时这意味着对其他普通的社会阶层（工人、农民）而言，社会阶层的边界正变得日益封闭⑤。同时，市场机制的引入并未能改变阶层结构的再生产特征，代际的阶层优势仍然强大，只是

---

① 董晓阳：《俄罗斯利益集团》，当代世界出版社，1995，第 23 页。

② Frane Adam and Matevz Tomsic, "Elite (Re) Configuration and Political-Economic Performance in Post-Socialist Countries," *Europe-Asia Studies* 54, 3 (2002): 437.

③ 黄军甫：《精英转换与俄罗斯政治转型》，《思想战线》2004 年第 6 期。

④ 孙立平：《总体性资本与转型期精英形成》，《浙江学刊》2002 年第 3 期。

⑤ 陈光金：《从精英循环到精英复制——中国私营企业主阶层形成的主体机制的演变》，《学习与探索》2005 年第 1 期。

其趋于潜在性和隐蔽性而已①。

　　总体来说，中国新生的精英成长并没有被认为像西方的中产阶级兴起般推动着民主的发展，反而因它的生成模式而激化了社会上的矛盾与抗争。中国社会精英②（特别是经济精英）的成长模式实际上建立在对政治的依附关系上，资本积累的速度大部分是视乎其与干部间的互惠关系程度。因此，精英的成长缺乏自我生存的社会空间，国家制度倡导精英吸纳的结果是市民社会和公共空间力量弱小并日益边缘化，社会精英的政治化趋势使其原来调节国家与社会关系的能力丧失③。

　　故此，转型时期的精英生成可在更大范围上视乎转型时期的变化给原有的精英带来什么样的冲击或机会，魏昂德（Andrew G. Walder）认为朝向市场经济的迈进为精英提供了新的飞黄腾达的机会，积累财富的政治约束不再存在，通过打开攫取现存之公共资产的方便之门或利用公共资产进行交易，新的市场价值得以创造出来，形成精英的机会论④。当中，可因应体制变迁的广度和对资产挪用的制约而形成四组不同的转型经济类型，并提供给原精英不同程度的机会。他的研究呼应和总结了前述不同转型中国家的精英流动态势。中欧的"高"体制变迁的广度和"高"政策法令对资产挪用的限制使政治和经济组织中出现高比率的精英替代，而受过高等教育和拥有技术的精英更有机会保持其高薪的位置，也就是吉尔·伊亚尔等所指向的精英循环和文化资本的优势；处于"高"体制变迁广度、"低"政策法令对资产挪用的限制的俄罗斯则使原政治精英更有可能转型并出现在经济精英的行列内；更多地针对中国农村，其分析指出"低"体制变迁广度和"高"政策法令对资产挪用的限制将使干部收入优势在中国农村持续，但同时小规模资产和从事家庭企业的低门槛又会培养一批相对富裕的精英企业家，政治精英处于再生产的过程，而新的经济精英为精英循环提供了动力。

　　可以看到，不论是经历工业化的西方国家，还是市场转型的发展中国

---

①　方长春：《趋于隐蔽的再生产——从职业地位获得看阶级结构的生成机制》，《开放时代》2009 年第 7 期。

②　一个泛指地方上精英的概念。

③　谢岳：《市场转型、精英政治化与地方政治秩序》，《天津社会科学》2005 年第 1 期。

④　〔美〕魏昂德：《转型经济中的精英机会》，载边燕杰、吴晓刚、李路路主编《社会分层与流动：国外学者对中国研究的新进展》，中国人民大学出版社，2008，第 307~328 页。

家，精英的生成离不开制度又或其政治和经济的发展背景。同时，不论是莫斯卡、曼海姆还是 Keller 都从功能主义的角度阐释精英的转换（elite transformation）①。透过研究西方国家工业化过程中精英结构的转换，帕特南把功能主义的角度理解为社会经济变迁所产生的需求、投票权的普及以至更为重要的工业化迅速发展的过程，促使精英的内在结构出现相应的变化。当中，显而易见，具有较高程度的精英循环更能符合罗伯达·达尔（Robert Dahl）所指多头政体的民主理念，也就是说，公民应具有公开争论以及参与选举和担任公职的权利②，其应具有平等的成为政治精英的机会和权利。

然而，不论是西方国家的精英生成，又或是转型国家的精英流动，其流露的更多是一种整体社会类型的改变，由封建主义转向资本主义，由社会主义转向后共产主义，且是相对急速的变化，纵使是中国内地采取的渐进式改革，其对社会经济带来的改变与澳门的语境相比，也是有过之而无不及。因此，若从澳门的实际情况出发，需要更多地考虑社会经济的发展及制度的嬗变与制约这两者对精英生成所带来的影响。

（二）利益代表

自从"民主"这一词汇出现，代表性的问题便应运而生。古希腊伯里克里斯（Pericles）在谈及雅典时，认为正因为行政运作并不仅对少数人有所尊重，而是对多数大众的尊重，因此其时的政府为"民主"的③。约翰·密尔（John Mill）的《代议制政府》则进一步提出理想中最佳模式政府的最终权力应在社会大众的整体之中④，权力在大众间的共享是民主的核心概念。然而，因直接民主在操作上的不可行，代议制作为一种实践民主理念的方法也就获得广泛的关注和讨论。

代议制的出现为精英（主要界定为统治阶级）在原来保护和治理好国家的传统功能上加入了新的元素，精英不单是作为社会的领导而让大众听

① 此处的"elite transformation"更多地指向精英的流动（elite circulation），与 Higley 和 Burton 所指的精英变换不同，但因帕特南之原文以"elite transformation"阐述，因此本书中原词照录但加以说明。
② 〔美〕罗伯特·达尔（Robert Dahl）：《多头政体——参与和反对》，谭君久译，商务印书馆，2003。
③ 转引自 Harold Lasswell and Abraham Kaplan, *Power and Society*, New Haven: Yale, 1950。
④ John Stuart Mill, *Considerations on Representative Government*, Chicago: Henry Regnery, 1962.

命，曼海姆认为精英应为大众服务，而正是这个为民服务的特质而不是个人追名逐利的欲望使得精英得以产生。同时，在曼海姆看来，精英行使着功能的（functional）和制度的（institutional）权力，功能上的权力指向专业的协会和机构，而制度的权力则与个人的权力相对，表示个人透过限定的或合法的途径行使为大众利益着眼的权力①。由此，精英被赋予的代表功能也就被认定为与民主的质量相关，审视政治系统中民主的质量也至少部分地透过检视精英对大众取态的回应程度而得知。

在当今的政治图谱中，几乎所有国家/地区的政体均建基于某一种形式的代议制政府，而民主也被界定为把大量的公众意见透过数量及质性差异较少的、被选举出来的代表作大众利益偏好表达的过程②。虽然政治精英与大众（一般指选民）在政策取态上的一致并不能保证对政策以至制度产生正面的效果，但正如 H. Kitschelt 等指出的，当精英与市民透过意识责任（ideological commitments）而联结起来时，良好的回应性和问责性循环将由此产生③，从长远来说，这样的良好循环有助于建立稳定的政策制定环境和持久的制度框架以支持社会经济的发展④。也就是说，政治精英的代表（political representation）不仅体现了一个政体在程序上的民主质量，也作为一个重要的因素影响着民主政体可产生的正面效果（如财富的合理再分配）。

Larry Diamond 的研究指出政治精英所具有的代表性程度影响着市民对某一制度的支持，较高的代表程度也就对制度的持久性产生积极的作用，而当精英与大众的联系越趋薄弱的情况下，大众对民主制度的信任程度也越低，并在最坏的情况下更有可能转向支持较专制的制度⑤。因此，虽然代表性的增加将可能导致精英层面的分裂化，但若市民大众中的很大部分被排除在精英的代表外，他们将对政府以至整个制度失去信心，并采取非常规性或体制外的手段参与政治，导致政体的不稳。

---

① Karl Mannheim, *Man and Society in an Age of Reconstruction*, London: Kagan Paul, 1946, Part V.

② Juan P. Luna, Elizabeth J. Zechmeister, "Political Representation in Latin America: A Study of Elite-Mass Congruence in Nine Countries," *Comparative Political Studies* 38, 4 (2005): 388.

③ H. Kitschelt., Z. Mansfeldova, R. Markowski & G. Toka, *Post-communist Party Systems: Competition, Representation and Inter-party Cooperation*, New York: Cambridge University Press, 1999.

④ Dogulass C. North, *Institutions, Institutional Change, and Economic Performance*, New York: Camgridge University Press, 1990.

⑤ Larry Diamond, "Is the Third Wave Over?" *Journal of Democracy* 7, 3 (1996): 20-37.

　　另外，就政治代表的性质而言，传统上允诺（promissory）的代表模式已不能全面解释现今政治制度与操作的复杂性，其他类型的代表模式：预期（anticipatory）、回转仪（gyroscopic）和替代（surrogate）模式应运而生[①]，其与传统允诺模式的最大差异在于选民与代表间的权力关系和代表者所具有的问责性。在西方成熟的民主社会，政党的发展和对平衡利益代表的重视使代表模式更多可界定为回转仪和替代模式，而在澳门，在政党缺位且各政治力量政纲分野不太明显的情形下，加之选民更多重视参选者或政治精英的工作表现[②]，由此推断，政治精英与选民间倾向为允诺和预期的代表模式（表1-1）。

表1-1　不同代表模式的分类

模式	允诺	预期	回转仪	替代
重点	授权的选举	再次当选和前一任期的表现	授权的选举	立法机关的组成
投票者的权力所在	代表者（预期的方向）	代表者（往后回望）	系统自身；投票者选择"良好"的代表者	没有，但对代表者竞选活动做出贡献的人（金钱、物品或其他形式）与其具有权力关系
特点	投票者预期代表者信守选举承诺	投票者回顾代表者的过往表现而在下次选举投票，代表者试着预计未来投票者的取向而行事	投票者预期代表者在不受外在引诱下依据投票者认可的个性和行为准则做利益代表	多见于幅员较大，划分为多个选区的投票，A区属小众的选民可透过B区的代表在某一议题做利益表达
规范的要求	信守承诺	代表者的质素/选民在代表者任期内的考虑	在选举授权过程中的深思熟虑可简易选择、维持和免去某一代表者	依据人口比例代表不同的利益在不同的重要观点上均具有一定的代表
传统问责性	有	无	无	无

　　资料来源：Jane Mansbridge, "Rethinking Representation," *The American Political Science Review* 97, 4 (2003): 516-525.

---

① Jane Mansbridge, "Rethinking Representation," *The American Political Science Review* 97, 4 (2003): 515-528.

② 见香港大学民意调查计划，"澳门地区定期民意研究合作计划"之澳门立法会选举及市民置业（2005年4月25~30日）；"澳门地区定期民意研究合作计划"之澳门立法会选举及公共服务事业调查（2005年8月29日~9月1日），http://hkupop.hku.hk/。

然而，由于在回转仪和替代的代表模式中投票者/选民与代表者（政治精英）间缺乏直接的权力关系，因此在衡量政治精英的代表性研究中，侧重从允诺和预期代表模式的视角检视精英与大众的行为想法是否具一致性，并多以定量的分析对精英的取态以及大众的取态进行比照①。同时，从西方研究者的视角，因为社会群体的利益代表以政党为单位，因此，对政治代表性的研究也侧重以选举制度、投票模式、政党取向等方面作为切入点②。然而，在澳门的政治研究中，并没有针对精英利益代表性的研究，而在与之部分相关联的研究中，也主要是把政党的角色用社团（主要为传统社团）来取代。但现实中，在传统社团的利益代表功能有所弱化，而政治精英亦并非全然来自传统社团的情况下，本书把视角投放在利益代表与表达的实际执行者——政治精英身上，以期更好地反映转型时期澳门的利益代表格局和其面对的窘境。

三　主要内容和理论框架

　　在进入研究内容前，首先需把本书的研究主体——政治精英做一定义。事实上，精英的定义在不同学者及不同时期的研究中不尽相同，但从历史的走向分析，精英的定义已由过往具强烈阶级属性取向转变为更具社会分层意义的阶层属性（这里所指的阶层可由职位或社会地位所区分）；政治、经济和社会三者越来越趋于共生的关系使政治精英的概念已难以与其他范畴的精英划出确切的界限，政治精英在某种程度上已与经济精英和文化精英在组成上混合起来而成为一个整体。Higley 和 Burton 把政治精英的含义从米尔斯"权力精英"的铁三角（商业、政府和军事领袖）中延伸出来，他们认为政治精

---

①　见 Juan P. Luna & Elizabeth J. Zechmeister, "Political Representation in Latin America: A Study of Elite-Mass Congruence in Nine Countries," *Comparative Political Studies* 38, 4 (2005): 388 – 416; Hanna Ågren, Matz Dahlberg & Eva Mörk, "Do Politicians' Preferences Correspond to those of the Voters? An Investigation of Political Representation," *Public Choice* 130, 1 – 2 (2007): 137 – 162。

②　见 Janet M. Box-Steffensmeier, David C. Kimball, Scott R. Meinke and Katherine Tate, "The Effects of Political Representation on the Electoral Advantage of House Incumbents," *Political Research Quarterly* 56, 3 (2003): 259 – 270; John D. Griffin, "Electoral Competition and Democratic Responsiveness: A Defense of the Marginality Hypothesis," *Journal of Politics* 69, 1 (2006): 220 – 236; Torben Iversen, "Political Leadership and Representation in West European Democracies: A Test of Three Models of Voting," *American Journal of Political Science* 38 (1994): 45 – 74。

英应为那些在重要的机构或政治运动中占有战略位置而在政治决定上具有影响力的人，其应包括政党、专业团体、工会、传媒、利益团体、宗教和其他具权威性和层阶等级机构或是运动组织的领袖[①]。而在澳门，真正具影响力的政治精英范围仍然是相对狭隘的，他们的身份也往往在澳门人际交往甚密的结构中具有多重性的特质；也就是说，社团的领袖既可是立法机构的成员，也可是商业机构的雇主和其他多个组织的领导人物。为此，本书把政治精英的研究对象限定在立法会议员上，他们涵盖了属地区型领袖的全国人大常委、全国政协常委、行政会委员，以及属政治活动家的社团领袖、政府咨询机构成员、全国人大代表和政协委员，也就是传统政治精英。再者，自1976年澳门便举行了首次立法会选举，除总督委任外另有由社团互选的间选和由市民直接投票的直选名额，立法会选举已成为反映澳门政治发展、体现精英与大众关系的最重要载体。当然，基于澳门的历史背景和实际操作，回归前或回归后澳门的政府体制均是行政主导，在本书的阐述中也将必然涉及政治精英中的政府官员。

具体来说，本书的对象包括1976~2013年的立法会议员，即澳葡时期的第一届至第六届立法会（含1991年的中期补选）和回归后的第一届至第五届立法会（含1999年直选和间选各有一议席补选和委任议员的更替）。当中，以政治发展的阶段划分为三个时期，包括1976~1988年的前过渡时期；1988~1999年的过渡时期以及1999~2013年的回归后时期（表1-2）。

表1-2 本书的政治精英样本概况

单位：人

时间	年份	产生方式			总人数
		直选	间选	委任	
前过渡时期	1976~1980年 （澳葡时期第一届立法会）	6	6	5	17
	1980~1984年 （澳葡时期第二届立法会）	6	6	5	17
	1984~1988年 （澳葡时期第三届立法会，取消对非葡籍居民投票权的限制）	6	6	5	17

---

① John Higley, Michael Burton, *Elite Foundations of Liberal Democracy*, U. S. : Rowman & Littlefield Publishers, Inc. , 2006, p. 7; Michael Burton, John Higley, "The Study of Political Elite Transformations," *International Review of Sociology* 11, 2 (2001): 182.

续表

时间	年份	产生方式			总人数
		直选	间选	委任	
过渡时期	1988～1992 年 （澳葡时期第四届立法会）	6	6	5	17
	1991 年补选	2	2	2	6
	1992～1996 年 （澳葡时期第五届立法会）	8	8	7	23
	1996～1999 年 （澳葡时期第六届立法会,也是其最后一届立法会）	8	8	7	23
回归后时期	1999～2001 年 （澳门特区第一届立法会,直选与间选各一议席 补选和新任委任议员）	1	1	6*	8
	2001～2005 年 （澳门特区第二届立法会,回归后首次举行直选 和间选选举）	10	10	7	27
	2005～2009 年 （澳门特区第三届立法会）	12	10	7	29
	2009～2013 年 （澳门特区第四届立法会）	12	10	7	29
	2013～2017 年 （澳门特区第五届立法会）	14	12	7	33
总　　数		91	85	70	246

注：＊其中一位被行政长官重新委任为特区第一届立法会议员，故新委任的合计 6 位。

在强调精英与大众之间的区别时，我们自然而然地认为精英应具有与大众不同的特质，其需拥有大众所欠缺或社会发展所需要的一种"东西"，当中，社会学概念的"资本"已作为广泛应用的分析工具①。布迪厄对"资本"形式所做的概念化常常见于精英的研究，特别是讨论社会经济转型中精英特质或条件之转变，而"资本"的形式一般被分为三种类型，一是"社会资本/政治资本"，两者实可界定为不同类型之资本。社会资本透过社

① 见〔美〕吉尔·伊亚尔（Gil Eyal）、〔美〕伊万·塞勒尼（Ivan Szelenyi）、〔美〕艾莉诺·汤斯利（Eleanor Townsley）《无须资本家打造资本主义——后共产主义中欧的阶级形成和精英斗争》，吕鹏、许龄译，社会科学文献出版社，2008。该书中有运用布迪厄的"资本"分析来讨论中欧国家的社会转型的研究，又如倪志伟（Victor Nee）的市场传型理论、斯坦尼斯基（Jadwiga Staniszkis）的"政治资本主义"、孙立平的"总体性资本"等。

会网络的密度与集中性获得，布迪厄认为社会资本是"实际的或潜在的资源的集合体，那些资源同某种持久的网络的占有密不可分"①。而政治资本则可理解为占有官僚结构与政治组织的位置而取得的权力，然而，在社会主义国家，制度化的社会资本则可视为一种政治资本，党员的身份意味着获取一个极其强大有力并且有影响的网络成员资格②。在澳门的特殊政治环境下，政治资本可分为两类，一种是以国籍、血统甚至宗族的身份而获得的"政治特殊资格或地位"，其可视为一种"先天性"（ascriptive）的资本，而另一类政治资本（与社会资本紧密相连），则是透过成为社团成员而得到具政治影响力的网络成员的资格，而社团的政治力量则源自于其社会资本的积累。二是"经济资本"，主要是通过财产的所有权而得到。三是文化资本，其主要以获得教育文凭作为衡量，但其也体现为在道德修养和社会威望中具有较高的地位。当中，有学者指出政治资本、经济资本和文化资本均有着特定的形态，而社会资本则是在基本资本产生和流动过程中所形成的"关系网络"或"关系资源"，属于无形的资本③。

因此，在精英生成中，本书将从澳门政治精英所拥有的资本（政治资本、经济资本和文化资本）出发，说明不同资本的组合在社会中的重要性上体现出不同的社会类型和社会阶级的分布（当然，这是一个相对的概念，拥有经济资本的精英不代表欠缺政治资本，只代表其所占较重要的份额），如吉尔·伊亚尔（Gil Eyal）等认为在共产主义的社会结构中，政治资本在社会结构中（成为精英的条件）具有优先性，而经济资本则最被不屑一顾；相反，在后共产主义的社会结构中，政治资本贬值了，而文化资本则成为最重要的资本形式。

与此同时，资本这一概念的重要性在于其显示在政治、经济以至社会环境变化的过程中，精英的生成也将出现相应的转变，资本间的转化过程体现为精英的再生产；资本中价值的相对变化是导致精英循环的内在因

---

① 〔法〕布迪厄（Bourdieu Pierre）：《文化资本与社会炼金术——布迪厄访谈录》，包亚明译，上海人民出版社，1997，第 202 页。

② 〔美〕吉尔·伊亚尔（Gil Eyal）、〔美〕伊万·塞勒尼（Ivan Szelenyi）、〔美〕艾莉诺·汤斯利（Eleanor Townsley）：《无须资本家打造资本主义——后共产主义中欧的阶级形成和精英斗争》，吕鹏、许龄译，社会科学文献出版社，2008，第 25 页。

③ 胡杨：《精英与资本：转型期中国乡村精英结构变迁的实证研究》，中国社会科学出版社，2009，第 45 页。

素；而资本的结合并在不同领域的延伸则可视为中国转型时期独有的总体性资本的体现。为此，本书将转型时期的澳门政治精英所拥有的不同资本以及各种资本（间）的转化、价值调整和组合等视作精英生成的主要体现过程。

然而，精英所拥有资本的变化并不是内生自发的过程，而是由外在力量的转变而导致的结果。综合文献回顾中所看到由工业化过程所带来战略精英的出现；美国的经济制度使经济、政治和军事三大领域的精英形成"权力精英"的团结群体；文化资本在中欧后共产主义时期的重要性；以及中国在市场转型中所看到的经济精英对政治的高度依附，均能看到经济体制与政治制度的变化正是当中的外在力量。而在中欧向资本主义的转型过程中，中欧知识分子作为传统社会变迁的重要推动者的角色（文化的规范），其承担了创造资产阶级社会以及资本主义经济秩序的历史使命，并成为新的精英阶层的主要组成，这体现了文化因素的力量。事实上，不同国家的政治精英在态度和行为上展现出巨大的差异，而这差异更多地体现在国家间政治与社会文化的不同。拉斯韦尔（Harold Lasswell）强调精英的个性需要从丰富的"文化与历史因素"的角度加以理解，而 Eldersveld 也总结对精英的研究可能需要从最根本处出发，从道德的角度了解他们在什么的背景（政治与文化）下获得权力①，文化的力量也就不言而喻。

作为新生的特别行政区，在过去 30 年澳门经历了其历史上最为重要和深刻的转型时期，不论政治制度、经济结构还是文化氛围均发生了巨大的变化。为此，本书借用"资本"的概念，推论资本在变化或组合过程中，受到政治、经济和文化因素三者不同程度的影响，并进而影响精英生成的模式。

与此同时，各种因素所影响的资本类型并不一定是相对应的，正如在后共产主义时期的中欧，政治制度的变迁降低了精英生成中政治资本的价值，但其也同时提升了文化资本的重要性，因此，某一因素的变化事实上可能同时影响着两种又或是三种资本在精英生成中的作用。另外，各种因素之间并不能排除其共同影响而产生的乘数效应或抵消效应，如工业革命

---

① Samuel J. Eldersveld, *Political Elites in Modern Societies*: *Empirical Research and Democratic Theory*, U. S.: The University of Michigan Press, 1989, pp. 66 – 68.

作为经济制度由封建主义向资本主义的转移，其带来的社会利益分化与中产阶级的形成有助于推动政治民主化的进程；相对来说，文化因素与前两者的关系较为独立，一国的文化并不轻易由于政权的更迭和经济制度的变革而改变，也在一定程度上具有更大的稳定性，对其他因素的影响可能具有抵消作用。政治、经济和文化三者因素的结合，从宏观的角度考虑，推动了社会的整体变迁，本书将透过各种影响社会变迁的因素在转型时期对不同资本在精英生成中所起的积极与制约作用，以理解澳门政治精英生成的动态过程。

不容忽略的是，作为基础性的条件，社会变迁在宏观的角度上使精英拥有的资本价值有所调整，然而，能使一般的精英成为政治精英的一员，需要透过制度建设的路径才能实现。在这当中，选举制度是其得以进入政治前台的根本途径，而这则涉及选举的方法和规则。在澳门，回归前其立法会的设立、职能和名额由 1976 年的《澳门组织章程》订定，设定了澳门的立法会议员透过直选、间选和委任三种途径产生，最初的议席数为 17 个（直选 6 个、间选 6 个和委任 5 个），其后经过多次制度的调整而增至回归前的 23 个（直选 8 个、间选 8 个和委任 7 个），并在选民登记和选举方式方面有所变革，鼓励市民和精英的参与。治权的回归为澳门的选举制度变迁产生动力，并由《基本法》规定，三种产生方式作为政治精英进入立法会的路径并没有改变，但是议席的数目和当中的分布有所调整，在不同的路径上精英的资本在价值和组合上也有所区别。例如主要透过直选进入立法会的传统社团精英，其具有显著的政治资本（社团的参与），但在澳葡时期透过总督委任进入立法会的葡裔精英，在委任时更多考虑的是其族裔血统的政治资本。故此，相较社会变迁对精英生成的影响，制度变迁所起的效果是更直接和立时性的。

与此同时，社会变迁与制度变迁之间具有相互的影响性，选举制度的变革可以是社会变迁的结果，例如在澳葡时期，直选和间选议席数量均等，而随着社会整体教育水平和对民主诉求的提高，《基本法》附件订定回归后前三届立法会的议席中直选比例有所增加；同样地，制度变迁的过程为社会变迁带来动力，例如自过渡期议席数目的渐次增加及选民资格的调整大大刺激华人社团和市民的参与热诚，在文化的维度上推动社会的变迁。再者，选举制度变革的影响将直接体现在不同资本的价值，例如直选议席数目的增加为具丰厚经济资本的新兴商界和以文化资本作基础的新兴民主力量带来进入政治精英之列的较大机会。

　　因此，在转型社会中，其精英生成往往是社会变迁与制度变迁的共同结果。宏观的社会变迁在政治、经济和文化三个维度中展现的变化，结合微观的制度变迁所体现在选举制度的变化，特别是三种产生方式的参与资格、方法和议席数等，共同影响精英所拥有的资本价值变化和组合（图1-2）。

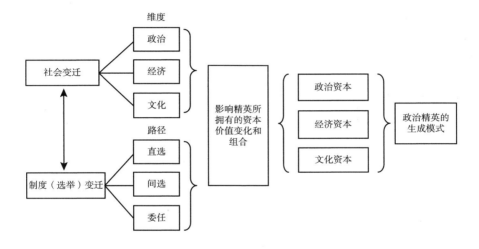

图1-2　社会变迁、制度变迁与澳门的政治精英生成

　　与此同时，由于精英生成模式涉及精英的背景、组成、政治取态，各种资本在不同阶段的价值展现以及不同的进入路径导致立法会内不同政治力量的划分和分布。而各政治力量的立场和态度是反映政治精英在利益代表性上的重要测量指标，揭示转型时期澳门政治精英的利益代表格局（图1-3）。

图1-3　精英生成模式与精英的利益代表关系

　　澳门治权的回归使精英的组成经历了一次重大的转变，华人精英不单在数量上而且在权力架构的层阶上均占据主导地位，因此，从"二元分治"至"澳人治澳"的过程中，一个重要的假设是华人精英更能代表广大澳门居民的利益，而两者在关系上也应比澳葡时期更能保持密切的沟通与联系，然而，随着社会经济发展而出现的利益多元格局对精英的代表性是否会构成影响呢？

　　从近年的社会事件以至市民对政府施政的信心程度来看，精英与大众之间的关系并没有因华人精英的主导而更为紧密。Rudy B. Andeweg 指出，进入后工业化时代的欧洲，其经济的持续低迷困扰着各执政党派，欧洲一体化的进程也在民粹主义高涨的环境下变得更为困难，或更确实地说因为整体教育程度的提升使精英与大众之间的沟通需要更多元、合适的途径，但政党在政治和社会功能上的弱化使其未能适应由"认知的动员"（cognitive mobilization）所指更倾向个人主义和以非传统参与模式所构成的新型精英—大众关系[1]。在澳门，近年在政府资源的大量投放与政策推动下，高等教育的升学率大大提高，至 2014 年第二季度就业人口中拥有高等教育学历（大专或以上）的比例已达 30.7%，比 1999 年第三季度（回归之初）的 12.8% 上升接近 1.5 倍[2]。教育程度的迅速提高是否意味着精英与大众之间的关系需要有所调整以更好地反映社会阶层的利益？

　　作为微型经济体的澳门，整体经济发展具有很大的外在依赖性而出现巨大的起伏，回归后经历的最大经济变化是博彩经营权的适度开放而带来新一轮的经济飞跃。从文献回顾可以看到，不论是莫斯卡和帕累托的经典研究中所预示的精英须因社会之需求而有所流动，又或是 Keller 和帕特南提出的工业化过程带来的政治经济变化对新的精英需求，均反复强调精英的结构和组成需与社会经济发展相适应，而马克思也认为政治精英的组成是社会经济力量格局的结果，其理论指向：科技的创新→经济的转变→社会的改变→精英的转换[3]。

---

①　Rudy B. Andeweg, "Elite-Mass Linkages in Europe: Legitimacy Crisis or Party Crisis," in Jack Hayward, ed., *Elitism, Populism and European Politics*, U. K.: Oxford University Press, 1996, pp. 143 – 163.

②　澳门特别行政区政府统计暨普查局：《澳门主要统计指标》《就业调查》。

③　有关马克思与精英主义的讨论，可见〔英〕巴特摩尔（Tom Bottomore）《平等还是精英》，龙卫军译，辽宁教育出版社，1998，第 16~24 页。

帕特南对英国在工业化过程中所进行的精英转换研究印证了 Reinhard Bendix 指出的经济的发展过程与政治精英的结构调整出现了明显的时间差，在议会的层面，经济与精英转换之间的时间差约 1 世纪，而内阁则为 3/4 世纪[1]。虽然并没有确实的研究指出当中的时间差持续多长将对政治的稳定性构成冲击，但莫斯卡和帕累托均指出若较低的阶层能适时进入精英的行列，革命的发生将能避免。正如在政治参与的过程中，社会动员和经济发展是现代化过程的必然现象，社会动员提高人们的期望，而经济发展则提高社会满足人们期望的能力，但是，社会动员一般比经济发展的速度快，于是"需求的形成"与"需求的满足"之间形成了一个时间差，在这个时间差内若社会内部没有良好的纵向和横向社会流动的机会和可能，将使人们产生"社会挫折感"，促使人们通过政治参与向政治体系施加压力[2]，并在得不到适当处理的情形下导致社会的不稳。为此，本书认为，精英结构和组成与社会经济发展之间的时间差应尽可能缩短，以减低积累影响社会安定的负面因素。同理，由社会变迁而造成的利益表达需求，及其与制度变迁相结合而形成的精英生成模式，如能处在相同的变迁步伐上，将能更及时地反映社会各阶层的利益需求，有助于保持社会的稳定发展。

　　事实上，政治精英的结构已成为解释民主巩固的因素，对菲律宾与印度尼西亚这两个背景相似的东南亚欠发达国家的政治精英结构进行比较研究显示，近似异质的精英结构（印度尼西亚）与较高的民主程度相关，而近似同质的精英结构则相反，从精英分化的程度看，民主政治与较高程度的精英分化具有更大的契合性[3]。Field 和 Higley 则透过对西方国家历史上的民主发展道路，以及广大亚非拉地区民主发展路径的分析，认为共识型的团结精英（consensual unified elites）是保持政治稳定的前提，根据精英整合与精英分化两个维度，Burton 和 Higley 把政体分为四大类型（表 1 - 3）。

---

①　Robert D. Putnam, *The Comparative Study of Political Elites*, N. J.: Prentice-Hall, 1976, pp. 180 - 181.

②　娄胜华、潘冠瑾、林媛：《新秩序——澳门社会治理研究》，社会科学文献出版社，2009，第 179 页。

③　龙异：《政治精英结构与民主巩固：菲律宾与印度尼西亚的比较》，北京大学政治学系博士学位论文，2009。

表 1 - 3　政治精英类型与相关政体分类

		精英整合程度	
		强	弱
精英分化程度	大	共识型的精英 (consensual elite)	碎片型精英 (fragmented elite)
	小	意识形态型精英 (ideocratic elite)	分裂型精英 (divided elite)

资料来源: Michael Burton, John Higley, "The Study of Political Elite Transformations," *International Review of Sociology* 11, 2 (2001): 189.

也就是说，民主政体的理想模式是共识型的精英结构。这里所指的精英整合程度是指精英间是否透过正式和非正式的网络联结在一起，并能使精英与决策行为者保持联系，同时在主要政治规则上是否具有相当的共识；而分化程度则更多针对精英的来源是否在组织和功能上的多元化，以及他们之间和其与国家/政府间是否具相对的独立性①。Eva Etzioni-Halevy 的研究指出，若一个国家是精英结构的社会（精英主义存在于精英的准入、角色和来源，而精英间也就具有十分紧密的联系和利益关系），也就是处于"强"精英整合的程度和"小"精英分化的程度（归类为意识形态型精英），将导致社会发展的停滞而使社会不平等加剧②。而在政治的实践上，精英结构的多元化标示着拥有更强的群众力量基础，但精英间具有获得共识的普遍性也是政策得以落实的重要条件。为此，在推动澳门民主政制发展的过程中，可考虑的方向是精英结构向"共识型的精英"迈进。

然而，共识型的精英结构并非与生俱来的，Higley 和 Burton 在 Field 和 Higley 的基础上尝试把精英的结构与精英的变换（transformation）联系起来③。从历史上出现三个途径达致认同的团结精英结构，包括：协议——突发事件的发生或机会而达成妥协；殖民过程的机会（colonial opportunities）——殖民

---

① Michael Burton, John Higley, "The Study of Political Elite Transformations," *International Review of Sociology* 11, 2 (2001): 187.

② Eva Etzioni-Halevy, "The Recruitment and Role of Elites in Israel," in Elise S. Brezis, Peter Temin, eds., *Elites, Minorities and Economic Growth*, The Netherlands: Elsevier Science B. V., 1999, pp. 65 - 74.

③ John Higley, Michael Burton, *Elite Foundations of Liberal Democracy*, U. S.: Rowman & Littlefield Publishers, Inc, 2006, pp. 1 - 28, 181 - 203.

者给予地方代表有限的自治而最终获得独立；以至聚合（convergence）——为争取大部分已相对富裕选民的支持，原来非团结的精英的基本理念和行为有所聚合。可是，Higley 和 Burton 也指出协议和殖民过程的机会这两个途径在当今已是难以依赖的，更大的憧憬在于精英的聚合。他们乐观地认为持续的民主选举将能促进共识型精英的构成，但同时担心精英间过分紧密的结构将破坏自由民主政体中纵向精英统治与横向民众参与的平衡，认同的团结精英结构将异化并导致自由民主进程的逆向发展。而针对澳门的具体情况，现时的精英结构是否有助于推动聚合过程的发生？近年澳门各种社会变迁是否有利于共识型精英的构建？

四　研究方法与本书结构

本书选取澳门作为一个深度研究的个案，在研究方法中将透过文献分析、二手问卷调查结果、建立数据库，透过横断面分析（1996 年、2005 年和 2009 年三届的立法会选举和会期）体现在动态的时间空间内（回归前至第三届特区政府）影响澳门政治精英生成的因素和其对整体政治系统中利益代表格局的塑造，并突出澳门的精英生成与其他转型中的国家/地区之异同。

在此，文献分析将是最主要的研究技术。精英的研究成果，特别是在西方学术界已硕果累累。针对研究的主题，就目前学术界有关精英流动、精英结构与民主发展等研究的成果加以整合分析，并结合澳门的实际情况，提出在研究过程中的假设和构建研究之框架。而在资料来源方面，将以澳门或其他国家/地区学者的专著、学术论文、调查报告、报章杂志、政府出版物、立法会议员的议程前发言和质询等为基础。由于本书涉及澳门政治精英的来源、结构等背景分析，因此将建立相关之数据库以做统计和分析，而相关资料来源则透过澳门基金会出版之《澳门百科全书》、澳门出版社出版之四集《濠江青英录》、相关人物之报章杂志报道、各大社团年刊报告、其所属机构之网站和政府网站等的收集，并把各类资料来源做比对，以求搜集之资料最为精确。

本书将利用网络分析法（network analysis）作为判断澳门精英结构之整合程度的一个途径，通过了解他们在同一或相关机构拥有职位的情况做测量；同时，运用量化与质化的研究方法，对 1996 年、2005 年和 2009 年立法会选举和相关会期做横断面分析。结合回归前后澳门在政治、经济和文化层面的变化，以及选举制度的调整，了解在转型时期中各种因素与精英生成的关系，并透过议员们的议程前发言、质询、对社会事件的取态，剖析澳门政治精英对特定行为／事件的看法，以体现他们的立场和态度，分析其在利益代表上的取态和澳门政治精英结构的利益代表格局与趋势。

本书共有七章，除第一章导论外，整体结构由六章组成。第一章主要介绍选题的缘由、研究现状与回顾，以及研究的框架。第二章将从澳门政治精英生成的历史背景出发，阐述在过渡时期前后澳门政治精英的组成以及在过渡时期精英生成蜕变的过程，并分析在二元分治下精英与大众的联系。

第三章则相应地概述回归后澳门政治精英的组成及其特征，并用网络分析法展示澳门政治精英的结构网络，透示在回归后澳门政治精英生成具有的双重特质——延续与嬗变，同时分析在治权回归后精英与大众联系的变化。

第四章将透过对 1996 年、2005 年和 2009 年三届立法会选举做横断面研究，具体剖析转型时期影响澳门政治精英的生成因素，从精英在族裔血统、宗族背景、社团参与、经济力量和学历专业五个因素所具有的特征出发，展示在这三届立法会选举中，透过不同的产生路径，政治、经济和文化资本在精英生成中所占据的地位与作用。

第五章透过对社会变迁中政治、经济和文化三个维度，以及制度变迁中直选、间选和委任议席的变化和相关选举制度变革的分析，明晰回归前后精英拥有的各种资本的价值变化和组合，以及社会变迁与制度变迁的互动而对精英生成的过程中产生的嬗变或制约，形成转型时期政治精英的生成模式。同时，该章将尝试回答澳门的精英生成模式与其他发展中国家／地区相比是否拥有其独特性？

第六章将进一步探讨在社会与制度变迁影响下的精英生成结果，如何体现在立法会内不同政治力量的利益取态和立场。透过定量和定性相结合的研究方法，对议员的议程前发言、质询以及社会热点议题和法案的取态分析，归纳源自精英生成而建构的利益代表格局，因制度变迁的过程落后于社会变迁的过程，政治精英未能更广泛地反映社会阶层的利益，形成均衡利益代表的缺位。

第七章总结精英生成模式、利益代表和社会稳定之间的关系，指出由社会变迁而造成的利益表达需求与制度变迁的延后性产生矛盾，两者相结合形成的精英生成模式未能及时有效吸纳新生精英（部分可归类为战略精英）与社会诉求进入政治过程，易于造成精英与大众的关系有所疏离，并可能导致社会的不稳。同时，在精英生成与社会稳定的发展目标下，本书提出建构新共识型精英，以更好发挥精英作为市民大众的利益代表之作用，并从澳门的政治体制及社会现状分析，指出澳门具有迈向新共识型精英结构的有利条件。

第二章
澳门政治精英的生成：历史的考察

自 16 世纪中叶葡萄牙人在澳门定居后，初期澳门地位的模糊性使葡萄牙政府并没有对澳门实施严格的管治，随着清政府与葡萄牙签订了《中葡和好通商条约》后，葡萄牙政府透过不同的方式巩固在澳门的管治，并对政治精英的派驻和录入施以绝对的控制。然而，由于地域的距离、葡萄牙国内的政治发展、华人在澳门居民中的绝大多数比例以及澳门在历史上形成的自治传统等，虽然在管治的大部分时期，澳门的政治精英由葡萄牙派来的总督、相关领导官员以及具葡裔血统的土生葡人主导，但华人精英仍然发挥其积极的作用，并使社团成为重要的政治精英输送媒介。自葡萄牙在 1974 年爆发民主革命和其后澳门进入回归的过渡时期，政治精英的生成也就经历了深刻的变化。

一 早期的澳门政治精英（16 世纪中期至 20 世纪 70 年代）

由于贸易的兴旺和人口的增加，葡萄牙人自 16 世纪中叶定居澳门后，便开始形成行政组织实行自我管理，但这并没有受到葡属印度总督的任何控制和指示①。1560 年，居澳葡人已选出驻地首领、法官和 4 位较具威望的商人，形成管理组织，处理社区内部事务，这便是议事会的雏形②，也就是早

---

① C. R. Boxer, *Seventeenth Century Macau*, Hong Kong: Heinemann, 1984, p. 4.
② 吴志良：《生存之道——论澳门政治制度与政治变化》，澳门成人教育学会，1998，第 49 页。

期澳门葡人社区政治精英的组成部分。然而，虽然议事会依葡萄牙市政的
传统进行选举，并获印度总督确认和国王颁布法令特许状承认其自治地
位，但其与其他葡萄牙封地和城市不同的是，其是向中国地方政府缴交地
租，并以向中国朝廷臣服以换取居澳的权利。实际上，在中葡二元领导
下，澳门市政议会更多倾向于接受中国政府的领导①。因此，在中国统治
者的眼中，澳门葡人自治区具有类似广州蕃坊的特点②，明清政府对澳门仍
有绝对的管治权，居澳华人一直受香山县丞和广州军民府同知的管辖，他们
的生活模式、身份也与明清疆域内的其他居民别无异样。除居澳葡人的一般
事务外，以知县为核心的地方领导对居澳占绝大部分的华人来说也就是澳门
的政治精英。

在 17 世纪初，为了防务的需要，澳门议事会请求印度总督派遣一位
军官长驻澳门，1623 年首任总督马士加路就职履新。但是在 17 世纪和 18
世纪大部分时间，总督的权力只限于"统管炮台和军事监狱"③。而至
1783 年海事暨海外部部长卡斯特罗（Martinho de Melo e Castro）以女王玛
丽亚一世的名义向印度总督发布圣谕（后人俗称《王室制诰》），授予总
督必要的权力，以便主导澳门地区政治生活。自此总督有权干预澳门葡人
内部管理的大小事务，对议事会决策有否决权④。其后，葡萄牙女王唐
娜·玛丽亚二世单方面宣布澳门为自由港，容许外国商船停泊进行贸易活
动，及至 1846 年澳督亚马留上任后随即推行一系列管治政策，并于 1849
年开始停止向清政府缴纳地租银，自此，清朝对澳门的管治已名存实亡。
直至 1887 年，清政府与葡萄牙签订了《中葡和好通商条约》，条约列明
"中国仍然允许葡萄牙永驻和管理澳门以及所属之地"⑤，由此，澳门的政
治精英便正式由葡萄牙派驻澳门的总督作为核心，其拥有代表权、行政权

---

① 王绍明：《鸦片战争前后澳门地位的变化》，《近代史研究》1986 年第 3 期。

② 吴志良：《生存之道——论澳门政治制度与政治变化》，澳门成人教育学会，1998，第 57 ~
59 页；费成康：《中国租界史》，上海社会科学院出版社，1991，第 4 ~ 9 页。

③ Manuel Teixeira, O Leal Senado（议事会），Macau：Leal Senado, p. 7.

④ 吴志良：《生存之道——论澳门政治制度与政治变化》，澳门成人教育学会，1998，第 98 ~
99 页。

⑤ 澳门虚拟图书馆，http://www.macaudata.com/macauweb/Encyclopedia/html/12907.htm。

和部分立法权①。议事会在 1843 年葡萄牙市政改革后，已沦为一个纯市政机关，丧失了自治权力，而在议事会中最重要的检察长职位②，也在 1847 年亚马留总督颁布的法令下而实际隶属于总督，仅在若干事务方面对议事会负责，其后更完全脱离议事会而成为国家公务员，其所属机构亦变成华务检察官署或华政衙门（Procuratura dos Negócios Sínicos）③。

而直至 1894 年华务检察官署被取缔前，检察长一直是澳门政治精英中最重要的人物，是议事会成员兼与中国官府的沟通者，而 1849 年中国官府被迫撤离澳门后，其也成为殖民地政府处理占人口大多数的华人有关事务的专门机构④。

1844 年葡萄牙女王玛丽亚颁令澳门脱离对印度总督的从属关系，成为一个自治的海外省，确立了总督的绝对权力。而在总督之下，则有一个协助总督工作的政务委员会，其成员包括司法厅、军事厅、税务厅和宗教厅厅长以及市政厅主席和检察长两位顾问⑤，构成澳门在葡萄牙管治初期下的政治

---

① ①代表权。总督在澳门代表除法院外的葡萄牙主权机构进行管治；同时，除法律另有规定外，在对外关系上代表澳门。总督有权签署法律、法令，并命令颁布；订定内部安全政策，确保其执行；采取必要措施恢复澳门的公共秩序；提请葡萄牙宪法法院审议立法会订定的任何法规是否违宪或违法；向葡萄牙议会提出修改或取代《澳门组织章程》的建议；行使法律赋予的其他权力。②行政权（亦称执行权）。总督拥有除法律规定保留给葡萄牙主权机关外的全部行政权，具体包括：指导澳门地区的总政策；领导整个公共行政；为实施在当地生效但欠缺规章的法律及其他法规而制订规章；保障司法当局的自由、执行职务的全权性及独立性；管理澳门地区财政；订定货币及金融市场的结构，并管制其运作；等等。总督在行使行政权时，所发出的训令在《澳门政府公报》上公布。③部分立法权。总督的立法权有三类：一是共享性立法权（又称竞合权限），即对所有未保留予葡萄牙主权机构或立法会的立法权皆可行使；二是局限性立法权，即经立法会事先许可或在立法会解散后行使的立法权，立法会赋予的立法许可期限可以延长，但只能一次性使用；三是专属性立法权，即明文规定保留予总督的立法权。见澳门虚拟图书馆，http://www.macaudata.com/macauweb/Encyclopedia/html/54805.htm。
② 初期检察长负责税务、财政、海关和执行行政政策，并代表议事会与中国政府沟通，而在 1738 年后，检察长的职能除不再兼任库官外，其余的职能一直维持约 200 多年。见吴志良《生存之道——论澳门政治制度与政治变化》，澳门成人教育学会，1998，第 102~103 页。
③ 吴志良：《生存之道——论澳门政治制度与政治变化》，澳门成人教育学会，1998，第 104 页。
④ 吴志良：《生存之道——论澳门政治制度与政治变化》，澳门成人教育学会，1998，第 106 页。
⑤ 吴志良：《生存之道——论澳门政治制度与政治变化》，澳门成人教育学会，1998，第 147 页。

精英班子。

其后在 1917 年根据《海外省民政组织法》通过的《澳门省组织章程》（*Carta Organica da Província de Macau*），则更完整地勾画了澳门政治、行政、财政、军事和市政组织及其运作规定，并明确澳门的政治精英在政治系统运行上的角色和地位。

澳门两个最重要的权力机关为总督和政务委员会，总督按照法律和公共利益管理澳门，依宪法和法律规定委任（第 30 条）。总督是澳门的最高民事和军事权威（第 41 条），代表中央政府（第 42 条），拥有行政权、军事权、财政权和立法权（第 43、45、46 和 47 条），而其立法是以训令（*Portaria*）的形式行之（第 48 条）。

政务委员会则是"总督之后首要和主要管理机关，依法密切协同总督运作"（第 54 条）。政务委员会由公务员（官守）委员和非公务员（非官守）委员两部分组成，前者包括总督、政府秘书长、检察官、卫生厅厅长、工务厅厅长、财政厅厅长、海事厅厅长和军事厅厅长，主要职责是对需要讨论和解决的问题提出技术性的意见和说明，令拟采取的行动符合行政传统和规范；后者包括澳门市政厅所有葡裔或加入葡籍的议员以及由总督在葡人或加入葡籍超过 5 年、居澳 8 年以上且能读写葡萄牙语的人士挑选出来的 2 位华人社会代表，以推动和维护居民的合法权益，表达其意见（第 55 条）。而在职能上，政务委员会不仅是咨询机关，且带有立法会的功能并与总督相互制衡。

1920 年葡萄牙修改宪法后，赋予各殖民地高度的自治权（8 月 7 日第 1005 号法律），而殖民地的政治系统也随之而变化，形成总督、立法委员会（Conselho Legislativo，时称议例局）和行政委员会（Conselho Executivo，时称议政局）三足鼎立，把原有的行政委员会一分为二，这与后来的总督、立法会和咨询会以至现时特区的行政长官、立法会和行政会三个权力中心所组成的政治系统相似。

行政委员会由总督、检察院代表、总督每年委任的 4 位政府部门首长和另一位成员组成（第 2 条），行政委员会成员同时为立法委员会议员，此外，立法委员会还包括市政厅主席、市政厅推选的一位市议员、从 30 位纳税最多的市民中选举的一名市民；总督在华人社会挑选的 2 名代表。

然而，1926 年葡萄牙通过《澳门殖民地组织章程》（*Carta Organica da Colónia de Macau*），在新的章程下澳门的政治机关变为总督和政务委员会，总督在殖民地部长提名下由部长会议委任（第 7 条），直属殖民地部长（第 13 条），主持政务委员会工作。而政务委员会具有决议和咨询的职责，由当然成员、委任成员和选举产生成员三部分组成（第 32 条）。当然成员为政府官员。委任和选举的成员为非公务员委员，人数必须相同（第 33 条），其中选举的成员包括市政厅互选的一位议员代表、居民直接选举的一位代表以及澳门商会（今中华总商会）推选的一位代表（第 43 条）。

虽然葡萄牙经历政局的动荡不安以至萨拉查其后推行独裁政治，澳门的政治系统结构并没有重大的变化，但在 1934 年生效的《葡萄牙殖民地帝国组织章程》（*Carta Organica do Império Colonial Português*，1933 年 11 月 15 日第 23228 号法令），则赋予殖民地部长成为"殖民政策主要指导者和领导人"（第 9 条），代表中央政府对殖民地行使除议会保留立法权之外的所有权力，俨然"总督的总督"①。同时，政务委员会也变成一个纯咨询组织，每年仅有一个为期 30 天的会期（第 72 条），其可向总督提出议案，但本身没有立法创制权（第 76 条）。

及至 1955 年的《澳门省章程》和 1963 年的《澳门省政治行政章程》，又再使澳门的政治精英出现变化。《澳门省章程》使澳门成为"公权法人，享有行政财政自治"（第 2 条），总督和政务委员会也首次明确地称为"自我管治机构"，总督的立法权也有所增加，政务委员会的意见仅作为施政的参考。然而，政务委员会开始出现直接选举的成员，并超过委任议员的数目。而《澳门省政治行政章程》则使澳门的自我管治机构又回到 3 个——总督、立法会和政务委员会（第 5 条）。立法会由总督担任主席，具有立法和咨询的功能。再者，除一般立法权外，立法会尚有专属立法权（第 18 条第 2 款）。而政务委员会除作为咨询机关外，还有一项立法职能——通过澳门经济发展大纲（第 36 条第 1 款 c 项）。

直至 1972 年《澳门省政治行政规章》则突出总督和立法会，表示"自我管理机关有总督和立法会，在省咨询会（Junta Consultiva Provincial）协同下工作"（第 5 条）。总督可以在立法会专属立法权以外的所有事项进行立法，也可由立法会授权和在立法会解散时行使立法权（第 11 条）。而立法会的议员则增加至 14 人，除总督委任的华人社会代表外，其余在葡萄牙公

---

① 吴志良：《生存之道——论澳门政治制度与政治变化》，澳门成人教育学会，1998，第 218 页。

民中自由选举产生（第 18、19 条）。同时，省咨询会则协助总督行使职权，对总督提交的所有事项提出意见。

由此，可以看到，在管治的大部分时间里，虽然澳门的政治精英组成除总督外不断因澳门政治行政组织的变化而有所变更，但是已基本形成了由总督（行政主导）、立法会（立法机构）和政务委员会／省咨询会（咨询组织）三者组成的权力架构，但是当中绝大部分的据位者是葡萄牙人或拥有葡裔血统的土生葡人，华人需具有国籍或语言的条件（葡籍或懂葡语），又或是作为经济的精英（纳税最多）或社团的代表方能进入权力系统，且仅有总督委任的华人社会代表是具保证之席位（表 2-1）。

表 2-1 1917~1974 年澳门政治精英的主要构成（除总督外）

年份	法律来源	总督之下的主要政治精英	华人的参与
1917	《澳门省组织章程》	政务委员会。由官守委员和非官守委员组成，官守委员包括（除总督外）政府秘书长、检察官、卫生厅厅长、工务厅厅长、财政厅厅长、海事厅厅长和军事厅厅长。非官守委员包括澳门市政厅葡籍或已加入葡籍的议员及 2 名由总督委任的华人代表。	政务委员会成员：由总督委任的 2 名华人代表，但需具有葡籍或已加入葡籍至少 5 年，在澳门居住满 8 年并懂得阅读及书写葡文。
1920	第 7030 号命令修改的《澳门省组织章程》	行政委员会和立法委员会。行政委员会包括（除总督外）1 名检察院代表、总督每年委任的 4 位政府部门首长和另一位成员组成。立法委员会则包括执行委员会的所有成员，以及市政厅主席、市政厅推选的一位市议员、从 30 位纳税最多的市民中选举的 1 名市民；总督在华人社会挑选的 2 名代表。	立法委员会成员：总督在华人社会挑选的 2 名代表，但需在澳门居住满 8 年并懂得阅读及书写葡文（没有国籍限制）。
1926	《澳门殖民地组织章程》	政务委员会。当然成员包括民政厅厅长、检察官、工务厅厅长和财政厅厅长；委任成员为总督从本地居民挑选 3 名市民；选举成员则包括市政厅互选的 1 位议员代表、居民（葡人）直接选举的 1 位代表以及澳门商会（今中华总商会）推选的 1 位代表。	政务委员会成员：澳门商会（今中华总商会）推选的 1 位代表（懂葡语优先）。
1933	《葡萄牙殖民地帝国组织章程》	政务委员会。官守委员 4 名、总督委任和选举各 2 名。总督委任时需要照顾到市政组织、工商业、农业和工人团体的提名；选举委员在经济团体内进行，若没有则在纳税最多的人士中（上限为 40 名）中推选。	由于华人已垄断澳门之经济，其较大机会透过经济团体或在纳税最多的人士中选出成为政务委员会委员。

续表

年份	法律来源	总督之下之的主要政治精英	华人的参与
1955	《澳门省章程》	政务委员会。当然委员包括检察官、市政厅长和2位政府部门首长；3位由直选产生的委员；1位由总督从私人社团推荐的3人名单中挑选委任的人士；总督委任的1位华人社会代表。	政务委员会委员：由总督委任的1位华人社会代表。
1963	《澳门省政治行政章程》	立法会和政务委员会。立法会包括3位官守议员（检察官及2名政府代表）；总督委任的华人社会代表；3位直接选举的议员；1位由纳税人推选的代表；行政组织、行政公用法人和道德文化利益性代表团体推选的3位成员；私人社团和机构推选的1位代表。而政务委员会则由5位主要官员（秘书长、驻军司令、检察官、财政厅厅长和市政厅主席）和3位立法会挑选的议员组成。	立法会委员：由总督委任的1位华人社会代表。
1972	《澳门省政治行政规章》	立法会和省咨询会。立法会共14名议员，除1名由总督任命的华人社会代表，其余由选举产生，包括5位由登记选民直接选出、3位由行政团体及行政公用法人选出、2位经济利益团体的代表、2位道德文化团体的代表、1位私人团体和机构的代表。而省咨询会成员则包括选举成员5名，分别在行政机关（2名）、文化利益团体和公用法人机构（2位）以及经济社团（1位）中产生；官守成员3名，包括检察官、财政厅长和民政厅长；总督委任的社会知名人士（名额不定）。	立法会议员：由总督任命的1名华人社会代表。

资料来源：吴志良：《澳门政制》，澳门基金会，1995，第50～57页。

　　再者，不论是处于权力阶梯顶端的总督还是中层的公务员，都是由葡裔人士垄断，葡萄牙政坛的动荡使澳门或多或少成为政治人物避离或寻求东山再起之所[1]，而依当时的法例，葡萄牙派驻澳门的公务员依原来的标准支薪，由于葡盾（Escudo）与澳门元的官定汇价不到实际汇价的5%，他们在

---

[1]　如曾任戈斯达（Afonso Costa）政府内政部长的罗德礼（Rodrigo José Rodrigues）在里斯本失势后便到澳门做总督，而跟随他来的政府秘书长罗萨（Manuel Ferreira Rocha）不久回到葡萄牙便担任殖民部部长。见吴志良《生存之道——论澳门政治制度与政治变化》，澳门成人教育学会，1998，第220页。

澳门拿到的工资便高出原来工资的 20 倍①。因此，大量葡人前来澳门工作担当公务员，华人政治精英在数量与层阶上皆与葡人存有巨大的差异。

虽然葡萄牙人完全占领了澳门，并建立了正式的行政权力体系，然而，由于地理空间以及葡萄牙宗主国的国力，其从未获得占人口总数九成以上的华人社会的控制权，华人社会从来都是自治和接受中国官方指示的②。前澳督罗必信（Antonio A. F. Lopes dos Santos）也清晰地表达了澳葡政府对澳门管治权的不完整性："我们认为，一个是应始终尊重中国利益，接受他们在地方行政中的参与，另一个也许就是葡萄牙在那里仅以一个象征的形象保持其最低的尊严，关于这一点，如果说并非不可，然则亦实难办到。"③ 为此，出于管治的需要，澳葡当局处理本地华人事务或与中国官方联络时，总需要本地华人精英的协助。例如卢廉若在 1921 年中葡冲突与 1922 年澳门"五二九"工潮④中充当调停人；又何贤在 1952 年关闸事件⑤所引起的中葡交涉中扮演了中葡沟通者的重要角色，其更在 1966 年的"一二·三"事件⑥中作为澳门华人的代表，得到中方的支持和声援而成为跟澳葡当局交涉的灵魂

---

① Montalto de Jesus, *Macau Histório*, Macau: Livros do Oriente, 1990, p. 319.

② 黎熙元：《难以表述的身份——澳门人的文化认同》，《二十一世纪》2005 年第 92 期。

③ 《前澳督罗必信回忆录》，《文化杂志》中文版 1993 年第 15、16 期合刊。

④ "五二九"工潮的起因是在 1922 年 5 月 28 日下午，一位中国妇女在街上遭非洲葡兵尾追调戏，当众非礼，路人不满葡兵所为而将其痛打，但警察闻讯赶来后却拘捕了 3 名青年工人，消息传出后民情激愤，数百名工人涌往警署将其包围，要求释放被拘捕人士，但遭增援之葡兵开枪射击，造成一死一伤。然而，这激起更多的群众包围警署，增援之葡兵因驱散不成而向人群开枪，造成 70 多人死亡，数百人受伤，从而引起全澳工人联合大罢工、罢市。详见吴志良《生存之道——论澳门政治制度与政治变化》，澳门成人教育学会，1998，第 226 ~ 230 页。

⑤ 关闸事件的起因是 1952 年 7 月 25 日，中葡两国士兵于关闸边界发生武装冲突，双方互有伤亡。随着双方冲突升级，边境关闭，来自中国大陆的粮食与蔬菜供应中断，引发澳门社会的内部危机。详见关振东、陈树荣《何贤传》，澳门出版社，1999，第 70 页。

⑥ "一二·三"事件的导火线是 1966 年 11 月澳葡当局阻止在未得到动工许可前便先行搭棚施工的氹仔坊众学校扩建工程，由此引起 24 人受伤，并拘捕了在场采访的 1 名《澳门日报》记者。该事激起了积累多时的民族与社会矛盾，澳门华人群起抗议，并引发 12 月 3 日在总督府门前的冲突，后来澳葡政府实施戒严，其间更有多人死伤，并引起了广东省乃至中国中央政府的高度关注和介入，广东省人民委员会外事处奉命对澳葡当局提出强烈抗议和 4 项要求。最后澳葡当局分别签署了《澳门政府对华人各界提出的抗议书的答复》（俗称"认罪书"）与《澳门政府对于广东省人民委员会外事处处长声明所提 4 项实施条款》。详见吴志良《生存之道——论澳门政治制度与政治变化》，澳门成人教育学会，1998，第 259 ~ 283 页。

人物。自 20 世纪初，纵使葡萄牙全面管治着澳门，他们也重视给予华人精英一定的参政途径，政务委员会和立法委员会/立法会议员的多次构成变化均显露了对华人精英参政的考虑。所以，华人政治精英得以在狭缝中生成。

进入 19 世纪，澳门的经济地位与经济结构发生变化，长期以来支撑葡商进行转口贸易的特惠条件逐渐丧失，华商取而代之成为澳门的经济主体[①]。"与明代掌握着巨大转口贸易利益的在澳葡人那种资金雄厚、财政充裕的状况不同，到 19 世纪，葡人资本在澳门经济中已不再享有独执牛耳的地位。"[②] 事实上，1840 年鸦片战争后清廷开放五个通商口岸，并割让香港予英国，在澳门的外国商人（包括葡商）纷纷把资本从澳门撤出，投入香港和上海等通商口岸，由此，澳门的经济便进一步由华商所掌控，葡人在澳门的经济地位可谓微不足道。为此，当时的一份呈给总督高士德（Jose M. de Sousa Horta e Costa）的官方普查报告中曾有这样的提议："有迫切需要采用一个引入大量葡萄牙人的方法，他们不属于官方阶级，并于此殖民地建立永久居所，唯一方法可以达到的是需要有一定数量葡萄牙人的工商场所。"[③] 而从表 2 - 2 更可看到华商与葡商在澳门经济上的悬殊地位。

表 2 - 2　1896 年与 1910 年澳门商业场所结构

	场所数				男性员工数			
	1896 年普查		1910 年普查		1896 年普查		1910 年普查	
	个数	%	个数	%	人数	%	人数	%
中式	1064	99.0	1071	97.3	6803	99.5	5744	98.7
葡式	11	1.0	30	2.7	35	0.5	74	1.3
总数	1075	100.0	1101	100.0	6838	100.0	5818	100.0

资料来源：古万年、戴敏丽：《澳门及其人口演变五百年（1500~2000）》，澳门统计暨普查司，1998，第 386 页。

不止于此，澳葡政府在百业凋零之时选择发展的博彩业，也为华商所垄断，而其他专营权的承投，如鸦片、鱼盐、火药、煤油等，更绝大部分落入

---

① 娄胜华：《转型时期澳门社团研究——多元社会中法团主义体制解析》，广东人民出版社，2004，第 41 页。

② 杨道匡、郭小东：《澳门经济评述》，澳门基金会，1994，第 158 页。

③ 古万年、戴敏丽：《澳门及其人口演变五百年（1500~2000）》，澳门统计暨普查司，1998，第 385 页。

华商的手中。由此，博彩业与垄断性行业的专营方式加快了财富积累的速度，催生了一批华商巨贾①。

华商的致富使他们成为特殊的利益群体，他们需要有效的方式来保护和促进共同的利益，当中，除澳葡政府开放的极为有限的途径外，他们采用了个人和集体两种方式。个人方面，加入葡籍是最直接和简易的做法，而这也是他们能进入澳门政治圈子的一个重要条件；而集体方面，就是组织社团，这不仅是成为立法机构或咨询机构一员的主要路径，也是其后长期影响澳门政治精英生成的核心因素。

研究澳门社团的学者娄胜华指出，澳门华商创建的早期民间社会组织，在宗教性神庙与世俗性善会外，工商性团体居于重要地位。华商为保护自身利益而组织的早期业缘团体中，会馆的历史最为悠久②。而随着经济的发展，原有的会馆性质也逐渐演变为工商组织，名为中华总商会的近代型社团在政治上具一定的影响力，如 1926 年葡萄牙通过《澳门殖民地组织章程》便指出政务委员会的成员需包括澳门商会（今中华总商会）推选的一位代表，而工商社团也与传统的慈善救济社团一起成为澳门社团的主要组成部分。

虽然与葡人相比，澳门的华人政治精英在此时期仅能在政治的狭缝中存活，但由于澳葡政府管治的不完整性、华商在澳门经济的垄断地位以及华人社团的蓬勃发展，华人精英的政治地位和作用是不容忽视的，而他们也是华人在澳门的利益代表以及跟澳葡政府沟通的主要媒介。

二　政治现代化与澳门政治精英的组成

1952 年的关闸事件、1955 年的 "澳门开埠 400 周年纪念事件"③ 以至

---

① 娄胜华：《转型时期澳门社团研究——多元社会中法团主义体制解析》，广东人民出版社，2004，第 44 页。
② 娄胜华：《转型时期澳门社团研究——多元社会中法团主义体制解析》，广东人民出版社，2004，第 46 页。
③ 1955 年，澳葡政府为筹备 "澳门开埠 400 周年" 庆典，成立 "纪念澳门开埠 400 周年筹委会"，并宣布澳门为海外省，颁布《澳门省章程》（*Estatuto da Província de Macau*）。但中国政府对葡人的举动十分关注，并不赞同有关举措，后来澳葡当局在压力下以 "缺乏经费" 为由宣布取消所有庆祝活动。详见吴志良《生存之道——论澳门政治制度与政治变化》，澳门成人教育学会，1998，第 256～258 页。

1966 年的"一二·三"事件，显示了虽然当时的中国政府意在暂时维持港澳现状，但中方对澳门的影响力始终牵动着澳门的时局发展。特别是澳门仅为弹丸之地，所有日常必需品均需由中国内地输入，而"一二·三"事件所触发的葡人与华人长期存在的内在矛盾，也使得葡人在澳门的管治权威岌岌可危。然而，在经历了法治丧失、经济萧条、社会不安以及道德价值混乱的负面影响后，澳葡政府汲取了经验教训，逐渐调整其僵硬过时的管治政策和手段①，而其后 1974 年葡萄牙发生的"四二五"民主革命和《澳门组织章程》的颁布实施，奠定了澳门现代政制的形成，也启动了澳门政治逐步脱离直接的殖民化管理，获取更大自治的政治现代化过程。当中，《澳门组织章程》1976 年生效后，澳门政治开始走向民主化，其具体表现是首届拥有重大实质立法权的立法会在当年经选举产生，成为澳门地区的自治管理机关，改变了总督完全主导澳门政制的局面②，而政治精英的组成也相应出现一定的变化。

李安道总督于"四二五"革命后的 11 月抵澳履新，发现《澳门省政治行政规章》与现实严重脱节，权力集中于里斯本的情况影响澳门社会经济的发展，因此决定拟定新的澳门政治章程，并组成工作小组，成员包括华人社会代表何贤和崔德祺，而他们也是早期澳门立法会中的少数华人社会代表。

1976 年 2 月 27 日葡萄牙颁布的《澳门组织章程》第 2 条重新确立了澳门的宪政地位，而其宪法性法律效力在同年 4 月 25 日颁布生效的《葡萄牙共和国宪法》获得确认和维持，新的宪法首次承认澳门为葡萄牙管理下的中国领土，由一个适合其特殊情况的章程所管理。

《澳门组织章程》第 76 条规定须在《澳门组织章程》生效日起 90 天内举行立法会和咨询会选举，立法会的组成（第 21 条）包括：由总督从当地社群中公认享有荣誉的居民中委任的议员 5 人；经普遍及直接选举产生的议员 6 人；经间接选举产生的 6 人，当中分为三个选区，经济利益的代表 3 人，道德、文化和慈善利益的代表各 1 人。与过去的立法会相比，《澳门组

---

① 吴志良：《生存之道——论澳门政治制度与政治变化》，澳门成人教育学会，1998，第 286 页。
② 吴志良：《生存之道——论澳门政治制度与政治变化》，澳门成人教育学会，1998，第 316 页。

织章程》赋予立法会更大的权力，其运作已不再从属总督，且是澳门首要的立法机关，虽然总督仍保留部分立法权力，但立法会在新的体制下与总督起互相合作与制衡的作用①。

另外，与立法会相比，咨询会的功能则相对薄弱，其也是附属于总督的一个辅助决策机构，有权对总督权限内或总督提交讨论的一般行政事务发表意见。再者，虽然咨询会的成员也有部分由选举产生（5人），另3人为当然委员和2人由总督从当地社群中公认享有荣誉的居民中委任，但其选民资格具有严重的狭隘性（仅包括立法会间接选举的选民）。因此，其成员不论在澳门政治精英层阶中的位置还是他们具有的代表性都相对较低，本书研究对象重点针对立法会的政治精英。

由于在1976年和1980年的最初两届立法会选举中，华籍和外籍公民只有分别在澳门住满5年和7年才可以参加投票，而葡籍市民则只要在选举宣传活动完结之日年满18岁而通常住址在选举地区内便行。因此，受到国籍的歧视，占人口绝大多数的华人并没有参与选举，直接选举中登记的选民在第一届和第二届分别仅得3647和4195人，而投票人数则为2846人和2600人，葡裔精英基本上操控了立法会直接选举的全部议席和间接选举的部分议席，分别占直接选举的83%（1976年）和100%（1980年），以及间接选举的33%（1976年和1980年）；反之，华人则透过蓬勃的社团活动参与间接选举和总督的委任而获得议席（表2-3）。值得注意的是，直选议席中也集中在由土生葡人所组成的单一参政团体，公民协会连续两届获得6个直选议席中的4席。

---

① 例如立法会保留广泛的立法权，但其通过的法律则须由总督颁布后方能生效；而总督使用共享性和局限性立法权制定的法例，也可能受到立法会的追认或遭拒绝追认。又如总督可以向立法会行使政治否决权，向葡萄牙总统建议解散立法会，而立法会则可以弹劾总督（《澳门组织章程》第32条第2款c项），两者均可以违宪或违法为理由，要求葡萄牙宪法法院审议对方通过的法例。详见吴志良《澳门政制》，澳门基金会，1995，第93~94页。

表 2 - 3　第一届（1976 ~ 1980 年）和第二届（1980 ~ 1984 年）
澳门立法会的议席分布

单位：人，%

届别	直选		间选		委任		总数	
	葡裔	华人	葡裔	华人	葡裔	华人	葡裔	华人
AL 1976	5 (83.3)	1 (16.7)	2 (33.3)	4 (66.7)	3 (60)	2 (40)	10 (58.8)	7 (41.2)
AL 1980	6 (100)	0 (0)	2 (33.3)	4 (66.7)	3 (60)	2 (40)	11 (64.7)	6 (35.3)

说明："AL ××××"代表立法会届别（下同）。

三　过渡期澳门政治精英结构的蜕变

虽然澳门的政治精英由葡裔人士主导，然而，土生葡人与总督的政治与利益取向不同——本地土生葡人试图使立法会成为一个主导澳门政治生活、监察和左右行政权的机关，而总督则作为殖民地模式的最高权威，两者取态的不一致使立法会运作期间权力纷争不时发生[1]，最终导致总督高斯达（Vasco de Almeida e Costa）于 1984 年提请葡萄牙总统解散立法会，并对立法会选民登记和选举组别划分等做出了修订。直接选举方面，取消了原来对非葡籍居民居住期的限制，改为"凡直至每年选民登记期截止日居住于澳门，持有葡萄牙认别证或澳门身份证且年满 18 岁的个人"。而在间接选举的选区和议席分配上也有所调整，把原来的经济利益（3 席）、道德利益、文化利益和慈善利益（各 1 席）的 4 个组别改为 2 个组别：经济利益（5 席）以及道德、文化和慈善利益（1席），使经济利益社团的重要性大大提高，有利于华人社团的参与。

同时，为改变华人不关心选举的常态，已登记为选民的个人，享有豁免因办理本地区有关行政机关发给身份证明文件及旅游证件所应缴付之印花税票及/或手续费[2]。

———————

① 吴志良：《澳门政治发展史》，上海社会科学出版社，1999，第 288 页。
② 林园丁、张德荣等：《澳门特区民主发展前景研究——以选举制度为视角》，澳门理工学院一国两制研究中心，2010，第 38 ~ 39 页。

为此，自 1984 年第三届立法会选举后，选民的基数大大增加，特别是华人的参与，登记选民跃升至 51454 人，投票人数也达 28970 人。华人代表更多透过直接选举进入立法会，并凭着活跃的社团组织控制了间接选举的议席，而土生葡人社团代表仅能与华人社团协商联合提名而保留部分直选和间选席位。同时，总督透过委任议员来保持葡人在立法会仍具有一定的声音（表 2-4）。

表 2-4 第三届（1984~1988 年）澳门立法会的议席分布

单位：人，%

	华人	比例	葡裔	比例
直选	2	33.3	4	66.7
间选	6	100	0	0
委任	1	20.0	4	80.0
总数	9	52.9	8	47.1

如果说新的选民登记和选举组别的划分在政策措施上使华人在澳门的政治精英比重中有所提高，那中葡两国在 1979 年建交以及其后经过四轮的中葡谈判而签署的《中葡联合声明》，则是从政策措施以至心理状态两方面使澳门的政治精英结构出现蜕变。

自 1988 年 1 月 15 日起澳门正式进入过渡期，并至 1999 年 12 月 20 日中国正式恢复对澳门行使主权而结束。在进入过渡期伊始，澳葡政府便开始进行"三化"的工作——公务员本地化、法律中文化、中文官方化。"三化"的问题一直是中葡双方在磋商和谈判澳门问题的重点，而其亦是在根本上与同为西方管治地区的香港在过渡期所面对问题的差异。为此，不仅在公务员团队的华人能在公务员本地化的过程中，获得比过去管治时期更大的晋升至领导和主管职位的机会，从而成为澳门的政治精英；法律中文化和中文官方化也肯定了中文的地位和作用①，并从侧面反映了华人的政治地位正不断提升。更重要的是，在心理状态方面，由于澳门的政治前景明朗化，《基本法》中"澳人治澳"、高度自治的方针使本地华人普遍具有当家做主

---

① 《基本法》保障了中文在官方语言上的主导性。如《基本法》第 9 条规定："澳门特别行政区的行政机关，除使用中文外，还可使用葡文，葡文也是正式语文。"

的心态，促使华人精英在政治舞台上更为积极和活跃，参与直接选举的组别也逐次递增①，由1988年的5组增至1996年的12组，在华人群体较高的归属意识和政治热情下，华人代表在立法会议员的组成中更见突出，回归前最后一届的立法会直选议席更全部被华人囊括，而葡裔人士则绝大比例透过总督委任而获得议席（表2-5）。

表2-5 过渡时期（第四～六届）澳门立法会的议席分布

单位：人，%

届别	直选		间选		委任		总计	
	华人	葡裔	华人	葡裔	华人	葡裔	华人	葡裔
AL 1988 *	6 (75.0)	2 (25.0)	7 (87.5)	1 (12.5)	1 (14.3)	6 (85.7)	14 (60.9)	9 (39.1)
AL 1992	7 (87.5)	1 (12.5)	6 (75.0)	2 (25.0)	0 (0)	7 (100.0)	13 (56.5)	10 (43.4)
AL 1996	8 (100.0)	0 (0)	6 (75.0)	2 (25.0)	0 (0)	7 (100.0)	14 (60.9)	9 (39.1)

注：＊包括1991年补选。

四 二元分治下澳门的政治精英之路

在葡萄牙的管治下，澳门的政治模式一直是"二元分治"的格局，"二元政治"始终断断续续地存在于澳门社会，从而形成澳门特有的一种政治形态和社会现象②。不论在1583年议事会成立后居澳葡人的内部自治和澳门华人始终在明清的中央政府控制下，又或是在澳葡政府一直的"无为而治"下而把部分的社会功能交予华人社团负责，华人与葡人虽然居于澳门这弹丸之地，但有着各自的文化习性，似是独立自主生活的两个族群。然而，在这"二元分治"的政治环境下，澳门的政治精英地位却长期偏向于

---

① 蔡永君：《回归后澳门治理精英的来源、特征及其与大众关系的演变》，《当代港澳研究》2013年第3期。

② 冷夏：《"二元政治"的客观存在与重新整合》，载余振、林媛主编《澳门人文社会科学研究文选（2008～2011）·政治编》，社会科学文献出版社、澳门基金会，2013，第206页。

葡人社群。

虽然华人在澳门一直占人口超过95%，但澳门的政治精英不论在数量上或是层阶上皆为葡人所垄断，而族裔的因素也是在"二元分治"的格局下成为政治精英的一个最重要因素。

首先，作为澳门政治精英最高代表的总督由葡萄牙中央政府直接委任，而在表2－1所列出的政治精英组成中，不论是政务委员会、行政委员会还是立法会议员等的官守或当然席位全部由葡人担任，华人仅能透过总督委任的途径又或是财富的积累方能有机会进入政治精英之列。

其次，即使是财富万贯的华商，他们也多以加入葡籍以受到澳葡官方的保护，并以此作为进入政治场域的手段之一，如卢九父子、何连旺、李镜荃，而多数澳门华人社团的早期领导人也加入了葡籍①。

而在《澳门组织章程》颁布后，虽然澳门的自治地位得到一定的提高，但长期以来，为了方便澳督的管治，澳门的各级政府部门负责人，包括政务司之下的司长、副司长、厅长、处长等，都不是依章晋升上来的"事务官"，而是由澳督和几个政务司安排，做出政治任命的、具备"半政务官半事务官"的身份②。因此，这种由政治委任各级领导的公务员系统，自然而然地为与澳督同气连枝的葡裔人士所垄断，在政治环境上葡裔已占据领导的地位。同时，在"二元分治"的格局下，早期立法会选举对选民因国籍而制定的居住年期限制更使政治的权利也成为葡裔人士的专利，参加直接选举的为占人口少数的土生葡人居多，投票的热忱也仅限于葡籍人士，为此形成葡裔社群不论在政治生活的积极性又或在立法会的代表性均远远高于华人。

而进一步从他们的组成来看，葡人的政治精英超过一半在澳门出生（属土生葡人），平均占各届葡裔议员的53.8%，而很大部分葡裔精英具有大专或本科学位，部分更具研究生的学历，这与土生葡人一般在澳门属于富裕的中上阶层不无关系。同时，葡人政治精英主要从事与政治相关的专业（以律师居多）或公务员的工作（表2－6）。年龄方面他们则有较大的差

---

① 娄胜华：《转型时期澳门社团研究——多元社会中法团主义体制解析》，广东人民出版社，2004，第46、271页。

② 吴国昌：《从20世纪到21世纪澳门政治的发展》，载余振、林媛主编《澳门人文社会科学研究文选（2008～2011）·政治编》，社会科学文献出版社、澳门基金会，2013，第134页。

异，最年长的立法会议员为第三届 64 岁的欧巴度（Alberto Dias Ferreira），而最年轻则为第一届的安娜·彼莉丝（Ana Perez），其时仅为 25 岁，而他们的平均年龄为 43.4 岁①，属于相对年轻的政治精英群②。

表 2-6　回归前澳门立法会葡裔议员的职业与学历统计

单位：人，%

届别	职业			学历			
	专业人士	公务员	商人	中学	大专或本科	研究生或以上	其他
AL 1976	3 (30.0)	7 (70.0)	0	0	4 (40.0)	1 (10.0)	5(不详) (50.0)
AL 1980	7 (63.6)	4 (36.4)	0	1 (9.1)	6 (54.5)	1 (9.1)	3(不详) (27.3)
AL 1984	3 (37.5)	4 (50.0)	1 (12.5)	1 (12.5)	3 (37.5)	3 (37.5)	1(不详) (12.5)
AL 1988*	6 (66.8)	3 (33.3)	0	0	8 (88.9)	1 (11.1)	0
AL 1992	6 (60.0)	4 (40.0)	0	0	8 (80.0)	2 (20.0)	0
AL 1996	7 (77.8)	2 (22.2)	0	1 (11.1)	7 (77.8)	1 (11.1)	0

说明：此表并不包括间选和委任议席的替补人士资料。
注：* 包括 1991 年补选。

　　与之相比，华人政治精英的生成之路则较为不同。首先，先天性的族裔因素使澳门的华人能进入议事殿堂成为政治精英的比例很低，当中，进入社团并成为领袖是最为有效的途径。一方面，澳葡政府为了强化与华人社会的沟通，降低社会矛盾的积累，特别是自"一二·三"事件后，澳葡当局的管治权威陷入低谷，使其更需要扩大华人的政治参与。另一方面，澳门社团经过百年的发展已具有一定的规模，深入社会的各个层阶，并衍生出强大的社会管理功能，

① 部分葡裔精英的年龄不详，因此未能完整计算所有葡裔精英之平均年龄。另外，部分葡裔立法会议员在任期内有所变动，以原在该职位之人士的年龄做计算。
② 美国议员的平均年龄是 58.2 岁（中国国际广播电台－国际在线，http://gb.cri.cn/ad/），香港地区第四届立法会议员（2008~2012 年）的平均年龄为 58 岁（香港立法会秘书处：《资料便览》）。

而进入过渡时期，澳门华人社团在政治精英方面的录用与输送功能更为突出。因此，在立法会的华人政治精英中，他们绝大部分均属于某一社团的领导或管理层，除第一届立法会外，其余各届均占当届华人议员比例的八成以上。而在各社团中，以被称为属于澳门的顶级社团（"澳门中华总商会""澳门中华教育会""澳门工会联合总会""澳门街坊会联合总会"和"澳门妇女联合总会"五大社团）① 所占比例最为突出，各届立法会的华人议员中，都有来自中华总商会和出入口商会的代表，而工会联合总会和街坊会联合总会的代表则分别自1984 年（第二届）和 1988 年（第三届）后一直获得议席（表 2 - 7）。

表 2 - 7　回归前澳门立法会华人议员的社团背景（属领导或管理层）

届别及姓名		任职社团及所占比例	
AL 1976	崔德祺	同善堂值理会主席、中华总商会副理事长	占华人议员比例：71.4%
	马万祺	中华总商会副理事长、镜湖医院慈善会副主席	
	彭彼得	厂商联合会理事长	
	李世荣	出口商会理事长	
	何贤	中华总商会理事长、镜湖医院慈善会主席	
AL 1980	崔德祺	同善堂值理会主席、中华总商会副会长	占华人议员比例：83.3%
	马万祺	中华总商会副会长、镜湖医院慈善会副主席、中华教育会副会长	
	彭彼得	厂商联合会理事长、中华总商会常务会董	
	李世荣（吴荣恪）	出口商会理事长	
	何贤（崔乐其）	中华总商会会长、镜湖医院慈善会主席、中华教育会会长 中华总商会副会长、同善堂值理会副主席	
AL 1984	刘焯华	工会联合总会副理事长	占华人议员比例：88.8%
	何思谦	成人教育协会副主席	
	马万祺	中华总商会会长、镜湖医院慈善会主席、中华教育会副会长	
	崔德祺	同善堂值理会主席、中华总商会副会长	
	彭彼得	厂商联合会理事长、中华总商会副会长	
	吴荣恪	出口商会会长	
	崔乐其	中华总商会副会长、同善堂值理会副主席	
	许世元	中华总商会副会长	

① 虽然五大社团的顶层地位并没有以法律和制度的形式明确表现出来，但由于其在社会和政治中的实质性表现，其地位已经得到政府和社会各界的认可。见潘冠瑾《澳门社团体制变迁——自治、代表与参政》，社会科学文献出版社、澳门基金会，2010，第 51 页。

续表

届别及姓名		任职社团及所占比例	
AL 1988 *	梁金泉	会计师公会副理事长、公用事业关注协会理事长	占华人议员比例：84.6%
	刘光普	街坊会联合总会理事长	
	马万祺	中华总商会会长、镜湖医院慈善会主席、中华教育会副会长	
	刘焯华	工会联会总会理事长	
	彭彼得	厂商联合会理事长、中华总商会副会长	
	吴荣恪	出口商会会长	
	曹其真	澳门管理专业协会副会长	
	何厚铧	中华总商会副会长、银行公会主席	
	梁庆庭	街坊会联合总会副理事长	
	高开贤	澳门日报读者公益基金会副理事长、中华总商会常务会董兼青年委员会主任	
	彭为锦	工会联合总会副理事长	
AL 1992	梁庆庭	街坊会联合总会副理事长	占华人议员比例：84.6%
	唐志坚	大专教育基金会副会长、工会联合总会常务理事	
	高开贤	澳门日报读者公益基金会副理事长、中华总商会常务会董兼青年委员会主任	
	吴国昌	新澳门学社理事长	
	曹其真	澳门基本法协进会副会长	
	马万祺	中华总商会会长、镜湖医院慈善会主席、中华教育会副会长	
	何厚铧	中华总商会副会长、银行公会主席	
	彭彼得	厂商联合会会长、中华总商会副会长	
	吴荣恪	出入口商会会长	
	刘焯华	工会联合总会副会长	
	彭为锦	工会联合总会副理事长	
AL 1996	陈继杰	海南同乡总会会长	占华人议员比例；92.9%
	梁庆庭	街坊会联合总会副理事长	
	唐志坚	大专教育基金会副会长、工会联合总会常务理事	
	冯志强	澳门日报读者公益基金会理事长	
	周锦辉	澳门繁荣促进会会长	
	吴国昌	新澳门学社副理事长	
	廖玉麟	机动车进口商会会长	
	高开贤	澳门日报读者公益基金会副理事长、中华总商会常务会董	
	何厚铧	中华总商会副会长、银行公会主席	
	吴荣恪	出入口商会会长	
	许世元	中华总商会副会长、同善堂值理会副主席	
	曹其真	澳门基本法协进会副理事长	
	刘焯华	工会联合总会副会长	

说明：仅列出当时之最主要参与社团职务。

注： * 包括 1991 年补选。

资料来源：各大社团会刊；各年竞选期间报章报道。

社团的属性是华人议员的一大特色，而他们本身的职业也使其与葡裔精英在组成上具有显著的差异。华人政治精英中以商人的比例最高，次之为社会服务者，除 1988 年和 1992 年两届占一半议席以外，其余各届商人的比例均达 2/3 或以上，但以最初两届为甚，比例超过八成（表 2 - 8）。事实上，在体制上，这与间选中经济利益团体所占比例较高相关，而在直选的竞选宣传上，商人也较其他界别的人士更具经济实力做动员。当然，这也与以商人为核心的华人社会结构形态是澳门华人社团网络分布的社会基础不无关系①（表 2 - 8）。

表 2 - 8　回归前澳门立法会华人议员的职业界别组成

单位：人，%

届别	界别			
	商人	专业人士	社会服务	公务员
AL 1976	6(85.7)	1(14.3)	0	0
AL 1980	5(83.3)	1(16.7)	0	0
AL 1984	7(77.8)	0	1(11.1)	1(11.1)
AL 1988 *	6(42.9)	4(28.6)	3(21.4)	1(7.1)
AL 1992	6(46.2)	2(15.4)	4(30.8)	1(7.7)
AL 1996	9(64.3)	1(7.1)	4(28.6)	0

注：＊包括 1991 年补选。

　　与葡裔的政治精英相比，华人精英中以中学学历居多，但自 1988 年以后，具大专或以上学历水平的华人精英比例大幅提高。而在年龄方面，由于华人精英多为社团的领导或管理层，年龄与资历具相当的重要性，因此，华人精英的年纪相对较大，1980 年的华人立法会议员中，平均年龄达 65.6 岁。然而，自过渡期伊始，年轻一辈具大专或以上学历之社团领袖加入立法会，华人立法会议员的平均年龄下降至 1988 年和 1992 年的 48.9 岁和 49.3 岁（表 2 - 9）。

---

① 娄胜华：《转型时期澳门社团研究——多元社会中法团主义体制解析》，广东人民出版社，2004，第 54 页。

表 2 – 9　回归前澳门立法会华人议员的学历和年龄

单位：人，%

届别	学历					平均年龄[b]（岁）
	小学	中学	大专或本科	研究生或以上	不详	
AL 1976	1(14.3)	2(28.6)	2(28.6)	0	2(28.6)	57.2
AL 1980	1(16.7)	2(33.3)	1(16.7)	0	2(33.3)	65.6
AL 1984	0	5(55.5)	1(11.1)	1(11.1)	2(22.2)	55.1
AL 1988[a]	0	3(21.4)	9(64.3)	1(7.1)	1(7.1)	48.9
AL 1992	0	3(23.1)	7(53.8)	2(15.4)	1(7.7)	49.3
AL 1996	0	7(50.0)	7(50.0)	0	0	50.7

注：a 包括 1991 年补选；

　　b 1976 年和 1980 年的届别各有 1 位华人议员的年龄不详。

　　因此，在管治时期的"二元分治"下，华人与葡裔政治精英之路截然不同。华人精英多为超过 50 岁之社团领袖，职业为商人，学历在中学或以下；而葡裔精英则相对年轻，在 50 岁以下，并从事律师、工程师等专业工作，又或是公务员，并具有大专或以上的学历。然而，选举途径以 1984 年第三届立法会选举为一转折点，在此以前华人精英有较大机会从间选和委任进入政治精英之列，其后则为直选和间选兼而有之；相反，葡裔精英在此以前能轻易从直选中晋身政治精英，但 1984 年后则部分透过间选和完全依赖委任议席的眷顾。

五　回归前政治精英与大众的联系

　　在政治学上，纵使在界定上存在很大的差异，但精英与大众的分野仍然是显而易见的。帕累托认为精英是拥有最强的能力、最生气勃勃和最精明能干的人，反之，不精明、能力平庸和处于社会较低层的则为大众；莫斯卡则认为精英便是统治阶级，在社会各领域上占据统治的地位，而被领导的则是占多数的大众。然而，不管精英与大众在本质上具有怎样的差异，甚至在某种程度上是二元对立的，但不容置疑的是两者需要具有适当的联系以保障社会的正常运行。

　　在澳葡政府管治时期，政治精英与大众的联系整体上处于疏离的状态。

首先，在各届立法会选举中，占人口少数的葡人利益获得相对较大的重视。由于葡裔人士一直仅占澳门人口的3%左右①，因此，葡人精英与葡裔社群具有相对密切的接触，这可从第一、二届立法会选举中的高投票率有所反映（78.04%和61.98%）。但当中不容忽视的是，土生葡人期望拥有更强自治性质的政治环境，与由葡萄牙派驻到澳门以澳督为首的政治精英因利益处位的差异，两者关系并不调和，这也就导致总督高斯达于1984年解散立法会。

在其后的各届立法会选举中，葡人精英绝大部分透过间接选举和委任获得议席，为数不少也为高级公务员。在此背景下，葡人政治精英在更大程度上代表着其所属之利益界别和辅助总督的施政，与整体葡人社群的联系也因此有所隔阂。

相对来说，华人社群的利益因政治精英中代表性的不足而与其关系更为疏离。特别是在最初两届立法会选举中，华人因为国籍的关系而受到居住年限的投票资格歧视，最终占人口超过95%的华人分别仅有7位和6位的立法会代表，占全部议席的41.2%和35.3%。再者，华人对政治生活并不感兴趣，也具有较低的政治效能感。虽然自第三届立法会选举后取消对华人的歧视性限制，及至1988年澳门正式步入过渡期，华人对政治活动的参与有所提高，但他们对政治生活仍具有一定的抗拒性。根据1991年和1999年所做的调查，超过1/5的受访者"很同意"／"同意"市民不宜参与政治活动，虽然对从事政治工作（包括议员）的工作性质持正面的态度，认为其是高尚的分别接近一半和1/3，但直至1999年的调查仍有接近四成受访者认为"搞政治是危险"的（表2-10）。同时，相关的调查也显示澳门人的政治效能感一直较低，在1999年回归前夕较1991年更低，分别仅1.8%和12.2%的受访者"觉得具影响政府决策的能力"和"政府部门在受访者求助时会认真替他们解决问题"（表2-11），因此，市民大众对政治的保守性和对政府的不信任使他们有意与政治精英保持一定的距离（表2-10和表2-11）。

---

① 据澳门日报编《澳门手册》，1983，第6页。又据杨允中《澳门与东西方文化交流》，《行政》1989年总第5期，土生葡人占总人口的2.5%左右。

表 2-10 回归前澳门人*对政治参与的态度

单位：%，个

你同意下列的说法吗？	很同意	同意	无意见/中立	不同意	很不同意	样本数
市民不宜参与政治活动						
1991 年	0.8	23.9	18.9	54.7	1.8	662
1999 年	0.2	20.0	18.4	57.4	4.0	496
从事政治是高尚的工作						
1991 年	0.8	44.2	25.3	28.4	1.4	661
1999 年	1.0	30.0	30.6	37.2	1.2	496
从事政治很危险						
1991 年	3.6	40.2	24.5	30.9	0.8	660
1999 年	2.2	37.4	30.7	29.7	0.0	496

注：*由于澳门人口绝大部分为华人，因此调查结果的"澳门人"可代表居澳华人的态度。

资料来源：余振：《九十年代澳门大众政治文化纵向研究》，载余振、林媛主编《澳门人文社会科学研究文选（2008～2011）·政治编》，社会科学文献出版社、澳门基金会，2013，第413页。原载余振编《澳门回归前后的问题与对策》，名流政策（澳门）研究所，1999。

表 2-11 回归前澳门人的政治效能感

单位：%，个

你觉得您有能力去影响澳门政府的决策吗？

	肯定有	有	偶尔有	很少	完全没有	无意见/不知道	样本数
1991 年	0.5	3.2	2.0	18.2	76.1	—	658
1999 年	0.2	1.6	3.2	17.8	67.9	9.3	496

如果您有事找澳门政府部门帮忙,您觉得有关部门会认真解决问题吗?

	肯定会	会	偶尔会	不怎么会	完全不会	无意见/不知道	样本数
1991 年	1.5	12.5	32.5	19.7	11.0	22.8	661
1999 年	0.5	11.7	30.7	31.9	9.3	15.8	496

资料来源：余振：《九十年代澳门大众政治文化纵向研究》，载余振、林媛主编《澳门人文社会科学研究文选（2008～2011）·政治编》，社会科学文献出版社、澳门基金会，2013，第415页。原载余振编《澳门回归前后的问题与对策》，名流政策（澳门）研究所，1999。

同时，虽然在回归前澳门的社团承担部分社会功能，为澳门华人实现利益表达和诉求，更扮演了"劝解者和社会控制者的角色"[1]，而社团领袖也

---

① 吴国昌：《民主派》，青文书屋，1990，第181～193页。

一直是华人精英的摇篮，但直至回归前夕，在市民对政府错误决策可能采取的行动中，找政府帮忙又或透过传媒的协助仍占较大比例，而非透过社团又或政治精英。虽然相关数字在 1999 年较 1991 年已有倍数的增幅（由 1991 年分别仅有 9.1% 和 11.3% 上升至 1999 年的 28.1% 和 41.3%），但后两者在 1999 年的比例仍为前二者的 70% 左右（表 2 - 12）。

表 2 - 12　对政府错误政策可能采取的行动

单位：%

	1991	1999
找政府帮忙	19.0	59.7
找议员帮忙	11.3	41.3
写信、致电去报纸、电台等传媒	20.1	38.8
找社会团体帮忙	9.1	28.1
请愿、游行、示威、静坐	13.2	11.2
其他行动	25.6	6.5
不知道/没有意见	24.2	18.9

资料来源：余振：《九十年代澳门大众政治文化纵向研究》，载余振、林媛主编《澳门人文社会科学研究文选（2008～2011）·政治编》，社会科学文献出版社、澳门基金会，2013，第 416 页。原载余振编《澳门回归前后的问题与对策》，名流政策（澳门）研究所，1999。

　　因此，一般市民虽然现实中因应社团的各式功能而与其有所接触，特别是澳门众多的社团属社区类、慈善类和文娱类的组织，社团为其成员和相关的民众提供他们所需的福利及其他公共产品，但与工商类社团相比，这些社团的领袖能进入政治精英行列中相对较少，这使整体上政治精英与大众的联系并不因应社团作为中介而得到明显的强化。

　　首先，在头两届立法会中，华人精英全部（除第一届的一位外）均循间选和委任入阁，缺乏直接选举必须建立与市民大众的密切互动，而在第三届以后的立法会选举，纵然华人精英在直选的比例已大幅上升，甚至在回归前 1996 年的立法会选举中赢得全部的直选议席，但从表 2 - 7 和表 2 - 8 得悉，华人议员大部分为经济利益社团的代表，从事商业的比例约 1/2，他们所属的社团性质或利益界别无疑与澳门普通民众的利益定位有所不同。其次，在回归前的立法会议员中，成立专属的议员办事处使大众能有恒常之机会直接向其表达意愿和处理求助的，主要来自社会服务界别①，其他的华人政治精英缺乏与民众的直接联系渠道。更重要的是，回归前澳门立法会仅是澳门的立法机关之一，而不是唯一的立法机关，因此立法会政治精英的影响力和重要性具有一定的局限性，也相应地降低了大众主动透过政治精英做利益表达的期许，使两者维持着一定的疏离。

　　事实上，非民主、非民选的政府管治使议员在履行应尽职务时受到限制，议员往往找不到有关部门替市民办事，所以他们能够为市民做到的服务有限②。因此，立法会议员，尤其是直选的议员，更热衷于帮助澳门市民办理申请经济房屋、身份证、屋契等与日常生活密切相关的事务。这种角色虽然迎合澳门华人的现实观政治文化取向，即以政治参与为手段以期达到改善个人物质生活的目的③，然而，正因如此，纵使是选举产生的立法会议员，他们作为大众利益代表的角色也仅集中在民生事务的领域。

---

① 直至第四届立法会选举前（1988 年），仅有何思谦（代表民生派）在 1985 年设立了澳门首家议员办事处，而在回归前最后一届立法会会期（1996～1999 年）内，直选议员则全部均设立了议员办事处，包括吴国昌、唐志坚和关翠杏、梁庆庭和高开贤、陈继杰和廖玉麟、冯志强和周锦辉。
② 潘冠瑾：《澳门社团体制变迁——自治、代表与参政》，社会科学文献出版社、澳门基金会，2010，第 35 页。
③ 余振、刘伯龙、吴荣德：《澳门华人政治文化》，澳门基金会，1993，第 52 页。

第三章
回归后澳门政治精英的生成

作为政治精英生成的时间分水岭，治权回归使精英的生成在族裔构成、年龄组成、学历背景和职业界别均展现了不少的变化，但这些变化部分实为回归前的延续。同时，通过不同类型的社团以至项目性的组织，澳门的政治精英能在一个相对紧密的圈子内保持沟通联系，为精英整合建构良好的基础。

一　回归后政治精英的来源与结构

在族裔构成上，回归后澳门实行"一国两制""澳人治澳"，在过渡时期，澳门的政治精英结构已出现蜕变，华人精英的比例逐渐增多，及至回归后华人占立法会议席的绝大多数。而在选举的渠道上，华人精英不仅取得几乎所有的直选议席，在间选和委任议席上也占了绝对的优势。相对地，葡裔精英则透过间选和委任议席保持一定的声音，而他们全数为土生葡人。整体来说，立法会议席中的族裔分布与居住人口比例相若[1]（表 3-1）。

---

[1]　根据 2001 年、2006 年（中期）和 2011 年人口普查，华裔居住人口分别占 95.7%、94.3% 和 92.4%，而具葡萄牙血统的居住人口则占 1.8%、1.6% 和 1.5%。详见澳门特别行政区政府统计暨普查局：《2006 中期人口统计总体结果》，第 29 页；澳门特别行政区政府统计暨普查局：《2011 人口普查详细结果》，第 10 页。

表 3-1　回归后（第一届至第五届）澳门立法会议席中的族群分布

单位：人，%

届别	直选		间选		委任		总计	
	华人	葡裔	华人	葡裔	华人	葡裔	华人	葡裔
AL 1999	8 (100.0)	0 (0)	6 (75.0)	2 (25.0)	6 (71.4)	1 (28.6)	20 (87.0)	3 (13.0)
AL 2001	9 (90.0)	1 (10.0)	9 (90.0)	1 (10.0)	6 (85.7)	1 (14.3)	24 (88.9)	3 (11.1)
AL 2005	11 (91.6)	1 (8.3)	9 (90.0)	1 (10)	7 (85.7)	0 (0)	27 (93.1)	2 (6.9)
AL 2009	11 (91.6)	1 (8.3)	9 (90.0)	1 (10.0)	7 (100.0)	0 (0)	27 (93.1)	2 (6.9)
AL 2013	13 (92.9)	1 (7.1)	11 (91.7)	1 (8.3)	7 (100.0)	0 (0)	31 (93.9)	2 (6.1)

年龄组成方面，回归后立法会议员的平均年龄有所上升，过渡时期的第四届至第六届立法会中，议员的平均年龄在 50 岁以下，介乎 45.7～49.6 岁，而回归后则渐次提高，保持在 50 岁以上。其原因主要在于立法会议员的高连任和再任率。2009～2013 年的立法会中，议员平均年龄为 53.6 岁，而最新一届 2013～2017 年则因议席的增加和新加入较年轻的成员而使平均年龄略降至 52.7 岁，需要指出的是，由于澳葡管治的最后一届立法会议员能坐 "直通车" 顺利过渡至特区立法会①，留任至 2001 年，因此当届平均年龄即有所上升。

再者，虽然立法会议席由回归前的 23 席逐渐增至 33 席，但并没有改变立法会议员的高连任比率，2001 年、2005 年和 2009 年分别为 70.4%、65.5% 和 62.1%，而 2013 年则上升至 72.7%，加上部分议员隔届再任，使整体连任和再任比例由回归前的 62% 上升至回归后的 68.7%（表 3-2）。当中，纵使除去原澳葡政府最后一届之直选和间选议员因 "直通车" 可顺利过渡外，间选连任的比例仍是最高，保持在八成以上，且不少转换方式的连任议员均由直选进入间选（表 3-3）。而自特区首届立法会成立至第五届

——————

① 除直选之陈继杰放弃相关资格和间选之何厚铧成为特区首任行政长官外。

立法会任期结束之时（2017 年），曾在任 14~16 年（连任 4 届，首届立法会会期为 1999~2001 年）的议员达 12 位，其中直选议员 2 位，间选议员 5 位，委任议员 1 位，间选转直选、直选转间选、直间选多次转换的分别有 2 位、1 位、1 位（表 3-2 和表 3-3）。

表 3-2　回归前后各届立法会的连任[a] 与再任比例

单位：%

届别	连任比例	再任比例	连任与再任比例总和
AL 1980	58.8	0	58.8
AL 1984	41.2	5.9	47.1
AL 1988[b]	43.5	8.7	52.2
AL 1992	73.9	0	73.9
AL 1996	65.2	13.0	78.2
回归前小计	56.5	5.5	62.0
AL 1999	65.2	4.3	69.5
AL 2001	70.4	0	70.4
AL 2005	65.5	0	65.5
AL 2009	62.1	3.4	65.5
AL 2013	72.7	0.0	72.7
回归后小计	67.2	1.5	68.7

注：a "连任"指同一人继上届后继续担任新一届立法会议员，当中并不区分是否按照同一方式（直选、间选和委任）而取得议席；

b 包括 1991 年补选。

表 3-3　回归前后依选举途径划分的各届立法会议员连任比例

单位：%

届别	直选	间选	委任	转换方式连任的人数（人）
AL 1980	37.5	66.7	60.0	1
AL 1984	16.7	83.3	20.0	1
AL 1988[a]	37.5	62.5	28.6	1
AL 1992	50.0	100.0	71.4	3
AL 1996	50.0	75.0	71.4	1
回归前小计	38.3	77.5	50.3	7

续表

届别	直选	间选	委任	转换方式连任的人数（人）
AL 1999	87.5	87.5	14.3	0
AL 2001	50.0	80.0	85.7	4
AL 2005	66.7	90.0	28.6	3
AL 2009	66.7	80.0	28.6	2
AL 2013	64.3	75.0	85.7	2
回归后小计	67.0	82.5	48.6	11
除去因"直通车"而自动连任者[b]	61.9	81.3	—	—

注：a 包括 1991 年补选；

b 包括 1991 年补选；

c 委任之议席并没有"直通车"之概念，因此不适合此部分的计算。

与此同时，年龄上升的趋势除从整体平均年龄有所反映外，更能进一步从各年龄组别的分布有所了解，除 2013 年因新进入议会的年龄多为 31～40 岁而使 40 岁以下组别的人数增加不少外，总体上回归后 51～60 岁以及 60 岁以上的年龄组的比例显著上升；反之，41～50 岁的群组则持续减少，若把 40 岁以下的组别计算在内，总体 50 岁以下的比例由超过一半下降至不足三成（表 3-4）。

表 3-4 回归后立法会议员的年龄分布

单位：人，%

届别	40 岁以下	41～50 岁	51～60 岁	60 岁以上	平均年龄（岁）
AL 1999	0	12(52.2)	9(39.1)	2(8.7)	51.5
AL 2001	0	12(44.4)	12(44.4)	3(11.1)	52.2
AL 2005	1(3.4)	9(31.0)	17(58.6)	2(6.9)	52.7
AL 2009	1(3.4)	6(20.7)	17(58.6)	5(17.2)	53.6
AL 2013	6(18.2)	3(9.1)	18(54.5)	6(18.2)	52.7

资料来源：笔者根据历届选举时期之报章报道、立法会网站和《澳门百科全书》整理所得。

因此，从年龄组成以及议员的连任和再任比例来看，澳门的政治精英在回归后的新陈代谢率有所下降。而在各种方式上，新生政治精英大多透过直选的途径进入议事殿堂，这使直选议员平均年龄相对较低，较间选平均年龄少5岁（表3-5）。另外值得注意的是，委任议员的年龄也较间选议员为低，而总体以委任的方式获得连任的概率在回归后也是各种方式中的倒数第一，且其比例也低于回归前的水平（见第63~64页表3-3）。因此，委任可作为年轻者晋身政治精英的管道，但此方式在性质上始终处于被动的位置。

表 3-5　回归后按选举途径划分的立法会议员平均年龄

单位：岁

届别	直选	间选	委任	届别	直选	间选	委任
AL 1999	49.8	55.1	49.3	AL 2009	51.2	58.1	51.3
AL 2001	51.2	54.4	50.4	AL 2013	49.1	56.3	53.7
AL 2005	51.6	54.3	52.1	总　计	50.6	55.6	51.4

　　资料来源：笔者根据历届选举时期之报章报道、立法会网站和《澳门百科全书》整理所得。

　　随着澳门的经济发展与政治需要，澳门的政治精英学历水平有着显著的提高，特别是考虑到回归前主要为葡裔精英取得大专或以上的学历。现时整体已有接近八成的立法会议员拥有大专或以上学历，更有1/3取得硕士或以上的学位（表3-6），究其原因主要是新生政治精英拥有较高的学历水平。例如2005年进入该届立法会的新成员中，70%拥有大专或以上学历，而2009年的一届更是全数取得相关学历。除此以外，部分连任的立法会议员透过在职进修自我增值，取得高等教育的学位。

表 3-6　回归后澳门各届立法会议员的学历背景

单位：人，%

届别	中学或以下	大专或本科	研究生或以上	届别	中学或以下	大专或本科	研究生或以上
AL 1999	7(30.4)	14(60.9)	2(8.7)	AL 2009	6(20.7)	16(55.2)	7(24.1)
AL 2001	8(29.6)	14(51.9)	5(18.5)	AL 2013	7(21.2)	15(45.5)	11(33.3)
AL 2005	8(27.6)	14(48.3)	7(24.1)				

　　资料来源：笔者根据历届选举时期之报章报道、立法会网站和《澳门百科全书》整理所得。

最后，在各项特征中，职业界别在回归后的立法会保持较大的不变性。由于葡裔议员有所减少，因此，属公务员/公共行政界别的比例相应降低。同时，随着社会经济的发展，专业人士进入立法会的比例也有所增加，除透过间选的固有名额外，主要循委任的途径加入。然而，整体来说，立法会议员中仍较大比例为商界的经济精英，比重与回归前相比更有所提升，约占1/2。而源自社会服务①的比例最为平稳，这与两大传统社团（工会联合总会及街坊会联合总会）一直保持直选和间选议席的优势不无关系。值得注意的是，因议员工作的日益繁重，以及其本质的专业性，回归后部分政治精英以议员作为全职工作，这是政治精英专业化的一个势头，也使其能更好地作为市民大众与政府沟通和利益表达的媒介（表 3 - 7）。

表 3 - 7　回归后澳门各届立法会议员的职业界别

单位：人，%

届别	商人	专业人士	社会服务	公共行政	雇员
AL 1999	11（47.8）	7（30.4）	4（17.4）	1（4.3）	0
AL 2001	12（44.4）	9（33.3）	5（18.5）	0	1（3.7）
AL 2005	12（41.4）	11（37.9）	5（17.2）	1（3.4）	0
AL 2009	14（48.3）	9（31.0）	6（20.7）	0	0
AL 2013	17（51.5）	9（27.3）	6（18.2）	1（3.0）*	0

说明：2001～2009 年各届各有 2 位议员为全职议员，分别占当届议员比例的 7.4%（AL 2001）、6.9%（AL 2005 和 AL 2009），而 2013 年则有 3 位，占当届议员比例的 9.1%。

注：* 为退休公务员。

资料来源：笔者根据历届选举时期之报章报道、立法会网站和澳门百科全书整理所得。

二　基于网络分析的政治精英互动与联系

查尔斯·赖特·米尔斯（C. Wright Mills）的《权力精英》把权力精英定义为那些占据着社会结构中战略命令位置的一小撮人，他们控制着大公司，控制着国家机器并掌握实权，指挥着军事建设，构成由政治的、经济的和军事的圈子组成的相互渗透、相互依存的集团，他们共同制定至少具全国

---

① 因全职议员（除 2013 届以外）基本来自社会服务界别，因此在计算上归入社会服务界别。

性效果的决策①。而 William Domhoff 的研究显示，直至 20 世纪末，美国的社会结构依然流露出如米尔斯所描绘的权力精英（The Power Elite）格局，然而，与米尔斯有所区别的是，Domhoff 认为权力精英的组成包括上流社会（仅为部分）、企业的共同体（corporate community）以及政策规划组织（policy formation organization），他们之间的关系密切，且角色位置重叠互换十分平常②。而雷蒙·亚宏（Raymond Aron）则以法国为背景，强调了一国之内政治精英间兼容力与凝聚力的重要性③。为此，精英总被认为／应是相互联结、具有共同利益的群体。

而在澳门，社团的蓬勃发展促进星罗棋布的社团网络形成，而这也构成政治精英间互动与联系的重要纽带。事实上，澳门社团网络在结构上具有成员角色交叠的特征，而这种交叠主要以"理事连锁"的形式表现出来，即通过各组织领导人在其他组织的兼任来实现④。

由于社团的功能主要表现在公共物品的供应方面，经济精英往往因此在社团取得领导的地位，并以"执事关联"（interlocking leadership）方式实现其他主要社团领导职位的相互兼职，这样，其在社团中的领导地位就因社团网络而延伸至整个社会⑤。

在精英研究中，透过网络分析法（network analysis）可判断精英间在结构上的紧密程度，其一般指向精英是否透过组织／团体等具有联结的关系（组织性），又或透过工作、业务或姻亲而产生关系（人际性）⑥。本书以下

---

① 〔美〕查尔斯·赖特·米尔斯（C. Wright Mills）：《权力精英》（第二版），王昆、许荣译，南京大学出版社，2005，第 17 页。

② G. William Domhoff, *Who Rules America?* 3rd edition, U.S.: Mayfield Publishing Company, 1998.

③ Raymond Aron, "Social Structure and the Ruling Class," *The British Journal of Sociology* 1, 1 (1950), pp. 1 – 16.

④ 潘冠瑾：《澳门社团体制变迁——自治、代表与参政》，社会科学文献出版社、澳门基金会，2010，第 53 页。

⑤ 潘冠瑾：《澳门社团体制变迁——自治、代表与参政》，社会科学文献出版社、澳门基金会，2010，第 54 页。见娄胜华《转型时期澳门社团研究——多元社会中法团主义体制解析》，广东人民出版社，2004，第一章第三节中关于华商崛起与澳门民间结社的近代变迁部分（第 41～54 页），及第四章第二节关于魅力型社团领袖的形成部分（第 262～287 页）。

⑥ G. William Domhoff, *Who Rules America?* 3rd edition, U.S.: Mayfield Publishing Company, 1998, pp. 24 – 27.

将对不同性质的组织/团体加以阐述，剖析澳门政治精英的网络结构框架。

在澳门，构成整个精英网络重要节点的澳门中华总商会（以下简称"中总"）是澳门政治精英的摇篮，其领导/骨干成员的资格也就是经济精英对社会影响力的一个重要媒介。中总是澳门最大的工商社团，1912 年 12 月 14 日获葡萄牙政府批准立案，名为"澳门商会"。1913 年 1 月 8 日正式成立，1916 年正式定名为"澳门中华总商会"，现时拥有团体会员 120 多家，商号会员近 2000 户，个人会员近 1000 人[①]。

自第一届立法会伊始，中总的代表已进入议事殿堂，而经过 11 届的立法会（回归前六届与回归后五届），随着议席由最初 17 席增至现今的 33 席，具中总理监事和会董职位之立法会议员数目也有所增加，其比例保持在整体议席的 30%。虽然部分议员是透过间选的专业界别或慈善、文化、教育及体育界别（2013 年选举调整为社会服务及教育界；文化及体育界），又或是因其专业背景而获得委任，但他们均与中总具有密切的联系（表 3 - 8）。

表 3 - 8   为中总会长、副会长、理事、会董、监事等
领导之各届立法会议员

回归前	
AL 1976	何贤、崔德祺、马万祺、彭彼得、李世荣
AL 1980	何贤、崔德祺、马万祺、彭彼得、李世荣
AL 1984	崔德祺、马万祺、彭彼得、吴荣恪、许世元
AL 1988 *	马万祺、何厚铧、彭彼得、吴荣恪、高开贤
AL 1992	马万祺、何厚铧、彭彼得、吴荣恪、高开贤
AL 1996	许世元、何厚铧、吴荣恪、高开贤、冯志强、廖玉麟
回归后	
AL 1999	许世元、吴荣恪、高开贤、冯志强、崔世昌、张伟基、贺定一、廖玉麟
AL 2001	许世元、崔世昌、高开贤、冯志强、张伟基、贺定一、郑志强、张立群、徐伟坤
AL 2005	崔世昌、高开贤、冯志强、贺定一、郑志强、张立群、徐伟坤、崔世平
AL 2009	崔世昌、贺一诚、高开贤、冯志强、郑志强、徐伟坤、崔世平、刘永诚
AL 2013	崔世昌、贺一诚、高开贤、冯志强、郑志强、徐伟坤、崔世平、刘永诚、萧志伟

说明：仅计算在任立法会议员时具相关领导的资格，但不计算中华总商会下属之团体会员。
注：* 包括 1991 年补选。
资料来源：各年《澳门中华总商会会刊》。

[①] 《澳门百科全书》，澳门基金会，2005，第 455 页；中华总商会网站，http://www.acm. org. mo。

再者，在澳门的各种社团中，纵使部分属于有别于基层社团的顶级社团，但这些最大和最高的社团，其会员并不覆盖所属行业的全部人员，它们与其属会或团体会员也不具备上下层级关系①。所以这与外地的顶层社团不同，其组织成员的加入是强制性的，且加入顶层社团才能取得资格，因而顶层社团组织对成员便拥有制裁权力，获得会员的服从及对社团规定的遵守②。然而，相关的强制性能力在澳门的情境下更大程度由精英的个人网络联系而产生，以中总为例，在120多位团体会员中，部分团体会员的会长/理事长也就是中总的骨干成员。同时，由于绝大部分之骨干成员也同时兼任其他社团组织的领导层，因此，透过社团精英间的"执事关联"，立法会中的政治精英透过不同的机构早已相互认识了解，并形成一个相对紧密的社交联系圈子。

　　当中，除属工商类的社团外，还包括慈善救济类、社会服务类、专业类、学术类、宗亲类和体育类等，涵盖澳门的各大中社团，并与属澳门顶级社团的其余3个团体（除工会联合总会外）构成"执事关联网络"（图3－1）。

　　另外，除中华总商会的工商社团外，澳门的政治精英也因慈善救济类社团以及项目性组织的联系而强化了精英间的互动。以下我们将以澳门镜湖医院慈善会和基本法咨询委员会做分析。

　　澳门镜湖医院慈善会源自1871年由沈旺、曹有等向政府注册兴建之镜湖医院，其工作包括展开赠医施药、安置疯残、停寄棺柩、救灾赈济和兴学育才等慈善工作，1942年订立慈善会立案章程，并于1943年设立总办事处，1946年改值理制为董事制，选出第一届董事会。同时，镜湖医院慈善会还成为沟通民间与政府的渠道之一，曾协办处理澳门一些商务及纠纷，并自1968年获得政府资助③。

　　从各届立法会议员身兼镜湖医院慈善会领导之列来看，其比例保持在1/5～1/3之议员数目，而其除包括主要来自传统社团的建制商界议员外，还包括工人团体领袖、专业人士、独立于传统社团之人士以及新兴

---

① 黄湛利：《论港澳政商关系》，澳门学者同盟，2007，第27页。

② B. Martin, "Neo-corporatism in Austria," in Wyn Grant, ed., *The Political Economy of Corporatism*, London：Macmillan, 1985.

③ 《澳门百科全书》，澳门基金会，2005，第554页。

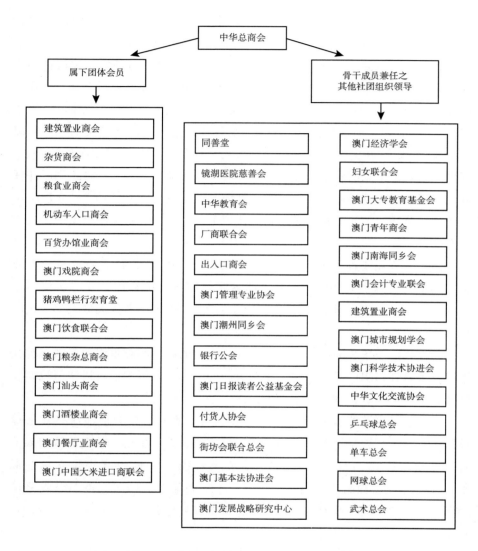

图 3 – 1　各届立法会议员中属中总骨干成员
所构成之 "执事关联网络"

说明：仅列出最主要之关联社团。

商界领袖（表 3 – 9）。相较中总，其涵盖的界别更为多元，也就为不同界别与政治力量的精英提供相互认识、合作的载体，使政治精英的网络空间得到拓展。

表 3 - 9　镜湖医院慈善会会董、理监事等领导之各届立法会议员

回归前	
AL 1976	何贤、马万祺、邝秉仁、彭彼得
AL 1980	何贤、马万祺、邝秉仁、彭彼得
AL 1984	何贤、马万祺、邝秉仁、彭彼得、许世元、何思谦
AL 1988 *	马万祺、彭彼得、何厚铧、刘焯华、何思谦、高开贤
AL 1992	马万祺、彭彼得、何厚铧、刘焯华、何思谦、崔世安、高开贤
AL 1996	何厚铧、许世元、冯志强、刘焯华、欧安利、高开贤
回归后	
AL 1999	许世元、冯志强、刘焯华、欧安利、高开贤、区宗杰、张伟基
AL 2001	许世元、冯志强、刘焯华、高开贤、欧安利、张立群、张伟基
AL 2005	冯志强、高开贤、欧安利、张立群、陈明金
AL 2009	张立群、冯志强、刘永诚、高开贤、吴在权、萧志伟、欧安利、陈明金
AL 2013	张立群、冯志强、刘永诚、高开贤、萧志伟、欧安利、陈明金、马志成

注：＊包括 1991 年补选。

资料来源：各年《澳门镜湖医院慈善会会刊》；《镜湖慈善会换届四十新人入阁　主席廖泽云理事长冯志强监事长胡顺谦》，《澳门日报》，2010 年 9 月 9 日，第 A03 版；《六十七人留任十四新人入阁　镜湖慈善会第 19 届内阁产生》，《华侨报》，2013 年 10 月 9 日，第 22 版。

　　不单是历史悠久的社团组织在会务的开展上使澳门的政治精英网络紧密相连，项目性组织所具有的时限性特质更促使政治精英在短促的时间内合作完成某一工作，大大促使精英间的互动和交流。

　　在澳门的过渡时期，除积极进行"三化"的工作外，《基本法》的起草是各项工作中的最重要项目。1988 年 9 月 5 日经第七届全国人民代表大会常务委员会第三次的批准，成立了澳门基本法起草委员会，其任务是"经过深入调查和广泛咨询，起草《澳门特别行政区基本法（草案）》，供全国人民代表大会审议"。而澳门基本法咨询委员会则是澳门地区配合《基本法》起草而组建的民间性咨询机构，于 1989 年 5 月 28 日成立，其成员以自荐、推荐或咨询委员会发起人会议商定邀请等 3 种方式产生，其中有 3 人以基本法起草委员会委员之个人身份兼任。1993 年 5 月，随着《基本法》起草工作的顺利完成，澳门基本法咨询委员会宣布解散①。

---

① 《澳门百科全书》，澳门基金会，2005，第 508 ~ 509 页。而在 1993 年 9 月，原基本法咨询委员会绝大多数成员与原基本法起草委员会澳门地区委员一起组建澳门基本法协进会，继续在后过渡期进行《基本法》的宣传与推介活动。

　　虽然基本法咨询委员会的成立仅为短短的 4 年，但其间进行了大量的咨询及宣传工作，而为了工作的有效和顺利开展，委员会下设 6 个与基本法起草委员会相对应的专责咨询小组，并设立 3 个与行政财务和工作策划相关的委员会优化工作的开展。在总数 90 人的委员中，共有 19 位曾为各届立法会议员，占 21.1%，而其中 7 位为常务委员，占常务委员总数的 63.6%。在各委员中，包括了议会内的所有界别，特别是葡裔的专业人士和政府官员，以及被视为新兴民主阵营的人士，这与一般社团的会员吸纳性具有明显的差异。透过各专责咨询小组与委员会的密集会议和工作日程，可以预期，各委员相互间在咨询委员会内已具有相当的认识和了解，特别是其中 10 位委员更是委员会成立期间之当届立法会议员（表 3－10）。

表 3－10　曾任澳门基本法咨询委员会委员之各届立法会议员

常务委员	委员	
何厚铧（1988～1999）* 崔世昌（1999～2017） 崔德祺（1976～1988） 崔乐其（1984～1988） 欧安利（1984～2017）* 彭彼得（1976～1996）* 贺定一（1999～2009）	艾维斯（1984～1997）* 何思谦（1984～1996）* 吴国昌（1992～2017）* 施绮莲（1997～2009） 高开贤（1991～2017）* 徐伟坤（2001～2017） 梁官汉（1999～2001）	区宗杰（1999～2005） 许世元（1984～1988；1996～2005） 许辉年（1988～1992；1999～2009） 潘志辉（1988～1999）* 戴明扬（1991～1992；1996～2005）*
各专责咨询小组和委员会	成员	
基本法结构专责咨询小组	吴国昌*、高开贤*、徐伟坤、彭彼得、贺定一	
中央和澳门特别行政区关系专责咨询小组	徐伟坤（召集人）、梁官汉、区宗杰、崔世昌、贺定一、欧安利*	
居民的基本权利和义务专责咨询小组	崔世昌（召集人）、吴国昌*、潘志辉*、戴明扬*	
政治体制专责咨询小组	艾维斯*、何思谦*、何厚铧*、吴国昌*、高开贤*、梁官汉、许辉年*、欧安利*、戴明扬*	
经济专责咨询小组	贺定一（召集人）、许世元（召集人）、徐伟坤、区宗杰、彭彼得*、潘志辉*	
文化和社会事务专责咨询小组	高开贤（召集人）*、施绮莲、崔德祺、崔乐其	
工作程序委员会	梁官汉（召集人）、许辉年*	
专责小组策划委员会	崔世昌、贺定一、高开贤*、徐伟坤、吴国昌*	
财务审计委员会	崔乐其（召集人）、崔世昌（召集人）	

　　说明：括号内为就任议员之年份。
　　注：＊表示咨询委员会运作期间为立法会议员。

透过对上述三个不同性质的社团与立法会议员的网络分析，可以看到，不论在回归前与后，澳门的政治精英透过多样化的社团组织而形成一个相对紧密的关系网络，而这个网络的形成一部分不限于界别或政治取态的差异，为精英整合奠定了有利的条件。

三　回归后政治精英的特征：延续与嬗变

从上述回归后政治精英的来源和结构来看，回归后的政治精英在族裔、年龄、学历背景以至职业界别均有不小的变化，但这些转变事实上并不是回归后才开始慢慢出现的。早在过渡期伊始，澳门的政治精英特征已出现蜕变，但回归后这些改变则更为突出。

不过，与此同时，回归后政治精英的特征也显示了强烈的延续性，政治精英的新陈代谢率仍保持较低的水平，除直选的竞争性随着参选组别的增加而更为激烈外，间选的政治精英基本上保持相似的特征，而委任的议员则继续在议会内起着平衡各种力量的作用，在任命上更注重年龄和职业界别的考虑。

自1984年第三届立法会选举取消对华人选民歧视性的限制后，华人议员的比例徐徐上升，及至回归后，由于原来被葡裔精英垄断的委任议席也被华人精英所取代，华人议员的比例逐渐高踞至约九成的水平（图3-2）。葡裔精英（主要为土生葡人）需透过与华人社团合组竞选团队或突出其代表之利益对象以在

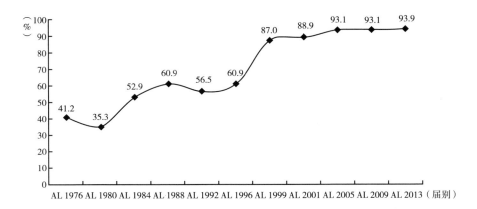

图3-2　各届立法会华人议员的比例

直选中脱颖而出，又或是因其具专业能力而获得间选和委任的议席，但相关的族群色彩已被大大淡化，因此族裔也就成为回归后政治精英特征的最大嬗变。

在年龄的特征上，回归前立法会议员的平均年龄变动相对较大，但整体上 60 岁以上的政治精英有所减少，取而代之是处于盛年（41～50 岁）之精英分子，并曾出现年龄小于 30 岁之青年精英。然而，回归后除委任议席的连任率有所下降外，直选和间选的议员均有很高的连任率（分别为 67.0% 和 82.5%），而属于 51～60 岁岁组之立法会议员比例由回归前不足 20% 上升至近年保持在 50% 以上。与之相对应，41～50 岁岁组比例持续下降，加上自 1992 年立法会选举后（除 2013 年外）缺少 31～40 岁之新生代精英的加入，总体上议员的平均年龄逐步攀升，政治精英的年龄结构向 51～60 岁的岁组倾斜，较之回归前政治精英的年龄结构处于相对不平衡的状态（图 3–3）。

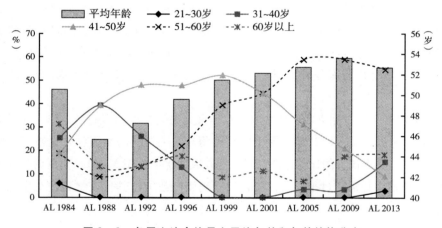

图 3–3　各届立法会议员之平均年龄和年龄结构分布

说明：由于部分议员之年龄不详，因此仅计算具年龄资料之议员。1976 年、1980 年和 1984 年三届分别有 7 位、6 位和 1 位议员之年龄资料缺失。

学历背景的提高在回归后政治精英的特征上持续强化，特别是拥有研究生或以上学历的政治精英具有明显的上升势头，虽然总体拥有高等教育学历的比例仍低于 1988 年和 1992 年两届超过 80% 的水平，但考虑到原来主要为葡裔精英拥有之高学历优势已基本消失，高等教育学历背景已成为非族群因素并是晋身政治精英的一个重要条件。然而，这较大程度体现在间选和委任的议席，其整体比例相对平稳保持在 70%～85% 的区间。因 1996 年（回归前最后一届）的立法会直选吸引众多来自商界团队的参与，**总体上影响直选议员中拥有大专或以上学历的比例**，而至回归后因循直选加入的新生议员较大部分具大专或以上的高学历水平（特别是 2009 年的一届），故此，透过各种选举途径而进入立法会的政治精英，其学历背景渐趋一致，2009 年和 2013 年拥有大专或以上学历的立法会议员占总体议员的比例为 79.3% 和 78.8%（图 3 - 4 和图 3 - 5）。

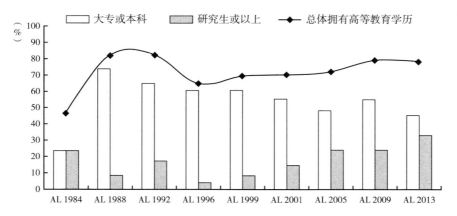

图 3 - 4　1984～2013 年各届立法会拥有大专或以上学历的立法会议员的比例

说明：由于 1976 年和 1980 年两届立法会中较多议员的学历资料缺失，因此仅计算自 1984 年澳葡政府第三届立法会以后的各届。

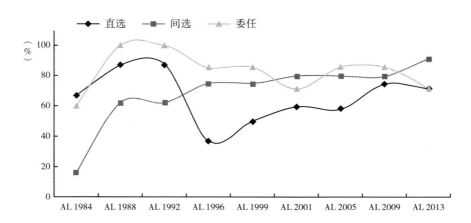

图 3 - 5　1984～2013 年按获选途径划分拥有大专或以上学历的立法会议员比例

说明：由于 1976 年和 1980 年两届立法会中较多议员的学历资料缺失，因此仅计算自 1984 年澳葡政府第三届立法会以后的各届。

而在职业界别上，不管是回归前还是回归后，社会服务类别的议员数目比例保持相对平稳的状态。间选制度设计中的"劳工利益"议席保证了来自社会服务界别的议员人数，加上在直选上传统社团拥有较稳固的选民基础和支持。另外，在回归后出现的全职议员中（在此归入"社会服务"类别），除一位外均为社会服务工作者，并都透过直选而取得议席，一定程度上反映直选议员因选举的竞争性而需更专注地投入议会的工作。

自1984年华人选民基数大增后，葡裔精英透过直选而晋身立法会的已逐渐减少，而代表公务员界别的议员则更多透过委任（均是葡裔人士）的方式保持其代表性，但自回归后具公职身份已不再是行政长官主要的委任考虑，专业人士占据了委任议席的一半或以上，公务员的力量在议会内相对薄弱。而自2005年该届唯一属公务员之议员脱离公职，担任全职议员后，名义上立法会内已没有职业属公共行政界别的议员（不过，该议员身兼公务人员团体的领导，并主要为公务人员的利益发声，而2013年的届别中也有一位退休公务员当选、进入立法会）。

相对来说，虽然商界议员的比例因来自专业界别议员数目有所增加而曾在1988年和1992年两届有所下降，但整体来说，商界议员的比例持续上升，占总数的一半。而从取得议席的途径来看，商界议员回归前更大概率是透过间选中"经济利益"（1990年《澳门组织章程》修改后前）、"雇主利益"（1990年《澳门组织章程》修改后至2009年《立法会选举法》修改前）和"工商、金融界"的议席而保持其代表性，但自1996年立法会选举后，商界人士循直选的途径进入立法会的比例有所增加，此一趋势在回归后有所延续。同时，纵使间选中界别划分经过多次的修改而更为细化和明确，但由于澳门的社团网络纵横交错，执事关联相当普遍，而间选的当选方法是通过各界别社团法人选民之间的协商提名，且往往提名人数与议席数相同，不具有竞争性。因此，透过执事关联的网络，部分商界精英能循间选的其他界别进入立法会，也强化了商界力量在议会的代表性。

另外，来自专业界别的议员在各届立法会议席中的比例波动较大，但整体保持在30%~45%的水平，并自回归后徐徐上升，形成政治精英集中来自商界和专业界别的趋势。可是，其进入议事殿堂的途径自20世纪90年代开始有所改变，并延续至回归后，从过去依赖直选（多为葡裔律师与工程师）转为总督和行政长官的委任。虽然随着澳门的经济发展而渐渐形成新兴的中产阶层，但获得直选议席中仅有约 1/4 来自专业界别，且他们的竞选政纲也并非侧重中产阶层（图 3－6 和表 3－11）。

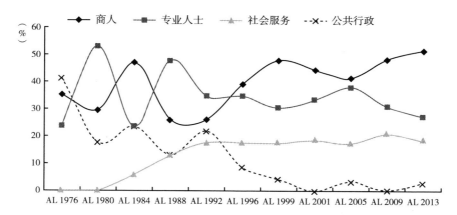

图 3－6　各届立法会议员的主要职业类别

说明：全职议员的数目在此并入"社会服务"的类别。

表 3－11　按获选途径划分各届立法会议员的主要职业类别

单位：%

届别	直选				间选				委任			
	商人	专业人士	社会服务	公共行政	商人	专业人士	社会服务	公共行政	商人	专业人士	社会服务	公共行政
AL 1976	16.7	**50.0**	0.0	33.3	**60.0**	0.0	0.0	40.0	20.0	20.0	0.0	**60.0**
AL 1980	0.0	**100.0**	0.0	0.0	**60.0**	20.0	0.0	20.0	20.0	**40.0**	0.0	**40.0**
AL 1984	16.7	**66.7**	16.7	0.0	**100.0**	0.0	0.0	0.0	20.0	0.0	0.0	**80.0**
AL 1988 *	12.5	75.0	12.5	0.0	62.5	12.5	25.0	0.0	0.0	57.1	0.0	42.9
AL 1992	**25.0**	**25.0**	**25.0**	**25.0**	50.0	12.5	25.0	12.5	0.0	**71.4**	0.0	28.6
AL 1996	**62.5**	12.5	25.0	0.0	50.0	12.5	25.0	12.5	0.0	**85.7**	0.0	14.3
AL 1999	**50.0**	25.0	25.0	0.0	50.0	25.0	25.0	12.5	42.9	**57.1**	0.0	0.0
AL 2001	20.0	30.0	**40.0**	0.0	**60.0**	30.0	10.0	0.0	**57.1**	42.9	0.0	0.0
AL 2005	**41.7**	25.0	25.0	8.3	**60.0**	20.0	20.0	0.0	14.3	**85.7**	0.0	0.0
AL 2009	**41.7**	25.0	33.3	0.0	**60.0**	20.0	20.0	0.0	42.9	**57.1**	0.0	0.0
AL 2013	**42.9**	21.4	28.6	7.1	**50.0**	33.3	16.7	0.0	**71.4**	28.6	0.0	0.0

说明：2005 年和 2009 年各有两位全职议员，2013 年则有 3 位，但其中一位具浓厚的商界背景，故当中两位并入"社会服务"的类别，另一则为商人；粗体为所占比重最高的职业类别。

注：* 包括 1991 年补选。

四 "澳人治澳"下澳门的政治精英之路

帕特南曾指出，在政治分层系统中越往上的位置，男性、高教育程度及拥有较高社会地位的精英将拥有成为政治精英更大的优势，也就是"比例失调渐增法则"（law of increasing disproportion），而这法则也几乎切合所有的政治系统[1]。在澳门，属于政治系统上层的立法会议员，也同样具有异于一般大众的组成，政治精英也集中在男性、高教育程度以及具社团领导经验的人士。

首先，澳门的政治精英中男性居绝对优势。虽然议员的数目曾有数次的增加，但对女性议员的人数并没有积极的影响，而这与澳门人口中女性的比例较男性为高更具有明显的反差[2]（图 3-7）。因此，在成为澳门的政治精英之路上，性别已是当中的一个重要因素。

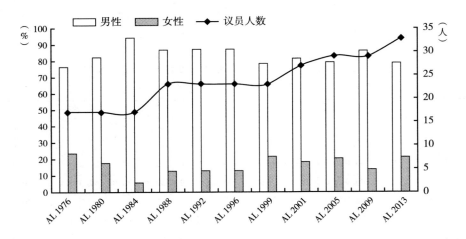

图 3-7 各届立法会议员的性别比例

同时，从前述有关澳门政治精英的年龄组成、学历背景和职业类别上来看，他们与一般民众的差异也是十分突出。年龄在 51 ~ 60 岁的群组、

---

[1] Robert D. Putnam, *The Comparative Study of Political Elites*, U. S.：Prentice-Hall, 1976, pp. 21 - 43.

[2] 人口数据显示，2005 ~ 2013 年澳门人口中男性的比例介乎 48% ~ 49.4%。澳门特别行政区政府统计暨普查局：《澳门人口估计》（2005 ~ 2013 年）。

拥有大专或以上的学历、过去具有立法会议员的经验且为商人或专业人士的人更有机会在回归后成为政治精英。然而，更重要的是，以上的各种特征还需具有一个前提，就是其必须拥有从事社团工作的经验。回归后在各届立法会竞选上，几乎所有的参选者均为某一社团的理事、监事等领导，而属顶级社团的骨干成员则具有更大的优势。以 2001 ~ 2013 年四届的立法会选举计算，五大顶级社团（澳门中华总商会、澳门中华教育会、澳门工会联合总会、澳门街坊会联合总会、澳门妇女联合总会）的领导人员占所有议席的 48.5% ~ 55.6%。而在竞选途径上，由于制度设计的关系，顶级社团的骨干人员较大比例从间选的途径进入立法会。反之，虽然直选议席在年龄、学历背景和职业界别上具有较大的多元性，但女性、缺乏议会经验、并非商人的低学历人士欲在回归后晋身立法会，其机会是相对渺茫的。

五　回归后政治精英与大众的联系

回归后，不论是对政治活动的心态、制度赋予的机会还是参与政治活动的实际行动上，均与回归前截然不同。由此，政治精英与大众的联系也表现出相应的变化。

首先，澳门特别行政区立法会的角色体现了很大的转变。在性质上，回归前的立法会是葡萄牙管治下澳门的一个立法机构，虽然具有与总督分享立法权之权力，但实权却由总督主导，而澳督是由葡萄牙总统委任，仅对葡萄牙总统负责，而非澳门市民又或立法会。因此，立法会对政府施政决策的影响具有很大的局限性[1]。而回归后的立法会则是由澳门居民组成的唯一立法机关，代表广大的澳门居民，且《基本法》明确了特区政府需向立法会负责。

同时，因《基本法》对立法会选举议席的修改，增加了直选和间选的议席，直选由原来 8 席增至 2001 年的 10 席，自 2005 年后陆续增至 12 席，2013 年又增添至 14 席，而间选则自 2001 年后增加至 10 席和 2013 年后增加至 12 席，总体上立法会议员的增加，特别是直选议席的规模有所提高，

---

[1]　余振：《澳门的选举制度与 1992 年立法会选举》，《澳门研究》1993 年第 1 期。

有利于扩大其代表性①。因此，立法会在性质上与规模的变化也促使议员更为积极地代表居民的权益，并投入更多的资源与选民互动沟通。除了部分议员把议会工作作为全职职业外，自回归后所有当选的直选立法会议员均设立了议员办事处，部分商界议员的办事处已建成具规模的网络，分布澳门各区。同时，议员办事处的规模也由过去的"一人办公室"演变至近年的办公团队，部分更透过所属社团或招募新生一代而建立智库组织和研究队伍。

另外，由于华人议员的比例在回归后更为提高，且即使是葡裔的政治精英也为土生葡人，能操流利的广东话（部分能阅读和书写中文），大众与政治精英过去在接触和沟通上的语言障碍已不复存在；再加上在"澳人治澳"的当家做主心态下，大众在心理上减少了与政治精英之间的距离和隔阂。

为此，在直选的竞争性越趋加强的同时（参与竞选的组别由回归前最后一届的12组增至回归后的15~18组），澳门市民对选举的关注和投票意欲也大为提升，自然人选民与投票率遂届递增，选民人数由2001年159813人上升至2013年的276034人，增幅72.7%，而投票率也由2001年的52.33%递升至59.91%（2009年）和55.02%（2013年）②。

虽然有学者指出选举投票气氛的炽热部分地由于来自商界和博彩界的候选人的物质引诱和各式各样的金钱政治③，但不能否认的是，大众对政治活动的态度取向已较回归前朝向正面发展，对于"好市民具有义务在选举中投票"，表示"很同意"和"同意"的比例较1991年的85.2%和1999年的79.5%有所提高，2009年的调查显示持"很同意"的比例更有明显上升。同时，大众对于政治活动的参与也持更为开放的态度，回归后除2006年的调查中表示"不同意"和"很不同意""小市民不宜参加政治活动"的比例较1991年和1999年明显提高超过10%；然而，认同"向政府表达意见是市民的责任"虽然2006年较1991年有所上升，但2009年的调查则大幅

① 〔美〕利普哈特（Arend Lijphart）：《选举制度与政党体系》，桂冠图书股份有限公司，2003，第16页。
② 2001年、2005年、2009年和2013年立法会选举网站，http：//www.elections.gov.mo/。
③ 余永逸：《2005年澳门立法会选举：对澳门民主化的启示》，《香港社会科学学报》2007年春/夏季第32期，第53~85页。

下跌，转而倾向"无意见/中立"，这值得关注（表3－12，详见第五章有关政治文化的阐述）。

表3－12 澳门市民对政治参与的态度取向

单位：%，个

你同意以下说法吗？	很同意	同意	无意见/中立	不同意	很不同意	样本数
好市民具有义务在选举中投票						
1991 年	5.7	79.5	11.3	3.3	0.2	662
1999 年	9.5	70.0	12.3	8.1	0.2	496
2006 年	8.1	83.2	4.2	4.4	0.2	546
2009 年	15.5	68.7	13.6	1.9	0.3	860
向政府表达公共事务的意见是市民的责任						
1991 年	3.3	81.7	12.4	2.4	0.2	662
2006 年	5.1	84.2	5.3	4.9	0.4	546
2009 年	7.7	68.7	19.8	3.7	0.1	859
小市民不适宜参加政治活动						
1991 年	0.8	23.9	18.9	54.7	1.8	662
1999 年	0.2	20.0	18.4	57.4	4.0	496
2006 年	0.5	19.2	8.4	67.2	4.6	546
2009 年	0.9	15.8	24.1	55.1	4.1	860

说明：1999 年的调查没有包括第二个问题。

资料来源：余振、吕国民：《大众政治文化》，载黄绍伦、杨汝万、尹宝珊、郑宏泰编《澳门社会实录——从指标研究看生活素质》，香港中文大学香港亚太研究所，2007，第311 页；余振、娄胜华、陈卓华：《澳门华人政治文化纵向研究》，香港三联书店，2011，第84 页。

与此同时，大众对政治精英的要求也有所提高，在寻求协助的层面上已超越过去因对行政手续的不熟悉而对议员的依赖。现时，议员办事处收到的求助不仅涉及生活上实用性问题的解决，还包括对政府各项政策的意见，特别是涉及政府公共政策对居住社区的影响①。

而在澳门整体经济欣欣向荣之际，澳门的贫富差距问题依然严重。虽然特区政府依本地"住户收支调查"（调查期为2012 年9 月~2013 年9 月）而计算出的基尼系数创下新低（0.35），从一侧面显示贫富差距有所缓解，然而，不能忽略的是，相关结果可能是较高比例的就业人口从事博彩业，而

① 例如黑沙湾东北街市的选址、私人骨灰龛场的兴建、美沙酮戒毒中心的选址等。

其工资中位数远高于整体就业人口的中位数所致①。也就是说，能分享经济发展成果的人口比例虽然有所扩大，但相对地非博彩业的就业人口则因经济的急速发展所带来的高通胀、高房价等影响而陷入更大的困境（详见第五章的阐述）。

因此，在近年越趋频繁发生的社会运动中，大部分参与者为基层民众和边缘性群体，而组织游行的社团也非传统大型社团。虽然回归后曾有调查显示立法会的代表性功能有较大程度的提高，表示澳门立法会能代表受访者的意见达一半的水平，2004 年较 2003 年同类调查上升 14.1%②，但近年另一调查则显示，对于特首、立法会议员、公营部门的信任及满意程度，若以 10 分为满分，居民最信任所属社团代表（6.6 分），其次是特首（5.9 分），而立法会议员的信任度是三者中最低的（5.48 分）③。据此，可以预期，社会活动的参与者甚少向立法会的政治精英表达意见，这或与立法会的议席绝大部分由大型社团和商界主导不无关系，而新兴与小型的社团组织由于在地区工作、选民基础、动员能力和各项资源上均匮乏薄弱，难以从常规的途径进入立法会。另外，值得注意的是，近年社会运动的参与者已不限于基层民众和边缘群体，属中产阶层的公务员和教师也透过游行示威表达诉求。因此，特区政府成立后澳门的社会经济发展已把延续自 20 世纪的以渐进累积型为特征的澳门社会在迈入 21 世纪后出人意料地提速推进，社会转型的发展阶段开始进入以利益分化与结构重塑为重点的加速转型期④，而这也在一定程度上为政治精英与大众的联系互动构成新的挑战。

---

① 2013 年第四季度博彩业员工的月收入中位数为 1.6 万澳门元，而整体就业人士的月收入中位数则为 1.23 万澳门元。澳门特别行政区政府统计暨普查局：《就业调查》，2013 年第四季度。

② 详见香港大学社会科学学院下属的香港大学民意研究计划"澳门研究系列"，http：//hkupop. hku. hk/，政制及教育改革（2004 年 6 月 28 日~7 月 1 日）

③ 《居民信社团多过信特首》，《正报》2013 年 12 月 16 日，第 P01 版。

④ 娄胜华、潘冠瑾、林媛：《新秩序——澳门社会治理研究》，社会科学文献出版社，2009，第 48 页。

第四章
转型时期政治精英生成的横断面研究：
1996 年、2005 年和 2009 年的立法会选举

　　精英进入政治舞台需要经过政治录入（political recruitment）的过程，当中涉及进入前台的路径或渠道；如何和由谁决定被挑选的少数；什么因素致使某些人成功成为政治精英①。透过对回归前最后一届（1996 年）和回归后在竞选组别最多的一届（2005 年），以及具特殊政治意义的双选举年（行政长官和立法会选举）的 2009 年立法会选举的研究，本章从资本价值变化的角度剖析各种资本在不同选举路径和回归前后的重要性转变，借以了解哪些因素能更有力地推动政治精英的录入。

一　三届立法会选举的政治背景与意义

　　1996 年的立法会选举为澳葡政府管治下的最后一届立法会选举，与香港的情况不一，1996 年立法会当选的议员可顺利过渡（所谓的"直通车"模式）至澳门特区第一届立法会，任期也较正常的 4 年延长一年至 2001 年。相反，香港 1995 年的立法局议员任期只有 2 年，到 1997 年 7 月 1 日前要"下车"，被"临时立法会"所取代。因此，在这特殊的政治环境下，此届立法会的议员具有较往届更大的政治力量，其制定或通过的法案法规将影响澳葡政府以至特区政府的施政。

　　另外，自 1992 年在直选上实施新的汉狄选举法②，相对有利于较小及

---

① Robert D. Putnam, *The Comparative Study of Political Elites*, U.S.: Prentice-Hall, 1976, pp. 45 – 70.

② 详见第五章有关制度变迁的阐述。

较弱的参选团体，吸引了更多新兴组别参与直选的竞争，从 1988 年的 5 个组别激增至 1992 年的 9 个，而 1996 年则有破纪录的 12 个组别参加，共 62 位候选人争取直选的 8 个席位。

当中，超过一半组别为首次参选（7 组），而各组的背景也相对多元，既有传统的社团和曾多次参与直选的民主民生组别，也有来自商界以及来自博彩业职工等，而整体具商界背景的组别约占所有竞选团队的四成（表 4 - 1）。

表 4 - 1　1996 年澳门立法会的直选候选组别

组别	主要候选人	背景	首次参选
A 组:澳门经济民生促进会	陈继杰、廖玉麟	新兴商界	是
B 组:民主民生协进会	汪长南、王家祥	民主民生	否
C 组:同心协进会	唐志坚、崔世安	传统社团	否
D 组:繁荣澳门同盟	周锦辉、姍桃丝	新兴商界、公务员	是
E 组:建设澳门同盟	冯志强、陈荣林	商界	是
F 组:群力促进会	梁庆庭、高开贤	传统社团	否
G 组:娱职联谊会	郑康乐、罗泽泉	博彩业职工	是
H 组:经济建设联盟	陈泽武、关基荀	博彩业、商界	是
I 组:民主新澳门	吴国昌、区锦新	民主民生	否
J 组:友谊协进会	何思谦、梁金泉	民主民生	否
K 组:福民协进会	颜延龄、吴在权	新兴商界、福建宗族	是
L 组:根在澳门	马若龙、司徒民义	土生葡人	是

资料来源：《澳门日报》1996 年 9 月 8 ~ 19 日之相关报道。

同时，另一个让这届立法会选举引人瞩目的是，上一届 1992 年立法会选举正值澳门经济的起飞时期，1986 ~ 1992 年澳门的人均本地生产总值年增长率不低于 10%，1992 年当年为 24.1%。然而，自 1993 年中国内地实行宏观调控，控制过热的投资，澳门的经济增长迅速放缓，1994 年和 1995 年分别为 7.9% 和 8.5%，而 1996 年基本为零增长（人均本地生产总值仅增加 0.1%）。因此，这届立法会选举产生的议员的一个重要任务是扭转经济不景气的颓势，而各参选组别均在政纲上把较大的篇幅放在刺激经济增长上。

因此，当届立法会的选举气氛是自 1976 年首次立法会选举最为热烈的一届，登记的选民人数达 116445 人，较 1992 年增加达 1.4 倍，而投票率则达 64.49%，较 1992 年高出 5.23%。然而，在当届立法会直选的竞选上，除了名人效应（邀请香港电影明星、流行歌星及其他知名人士到澳门坐镇）、社团效应（动员其属会的成员及成员的亲戚朋友等去投票）外，另一主要采取的竞选策略是金钱效应，即以现金或其他形式的报酬去争取选票。据调查，除了民主民生和土生葡人背景的组别外，其余组别都被传闻采取某种形式（如赠送礼物、月饼、毛巾及请喝茶吃饭等）争取选票[①]。

而在间选方面，议席的数目和当中的利益界别分布并没有与上一届有异，而间选的三个界别也各仅有一个组别的提名，因此投票只是程序的需要。相对地，委任议席在当届立法会中具有重大的意义，过去的一贯做法是委任议席在直选和间选结束后再公布，因此澳督往往可依选举的结果而透过委任的议员调整立法会的利益分布和界别取向，特别是葡裔议员的比例，这在回归前的最后一届立法会别具意义。

至于 2005 年的立法会选举，在政治上虽然这不是回归后首次的立法会竞选，但其是《基本法》赋予澳门在回归后直选议席数目首次多于间选议席数目的一届，12 个直选席位占全部议席的 41.4%，因此，这届立法会直选吸引了 18 组的竞选团队，为回归前后之冠，政治力量也更为多元。登记选民人数较 2001 年增长 38%，投票率则增加了 6.05% 至 58.39%[②]。

2009 年的立法会选举虽然在参选组别上有所减少（15 组），而获选的政治精英在特征上属 2005 年的延续，但该年为回归后澳门首次的双选举年，也是回归后第二位行政长官（第三任）的履新年，在政治上别具意义，而 2009～2013 年的立法会任期也见证着经济高速增长引申的社会问题逐渐深化及其引起一定的社会矛盾。

由此，针对转型时期，对 2005 年和 2009 年立法会选举中有关政治精英生成之讨论，结合已完结的 2005～2009 年和 2009～2013 年立法会届别中政治精英的立场和取态进行利益代表的分析，将能更清晰了解转型时期下澳门政治精英的利益代表格局。

---

① 余振、卢兆兴：《政治参以及政治动员：1995 年香港立法局及 1996 年澳门立法会选举比较研究》，载余振、林媛主编《澳门人文社会科学研究文选（2008～2011）·政治编》，社会科学文献出版社、澳门基金会，2013，第 338～339 页。
② 澳门特别行政区政府行政暨公职局，《选举活动综合报告 2005》，2006。

由于组别的增加，2005 年立法会候选组别的背景更为多元，与 1996 年相比，除原有的传统社团、商界、民主民生和土生葡人的组别外，增加了专业人士、青年领袖以至新兴工人组织等的参与。然而，本届的候选组别大多已有参选经验，首次参选的组别有 6 组，而最终来自博彩业和商界的组别共获得 3 个席位。相对而言，2009 年立法会直选虽然较上届（2005 年）的竞选组别有所减少，但各候选组别的组成持续向多元化的方向发展，且不少为首次参选的组别。从主要候选人的职业来源、社团背景和服务群体划分，可分为七大类，包括扎根和长期服务基层的传统社团；商界（包括具博彩业背景或具乡族性社团背景）；公职人员；被视为"民主派"的民主民生社团；独立于传统工人社团的新兴工人组织；专业人士；以及具从事针对青年、老人等服务的社会服务背景人士。其中，前四类的参选组别大部分并非首次参选，且候选人中不少为争取连任的议员；相对地，后三类的参选组别较多为首次参选（表 4 - 2）。

表 4 - 2 2005 年和 2009 年澳门立法会的直选候选组别

	组别	主要候选人	背景[a]	首次参选[b]
2005 年	第 1 组：为澳门	麦健智、飞迪华	土生葡人	是
	第 2 组：澳门新力量	方文达、余冠全	专业人士	是[c]
	第 3 组：民主新澳门	吴国昌、区锦新	民主民生	否
	第 4 组：民主起动	利建润、梁石	民主民生	是
	第 5 组：澳门新青年	余惠莺、陈虹	青年领袖	是
	第 6 组：职工同盟	李漫洲、何兴国	新兴工人组织	否
	第 7 组：群力促进会	梁庆庭、容永恩	传统社团	否
	第 8 组：爱澳联盟	冯志强、刘永诚	商界	否
	第 9 组：澳门发展联盟	梁安琪、苏树辉	商界、博彩业	是
	第 10 组：澳门民主民生协进会	汪长南、梁国洲	民主民生	否
	第 11 组：澳门前瞻协进会	卢德华、梁少培	青年商界	是
	第 12 组：澳门幸运博彩业职工总会联盟	郑康乐、梁孙旭	博彩业职工	否
	第 13 组：繁荣澳门同盟	周锦辉、叶荣发	商界、博彩业	否
	第 14 组：同心协进会	关翠杏、梁玉华	传统社团	否
	第 15 组：亲民爱群协会	潘志明、何佩琴	社会服务	否
	第 16 组：新希望	高天赐、梁荣仔	公务员	否
	第 17 组：民权协进会	卓永生、陈永源	社会民生	否
	第 18 组：澳门民联协进会	陈明金、吴在权	商界、乡族性社团	是[d]

续表

	组别	主要候选人	背景[a]	首次参选[b]
2009 年	第 1 组：澳粤同盟	麦瑞权、叶云妮	商界、乡族性社团	是
	第 2 组：新希望	高天赐、姗桃丝	公职人员、土生葡人	否
	第 3 组：同力建设联盟	赖初伟、关伟霖	商界	是
	第 4 组：民主昌澳门	吴国昌、陈伟智	民主民生社团	否[c]
	第 5 组：改革创新联盟	陈美仪、胡锦汉	博彩业、商界	是
	第 6 组：公民监察	林玉凤、尉东君	专业人士	是
	第 7 组：澳门民联协进会	陈明金、吴在权	商界、乡族性社团	否
	第 8 组：社会公义	原锦成、黄淑芬	社会服务	是
	第 9 组：民主起动	伍锡尧、利建润	新兴工人组织	否
	第 10 组：澳门发展新连盟	梁安琪、黄升雄	博彩业、商界	否
	第 11 组：社会民主阵线	李漫洲、邓国良	新兴工人组织	否
	第 12 组：同心协进会	关翠杏、李从正	传统社团	否
	第 13 组：群力促进会	何润生、陈虹	传统社团	否[f]
	第 14 组：齐声建澳门	黄伟麟、高智睿	专业人士、多元族群	是
	第 15 组：民主新澳门	区锦新、周庭希	民主民生社团	否
	第 16 组：亲民爱群协会	潘志明、梁金泉	社会服务	否

注：a 以总体各候选人的职业、社团背景等为衡量；

b 以候选组别为划分标准；

c 该组第一候选人曾在 2001 年立法会选举以第二候选人的身份参加直选；

d 该组第二候选人曾在 1996 年立法会选举以第二候选人的身份参加直选；

e 该组虽为新参选组别，但实为上届参选组别的分拆，其第一和第二候选人已有参选经验，第一候选人更为上届议员；

f 该组的两位主要候选人为首次参选，但以 "群力促进会" 的名义参加立法会直选则非首次。

资料来源：2005 年立法会选举网站，http：//www. el2005. gov. mo/cn/CAND. asp；2009 年立法会选举网站，http：//www. eal. gov. mo/zh_ tw/2009. html；《澳门日报》2005 年 9 月 12 ~ 21 日和 2009 年 9 月 7 ~ 14 日之相关报道。

值得注意的是，与 1996 年立法会选举的经济情况刚刚相反，2005 年立法会选举之时正值澳门经济全面复苏，自 2002 年澳门开放博彩专营权，引入竞争，大量资金的流入使澳门经济进入快速增长期，人均本地生产总值在2003 ~ 2008 年一直保持两位数字的增长（图 4 - 1），失业率也从 2000 年的 6.8% 大幅回落至 2005 年的 4.1%[①]；但在经济欣欣向荣的同时，结构性失业问题始终没有有效缓解，黑工问题困扰劳工界别，而博彩业迅猛的扩张性发展所带来的社会负面影响也逐渐浮现。虽然特区政府着力推出多项措施应对，并因

①　资料来源于澳门特别行政区政府统计暨普查局的数据。

2008 年底的全球金融海啸暂缓了经济的急速增长，但也使社会更为关注单一产业所面对的风险。另外，随着澳门的回归，市民对政治的关注程度有所提升（见表 3 - 12），其对政府施政的要求也相应提高。因此，在 2005 ~ 2009 年和 2009 ~ 2013 年立法会任期内，可以看到社会运动在数量、频率以至强度上都呈现显著的上升趋势，社会运动的参与者与主题也越趋多元①。

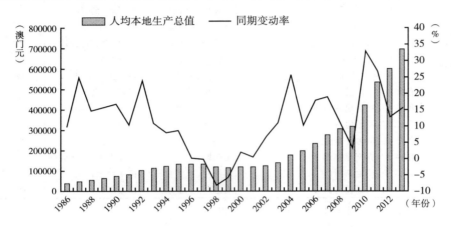

图 4 - 1 1986 ~ 2013 年澳门人均本地生产总值及变化

资料来源：澳门特别行政区政府统计暨普查局。

故此，虽然此两届立法会选举之时间间距不足 10 年，但这一时期却是澳门在政治结构、经济发展以至社会态势上均经历重大转变的时期，对澳葡时期的最后一届立法会（1996 ~ 1999 年）以及回归后第三届和第四届立法会（2005 ~ 2009 年、2009 ~ 2013 年）的选举进行横断面研究，将能更为体现在回归前后这段转型时期澳门政治精英的生成因素，以及各因素所具有的角色和发挥的作用。

二 三届立法会议员的基本情况

正如前章阐述的整体回归前后政治精英生成的延续与嬗变，1996 ~ 1999 年（以下简称"1996 年"）与 2005 ~ 2009 年（以下简称"2005 年"）和

---

① 娄胜华、潘冠瑾、林媛：《新秩序——澳门社会治理研究》，社会科学文献出版社，2009，第 49 页。

2009～2013 年（以下简称"2009 年"）届别的立法会政治精英也表现出相似的特征，性别上虽然女性的比例有所上升，但男性主导的格局并没有根本性的改变；族裔的变化则相对明显，回归前最后一届立法会中葡裔议员的比例仍达四成，但至 2005 年和 2009 年则下降至一成的水平；年龄分布上，前者集中在 41～50 岁，次之为 51～60 岁和 60 岁以上，较 2005 年和 2009 年时相对平均，后者则有一半之议员年龄在 51～60 岁，次之为 41～50 岁；与年龄的分布越趋集中相一致的是，政治精英的学历提高了不少，虽然拥有中学学历的仍占一定比例，但为研究生或以上的比例则大大提高，占高等学历比例的一半；职业背景方面，三届均集中在商人和专业人士；最后，值得注意的是，三届立法会议员的连任比例也保持在较高的水平，达 2/3，而 1996 年更有 13% 的立法会议员属"再任"的类别（表 4－3）。

表 4－3 1996～1999 年、2005～2009 年和 2009～2013 年届别
立法会议员的基本资料

单位：%

届别	1996～1999 年	2005～2009 年	2009～2013 年
性别分布	男性:87.0(82.6)ᵃ 女性:13.0(17.4)	男性:79.3 女性:20.7	男性:86.2 女性:13.8
族裔分布	华人:60.9 葡人:39.1	华人:93.1 葡人:6.9	华人:93.1 葡人:6.9
年龄分布	31～40 岁:13(17.4) 41～50 岁:47.8(43.5) 51～60 岁:21.7(26.1) 60 岁以上:17.4(13.0)	31～40 岁:3.4 41～50 岁:31.0 51～60 岁:58.6 60 岁以上:6.9	31～40 岁:3.4 41～50 岁:20.7 51～60 岁:58.6 60 岁以上:17.2
学历	中学:34.8 大专或本科:60.9 研究生或以上:4.3	中学:27.6 大专或本科:48.3 研究生或以上:24.1	中学:20.7 大专或本科:55.2 研究生或以上:24.1
职业背景	商人:39.1 专业人士:34.8(30.4) 社会服务:17.4 公共行政:8.7(13.0)	商人:41.4 专业人士:37.9 社会服务:17.2ᵇ 公共行政:3.4	商人:48.3 专业人士:31.0 社会服务:20.7ᵇ 公共行政:0
连任比例	65.2(56.5)	65.5	62.1
再任比例	13.0	0	3.4

注：a 澳葡政府第三届立法会会期（1996～1999 年）期间，官委的艾维斯和罗新耀分别因个人原因和过世而使议席出现空缺，括号标示为以替补人士的资料做计算的结果；

b 当中两位为全职议员。

而在议会的政治力量方面，主要可分为 6 类："建制基层""新兴民主阵营""建制商界""新兴商界""本地葡籍"① 和 "建制专业"②。其中，"建制基层" 是指一直以来在澳门政治生活中占主导地位之华人社团组织，其也主要指向澳门街坊会联合总会（简称 "街总"）、澳门工会联合总会（简称 "工联"）和澳门妇女联合总会（简称 "妇联"）等主要传统社团；"建制商界" 主要为与澳门中华总商会（简称 "中总"）和其属会社团等具密切关联之竞选团体和组织；"建制专业" 类别则指向属委任性质，并具专业背景的力量③，而这些力量标识为 "建制" 表示其与澳葡政府又或特区政府均保持较密切的合作或沟通联系。"新兴民主阵营" 是指 20 世纪 80 年代开始兴起的各类民生派和民主派力量④，其支持社团成立年期相对较短和规模较小；而 "新兴商界" 则主要为 20 世纪 90 年代中期后新生之商界力量，其未被属建制的传统社团所吸收而透过在新体制下实现其利益表达，包括博彩业的力量；"本地葡籍" 主要指的是土生葡人的力量，也包括在澳门以外出生但在澳门长时期工作的葡籍人士，其主要从事公共行政和专业类的工作，回归前其归属 "建制" 的类别；而回归后透过直选、间选或委任兼而有之进入立法会而与政府的关系各有差异，前者（直选）属 "非建制" 的

---

① 回归前部分为纯葡萄牙人，但绝大部分来自公职系统，而回归后在立法会内则全为土生葡籍人士。

② 对澳门的政治力量分类，不同学者有众多的归类与取态：吴国昌将澳门的政治力量分为 A、B、C、D、O 5 个系统（吴国昌：《民主派》，青文书屋，1990）；余振在分析 1996 年澳门立法会选举组别时则以 "独立""民主民生""传统""独立（土生葡人）" 为区分（余振、卢兆兴：《政治参与以及政治动员：1995 年香港立法局及 1996 年澳门立法会选举比较研究》，载余振、林媛主编《澳门人文社会科学研究文选（2008～2011）·政治编》，社会科学文献出版社、澳门基金会，2013，第 330～346 页）；余永逸则在分析 2005 年澳门立法会选举时以 "土生葡人""民主派""亲北京""博彩业""公务员""独立" 作为政治背景之分野（余永逸：《2005 年澳门立法会选举：对澳门民主化的启示》，《香港社会科学学报》2007 年春/夏季第 32 期，第 53～85 页）；潘冠瑾则在对社团的研究上把历届立法会直选中的政治力量分为 "传统阵营""自由开放阵营""本地葡籍""独立商界""其他"（潘冠瑾：《澳门社团体制变迁——自治、代表与参政》，社会科学文献出版社、澳门基金会，2010）。而本书则主要依据各政治力量的政治态度和代表阶层而做综合划分。

③ 虽然不少 "本地葡籍" 的委任议员也具 "建制专业" 的色彩，但其族裔背景在力量划分上更为突出。

④ 由于自 1996 年立法会选举后，民生派力量并未取得任何议席，因此在阐述 1996～1999 年、2005～2009 年和 2009～2013 年届别的议会政治力量时，以 "新兴民主阵营" 总体代表各类新兴的民主和民生力量。

类别，后者（间选或委任）则相反。1996 年的直选议席主要为商界力量（包括建制商界和新兴商界）和建制基层所主导，占去了 8 个直选议席中的 7 席（87.5%），而当中商界力量稍为占优，共获取 4 席。与此同时，从得票比例来看，商界和建制基层占总有效票数的比例达 64.67%。2005 年的情况与 1996 年相若，政治力量中属商界力量和建制基层的占 12 个直选议席中的 9 席（75%），而 2009 年两者则占 8 席（66.6%），其中商界力量也稍为占优，两届均获得 5 个席位。然而，新兴民主阵营分别在 2005 年和 2009 年立法会直选中各增加了一个议席（共 2 席和 3 席），本地葡籍也获得一个议席。虽然获得议席的组别所占总有效票数比例由 1996 年的 73.1% 增加至 87.28%（2005 年）和 88%（2009 年），显现选票越趋集中当选组别，但整体商界和建制基层的得票比例则下降至 60.48%（2005 年）和 59.5%（2009 年），新兴民主阵营的组别则由原来敬陪末座而跃升至前列位置（表 4 - 4）。

表 4 - 4 1996~1999 年、2005~2009 年和 2009~2013 年立法会届别
直选议员的政治力量

单位：%

	组别*	政治力量	当选之议员	获得票数占总有效票数比例	总计
1996~1999 年	澳门经济民生促进会	新兴商界	陈继杰、廖玉麟	16.02	73.10
	群力促进会	建制基层	梁庆庭、高开贤	14.71	
	同心协进会	建制基层	唐志坚	14.02	
	建设澳门联盟	建制商界	冯志强	10.01	
	繁荣澳门同盟	新兴商界	周锦辉	9.91	
	民主新澳门	新兴民主阵营	吴国昌	8.43	
2005~2009 年	民主新澳门	新兴民主阵营	吴国昌、区锦新	18.81	87.28
	澳门民联协进会	新兴商界	陈明金、吴在权	16.57	
	同心协进会	建制基层	关翠杏、梁玉华	13.29	
	群力促进会	建制基层	梁庆庭、容永恩	9.60	
	澳门发展联盟	新兴商界	梁安琪	9.32	
	新希望	本地葡籍	高天赐	7.99	
	爱澳联盟	建制商界	冯志强	6.83	
	繁荣澳门同盟	新兴商界	周锦辉	4.87	

续表

	组别	政治力量	当选之议员	获得票数占总有效票数比例	总计
2009～2013年	同心协进会	建制基层	关翠杏、李从正	14.9	88.00
	澳门民联协进会	新兴商界	陈明金、吴在权	12.0	
	民主昌澳门	新兴民主阵营	吴国昌、陈伟智	11.6	
	澳门发展新连盟	新兴商界	梁安琪	9.9	
	群力促进会	建制基层	何润生	9.9	
	新希望	本地葡籍	高天赐	9.1	
	民主新澳门	新兴民主阵营	区锦新	7.8	
	澳粤同盟	建制商界	麦瑞权	7.3	
	改革创新联盟	新兴商界	陈美仪	5.5	

注：＊按得票占有效票数比例排序。

资料来源：笔者根据三届选举期间和其后在任期内之报道整理所得。

间选的政治力量由于其具有社团协商的特性，一般情况下为等额选举，因此建制基层与建制商界在此机制下为成最大的得益者，而在回归前本地葡籍也能在华人社团的关照下获得 2 个席位，而委任的议席因政治平衡的考虑而全被葡裔人士所包揽。与直选相对应，在 2005 年和 2009 年的立法会中，虽然间选的政治力量因选举机制的不变而展现平稳的态势，建制商界和建制基层仍占主导地位，但委任方面却展现截然不同的政治力量分布，当中除考虑照顾本地葡籍的利益外，更大程度以不属商界或建制基层的"建制专业"力量来平衡（表 4 - 5）。

表 4 - 5　1996～1999 年、2005～2009 年和 2009～2013 年立法会届别
间选和委任议员的政治力量

		间选		委任	
	界别	政治力量	议员	政治力量	议员
1996～1999年	雇主利益	建制商界	何厚铧	本地葡籍	华年达
	雇主利益	建制商界	吴荣恪	本地葡籍	艾维斯（～1997.10）飞文基
	雇主利益	建制商界	许世元	本地葡籍	潘志辉
	雇主利益	建制商界	曹其真	本地葡籍	罗立文
	劳工利益	建制基层	刘焯华	本地葡籍	欧若坚
	劳工利益	建制基层	关翠杏	本地葡籍	戴明扬
	专业利益	本地葡籍	欧安利	本地葡籍	罗新耀（～1997.1）施绮莲
	慈善、文化、教育及体育利益	本地葡籍	林绮涛		

续表

	间选			委任	
	界别	政治力量	议员	政治力量	议员
2005～2009 年	雇主利益	建制商界	曹其真	建制专业	许辉年
	雇主利益	建制商界	高开贤	建制专业	李沛霖
	雇主利益	建制商界	贺定一	建制专业	刘本立
	雇主利益	建制商界	郑志强	建制专业	杨道匡
	劳工利益	建制基层	刘焯华	建制专业	崔世平
	劳工利益	建制基层	李从正	建制专业	沈振耀
	专业	本地葡籍	欧安利	建制商界	徐伟坤
	专业	建制商界	崔世昌		
	慈善、文化、教育及体育利益	建制商界	张立群		
	慈善、文化、教育及体育利益	新兴商界	陈泽武		
2009～2013 年 *	工商、金融	建制商界	贺一诚	建制专业	黄显辉
	工商、金融	建制商界	高开贤	建制专业	何少金
	工商、金融	建制商界	冯志强	建制专业	崔世平
	工商、金融	建制商界	郑志强	建制专业	唐晓晴
	劳工	建制基层	刘焯华	建制商界	徐伟坤
	劳工	建制基层	林香生	建制商界	刘永诚
	专业	本地葡籍	欧安利	建制商界	萧志伟
	专业	建制商界	崔世昌		
	社会服务、文化、教育及体育	建制商界	张立群		
	社会服务、文化、教育及体育	新兴商界	陈泽武		

　　注：＊根据第 11/2008 号法律修改第 3/2001 号法律《澳门特别行政区立法会选举法》，间选的组别名称为"工商、金融界""劳工界""专业界""社会服务、文化、教育及体育界"。虽然名称与 2005 年立法会选举稍有不同，但各界别的名额分配不变。

　　资料来源：笔者根据两历选举期间和其后在任期内之报道整理所得。

　　整体来说（包括直选、间选和委任），建制基层的力量保持平稳，而本地葡籍力量则大幅削减，此消彼长下，建制商界、新兴商界和新兴民主阵营均有一定比例的上升，而建制专业的力量则由 1996 年没有任何归属此类而上升至约 1/5 的比例（表 4 - 6）。

表 4 - 6　1996 ~ 1999 年、2005 ~ 2009 年和 2009 ~ 2013 年届别立法会
各政治力量的分布

1996 ~ 1999 年	人数与 所占议席 比例（%）	2005 ~ 2009 年	人数与 所占议席 比例（%）	2009 ~ 2013 年	人数与 所占议席 比例（%）
建制基层	5（21.7%）	建制基层	6（20.7%）	建制基层	5（17.2%）
建制商界	5（21.7%）	建制商界	8（27.6%）	建制商界	9（31.3%）
建制专业	0	建制专业	6（20.7%）	建制专业	5（17.2%）
新兴商界	3（13.0%）	新兴商界	5（17.2%）	新兴商界	5（17.2%）
新兴民主阵营	1（4.3%）	新兴民主阵营	2（6.9%）	新兴民主阵营	3（10.3%）
本地葡籍	9（39.1%）	本地葡籍	2（6.9%）	本地葡籍	2（6.9%）

三　精英生成与各种资本因素的关系分析

本书把资本的类别分为政治资本（可细分为族裔血统、包括血缘宗亲和籍贯乡亲的宗族背景、社团参与）、经济资本及文化资本，各种资本与精英生成的关系在回归前后展现了不同的态势。

（一）政治资本

首先，政治资本中族裔血统是澳门治权回归前政治精英特征中的核心要素，这特别体现在《澳门组织章程》颁布以前。政治体制上的设计大大限制了华人进入政治精英的行列，仅赋予特定途径让华人社团精英有限度参与政治。虽然在 1976 年第一届立法会选举以后，华人精英能透过直选、间选和委任三种不同的渠道进入立法会，特别是在 1984 年取消对华人投票权的歧视性限制以后，但族裔的因素始终具有强大的影响力，并成为总督委任议员的考虑标准。

以 1996 年的立法会选举作为说明，该届直选议席全为华人所囊括[①]，而间选则有两位土生葡籍的议员，为了整体平衡葡裔议员在议会内的比重，并尽量保持上一届（1992 年）立法会中华人与葡裔议员的比例[②]，虽然当时盛传是次委任议员中将有华人，但澳督在委任的议席上仍倾斜于族裔的因素，7 位委任议员全为葡籍，其中 5 位为上届之委任议员。当中，3 位为土生葡人，其余 4 位则为葡萄牙出生，但在澳门长时期工作或生活（超过 20年）的人士[③]。

　　然而，因族裔的因素而被政治委任的议员并不代表与澳葡当局具有相同的立场，虽然委任议员一直被认为是"保驾护航"的群体，但在澳门回归前夕，因应澳葡当局对澳门经济不景气与治安不靖欠缺积极的对策，以至部分政策对澳门整体利益有所损害，1996 年的立法会出现从没有发生过的委任议员请辞的情况[④]，而土生葡人社团也罕有地透过中方高层官员的来访表达对澳葡政府的不满[⑤]。而作为对土生葡人的一种安抚，澳督随即委任土生葡人律师替补委任议员的空缺[⑥]。由此，虽然族裔的因素具有其重要性，但这并不全然因为当权者与被委任人拥有"同根同族"的客观条件并具有一致的利益取向，而有一部分考虑是出于政治妥协与平衡的策略。

---

①　该届立法会选举中有一组别之参选人全为土生葡人，且政纲以保障土生葡人的利益为中心，但仅取得 2100 票（该届最少需得到 5523 票以上才能取得一个席位）。《投票率高选民踊跃选战激烈　奇兵突出陈继杰低调夺两席》，《华侨报》1996 年 9 月 23 日，第一张第四版。

②　1992 年立法会议员中，13 位为华人，其余 10 位为葡人。

③　《官委立法会议员名单公布　全为葡裔两人是新入局》，《华侨报》1996 年 10 月 9 日，第一张第四版。

④　艾维斯在第二个立法会会期之初（1997 年）突然请辞，该事件旋即震动政界。虽然艾维斯并没有明言辞职之理由，但外界普遍猜测是跟其政治取向和态度与澳葡高层相左有关，详见《艾维斯突然辞去官委议员职务　政圈震动立法会同僚感惊讶可惜》，《华侨报》1997 年10 月 14 日，第一张第一版。

⑤　土生葡人社团"根在澳门"趁国务院港澳办副主任陈滋英访澳之际，反映了澳门存在的问题，并对澳葡政府的管治和政策过失提出尖锐的批评。而间选土生葡人议员欧安利也批评澳葡当局漠视他们的利益。详见《土生向中方官员大吐苦水　皆因有被葡国"遗弃"感觉》，《华侨报》1997 年 10 月 16 日，第一张第四版。

⑥　澳督本表示稍后（艾维斯请辞后一星期）才考虑接任人选，但在土生葡人社团向国务院港澳办副主任陈滋英表达意见后的第三天便公布了继任人选——土生葡人律师飞文基。详见《澳督昨委任飞文基为议员　政界认为有安抚土生用意》，《华侨报》1997 年 10 月 18 日，第一张第四版。

在 2005 年和 2009 年的立法会直选中，各有两组候选人的政治力量属土生葡人，而 2009 年的候选组别中更有一组以多元族群的组成为宣传重点。虽然他们的政纲均大大淡化了族裔的色彩，但并未获得占选民绝大部分之华人的认同，最终两届均仅有一组获得一个席位。当选组别由于候选人大部分为公务员，其政纲除针对大众市民的利益取向外，更为着重公务员的具体利益。因此，族裔在当中并未构成获得支持的力量，而职业背景更为重要。

另外，间选中仅有循专业利益界别晋身立法会的一位土生葡裔议员，而其与华人社团一直保持密切的联系，为多个华人社团之法律顾问，历任镜湖医院慈善会董事与监事会主席，并曾为基本法咨询委员会副主任委员，2004 年更加入中国国籍并在 2008 年成为全国政协历史上第一位土生葡人委员。因此，政治精英生成中，葡裔血统已难以成为主导因素。在直选中强调族裔的因素更可能致使票源的流失；间选中虽然不能否定因应保障土生葡人的利益而在政治协商中有所关照，但职业的背景和在华人社团中的融入具有更强的说服力；而在委任中因应立法会直选和间选中已有土生葡人的力量，出于政治的利益平衡而倾斜族裔的考虑已基本不存在。

政治资本中的第二个分类是宗族的背景。"宗"是指家族的上辈，民族的祖先，而"族"指亲属，泛指同姓之亲①。为此，宗族具有共同的祖先和血缘关系之意思。而在本书中，宗族的背景将划分为两类，一类为具有血缘关系之近亲联系，而另一种则泛指具有同一祖先籍贯之地缘联系。

在政治精英的生成中，以血缘关系为标志的宗族因素在古今中外一直有着不可比拟的地位，特别是古代一直实行专制主义的中国，"四海之内，莫非王土，率土之滨，莫非王臣"。在这种"家天下"的政治格局中，专制皇帝把自己当作国家的大家长，国家成了皇帝和自己一家的私有物，在政治分配上就是皇权至上和皇位世袭②。而在现代的政治生活中，某一家族长久占据国家政治精英位置的情况仍时常发生，如在菲律宾等发展中国家，其精英

---

① 详见《新华字典》的解释。
② 杨光斌《政治学导论》，中国人民大学出版社，2004，第 38 页。

家族长久世袭地占据议会以至总统的席位①，然而，这也并非独为发展中国家的政治特色，像发达国家的美国或英国，显赫的政治精英家族也长久活跃在国会和内阁等政治机关中②。

　　而在澳门，长久以来便有"三大家族"的称呼，指称在澳门政治舞台上拥有举足轻重地位的何、马、崔三个家族。这"三大家族"均在澳门定居半世纪以上，其核心人物也分别是澳门早期的华人政治精英代表——何贤、马万祺和崔德祺，在澳门立法会建立之初，他们三人就循间选和委任成为少数的华人议员（1976 年和 1980 年两届的立法会仅有 7 位和 6 位华人议员）。

　　在其后的各届立法会中，"三大家族"的成员也相继活跃于澳门的政治舞台，包括澳门特别行政区第一、二任行政长官何厚铧（澳葡政府第 4~6 届立法会议员、副主席）、第三任行政长官崔世安（澳葡政府第五届立法会议员）、崔世昌（澳门特别行政区第 1~5 届立法会议员）、崔世平（澳门特别行政区第 3~5 届立法会议员）及马有成（澳门特别行政区第五届立法会议员）③，且具有极高的政治地位。

　　整体来说，澳门的政治精英中，父辈或夫婿为各类精英（包括政治、经济、专业或文化界别等精英）而具有家族背景的比例不低，1996 年的 23 位立法会议员中，具有精英家族政治背景的占 6 人，而至 2005 年，29 位立法会议员中，相关之人数为 7 人，所占比例由 26.1% 下降至 24.6%，2009 年则保持在 7 人。当中，从进入立法会的途径来看，拥有家族背景的优势在间选上相对突出，这与间选中以社团协商为基础的制度模式不无关系。在澳门，家族背景在建立紧密的人际关系网络上一直起着举足轻重的作用（表 4 – 7）。

---

　　①　自 1986 年菲律宾结束马科斯（Ferdinand Marcos）的专制独裁后，其后的 5 名总统中有 3 名来自政治精英家族，当中，阿基诺夫人和阿基诺三世为母子关系。

　　②　如在美国，肯尼迪（Kennedy）和布什（Bush）家族在美国的政治舞台上均长期占据重要的席位。而在英国，有研究表明，过去 400 年，英格兰基本控制在 1000 个家族手中，2500 个家族则操纵着整个英国。见《"政治精英"垄断大权　多国政坛劲刮"裙带风"》，《广州日报》2010 年 8 月 18 日，http://gzdaily.dayoo.com/html/2010 – 08/18/content_1072246.htm。

　　③　何厚铧为何贤之子；崔世安和崔世昌为崔德祺之侄儿，崔世平为崔德祺之子；马有成则为马万祺之孙。

表 4 – 7　1996～1999 年、2005～2009 年和 2009～2013 年届别立法会中
具有家族背景之议员分布

单位：人

类型 \ 届别	1996～1999 年	家族背景	2005～2009 年	家族背景	2009～2013 年	家族背景
直选	2	经济精英	2	经济精英	2	经济精英
间选	2	经济与政治精英，经济精英	4	其中 3 位为经济精英，另 1 位属经济、政治与文化精英	4	其中 3 位为经济精英，另 1 位属经济、政治与文化精英
委任	2	专业精英，政治与专业精英	1	经济、政治与文化精英	1	经济、政治与文化精英
总计	6	—	7	—	7	—

　　另外，较大范围的具有同一祖先的地缘籍贯联系在澳门的政治精英生
成中也具有一定的影响。中国内地自 20 世纪 70 年代末改革开放以来，由
于放宽了移民限制，鼓励对外交往，而其时澳门也正值经济起飞时期，来
自内地的大量新移民涌入澳门，在澳门形成一个新移民群体，而澳门的人
口也在 20 世纪 80 年代初与 90 年代初经历人口之迅速膨胀[1]。从移民的渠
道看，除了合法移民者外，占很大部分的为非法移民[2]，他们绝大部分为低
学历人士，来澳后从事体力劳动的工作。而从来源地来看，他们大部分来自
毗邻的广东和福建两省。在此背景下，中国传统乡族性社团秉承守望相助、
重视亲情的传统，以及发挥扶贫帮困、调解内部纠纷功能，尤为契合澳门新

---

[1]　1980 年澳门人口为 24.2 万，至 1985 年增至 29.1 万，短短 5 年人口增加 4.9 万，相当于原
　　来人口的 20.2%；而 1990 年澳门人口为 34 万，至 1995 年则为 41.5 万，增加 7.5 万，相当
　　于 1990 年人口的 18%。数据来源于澳门特别行政区政府统计暨普查局。

[2]　经过 1989 年澳葡政府为无证学生进行的一次登记活动（“龙的行动”）以及由此而引起的
　　无证者上街示威而爆发的“三二九”事件，澳葡政府共特赦了 3 万多名非法移民。而在
　　1982 澳葡政府也曾特赦 2 万多名无证者，为其签发临时证件，可见非法移民人数之多。详
　　见《澳门百科全书》，澳门基金会，2005，第 19、444 页，另见 1990 年 4 月 30 日澳门立法
　　会全体会议摘录，http://www.al.gov.mo/lei/col_lei–05/CN/02/c4.htm。

移民的需求①。与此同时,随着改革开放的持续深化,中国内地推出了各项优惠措施招商引资,特别是对港澳台同胞和海外华侨给予特殊优待。由于华侨华人社团更容易被中国政府部门接受和认可,为便于回内地参观考察、洽谈投资意向,组建地缘性社团成为促进澳门与内地交流、保持与家乡密切联系、扩大个人影响和提高个人知名度、降低投资成本的有效方式②。因此,以地缘为联结的乡族性社团在 20 世纪 80~90 年代有显著的增长,20 世纪80 年代新成立之乡族性社团为 27 个,而 90 年代则猛增至 67 个。1981~1999 年的 18 年间,澳门新成立乡族性社团占全部同类社团的 72.7%。研究澳门社团的学者娄胜华认为,若把 20 世纪 60 年代视为新中国成立后澳门乡族性社团的第一次高潮期,那么改革开放后是澳门乡族性社团发展的第二次高潮期。在此期间,福建籍同乡会除了省、市、县的同乡会外,甚至出现以村镇为划分的地缘性社团③。这一过程为澳门的政治生活带来新生的力量,乡族性社团除了以联系乡里间感情、提供相互协助,又或开拓与内地的经贸和文化交流外,也逐步涉足澳门的政治活动,积极支持和参与立法会选举。

以 1996 年和 2005 年的立法会选举为例,拥有乡族性社团背景的候选组别比例呈现一定的下降趋势,由 1996 年占竞选组别的 58.3% 下降至 2005 年的 22.2%,至 2009 年进一步下降至 12.5%,但具有相关背景而获得议席之组别比例则由 1996 年的 71.4% 上升至 100%(2005 年和 2009 年)。事实上,部分乡族性社团代表的是整个省份又或澳门居民中常见的籍贯或出生地(如福建、南海、顺德、开平、江门),其会员数目以万计④,因此,在动员力量上具有一定的优势。而根据陈丽君之研究⑤,部分具博彩业背景之竞选人(兼营博彩业)主要依赖乡情获得选票。然而,在各拥有乡族性社团

---

① 娄胜华:《转型时期澳门社团研究——多元社会中法团主义体制解析》,广东人民出版社,2004,第 129 页。

② 娄胜华:《转型时期澳门社团研究——多元社会中法团主义体制解析》,广东人民出版社,2004,第 130 页。

③ 娄胜华:《转型时期澳门社团研究——多元社会中法团主义体制解析》,广东人民出版社,2004,第 131 页。

④ 如成立于 2002 年之江门同乡会,据称其会员数目现已达 3.4 万,成为澳门最大的社团。见新会侨网,http://www.xinhui.gov.cn/export/xhqw/gazc/。

⑤ 陈丽君:《澳门博彩业的政治效应研究》,澳门理工学院、中山大学,2010,第 24、25 页。

背景的组别政纲中，则鲜有提及乡族性之议题，其可能原因是避免政纲所面向之群体过于狭隘，且乡族性之议题也并未成为大众关注之焦点（1996 年之政纲集中在如何让经济复苏，而 2005 年和 2009 年则较集中在应对博彩业高速发展所带来的社会负面影响）（表 4-8）。可是，在竞选的策略上，各候选人则透过相关社团之会员活动又或以同乡之情谊做自我宣传，突出其代表同族乡亲之利益，而这在具闽籍社团背景之竞选团队中最为明显。例如在 2005 年和 2009 年的立法会选举中，闽籍社团均展现强大的凝聚力，而在宣传拉票上相关候选组别也反复强调其闽籍之背景。

表 4-8　1996 年、2005 年和 2009 年立法会直选候选组别中

具乡族性社团背景的分布

1996 年		
组别	候选人具领导职务之乡族性社团	政纲有否提及乡族性之议题
A 组：澳门经济民生促进会	澳门海南同乡总会[a]（海南省）	否
C 组：同心协进会	澳门潮州同乡会[a]（广东潮州） 澳门番禺同乡会（广东番禺）	否
D 组：繁荣澳门同盟	澳门中山隆都同乡会（广东中山大涌镇）	否
E 组：建设澳门联盟	澳门潮州同乡会（广东潮州）	否
F 组：群力促进会	澳门顺德联谊总会[a]（广东顺德） 澳门中山同乡联谊会（广东中山）	否
H 组：经济建设联盟	苏浙沪同乡会[a]（江苏省、浙江省和上海市）[b] 澳门开平同乡会[a]（广东开平）	否
K 组：福民协进会	福建同乡总会[a]（福建省）	有
2005 年		
组别	候选人具领导职务之乡族性社团	政纲有否提及乡族性之议题
第 7 组：群力促进会	澳门顺德联谊总会[a]（广东顺德） 澳门中山同乡会（广东中山）	否
第 8 组：爱澳联盟	澳门南海同乡会[a]（广东南海） 澳门斗门同乡会（广东珠海市斗门区） 澳门江门同乡会（广东江门）	否
第 13 组：繁荣澳门同盟	澳门中山同乡联谊会（广东中山）	否
第 18 组：澳门民联协进会	澳门福建同乡总会[a]（福建省）	有

续表

2009 年		
组别	候选人具领导职务之乡族性社团	政纲有否提及乡族性之议题
第 1 组：澳粤同盟	澳门江门同乡会（广东江门）	否
第 7 组：澳门民联协进会	澳门福建同乡总会ᵇ（福建省）	有

注：a 由于依据新的汉狄比例制的选票计算方法，第三候选人能当选之概率较低（事实上，自 1992 年实行新的选票计算方法后，除 2013 年选举外并没有任何竞选组别之第三候选人能取得议席），因此这里指的是第一、二候选人。

b 但所有候选人中没有一位原籍贯是该三地的。

资料来源：《澳门日报》1996 年 9 月 8～19 日、2005 年 9 月 12～21 日及 2009 年 9 月 7～14 日有关各候选组别之介绍及政纲；立法会选举委员会：《2005 年立法会选举候选名单政纲概要》《2009 年立法会选举候选名单政纲概要》。

相较于直选，间选中乡族背景的影响力量相对较弱。一方面，乡族性社团归入慈善、文化、教育及体育利益，占间选议席的比例仅为 12.5%（1 席，1996 年）和 20%（2 席，2005 年和 2009 年）。虽然部分参与间选的其他利益之候选人具乡族性社团的背景，可透过相关社团的支持和其人际关系网络争取提名（在等额选举的情形下，获得提名已代表稳拿议席），但这种影响力相对迂回和间接；另一方面，间选中以社团（法人）作为投票单位，而乡族性社团占慈善、文化、教育及体育利益之法人选民数目只为少数，因此，在 1996 年、2005 年和 2009 年三届的 3 位代表慈善、文化、教育及体育利益的当选人中（2005 年和 2009 年两届为相同候选人当选），仅有一位具有乡族性社团的背景。

而在委任议席方面，乡族背景基本上不属具影响力的因素，因应委任议席具有平衡各种利益界别的作用，在回归前主要为葡裔人士，而回归后则较大部分被专业人士所囊括。

政治资本的第三个分类是社团参与。在华人政治精英中，政治资本的社团参与是不可或缺的要素，在回归前立法会的政治精英中，几乎所有的华人精英均拥有社团领导职位，且不少拥有两个或以上之社团领导职务，相对来说，葡裔精英所具有的社团背景并不突出。1996 年的立法会议员中，华人议员中 92.9% 拥有社团领导的地位，而葡裔议员则仅有 22.2%，整体议员中具社团领导或管理层背景的占 65.2%。

而在 2005 年和 2009 年的立法会议员中，具社团领导职衔的比例则高达
86.2%，这主要是华人议员人数比例有所增加之缘故（华人议员较葡裔议
员具有较高之社团参与比例）（详见下文），同时，这也显示社团的背景在
回归后仍然成为进入政治精英之列的一个必要条件（表 4 - 9）。

表 4 - 9　1996 ~ 1999 年、2005 ~ 2009 年和 2009 ~ 2013 年届别立法
会议员的社团背景（属领导或管理层）

1996 ~ 1999 年		2005 ~ 2009 年		2009 ~ 2013 年	
姓名	社团背景	姓名	社团背景	姓名	社团背景
陈继杰	海南同乡总会会长	陈明金	澳门福建同乡总会理事长、澳门中华妈祖基金会副主席	陈明金	澳门福建同乡总会理事长、澳门妈祖基金会执行委员会主席
吴国昌	新澳门学社副理事长	关翠杏	工会联合总会副理事长	关翠杏	工会联合总会副理事长
唐志坚	大专教育基金会副会长、工会联合总会常务理事	梁玉华	工会联合总会副理事长、澳门护士学会副会长	李从正	工会联合总会副理事长
周锦辉	澳门繁荣促进会会长	周锦辉	澳门繁荣促进会会长、澳门旅游零售服务业总商会会长	陈美仪	澳门善明会主席
梁庆庭	街坊会联合总会副理事长	梁庆庭	街坊会联合总会副会长	何润生	街坊会联合总会副理事长
冯志强	澳门日报读者公益基金会理事长	吴在权	澳门房地产联合商会常务副会长、澳门福建同乡会副会长	吴在权	澳门房地产联合商会常务副会长、澳门福建同乡会副会长
廖玉麟	机动车进口商会会长	高天赐	澳门公职人员协会理事会主席	高天赐	澳门公职人员协会理事会主席
高开贤	澳门日报读者公益基金会副理事长、中华总商会常务会董	梁安琪	澳门博彩业管理暨中介人总会会长	梁安琪	澳门博彩业管理暨中介人总会会长
何厚铧	中华总商会副会长、银行公会主席	容永恩	妇女联合会副理事长、澳门核数师公会会长	陈伟智	新澳门学社理事长

续表

1996～1999 年		2005～2009 年		2009～2013 年	
姓名	社团背景	姓名	社团背景	姓名	社团背景
吴荣恪	澳门出入口商会会长	冯志强	澳门建筑置业商会理事长、镜湖医院慈善会副理事长、澳门日报读者公益基金会理事长	麦瑞权	澳门江门同乡会副会长
许世元	中华总商会副会长、同善堂值理会副主席	高开贤	中华总商会副理事长、澳门百货办馆业商会副会长、街坊会联合总会副会长	高开贤	中华总商会副理事长、澳门日报读者公益基金会副理事长、街坊会联合总会副会长
刘焯华	工会联合总会副会长	刘焯华	工会联合总会副会长、基本法推广协会副会长	刘焯华	工会联合总会副会长、基本法推广协会副会长
曹其真	澳门基本法协进会副理事长	欧安利	仁慈堂会员大会主席	欧安利	仁慈堂会员大会主席
欧若坚	澳门奥林匹克委员会主席	崔世昌	中华总商会副会长、澳门管理专业协会会长、澳门日报读者公益基金会副会长	崔世昌	中华总商会副会长、澳门管理专业协会会长、澳门日报读者公益基金会副会长
戴明扬	澳门振兴学会副理事长、澳门管理专业协会副会长	贺定一	中华总商会副理事长、澳门厂商联合会副理事长、妇女联合会副理事长	贺一诚	中华总商会副会长、澳门厂商联合会理事长
		曹其真	澳门苏浙沪同乡会会长	刘永诚	澳门建筑置业商会理事长、澳门管理专业协会理事长
		郑志强	中华总商会监事长、大专教育基金会副理事长	郑志强	中华总商会监事长、大专教育基金会副理事长
		张立群	中华总商会副监事长、镜湖医院慈善会会董兼副监事长	张立群	镜湖医院慈善会会董兼副监事长
		李从正	工会联合总会副理事长	林香生	工会联合总会副理事长

1996~1999年		2005~2009年		2009~2013年	
姓名	社团背景	姓名	社团背景	姓名	社团背景
		陈泽武	澳门饮食业联合商会会长	陈泽武	澳门饮食业联合商会会长
		杨道匡	澳门经济建设协会理事长、澳门经济学会副会长	冯志强	澳门建筑置业商会会长、镜湖医院慈善会副理事长、澳门日报读者公益基金会理事长
		李沛霖	中华教育会理事长	何少金	中华教育会理事长
		徐伟坤	澳门付货人协会会长、澳门出入口商会理事长	徐伟坤	澳门付货人协会会长、澳门出入口商会理事长
		崔世平	同善堂值理会副主席、澳门科学技术协进会会长、澳门建筑置业商会副理事长	崔世平	同善堂值理会副主席、澳门科学技术协进会会长、澳门建筑置业商会副理事长
		刘本立	澳门经济学会理事长、澳门发展策略研究中心副会长	萧志伟	澳门发展策略研究中心理事长、澳门出入口商会副理事长
		许辉年	澳门律师公会大会主席团主席		
占议员比例:65.2%		占议员比例:89.7%*		占议员比例:86.2%*	

说明：仅列出其当时最主要参与之社团职务。

注：*虽然2005~2009年和2009~2013年届别吴国昌与区锦新在新澳门学社仅担任理事之工作，但几乎所有该社的活动两者均参与其中，并实具该社领导之职。若把他们包括在内，所占之比例则分别高达96.5%和93.1%。

资料来源：各大社团会刊；各年竞选期间报章报道。

　　华人精英与葡人精英不同，具社团背景的精英很大部分从直选和间选进入立法会，而其社团背景的分类则与其所属的政治力量相关。

　　在澳葡政府管治下，华人与葡人共处分治而形成双层二元的复合社会结构，在这特殊的社会结构中，社团的功能超出了局限于民间社会与第三部门范畴内的一般社团功能而兼有部分政府职能，出现了社团功能的"拟政府化"[1]。社团具有公共物品的供给功能、社会整合与社会动员功能，以及利益综合与利益表达功能。同时，澳葡管治者因其在澳门的人口以至宗主国的国力而仅能依靠非暴力的手段建立"间接方式"的管治，通过寻找华人社会的代理人来维持低度的社会政治整合，而在澳门社团发展蓬勃的现实背景下，澳葡政府尽量利用传统社会治理资源的自治因素实现对华人社区的松散型间接控制。因此，在第一届立法会选举之前，已阶段性地给予华人通过社团组织的推荐而进入政治精英之列的途径。事实上，以社会利益界别团体为依托的吸纳方式有效地保证了政治参与的秩序性，但这也注定澳门政府的决策模式趋向精英共识，精英从政府之外进入政体的正式渠道均以利益界别来分配名额，故此，少数华人精英进入政体的输送渠道只能是功能性代表社团[2]。

　　而在这当中，由于传统五大顶级社团具有悠久的历史和较大的社会利益代表性，因此，纵使在早期华人精英主要透过总督的委任而进入立法会时，其也多来自顶级社团。而在其后华人精英逐渐转向循直选和间选的途径进入立法会，社团的参与依然成为政治精英生成的重要因素。在间选中，一方面，中华总商会和工会联合总会因具有吸收为数众多的团体会员性质，以及透过执事关联或理事连锁而对其他非团体会员具有相当的影响力，成为雇主利益与劳工利益界别的当然代表性社团。另一方面，虽然专业利益与慈善、文化、教育、体育利益的界别中缺乏具代表性或主导性的社团，但间选中以社团作为投票单位的制度安排决定了没有社团参与背景的个人无法进入被提名的行列，而在社会关系紧密的澳门，拥有传统社团的支持将大大增加当选的概率。事实上，自 1988 年的立法会选举后，所有间选的参选名单均由各社团透过协商提出，间选议席全由等额选举选出。

　　直选方面，由于澳门并没有正式的政党，社团也就顺理成章地成为直选中的后援与支持单位，不管是回归前 1996 年还是回归后 2005 年和 2009 年的选举，各直选候选组别的第一、二位候选人绝大部分属不同社团的领导或管理层，而获选的组别更是长期以社团的身份活跃于社会事务之中，单纯依靠在选举前夕建立的临时竞选组织较难得到足够的民众支持而进入立法会（表 4 - 10）。

---

① 娄胜华：《转型时期澳门社团研究——多元社会中法团主义体制解析》，广东人民出版社，2004，第 217 ~ 218 页。

② 娄胜华：《转型时期澳门社团研究——多元社会中法团主义体制解析》，广东人民出版社，2004，第 299 ~ 306 页。

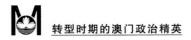

表 4 - 10 1996 年、2005 年和 2009 年立法会直选中各竞选团队的主要支持社团

1996 年		
组别	主要支持社团	备注
A 组:澳门经济民生促进会	海南同乡总会	第一、二、四候选人均为海南同乡总会之领导,该会成立于 1994 年。
B 组:民主民生协进会	大专毕业人士(澳门)协会	第一候选人汪长南曾与何思谦等人组成友谊协进会,并取得议席。
C 组:同心协进会	工会联合总会	自 1992 年便以"同心协进会"名义参加立法会竞选,并得到工会联合总会的全力支持。
D 组:繁荣澳门同盟	繁荣促进会	成立于 1996 年。
E 组:建设澳门同盟	中华总商会、澳门地产商会	第一、二、四候选人均为地产商人,第一候选人冯志强为中华总商会会董。
F 组:群力促进会	街坊会联合总会、中华总商会、妇女联合会	自 1992 年便以"群力促进会"名义参加立法会竞选,并得到澳门街坊会联合总会的全力支持。
G 组:娱职联谊会	娱乐公司职工联谊会	成立于 1974 年,旨在保障娱乐公司职工利益,并随即加入澳门工会联合总会。
H 组:经济建设联盟	经济建设联盟	该会与澳门旅游娱乐有限公司资方具有密切的关系[a]。
I 组:民主新澳门	新澳门学社	具监督议会之明确取向的民间团体,成立于 1992 年。
J 组:友谊协进会	友谊协进会	以 1984 年何思谦当选后成立之议员办事处,作为服务市民的媒介,为当时之首创。
K 组:福民协进会	福建同乡总会	除第五候选人外,所有候选人之籍贯均为福建省。
L 组:根在澳门	根在澳门	成立于 1996 年,为土生葡人组织。
2005 年		
组别	主要支持社团	备注
第 1 组:为澳门	—	以土生葡人作支持力量的新生竞选团体。
第 2 组:澳门新力量	—	新生竞选团队。
第 3 组:民主新澳门	新澳门学社	—
第 4 组:民主起动		新生竞选团队。
第 5 组:澳门新青年	—	与传统社团[b]具有密切的联系。
第 6 组:职工同盟	职工同盟	新生社团。
第 7 组:群力促进会	街坊会联合总会、妇女联合会	竞选团队包括澳门妇女联合会领导。
第 8 组:爱澳联盟	中华总商会	第一、二候选人为中华总商会常务理事。
第 9 组:澳门发展联盟	—	第一、二候选人均为澳门博彩娱乐有限公司领导层,支持力量更大程度为所属博彩公司。

续表

2005 年		
组别	主要支持社团	备注
第 10 组：澳门民主民生协进会	大专毕业人士（澳门）协会	—
第 11 组：澳门前瞻协进会	中华总商会	第一、三候选人均属中华总商会青年委员会之骨干成员。
第 12 组：澳门幸运博彩业职工总会联盟	澳门旅游娱乐有限公司职工联谊会	前身"娱乐公司职工联谊会"，因应博彩业的开放，候选人包括了各间博彩公司旗下之娱乐场员工，而第一候选人已离开澳门旅游娱乐有限公司。
第 13 组：繁荣澳门同盟	繁荣促进会	—
第 14 组：同心协进会	工会联合总会	—
第 15 组：亲民爱群协会	明爱（慈善机构）	除第五候选人外，其余候选人均服务于明爱或其属下机构，澳门明爱成立于 1971 年，前身为 20 世纪 50 年代的利玛窦社会服务中心。
第 16 组：新希望	公职人员协会	全部候选人均来自公共行政机构，除第三候选人外其余为该会主要成员。
第 17 组：民权协进会	民权协进会	第一候选人曾以该组名义参与 2001 年立法会选举。
第 18 组：澳门民联协进会	澳门福建同乡总会、澳门福建青年联会	全部候选人均为福建同乡总会或福建青年联会骨干成员。
2009 年		
组别	主要支持社团	备注
第 1 组：澳粤同盟	澳门江门同乡会	全都候选人均为江门同乡会主要成员，江门同乡会报称会员人数达 3.4 万人。
第 2 组：新希望	公职人员协会	大部分候选人来自公共行政机构，主要候选人为该会领导成员。
第 3 组：同力建设联盟	菱峰慈善会	成立于 2005 年底的慈善社团。
第 4 组：民主昌澳门	新澳门学社	本届分拆为两组参选。
第 5 组：改革创新联盟	澳门善明会（慈善机构）	第一候选人为 2005 年届别繁荣澳门同盟第一候选人之妻子，澳门善明会成立于 2002 年。
第 6 组：公民监察	澳门公民力量	成立于 2008 年的论政团体。

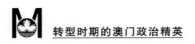

续表

2009 年		
组别	主要支持社团	备注
第 7 组:澳门民联协进会	民众建澳联盟、澳门福建同乡总会	民众建澳联盟成立于 2008 年,由第一候选人支持成立。
第 8 组:社会公义	澳门国际志愿工作者协会	成立于 2004 年,第一、二、七候选人为该会领导成员。
第 9 组:民主起动	—	曾参与 2005 年立法会选举。
第 10 组:澳门发展新连盟	—	第一、三候选人为澳门博彩娱乐有限公司领导和管理层,其他成员也多为娱乐场管理人员,支持力量更大程度为所属博彩公司。
第 11 组:社会民主阵线	澳门劳动权益促进会	成立于 2008 年,除第六候选人外其余五位候选人均为该会领导成员。
第 12 组:同心协进会	工会联合总会	—
第 13 组:群力促进会	街坊会联合总会、妇女联合会	—
第 14 组:齐声建澳门	—	候选人来自多元的阶层和族群。
第 15 组:民主新澳门	新澳门学社	本届分拆为两组参选。
第 16 组:亲民爱群协会	明爱(慈善机构)	—

说明:灰色部分为当选之组别。

注:a 陈丽君在《澳门博彩业的政治效应研究》中指出,"经济建设联盟"代表澳门旅游娱乐有限公司资方参选,见陈丽君《澳门博彩业的政治效应研究》,澳门理工学院、中山大学,2010,第 12 页。然而,澳门旅游娱乐有限公司总经理何鸿燊则表示公司和他本人是保持中立的,详见《何鸿燊重申娱乐公司不介入议会选举》,《华侨报》1996 年 9 月 10 日,第 1 张第 4 版。

b 特别指工会联合总会,见《澳门选举前瞻(二):泛民主派 7 组互争》,亚洲时报在线,http://www.atchinese.com,最后访问日期:2005 年 9 月 22 日。

资料来源:中国江门网,http://www.jmnews.com.cn/c/2009/12/17/12/c_1059732.shtml,笔者根据 1996 年、2005 年和 2009 年竞选期间报章报道整理所得。

可以看到,1996 年当选的 6 个候选组别中,获得传统顶级社团支持的占 3 个,共取得 8 个直选议席中的 4 席,余下的 4 个议席,其中 1 个由自 1992 年活跃于政治评论之社团领导人取得,另外 3 个则由新兴商界取得,相关支持社团的成立相对较晚(1994 年和 1996 年)。此外,由于参选的团体来源有所增加,2005 年获得议席的 8 个候选组别的社团支持力量相对多元，然而，其候选人获得顶级社团支持仍保持 3 个，共取得 12 个直选议席中的 5 席，另外 3 个议席则由新澳门学社与繁荣促进会 3 位具相当议会和社团经验的骨干成员取得，余下 4 个中 3 个议席落在首次参选获得娱乐场职工和宗族社团支持的商界候选人手里。但值得注意的是，宗族社团支持的商界候选人，其社团代表占澳门人口 7.2% 的闽籍人士[1]，并早于 1996 年便支持包括当选候选人之一的该会领导参加直选。因此，整体来说，赢得议席之候选人大部分均拥有丰富之社团经验，而这些社团也长期参与社会事务或议政论政的工作。

（二）经济资本

经济力量与政治精英的生成关系，在第二章和第三章有关回归前后各届立法会议员的职业背景中有所体现。在 20 世纪 90 年代伊始，商界背景的立法会议员所占的份额最大，而在报章评论又或坊间的议事中，"商人治澳"的形容反复出现，而"利益输送"（向商界）也成为市民对政府政策取向的质疑，究其原因，就是澳门的政治精英阶层为商界人士所垄断的现象已反映在大众的心理上。

表 4 - 1 和表 4 - 2 均显示在 1996 年和 2005 年的立法会直接选举中，整体参选组别中具商界背景的占 41.7%（5 组）和 27.7%（5 组），而 2009 年的比例则上升至 31.3%（5 组），虽然回归后 2005 年和 2009 年候选组别的商界比例较回归前的 1996 年有所下降，但当中分别有 3 组[2]（4 位）、4 组（5 位）和 4 组（5 位）能进入立法会。以组别计算，成功的比例达 60%（1996 年）、80%（2005 年和 2009 年），并分别占全部直选议席的 50%（1996 年）和 41.7%（2005 年和 2009 年）（表 4 - 11）。

---

① 仅指在福建出生的澳门居民。2006 年中期人口普查的结果显示，在澳门 50.2 万居住人口中，出生地在福建的为 3.6 万人。然而，根据非官方统计，每 4 名澳门人中就有 1 名籍贯为闽籍的。

② 事实上，在 1996 年的立法会直选竞选中，属澳门街坊会联合总会（街总）之竞选团队的 F 组群力促进会包括商人高开贤，当时他主要以澳门街坊联合总会常务理事、街坊福利会理事长之身份获得街总的支持，淡化了其作为商人之背景。因此，计算上依主要背景划分，仅 3 组候选组别被界定为属商界类别。而高开贤在 2001 年、2005 年、2009 年和 2013 年的各届立法会中，则均循间选之雇主利益/工商金融进入议事殿堂。

表 4 - 11   1996 年、2005 年和 2009 年立法会直选中具商界背景之候选组别

	组别	主要候选人	主要从事行业
1996 年	A 组:澳门经济民生促进会	陈继杰、廖玉麟	出入口、烟草、旅游, 汽车买卖
	D 组:繁荣澳门同盟	周锦辉、姗桃丝*	旅游博彩、酒店
	E 组:建设澳门同盟	冯志强、陈荣林	建筑、房地产
	H 组:经济建设联盟	陈泽武、关基荀	博彩业、饮食业,贸易
	K 组:福民协进会	颜延龄、吴在权	贸易、旅游,房地产
2005 年	第 8 组:爱澳联盟	冯志强、刘永诚	建筑、房地产
	第 9 组:澳门发展联盟	梁安琪、苏树辉	旅游博彩
	第 11 组:澳门前瞻协进会	卢德华、梁少培	咨询与管理服务
	第 13 组:繁荣澳门同盟	周锦辉、叶荣发	旅游博彩、酒店
	第 18 组:澳门民联协进会	陈明金、吴在权	旅游博彩、酒店,房地产
2009 年	第 1 组:澳粤同盟	麦瑞权、叶云妮	建筑、房地产
	第 3 组:同力建设联盟	赖初伟、关伟霖	博彩业、房地产
	第 5 组:改革创新联盟	陈美仪、胡锦汉	旅游博彩、广告业
	第 7 组:澳门民联协进会	陈明金、吴在权	旅游博彩、酒店;房地产
	第 10 组:澳门发展新连盟	梁安琪、黄升雄	旅游博彩

说明:灰色部分为当选之组别。

注:＊该候选人的职业背景为公务员。

资料来源:《澳门日报》1996 年 9 月 8~19 日、2005 年 9 月 12~21 日和 2009 年 9 月 7~14 日之相关报道;有关各候选组别之介绍及政纲;立法会选举委员会:《2005 年立法会选举候选名单政纲概要》《2009 年立法会选举候选名单政纲概要》。

　　具体分析来自商界的候选组别所从事的行业,可以看到其集中在旅游博彩,以及建筑、房地产业。事实上,在过去的 1/4 个世纪里,澳门传统的四大支柱产业(博彩业、制造业、金融业和建筑业)中,博彩业与建筑业(包括房地产业)保持整体的增长,前者占本地生产总值的比重由 1996 年的 26.3% 上升至 2005 年的 30.8% 和 2009 年的 32.1% (2013 年则已增至 46.1%),而后者则自 1996 年后经历"U"形的反弹,2005 年和 2009 年占本地生产总值的约 1/6,金融业则保持稳定(徘徊在 6%~10%)①,而制造业则在区域竞争以及世界贸易政策的转变中失去发展动力。因此,从事博彩业和建筑业的商人在澳门经济体系中的地位与影响力

---

　　①　澳门特别行政区政府统计暨普查局:《2013 年澳门产业结构》。

也与日俱增。

在 1996 年的立法会选举中，来自商界的候选组别在竞选宣传上相当积极，由于他们大都属首次参选，缺乏传统社团所拥有之庞大群众基础，因此，在宣传形式和策略上商界组别扭尽六壬，投放大量资源以在短时间内得到大众的关注。正如有学者对此次选举形势的评论，"在激烈的选战下，出现了三种选举形势：第一，传统社团通过人海战术来保势；第二，新兴富商派以财造势；第三，民主民生派以过往政绩、其理念和公理、公义来赢取理性选民的支持。"①

传统社团的宣传活动多由其属下或相关友好社团组织支持，并能轻易动员数百以至上千的会员及其家属参与，而相关活动以联欢聚餐、文艺晚会等模式为主。同时，透过拥有现届议席之优势，在宣传期内外他们能以多种途径表达政纲和政策取态（如问卷调查、递交建议书予相关部门、讲座等）。相对的，民主民生派别的宣传活动则较为单一，强调对政纲的介绍和阐述，以及过往之政绩。至于商界组别，除较为普遍的联欢聚餐和宣传晚会外，其更大程度透过实物赞助来支持其他社团组织助选活动，以补足其因参与社会活动之年资较浅而在群众基础上的不足，并大肆挥霍邀请香港的歌星或影视红星助兴宣传，借以增加活动的吸引力。同时，拥有强大的资金支持也使商界组别能为选民提供实惠的措施（如医疗服务）。

另外，商界组别的大规模参与也使该届选举中有关贿选的传闻甚嚣尘上。事实上，虽然有关当局最终并没有因贿选之罪检控任何人，但从相关报道以至直选、间选议员和基层社团等的反映和表态，传言选举前以"首期"收集选民证，并于选举当天支付"尾数"（总金额为 500 澳门元或 1000 澳门元），而选举当天则明目张胆地派出专车接送、派发餐券、饼卡等做法，均显示当届贿选情况相当普遍②。虽然在当天进行之票站调查显示，分别有 60.2% 和 10.4% 的受访者表示投票是为了尽公民的责任和行使公民权利，但承认登记选民后把选民证副本交予别人的比例竟有 6.4%，而当天表示是

---

① 《政治文化与公民意识的大测试——黄汉强谈第六届立法会选举》，《华侨报》1996 年 9 月 18 日，第一张第四版。

② 详见《华侨报》1996 年 9 月 20 ~ 9 月 27 日的相关报道。

"有人接载其到投票站"的比例也高达 16.5% [1]，这从侧面揭示了选举中可能存在贿选情况。同时，根据报章在选举前一星期所做的民意调查，不清楚（或答错）当届参加直选之组别共 12 组的受访者占 78.6%，而调查亦显示超过半数的受访者仍未决定投票予哪一组别，再者，在投票的选择考虑因素当中，接近 20% 的回复为熟人意见 [2]。为此，在这种有较大部分的选民仍处于游离的状态下，其受到金钱的诱惑或别人的怂恿而投票给某一组别的可能性甚高，经济资本在当届选举中的影响力也相应大大提升。

较 1996 的立法会选举，在 2005 年的立法会选举中，经济资本的影响力未有减退的迹象，特别是在竞选的宣传策略上，来自商界的组别主要仍以强劲的经济资源作支持。除了跟传统社团主要采取的社区拜访、联欢聚餐、宣传车广播、派发政纲传单等相似方式外，2005 年立法会选举的候选组别也多派发各式宣传品以增加知名度，并与 1996 年的立法会选举相同，具商界背景的组别在宣传活动上多邀请香港或内地的歌星和明星做活动号召，并以大规模的助选团（超过 1000 人）做宣传"攻势"。与此同时，透过与相关商业机构的关系，又或作为不同社团之领导，商界组别的宣传范围较之其他组别更为广泛和具渗透性，虽然部分活动并不涉及直接的竞选宣传，但已获得更多的曝光机会。如直选中具博彩背景的组别，透过其家族公司旗下娱乐场举行与组别竞选编号相关之推广活动，又以该组宣传之象征物为主要装饰，并透过属家族公司旗下之新闻媒体对相关组别的政纲、活动、候选人作风等做较大篇幅的报道。因 2005 年当届之参选组别数目为各届之冠，竞争十分激烈，多个首次参选的团体均以创新多元的方式做宣传，而与商界社团或首次参选的团队所采用的多样式宣传活动不同，传统社团侧重依仗属会和坊会为宣传网络，但也顺应互联网的发展建立竞选网站，并因商界组别在资源上的竞选优势而发出"救急"的呼吁，为历届罕见。至于其余的民主和

---

① 虽然问卷只问及受访者是如何到达投票站的，而有人接载其到投票站也可能是亲属或朋友之行为，但考虑到选民一般被安排前往附近的投票站投票，而有关当局也安排和增加巴士班次疏导需跨区投票之选民，因此选择"有人接载其到投票站投票"的选民很大部分为乘搭助选之专车。《香港大学社会科学研究中心民意调查计划：一九九六年澳门第六届立法会直选票站调查》，1996 年 12 月，香港大学民意网站，http://hkupop.hku.hk/。

② 该调查以电话访问的形式于 9 月 13 日及 14 日进行，共有 182 名 18 岁以上人士接受访问，当中选民占 93 人。详见《对候选人不熟悉 政纲不突出 选民仍拿不定主意》，《华侨报》1996 年 9 月 20 日，第一张第四版。

民生派别，则仍主力强调过往之政绩和成效，并对该届盛传之贿选情况表达不满。

由于 2009 年各候选组别的选举开支上限较 2005 年提高接近一倍至近 900 万澳门元①，因此，对具有丰富经济资本的组别在宣传上相对有利，也就延续了上一届经济资本所发挥的优势。虽然立法会选举管理委员会多次呼吁候选组别切勿在竞选期以外做任何选举宣传，并对接受捐献和选举开支做出更详细的规范②，但另类的宣传似乎无日无之，早在宣传期开始前，不少竞选组别的候选人已透过其所属的社团活动发表对社会时事又或会务的看法而间接宣传政纲，各种印有候选人名字和肖像的宣传品也早在宣传期开始前就公开派发或透过社团的媒介而"流通"。

宣传策略上除沿用过往历届的聚餐、宣传车、造势大会和印制各式传单和纪念品外，2009 年由于新加入来自专业界别的组别和较多年轻的面孔，宣传活动致力发挥创意和突破原有界限，如有组别标榜为"无背景、无财、无势"的"三无"组别，没有聚餐盛宴，针对锁定青年及中产选民发挥选团中文化创意人的才华，推出一系列的创意活动③。同时，2009 年各参选组别均大量运用了网络媒介以补充大众媒体的不足，包括透过社交网络和各种分享平台发放宣传短片、政纲介绍、活动报道等，并塑造各组候选人的鲜明

---

① 第 81/2009 号行政长官行政命令订定参选名单的选举开支限额为 8942959.84 澳门元，其计算方法事实上相等于当年财政总预算的 0.02%，由于澳门博彩业和整体经济持续增长，政府收入大幅提升，其同时也相应加大了对公共服务和福利等的支出，使总预算的金额连年出现较大幅度的上升。

② 例如规定任何候选人及候选人名单受托人，可接受纯粹作为偿付或分担其选举开支的捐献，捐献在会计账目上列为选举收入。而在接受任何形式具金钱价值的捐献时（包括以匿名方式的捐献），除发出凭证证明收取有关捐献外，亦须清楚知悉及证明捐献人为澳门永久性居民。同时也对捐献的范围做出定义，其可以是现金或实物抵付，并包括任何金钱实值、有价值证券或其他金钱等同物及任何有价值的报酬。另外，选管会也详细定义开支所指的范畴，包括任一候选名单及其受托人于选举期间，为竞选做出或将做出的开支，不论该支付时间是在该期间内还是之后，包括直接或间接为上述目的而做出货品及服务捐赠的价值。候选名单上某一位候选人做出的竞选开支，一律视为整份名单的选举开支。其他常见的选举开支项目包括：聘用人员的报酬、津贴、交通费；人员在竞选活动、投票日的膳食及饮品费用；参选用的办事处、竞选活动场地和设备的开支；宣传品开支、邮务费用、透过传媒的宣传费；识别组别的服饰开支等。详见立法会选举管理委员会《第 2/CAEAL/2009 号指引》，http：//www2. eal. gov. mo/2009/instructions/I2CAEAL2009cn. pdf。

③ 黄永曦：《浅谈第四届立法会直接选举的竞选文宣策略》，《澳门新视角》2009 年第 5 期，第 24 页。

形象和对特定议题的关注。然而，总体来说大部分组别仍偏向采取传统的宣传策略，包括造势晚会、"落区"拜票或派发政纲和宣传品，而宣传活动也多以歌舞和游戏形式进行，部分邀请影视艺人和专业表演团队。另外，也有一些竞选组别透过其他社团组织的动员而获得较多的曝光机会和较广泛的宣传渠道，部分于官方宣传期开始前就已进行。

诚然，竞选期间两星期的宣传期与参选者过往的长期社会服务和工作相比，仅为短促的时间，且选民对候选人的认识和其投票取向也非全然只依赖宣传期之介绍和影响。然而，在澳门特殊的政治环境下（缺乏政党），参与的竞选团队只为选举而成立，选举结束后随之解散，故此，除部分传统社团和民主民生派别外，其他的竞选团队候选人在选民心目中并没有清晰的认知和定位，加之澳门市民的政治取态并不明显，而 2005 年各组别间的政纲虽然较 1996 年的立法会直选有较显著的差异性，但仍然大抵相同，集中在经济成果的合理分享（教育、社会福利的投入）、保障就业、推动行政和医疗改革等。而 2009 年的政纲则由于为"欧文龙巨大贪腐案"被揭发后的首次直选，反贪腐、落实高官问责制成为各组别的政纲重点。另外，虽然 2008 年底爆发的国际金融危机并未给澳门经济带来严重的冲击，但黑工问题持续困扰劳工基层，规模达 10 万的外地劳动力也使部分本地居民对就业机会和前景感到不安。同时，经济高速发展带来的高楼价现象，使大部分候选组别在政纲中均提及增建公共房屋以满足需求，医疗、教育、社会保障和交通政策也是多个组别的政纲重点。然而，总体来说，由于整个澳门为单一选区，候选组别政纲倾向为"包罗万象""面面俱到"，各组别政纲的差异性不太突出（政纲重点的整理见附录附表 1）。因此，在整体的投票取态上，宣传期间的拉票显得尤为重要。

纵使非商界的竞选组别也表示 2005 年立法会的竞选经费达到 6 位数[1]；而该年选举也被形容为一场"贫富悬殊"的选举，每一位当选的候选人的"每张得票成本"和"当选成本"差异甚巨，新兴商界较之新兴民主阵营之差距达数倍以至数 10 倍，且差距比上一届更大[2]。而 2009 年选举中虽然最高开

---

① 《选团想方设法打动民心》，《澳门日报》2005 年 9 月 11 日，第 A03 版。
② 《议员当选成本：最贵与最平之差比颇为悬殊》，《新华澳报》2005 年 11 月 19 日，第 01 版。

支的参选组别之金额仅达预算开支的 54%①，即约 483 万澳门元，但对一般缺乏商界力量支持的社团来说，此支出已相当惊人。可见，在竞选宣传上经济资源的重要性正与日俱增。

　　再者，部分学者发现 2005 年的立法会选举中，因应选举情势的激烈，金钱政治引入的趋势更为强烈，且澳门市民政治的无力感使之有所强化②。纵然有意见指出，2009 年的立法会选举出现优良选举文化的萌芽，没有出现如 2005 年立法会选举般大面积贿选与不规则选举的行为③；但同时也有研究指出，政府和有关当局未能有效执法以打击选举的不规则行为，并受到公众的一定质疑④。

　　事实上，虽然具商界背景的参选组别有所下降，但从表 4 - 11 可以看到，其行业分布较过去更为集中在博彩旅游业，而组别中的主要候选人在相关行业则具有领导或举足轻重之地位。因此，与其他界别首次参选的团体相比，其自身已拥有一定的"知名度"，且凭借巨资宣传以及获得属下营运机构/场所员工的支持⑤，纵使当中不少为首次参选，但成功获选之概率仍较高，整体取得约四成的直选席位。

　　而在间选方面，制度上的设计已为代表雇主利益的商界预留席位，在 1996 年的立法会选举中为 2 席，占全部 8 个间选议席中的 25%，而在回归后根据《基本法》的规定，直选和间选的议席分别有所增加，而雇主利益的议席相应增加至 4 席，占全部 10 个间选议席的 40%，可见回归后商界利益在议席分配中有所强化。

---

① 澳门特别行政区政府新闻局：http：//www. gcs. gov. mo/showNews. php？DataUcn = 67868 & PageLang = C。

② 余永逸：《2005 年澳门立法会选举对澳门民主化的启示》，《香港社会科学学报》2007 年春/夏季第 32 期，第 53 ~ 85 页。

③ 娄胜华：《竞争与均衡：第四届立法会直选活动及其结果透析》，《一国两制研究》2009 年第 2 期，第 26 页。

④ Eilo Wing-Yat Yu，"Electoral Fraud and Governance：The 2009 Legislative Direct Election in Macao，"*Journal of Comparative Asian Development* 10，1（2011）：90 - 128。

⑤ 属下机构/场所员工的支持部分可能涉及金钱政治，余永逸与相关候选组别属下机构/场所的员工访谈显示，一些博彩公司为员工及其家属提供免费的饮食，又以加薪和花红作为回报，要求员工投票支持其公司的候选人，而这些都可视为金钱政治的现象。详见余永逸《2005 年澳门立法会选举对澳门民主化的启示》，《香港社会科学学报》2007 年春/夏季第 32 期，第 68 ~ 69 页。

同时，在 2005 年和 2009 年的立法会选举中，除代表劳工利益的间选议员外，其他界别的间选议员也部分或全部具商界背景（表 4 - 12），而其获得其他不同界别的提名主要因他们与众多专业社团，以及慈善、文化、教育、体育利益相关之社团关系密切，特别是后者在很大程度上需要较大的财政支持力量来开展各项活动，而不少相关社团之领导职位或名誉职衔则授予商界代表以作为对该社团支持的回馈。

表 4 - 12　2005 年和 2009 年立法会间选议员的商界背景
（非雇主和劳工利益/非工商金融和劳工界）*

年份	议员	界别	商界背景
2005	崔世昌	专业利益	崔氏投资有限公司董事兼总经理、长安投资有限公司董事兼总经理
	张立群	慈善、文化、教育、体育利益	澳门志濠投资发展有限公司董事长、国际游艇会（澳门）娱乐投资股份有限公司副总裁兼总经理、皇庭海景酒店董事长
	陈泽武	慈善、文化、教育、体育利益	佳景集团董事兼总经理、香港佳景集团有限公司董事兼总经理、香港泽新游乐控股有限公司董事兼总经理
2009	崔世昌	专业利益	崔氏投资有限公司董事兼总经理、长安投资有限公司董事兼总经理
	张立群	社会服务、文化、教育及体育利益	澳门志濠投资发展有限公司董事长、国际游艇会（澳门）娱乐投资股份有限公司副总裁兼总经理、皇庭海景酒店董事长
	陈泽武	社会服务、文化、教育及体育利益	佳景集团董事兼总经理、香港佳景集团有限公司董事兼总经理

　　注：* 2009 年立法会间选的界别名称有所调整，由原来的雇主利益，劳工利益，专业利益，慈善、文化、教育及体育利益更改为工商、金融界，劳工界，专业界，社会服务、文化、教育及体育界。

　　如前述，由于委任的议席在议会内具有平衡利益派别的作用，因此，在直选和间选中已有较高比例的商界代表的情形下，委任议席的议员较少具商界背景，而经济力量在委任议员的考虑中也相应地不被看重。

（三）　文化资本

最后，我们把目光投向文化资本（学历专业）与政治精英生成的关系上。一直以来，在澳门的选举文化中，鲜有仅因候选人学历之高低而对投票者投票取向产生影响的情况，而各候选组别也较少强调其专业水平又或学历背景，但这种情况在 2009 年的立法会选举中有一定的改变。

以 1996 年为例，仅有属土生葡人的组别曾表示以知识的力量为澳门服务，其余组别在政纲上多集中在经济复苏、刺激就业和加快"三化"的工作上，宣传策略上也重点利用社团的网络和乡情的联系，但仍有少部分组别提出系统化的政纲或以"学院派"的模式突出其专业取向和高学历背景。

虽然参与 1996 年立法会直选的 12 个组别中，以专业人士等（具大专或以上学历）组成之组别占总数之一半，但仅有 1/3 获得议席，而他们在宣传上则把重点集中在过往之社会工作成绩上。而 2005 年立法会直选的 18 个组别中，也有半数属具专业或高学历背景之组别，当中半数获得议席，比例较 1996 年为高。而在整体之宣传策略上，除传统社团和具商界背景的候选组别外，他们大都缺乏人力与财力资源，因此把宣传对象较为集中在单一群组上，并以能为社会带来创新和改革作口号。

2009 年立法会直选在参选组别上较上届减少，但具专业或高学历背景之组别则增至占总体组别数目的 56.3%，当中 2/3 当选。较为突出的是，虽然大部分组别并未以高学历或其专业背景作为宣传重点，但部分新参选组别则强调其代表中产和专业人士的利益，并在选举的宣传策略上有所侧重（表 4 – 13）。

表 4 – 13　1996 年、2005 年和 2009 年立法会直选具大专或以上学历之候选组别*

	候选组别和名称	主要成员组成
1996 年	B 组：民主民生协进会	专业人士
	C 组：同心协进会	专业人士与公务员
	H 组：经济建设联盟	商人与公务员
	I 组：民主新澳门	专业人士与公务员
	J 组：友谊协进会	专业人士与商人
	L 组：根在澳门	专业人士与管理人员

续表

	候选组别和名称	主要成员组成
2005 年	第 1 组:为澳门	专业人士
	第 3 组:民主新澳门	社团工作者与教师
	第 5 组:澳门新青年	专业人士与公职人员
	第 7 组:群力促进会	社团工作者与专业人士
	第 11 组:澳门前瞻协进会	商人与管理人员
	第 14 组:同心协进会	社团工作者与专业人士
	第 15 组:亲民爱群协会	社会工作者与教师
	第 16 组:新希望	公务员
2009 年	第 1 组:澳粤同盟	商人与专业人士
	第 2 组:新希望	公务员
	第 4 组:民主昌澳门	社团工作者与教师
	第 6 组:公民监察	教师与专业人士
	第 12 组:同心协进会	社团工作者
	第 13 组:群力促进会	专业人士与教师
	第 14 组:齐声建澳门	专业人士
	第 15 组:民主新澳门	教师与文职人员
	第 16 组:亲民爱群协会	社会工作者与专业人士

说明:灰色部分为当选之组别。

注: *因竞选组别之候选人具有排序,且宣传也集中在第一、二候选人上,在此以在该组别前两位候选人具有大专或以上学历以及整体占一半或以上之候选人具相关学历来计算。

资料来源:《澳门日报》1996 年 9 月 8～19 日、2005 年 9 月 12～21 日和 2009 年 9 月 7～14 日之相关报道。

　　然而,多数具专业或高学历背景的候选组别获得议席的原因主要是相关组别均为上届之连任(除 2005 年"新希望"和 2009 年"澳粤同盟"为新当选之外,而 2009 年"民主昌澳门"为原来"民主新澳门"的分拆组别),具有丰富的社区工作经验,且当中两个组别为传统工人和坊众社团,拥有强大的群众基础。为此,在直选中,学历专业在政治精英生成上的影响力并非直接显见的,但随着整体教育水平的提高,可以预期具专业或高等学历的参选人数比例将持续上升。

　　而在间选中,同样因制度的设计,分别有 1 席(1996 年)和 2 席(2005 年和 2009 年)预留予专业利益/专业界别的代表,可是,间选利益的划分实具有一定的模糊性。在澳门，政治精英大多具有多重身份，正如前述除间选的雇主利益代表外，具商界背景的议员可同时代表专业或慈善、文化、教育、体育利益，加之间选选举的提名更大程度依赖获得相关范畴社团的支持，具相应学历和专业背景是进入议事殿堂的必需条件，却并非最重要的一个。

最后，一直以来，委任议席作为澳葡时期总督或特区行政长官平衡议会内各界别力量的工具，从各届委任议席来看，除了前两届侧重委任在直选中欠缺之华人代表外，较大比例的委任议员拥有高等教育学历或属专业界别。在澳葡时期，虽然总督在委任议席中更大程度考虑族裔的因素，以保证议会内葡裔人士的声音，但因来自葡萄牙赴澳工作或本地的土生葡人均整体拥有较华人为高之学历或具专业资格，在此情况下，学历专业与政治精英生成拉上关系，1996 年最后一届澳葡时期立法会的委任议员中，85.7% 来自专业界别或属专业人士。另外，回归后委任议席之政治作用依旧，因应议会内特别是商界力量的强势，行政长官在议席委任上偏重具专业背景的人士，而这也是社会对委任议员组成的期望①。因此，除 2001 年第二届立法会外，其余各届委任议席中专业界别占一半或以上，而 2005 年第三届立法会委任议席中，更有 85.7% 来自专业界别，当中一半具有研究生或以上学历，2009年则略微减少至 71.4%。

四　小结：各种资本对精英生成之重要性分析

如前述，本书借用布迪厄对"资本"② 形式的定义作为基础，以理解在转型时期澳门政治精英生成的变化。在布迪厄看来，场域是社会学研究的基本单位。"从分析的角度来看，一个场域可以被定义为各种位置之间存在的

---

① 《平衡利益避免商人议会出现　坊间对特首委任议员有期望》，《华侨报》2005 年 9 月 30日，第 P13 版；《委任增专业界平衡议会声音》，《市民日报》2005 年 10 月 10 日，第 P01版；《委任议员名单有新思维更现科学合理》，《新华澳报》2005 年 10 月 11 日，第 1 版。

② Pierre Bourdieu, *Distinction：A Social Critique of the Judgment of Taste*, Cambridge，MA：Harvard University Press，1984，p. 114.

客观关系的一个网络，或一个构型。"① 场域结构也可以看作是由场域中各类资本具体分配形式所决定的。这种资本不仅是一种积累的劳动，包含着自身存在的规律性，而且还具有一种生成性，可以以等量和扩大的形式进行自身再生产②。为此，我们可以把一个特定的时期看作一种场域结构，在这场域结构中，各种资本的分配所形成的过程凸显了在这时期内不同类型资本的价值，获得政治精英的身份（政治精英的生成）也就与不同资本在不同场域的相对应价值有关。由此，不同时期的政治精英生成将因应各种资本价值的变化而有所变更。根据布迪厄对资本的界定，其形式一般分为三种。一是"社会资本／政治资本"，两者实可界定为不同类型之资本，社会资本透过社会网络的密度与集中性获得，而政治资本则可理解为占有官僚结构与政治组织的位置而取得的权力③。在澳门的特殊政治环境中，政治资本可有不同的子分类，一种是以国籍、血统甚至宗族的身份而获得的"政治特殊资格或地位"，可视作一种"先天性"（ascriptive）的资本，而另一类政治资本（与社会资本紧密相连），则是透过成为社团成员而得到具政治影响力的网络成员的资格，而社团的政治力量则源于其社会资本的积累。二是"经济资本"，主要是通过财产所有权而得到的。三是文化资本，主要以获得教育文凭为衡量标准，但也能体现为在道德修养和社会威望中具有较高的地位。

故此，在本书中，族裔血统、宗族背景和社团参与三种因素被归纳为政治资本，而经济力量和学历专业则分别被界定为经济资本和文化资本的体现。

对 1996 年、2005 年和 2009 年的立法会选举进行横断面研究，可以看到，在精英生成的过程中，整体政治资本的重要性并没有随着治权的回归而有重大的改变，反之，经济资本和文化资本的重要性则有所提高（表4 - 14）。

---

① 〔法〕布迪厄（Pierre Bourdieu）、〔美〕华康德（L. D. Wacquant）：《实践的反思——反思社会学引论》，李猛等译，中央编译出版社，1998，第70页。

② 参见〔法〕布迪厄（Pierre Bourdieu）《文化资本与社会炼金术——布迪厄访谈录》，包亚明译，上海人民出版社，1997；赵延东：《社会资本理论述评》，《国外社会科学》1998年第3期。

③ 〔美〕吉尔·伊亚尔（Gil Eyal）、〔美〕伊万·塞勒尼（Ivan Szelenyi）、〔美〕艾莉诺·汤斯利（Eleanor Townsley）：《无须资本家打造资本主义——后共产主义中欧的阶级形成和精英斗争》，吕鹏、许龄译，社会科学文献出版社，2008，第25页。

表 4 - 14　1996 年、2005 年和 2009 年立法会选举中
各种资本因素价值的变化

资本类型	子分类		变化
政治资本	族裔血统		中→弱
	宗族背景	血缘宗亲	中→中
		籍贯乡亲	中→趋强
	社团参与		强→强
经济资本	—		中→强
文化资本	—		弱→中

　　然而，进一步深入剖析政治资本的因素，可以看到，族裔血统、宗族背景和社团参与三种因素的强弱正发生一些变化。在政治精英的生成上，过渡期推行的"三化"过程使葡裔人士过往垄断的政府高级公务员职位为华人年轻精英所取代，而在议会内，葡裔人士所享有的特殊政治优势也大大削减，回归前族裔因素的政治资本在回归后大幅"贬值"，甚至成为一种负担，为此，在直选的竞争中来自土生葡人的组别尽量在政纲和取态上淡化其族裔的差异性。

　　虽然政治资本中族裔血统的影响力有所下降，但宗族背景（可细分为血缘宗亲和籍贯乡亲两种）和社团参与的重要性则保持稳定。血缘宗亲一向是澳门政治精英生成的一个重要来源，特别是在澳葡时期华人社团代表具有与政府沟通联系的特殊政治角色，因此在现时立法会的政治精英中，部分仍具有精英家族的色彩。然而，整体来说其影响力只较大程度限于间选议席和委任议席，相反，在直选议席上，其可能成为选民投票的顾虑。而籍贯乡亲的政治资本在直选中的价值则有提升的趋势，并作为政治动员的凝聚力。与此同时，不管是在回归前还是回归后，社团参与在政治精英生成上始终占有强大的作用。正如帕特南指出的，精英的招揽是一个复杂的遴选过程，而在这过程中政党的代表选举团（selectorates）往往便是当中的门卫，在不同的层次和阶段上操控着精英的提名[1]。而在澳门，显而易见，社团取代了政党在政治录用上的功能，在不同的渠道上控制着精英的产生（直选的社团

---

　　① Robert D. Putnam, *The Comparative Study of Political Elites*, U. S. : Prentice-Hall, 1976, pp. 45 - 70.

动员和支持、间选的社团协商、委任的平衡社团利益代表的考虑)。

更重要的是,参与竞选的候选人,无论要让选民认识自己还是要建立"政绩",都需要透过社团这一媒介。由于社团在澳门社会各个阶层的渗透,在社团内的工作成绩能转化为政治资本,或在一定程度上作为社会资本的积累。

而在各种资本中,经济资本对政治精英生成的影响力正与日俱增。一方面,虽然不少的研究指出澳门居民的政治文化心理素质正随着整体教育程度的提高而有所提升①,但有关直选的贿选言论仍不绝于耳,而选民也普遍缺乏坚定的政治立场,较容易受到外来利益的诱惑。另一方面,随着选举竞争的激烈,参与直选所需要之财政资源正不断提高,具商人背景之组别具有相当之优势,而2005年的立法会选举正显露了金钱政治介入的迹象,并随着选举开支上限在2009年的大幅调升而有所深化,大大提升了经济资本的影响力。

文化资本作为现代战略精英(strategic elites)的一个最重要的条件,凸显了能力(ability)与功劳(merit)的后天努力因素②。而在澳门,可以看到,回归前1996年的立法会选举中,文化资本在精英生成中的价值十分有限。虽然在2005年的立法会选举中,文化资本仍未在直选和间选中有较大的影响力,但在委任的议席上,其成为行政长官行使平衡议会力量的一个重要考虑。

最后,值得注意的是,资本的价值变化在不同的精英产生路径上具有明显的差异,因此,在理解总体精英资本在不同时间段的变迁过程中,不能忽略精英产生路径的制度影响。

---

① 余振、吕国民:《大众政治文化》,载黄绍伦、杨汝万、尹宝珊、郑宏泰编《澳门社会实录——从指标研究看生活素质》,香港中文大学香港亚太研究所,2007,第299~322页。

② Suzanne Keller, *Beyond the Ruling Class: Strategic Elites in Modern Society*, N. Y.: Random House, 1963.

第五章
社会变迁与制度变迁：政治
精英的生成模式

　　社会变迁的含义相当广泛，泛指任何社会现象的变更，包括社会的一切宏观和微观的变迁，社会纵向的前进和后退，社会横向的分化和整合，社会结构的常态和异态变迁，社会量变和质变，社会关系、生活方式、行为规范、价值观念的变化等①。影响社会变迁的原因复杂，并非单一因素能够解释的，一般认为，人口变化、自然环境、政治制度、经济发展、社会运动与冲突、文化价值互动等被视为社会变迁的重要原因。在澳门，一方面，自过渡期至今，推动社会变迁的政治制度、经济发展、文化价值等均发生显著变化，并因而对精英的资本价值和组合产生影响。另一方面，新制度主义政治学理论强调政治制度的自主性、稳定性，把制度看作一种自我实施的均衡，具有路径依赖（path dependence）特征。而作为一种自我实施和自我强化均衡的制度结构，在"关键节点"（critical junction）发生的重大外部冲突将打破原有均衡，形成新的均衡，制度变迁的过程就呈现出一种均衡被打破—新制度出现—新均衡重建—再被打破这样一种时断时续的状态②。因此，制度变迁的一个重要外在需求便是"关键节点"的出现。选举制度作为精英得以进入政治前台的根本途径，与精英的生成息息相关，并结合精英的资本显现生成的效果。自 1976 年《澳门组织章程》颁布、具实权和民选成分的立法会正式成立以后，澳门的选举制度便因社会的发展和政治的需求而有所调整，过去 30 年澳门处于政治、经济以至社会的转型时期，正是多个"关键节点"同时出现的时间段。

---

① 见《大辞海》（政治学、社会学卷），上海辞书出版社，2010，第 387～388 页。
② 李月军：《中国政治制度变迁中的路径依赖》，《学海》2009 年第 4 期。

一 社会变迁与资本的关系

政治、经济和文化制度的变化推动着社会的变迁，而政治精英的资本价值（政治、经济和文化）与组合也在三者的变迁过程中有所调整，构成社会变迁与资本的互动关系。

（一）政治维度：管治主体的转变与政治的过渡

治权回归是澳门在政治方面最大的变迁动力，澳门的政治环境经历了前所未有的巨大变化。虽然自1976年《澳门组织章程》通过后澳门具有较过往更大的自治权力，并拥有部分由民主选举模式产生的立法会议员，但管治的主体仍然操控在占人口少数的土生葡人或由葡萄牙派驻过来的高级官员手里，而本地的最高权力者——总督的任命也掌控在葡萄牙的手中，以至法律的最终解释和上诉权也在里斯本当局。因此，除了在社会事务的管治上居澳华人具有较大的自主权外，不管是在政治上还是在法律上，管治的主体与被管治的客体一直是分离的，源自不同的族群，而澳葡政府也一直没有注意对华人的管治，没有积极使华人融入政治权力内，以至形成不少研究澳门的学者所提出的"二元分治"局面。

然而，在治权回归中国后，澳门成为特别行政区，实行"一国两制"、高度自治的方针，虽然特区行政长官的推选是"选举委员会制度"而非全民直接选举的结果，但显然管治的主体与客体已由过往不同群族的葡萄牙人和华人转变为两者均是澳门人（"澳人治澳"），政治精英之顶端全然由中国公民中的澳门人担当，《基本法》规定，澳门特别行政区行政长官由满40周岁，在澳门通常居住连续满20年的澳门特别行政区永久性居民中的中国公民担任，而澳门特别行政区的主要官员也由在澳门通常居住连续满15年的澳门特别行政区永久性居民中的中国公民担任。

因此，在《基本法》的框架下，政治制度的设计也因而有所变化。回归后政府的行政架构中原来的7个政务司被重整为5个司①，同时，澳门特

---

① 原来澳葡时期的7个司分别为经济暨财政政务司，工务暨运输政务司，司法事务政务司，卫生暨社会事务政务司，行政、教育暨青年事务政务司，保安政务司，宣传、旅游暨文化事务政务司。而在回归后的5个司则为行政法务司、经济财政司、保安、社会文化司和运输工务司。

别行政区政府设司、局、厅、处（第 62 条），并设立廉政公署和审计署（第 59、60 条），与原来的政务司、司、厅、处、组、科六级的架构有所不同，因此，在政府的行政架构内需要做出相应的重整、撤销、合并或建立的工作。这样的转变与其说是因《基本法》的规定，不如更确切地说是社会对特区政府行政架构的诉求，特别是针对政府机构和人员快速膨胀的忧虑，以及对政府财政运用和贪污舞弊情况的关注。

在管治主体转变的因素下，中方为避免回归后澳门的政治、经济以至社会出现任何的动荡，在过渡期内与葡方进行多次磋商和谈判，当中，最为中方所关注的是关于澳门的本地化措施，也就是"三化问题"（公务员本地化、法律本地化、中文官方化）。虽然"三化问题"的解决在中葡双方的立场上都是以保持整体平稳过渡为大原则，强调"稳定"，但此过程对精英生成来说显然更大程度为突生的转变。

在澳葡时期，长期以来本地华人难以进入公务员体系（特别是中高级公务员），主要原因有二。一是澳门的法律和规章等全以葡文编写，甚至政府内部的工作语言也多为葡文（这又涉及"三化"中法律本地化和中文官方化两项工作），因此，不谙葡语的华人难以插足澳门的公务员体系；二是由于早期澳门政府对持有非葡语国家/地区的学历不予承认，而本地绝大部分华人学生均选择到香港、内地和台湾升学，或去英国和美国等欧美国家，这减少了他们进入公职的机会。虽然自 1989 年澳督颁布了学历认可的法令（14/89/M）后，非葡语地区的学历已开始被接受，但因非葡语地区的毕业生多不会葡语，以致进入澳门政府的华人仍然十分有限[①]。再者，纵使华人能进入公务员体系，但由于实际的工作环境（官方书信文件、法律法规、储存的资料等）以葡语为主导，第一语言非葡的华人始终会面对较大的语言障碍。同时，原本垄断行政架构核心职位的土生葡人以至由宗主国"空降"而来的葡萄牙人，在考虑擢升所处机构的领导主管职位上，也较大程度偏向选择具有相同语言文化背景之人士。

然而，由于中葡双方对"公务员本地化"的理解有所不同，其在过渡期内的进程并不理想，葡方认为按《中葡联合声明》的精神，只要是在澳门出生或通常居住连续 7 年以上，即澳门永久性居民，便可列入"公务员本地化"

---

① 张虎：《澳门"三化"的检讨与评估》，《中国大陆研究》2000 年第 1 期第 43 卷。

的行列，即不管其是中国人、土生葡人还是葡萄牙人；但中方则认为特区政府的各级领导主管在回归后理应以永久性居民中的中国公民为主①。因此，截至回归前两年（1997年的12月），澳门政府司、副司、厅级231个职位中，已本地化的司级仅达12%，副司级为36%，而厅级则为56%②。

这样的情况促使中方对葡方多番催促，而在回归前的最后两年，公务员本地化也进入了快车道。当中，不能否认的是，由于存在一定的殖民主义心态，以及对保留葡萄牙文化的坚持，澳葡政府在挑选华人官员当领导主管时，其葡语能力的高低便成为与专业能力同等甚或更重要的考虑因素。事实上，在公务员本地化中的新生政治精英③，绝大部分均具有较高的葡语能力。可是，在最后阶段急促的"本地化"进程也使得新上任的官员只拥有不多于两年的主管领导经验便已进入特区政府的新阶段。

法律本地化，实质上也就是"法律中文化"，其主要内容是把适用于澳门的现行葡萄牙法律进行修改、整理，翻译成中文，通过立法程序，使之成为澳门当地的法律。葡萄牙对澳门的管治长达400多年，而澳门的法律是沿袭葡萄牙的法律制度而制定的，属大陆法体系，以成文法的形式出现，在这过程中，澳门众多的法律条文也多参照葡萄牙的法律。然而，长期的管治和缺乏独立的法律体系使澳门的法律渊源既复杂又混乱④，而葡萄牙也一直没有对澳门的法律进行编纂，使澳门不少的法律效力不清，由此，法律本地化工作的一个前提便是对现行的法律条文一一进行甄别和确定效力，并翻译成中文。可是，由于澳葡政府长期以来没有系统地培养中、葡双语人才，而能胜任司法翻译的人更寥寥可数，法律本地化最基本的原有法律翻译工作的进度也不尽如人意。直至1999年11月，澳门的五大法典《民法典》《刑法典》《商法典》《民事诉讼法典》《刑事诉讼法典》才完成中文化并正式实行⑤。再者，由于以葡语作为立法语言的传统难以在短时期内有所改变，加

① 蔡子强：《过渡期澳门的公共行政》，载余振编《澳门：超越九九》，广角镜出版社有限公司，第73页。
② 澳门特别行政区政府行政暨公职司：《97澳门公共行政之人力资源》，1997。
③ 虽然本书是以立法会的政治精英作为研究主体，但由于"三化"的过程较直接涉及公务员领导层（政治精英的一类），且间接影响立法会政治精英的生成，因此将其包含在内做整体性的阐述。
④ 张虎：《澳门公务员本地化研究》，《中国大陆研究》1998年第9期第41卷。
⑤ 《澳五大法典昨起全部生效》，《大公报》1999年11月2日，第A11版。

之直至 1996 年 10 月澳门才首次培养了 3 位本地司法官，因此，在现时司法体系内，纵使使用中文立法已成趋势，主要的司法人员领导也由华人担任，但葡语的影响力不仅在法律条文上仍有强烈的烙印，而且也使来自葡萄牙的法律人才遍及法院、检察院等司法部门。

显而易见，中文官方化是指中文获得作为官方语言的地位。1987 年中葡签订联合声明，当中规定"澳门特别行政区政府机关、立法机关和法院，除使用中文外，可使用葡文"，这也就是中文正式获得官方语言地位的重要依据。其后，澳葡政府在 1989 年颁布相关规定，"（1）承认居民与公共部门，有关公务员及服务人员沟通时有使用中文的权利；（2）所有由本地区公共部门出版的文书必须以中、葡文同时公布；（3）所有须听取咨询意见的法案、法令及训令草案必须提交中、葡文本；（4）所有中、葡文文件和法令，如有疑义，仍以葡文本之解释为准"①，葡萄牙政府于 1991 年透过法令正式使中文成为澳门的官方语言②。与此同时，澳葡政府也透过成立"语言状况关注委员会"来从宏观上监督和指导各部门的"中文官方化"的工作③。一方面，开设大量的普通话推广课程和实行"赴京学习普通话计划"，使广大的公务员，特别是土生葡人，能接触和使用普通话；另一方面，利用高等教育机构开设不少以华人公务员为对象的各种专业技术课程，尤以法律和中葡文翻译最为突出。虽然透过法令和政策的推行中文官方化的效果相较公务员本地化和法律本地化为佳，但由于在公共行政领域根深蒂固的惯习，其在实际应用上也面对不少的问题，而这也正与法律本地化的缓慢进展不无关系。

由此，可以看到，整体"三化"的进程处于"先缓后急"的进展历程，从过渡时期伊始一直至回归前的 2~3 年仍处于缓慢的阶段，回归日期的迫在眉睫才促使进程的迅速加快以至缺乏充足的衔接时间，而这也促使政治精英的生成（华人的高级官员）建基于突生的模式，并构成与香港在过渡时期精英生成的最主要差异之一。

---

① 〔葡〕Eduardo Nascimento Cabrita：《法律翻译——保障澳门法律政治自治之核心工具及遵守联合声明之必要条件》，《行政》1992 年第 16 期。

② 公布于 1991 年 1 月 13 日第二期《澳门政府公报》之 12 月 31 日第 455/91 号法令。

③ 李向玉：《中文官方化的进程与前景》，载吴志良、杨允中、冯少荣编《澳门 1996》，澳门基金会，1996，第 38 页。

在资本的价值上，族裔因素价值的变更使以族裔作为一种政治身份的象征性悄然变淡。政治结构的转变以及"三化"的过程提供了巨大吸纳新生精英的需求，因应葡语在政治的垄断性有所打破，以及必须进行的本地化过程，华人精英取代葡裔精英成为最大的政治精英群体。管治主体的改变以及"三化"的进程标志着居澳华人的政治地位得到切实的提高，除《基本法》规定之行政长官和主要官员必须为澳门永久性居民的中国公民外，华人被录入政治精英之列的机会大大增加，原来在回归前因族裔的因素（政治资本）而有更大机会进入政治精英之门槛随着垄断政府核心位置之葡裔人士的离开而逐渐消除，语言不再成为阻碍华人精英流动的因素，而葡裔的身份一定程度上在后过渡期更成为一种负担，排他性地使他们远离政府领导主管之列①。相反，因华人在澳门的人口中一直占绝大多数，因此，华人之族裔身份并不具有任何比较优势。

可以说，虽然"三化"的进度在过渡期内一直崎岖不平，但在特区"澳人治澳"的管治基础上，土生葡人或居澳葡萄牙人纵使不被看作少数民族的一群，其过去的特殊政治地位和待遇已不复存在。虽然葡语在法律渊源和理解上仍具有深刻的影响力，澳门的法律人才也基本需要懂得葡语，但不可逆转的是葡语已不可能恢复过往在政治领域之主导地位。

为此，过渡期内的"三化"过程标志着为迎接管治主体的转变而做出的准备，由于缺乏过去的特殊制度因素的保护，政治资本中的族裔因素迅速贬值，不管在公共行政体系中的政治精英，还是透过直选、间选又或委任而进入议会的政治精英，在新生的政治环境下，政治资本中的族裔因素所发挥的作用相当有限，不过以葡语能力作为一种文化资本以及由语言优势而获得对法律专业知识的掌握仍具有一定的效用。

同一时间，社团参与和宗族背景作为政治资本的价值在治权回归的过程中有所保留甚至是强化。在澳葡政府的"二元管治"下，澳门华人政治精英的输送主要依赖社团，而在过渡时期，社团代表透过参与基本法起草委员会、基本法咨询委员会、澳门特别行政区筹备委员会、行政长官选举委员会

---

① 马家杰、余振：《土生葡人族群面临的困境与抉择》（访问稿），载余振编《澳门：超越九九》，广角镜出版社有限公司，第370页。文中提及部分土生葡人对未来的前景失去信心，因为他们感到"三化"中"公务员本地化"实际上是"公务员华人化"。

等多个建构特区法律和政治架构以及选拔精英的组织，在政治领域更为活跃。此态势并没有在特区政府成立后有所变更，而是以"路径依赖"的形式一直延伸，例如特区政府各种类型的咨询委员会的成员绝大部分以社团代表之身份参与。再者，由于管治主体的改变，回归后新生的特区政府对社团采取引导和利用的态度，而社团也转向支持政府并与之合作，二者展现了相互融入的关系，而这种角色上以至功能上的调整，也就使社团的参政功能有所强化①。为此，政治精英的录用不管是在直选还是在间选上也就与回归前一样，依赖社团的输送，政治资本中的社团参与因素在原有价值上更有所增值。

政治资本的宗族因素在治权回归后仍保持相当的重要性，而这种价值的展现则与社团的政治参与密切相关，并且以地缘籍贯为纽带的宗族关系尤为突出。一方面，由家族关系并透过社团网络的基础而形成的理事连锁或执事关联并没有在回归后有所改变，并因应社会发展的需求而在原有社团的庇荫或支持下有新生社团成立，壮大了传统社团在间选中的主导力量。同时，由地缘籍贯所构成的宗族关系主要以组成同乡宗族社团作为会员间联系沟通的中介，缺少相关的组织中介将大大弱化其政治资本的价值。可以看到，在各届立法会选举中，乡族性社团因其会员众多和跨行业与阶层的特质，成为除传统行业、街坊和商界社团外最为重要的动员和支持力量，且乡族性社团也往往与商界社团具有执事关联的关系（见表4-9和表4-10），政治力量和经济力量的结合使乡族性背景不仅有助于政治资本力量的提升，也在一定程度显示了两者的日趋紧密性。

与此同时，过渡期内推行的"三化"过程，对文化资本在政治精英生成中的影响也相当明显，这主要体现在公务员本地化所带来的精英交替。为补充部分葡裔精英在1999年前返回葡萄牙和整体社会对公务员要求的提高，在后过渡期的短时间内，具高等学历或专业资格的华人精英成为最重要的吸纳对象，而相比其他职业，公务员拥有较优厚的条件（薪金、假期和退休保障），因此出现了华人知识分子大量进入公务员系统的趋势。适逢澳门本土的第一所大学——东亚大学在1981年成立，也为本土高等教育人才的大

---

① 潘冠瑾：《澳门社团体制变迁：自治、代表与参政》，社会科学文献出版社、澳门基金会，2010，第129页。

量培养提供了基础。

为此，澳门治权的回归，不仅是葡人管治转向"澳人治澳"的政治转变，同时也强调在此过程中本地人才的培养，以利政权的交接。人才的培养，特别是政治人才成为学界、政界以至坊间的普遍关注点①，对学历背景和专业知识的更为重视促使在议会内的政治精英也透过不同的渠道强化其文化资本，最显而易见的是修读高等教育课程②，而具高等教育背景也成为政治精英所需要的一种基本资本。回归后的政治精英中，拥有高等教育学历的比重渐次提高，回归后才进入立法会的政治精英73%具有大专或以上学历。

（二）经济维度：经济结构的蜕变

澳门属于微型经济体，其经济结构具有单一性和易受外围影响的波动性特质。20世纪70年代，澳门的经济起飞，至80年代，澳门的经济形成由四大支柱作支撑的体系，包括旅游博彩业、金融保险业、制造业和建筑地产业，当中以制造业和旅游博彩业所占比重较大，前者在1989年占本地生产总值的比例达20.3%，而包括博彩业在内的公共行政、社会服务及个人服务业则占37.6%③。然而在回归前夕，由于多个黑帮集团为争夺赌场周边利益，加之澳葡政府在执法上的宽松，澳门的治安长期不靖。特别是自1996年伊始，几乎每周均发生严重罪案（枪击、纵火、谋杀、伤人等），访澳游客人数由1996年的815万下跌至1999年的744万④，使依赖旅游博彩业之澳门经济受到严重的冲击。加上中国内地1993年实行宏观调控措施控制经济过热，大量流至澳门的资金回撤，澳门的房地产泡沫破裂，楼价应声下跌，及至1997年底发生的亚洲金融风暴，外围经济环境的恶化使澳门的经济在低谷徘徊，总体失业率由1992年的2.2%上升至1998年4.6%，及至回归初期更高达6.8%（2000年）⑤。经济下滑导致的就业市场不景气使回归后仅半年多便发生了4起失业工人游行示威，部分引发与警方的肢体冲

---

① 李沛霖：《浅谈澳门人才培养的问题》，载澳门中央图书馆、澳门历史档案室编《中葡关系四百五十年》，澳门文化司署，1999；康冀民：《澳门回归之路》，人民网，http://cpc. people. com. cn/；余绩慧：《澳门过渡期的人才培养》，《亚太经济》1987年第6期。
② 特别是来自传统社团的议员，不少在过渡期内和回归初期获取了高等教育的学历。
③ 数据来源于澳门特别行政区政府统计暨普查局。
④ 数据来源于澳门特别行政区政府统计暨普查局。
⑤ 数据来源于澳门特别行政区政府统计暨普查局。

突，而澳门的本地生产总值更在 1996～1999 年 4 年间几乎零增长以至负增长（1.5%、0.5%、-7.0% 和 -4.4%）①。

自 1847 年澳葡当局公布法令，由政府开投，赌商专营赌业后，博彩业便成为澳门经济的重要一员。1961 年葡萄牙海外省颁布法令，准许澳门开设"特殊的娱乐业"，澳葡当局其后公开招商承投博彩专营权，由澳门旅游娱乐有限公司（下称"澳娱"）投得，直至 2002 年其独家专营权方结束。在本土市场缺乏竞争的情形下，澳门的博彩业长期以承包模式的贵宾厅业务作主导。虽然这具有博彩收入较稳定的好处，但同时使不少贵宾厅业务容易与黑帮势力扯上关系，而回归前已有不少学者和社会人士提出打破博彩垄断专营的建议，以利行业的竞争，为博彩业注入新的元素和活力。

所以，特区政府在成立之初，当务之急是把经济从谷底拉上来，行政长官在 2000 年首份施政报告内，便以"固本培元，稳健发展"为政府整体政策的基本目标，而在其后阐述总体手段的篇幅上，"改善投资环境，加促经济复苏"被置于开篇最重要的位置。经济发展的迫切性也使得市民对政治发展的诉求相对较低，他们期待特区政府改变澳葡政府的"看管人"心态，以"强政府"的态度提出澳门长远的经济规划，采取强而有力的措施处理失业和经济问题。为此，特区政府在 2002 年的施政报告中提出以博彩旅游业为龙头、以服务业为主体、其他行业协调发展的产业结构规划，并于 2002 年正式打破博彩业 40 年的垄断专营，引入竞争，发出 3 个博彩营运牌照，并在其后因应世界博彩业的高速发展与期望进一步导引多元竞争而允许各家博彩营运商进行一次经营权转批，最终形成 6 家博彩营运商的竞争格局。

同时，为使港澳两特区克服因应"非典型肺炎"（SARS）对经济造成的冲击，中央政府于 2003 年开始开放内地居民以"自由行"形式赴港澳旅游，并与两特区签署更紧密经济合作协议（CEPA），在货物与服务贸易上给予两地厂商和服务提供商优惠。与开放博彩专营权之利好因素相结合，澳门的经济自 2003 年进入了快车道，直至 2009 年发生全球金融危机前，本地生产总值保持了两位数的增长，而 2010 年以后也就重拾升轨，当年经济增长高达 33.4%，2011～2013 年也保持两位数的高速增长②。

---

① 数据来源于澳门特别行政区政府统计暨普查局。
② 数据来源于澳门特别行政区政府统计暨普查局。

不容置疑的是，博彩业垄断专营权的打破带来了澳门经济发展的新机遇，2007 年，澳门的博彩毛收入已超越拉斯维加斯，达 838 亿澳门元（接近 105 亿美元）①，成为世界第一大赌城，而这也使澳门的经济结构向博彩业倾斜，以各行业占本地生产总值计算，博彩业的比重由 1999 年的 22.3% 增加至 2012 年的 45.9%，若包括由此带动的酒店业，则上升至 50.6%。与此同时，博彩的投资（特别是娱乐场和酒店的大量兴建）直接拉动了建筑业的发展，房地产市场也因应外来资金涌入与本土经济好转而蓬勃起来，建筑地产业经历了 10 年来的大幅波动，在 2007 年威尼斯人赌场酒店开幕当年达至最高峰的 20.4%，其后回落至刚回归时之水平；相反，此消彼长下，与博彩业相关度较低之金融保险业和制造业，在整体经济中的比重显著下降，特别是后者受到配额制度的取消和生产成本的上涨而更萎缩至式微状态（2012 年占本地生产总值不足 1%）（图 5-1）。在 20 世纪 80~90 年代澳门四大产业的经济格局，现今已转变为以旅游博彩业作主导的格局。

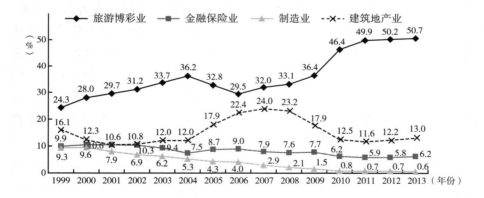

图 5-1　1999~2013 年旅游博彩业*、金融保险业、制造业、建筑地产业占本地生产总值的比重

注：*因饮食业难以剔除本地居民之消费，因此旅游博彩业的计算只包括酒店业与博彩业。

资料来源：澳门特别行政区政府统计暨普查局：《2013 年澳门产业结构》。

---

① 数据来源于澳门特别行政区政府博彩监察协调局。

同时，博彩业在就业以至税收份额上，自 2002 年以来也与日俱增。博彩业占就业人口的比重由 2004 年的 1/10 增至 2013 年的将近 1/4；反之，除制造业出现大幅下跌外，其他行业就业人口保持相对平稳的比重。博彩税收占政府收入在近年已高达接近 4/5 的比重（表 5-1 和图 5-2）。

表 5-1　2002～2013ᵃ 年各行业占就业人口之比重

单位：%

行业\年份	制造业	建筑业	批发及零售业、酒店及饮食业	运输通信及仓储业	金融业、不动产及工商服务业	公共行政及社保事务、教育、医疗卫生及社会福利、其他服务业	博彩业ᵇ	其他（水电及气体生产供应业、家庭佣工）
2002	20.6	7.5	26.9	6.4	8.5	27.1	—	2.9
2003	18.4	8.0	27.2	7.0	8.9	27.6	—	2.7
2004	16.5	8.3	27.2	6.9	8.6	19.3	10.5	2.8
2005	14.9	9.7	25.4	6.3	8.8	18.8	13.0	3.1
2006	11.2	11.8	25.1	6.4	8.8	17.7	16.1	3.0
2007	8.0	12.9	24.4	5.5	9.3	16.8	19.6	3.6
2008	7.6	11.9	25.1	5.0	9.9	15.7	20.7	4.4
2009	5.4	10.3	26.9	5.3	10.5	16.6	19.8	5.3
2010	4.8	8.7	26.9	5.8	11.1	17.1	20.0	5.7
2011	3.9	8.6	27.4	4.9	11.1	17.1	21.5	5.5
2012	3.0	9.4	27.8	4.7	9.5	16.8	23.0	5.7
2013	2.5	9.8	27.5	4.4	10.2	16.4	23.1	6.0

注：a 为配合《劳动关系法》对订立劳动合同者的最低年龄调升至 16 岁的修订，统计暨普查局将界定劳动人口的年龄下限由 14 岁调升至 16 岁。11/2008～1/2009 的数据是按照新的年龄下限计算的。

b 由于 2002 年和 2003 年之数据并没有独立计算博彩业，相关数字包括在"其他服务业"内，分别为 11.5% 和 11.7%。

资料来源：澳门特别行政区政府统计暨普查局。

故此，经济结构蜕变使澳门更为依赖博彩业，具博彩业商界背景的经济精英在政治参与上也更为积极。

博彩业的快速发展对澳门在回归后的经济，以至社会民生，均带来深远的影响，澳门的经济成长被归属为"博彩资本主义"（casino capitalism）的结果，是指赌场增加从而刺激经济成长的一个过程。一方面，"博彩资本主义"对回归后继承了以行政作主导的地方政府的认受性产生了正面的影响，

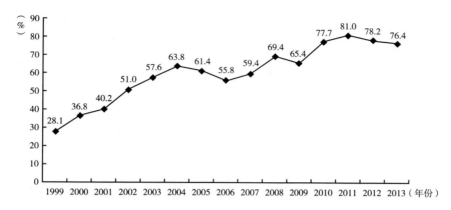

图 5 - 2　澳门博彩税收占政府总收入的变化

资料来源：澳门特别行政区政府统计暨普查局，各年《统计年鉴》。

特别在 2004 ~ 2008 年的经济快速增长期；可是，其同时也使得在应对 2008 年金融危机时澳门政府的认受性受到负面的影响①。就在这种"博彩资本主义"的过程中，精英中的各种资本因素也发生着相应的变化。

首先，自回归前澳葡管治时期最后一届的立法会选举伊始，具博彩业背景的候选人便开始涉足立法会的直接选举，每届均有 3 组或以上之竞选组别候选人具相关背景，当中，绝大部分来自具资方性质的博彩营运商、赌厅承包商又或博彩企业管理层，而除 2009 年外其余各届则有一组来自博彩从业人员之劳方代表参选，可见具博彩业背景的候选人大多为拥有丰富经济资本之商人（表 5 - 2）。同时，从获得议席的情况判断，资方较劳方之胜出概率为高，且大部分均能连任至下一届别，或是相关组别的延续。以"繁荣澳门同盟"为例，其第一候选人周锦辉一直与博彩业的关系十分密切，自 1981 年到澳门接管爱都酒店后，引进了博彩旅游包团制度，成为博彩中介人。其后，旗下置地广场（酒店）和渔人码头项目（与何鸿燊合作）均开设由澳娱（后改为"澳门博彩股份有限公司"，下称"澳博"）营运之赌场。他首次于 1996 年参加立法会直选，并连任至 2009 年（特区第三届立法会任期结束），虽然他并没有参加 2009 年第四届立法会直选，但

---

① Sunny Lo, "Casino Capitalism and Its Legitimacy Impact on the Politico-administrative State in Macau," *Journal of Current Chinese Affairs* 38, 1 (2009): 20.

转而支持太太陈美仪参选，她是澳门励骏创建有限公司副主席，也与博彩业紧密相关。

表 5 - 2　1996~2013 年各届立法会直选中具博彩业背景的组别

届别	组别当选情况	候选组别
1996~1999 年	当选	繁荣澳门同盟（周锦辉）、建设澳门同盟（冯志强）
	落选	娱职联谊会（郑康乐）、经济建设联盟（陈泽武）
2001~2005 年	当选	繁荣澳门同盟（周锦辉）、娱职联谊会（郑康乐）、社会经济改革促进会（张立群）
	落选	澳门旅游娱乐文化促进会（霍志钊等）
2005~2009 年	当选	繁荣澳门同盟（周锦辉）、爱澳联盟（冯志强）、澳门发展新连盟（梁安琪）、澳门民联协进会（陈明金、吴在权）
	落选	澳门幸运博彩业职工总会联盟（郑康乐等）
2009~2013 年	当选	改革创新联盟（陈美仪）、澳门发展新连盟（梁安琪）、民联协进会（陈明金、吴在权）
	落选	—
2013~2017 年	当选	改革创新联盟（陈美仪）、澳门发展新连盟（梁安琪）、民联协进会（陈明金、施家伦、宋碧琪）
	落选	—

说明：括号内为与博彩业相关之候选人。

资料来源：各届立法会之组别候选人介绍报道；陈丽君：《澳门博彩业的政治效应研究》，澳门理工学院、中山大学，2010。

在回归前，澳门的博彩业由澳娱垄断经营。因应专营合约的保障，且其收益为政府的重要收入支柱，并负担公共工程、支持慈善文化事业的工作，在互惠互利的原则下，政府与博彩公司的关系十分密切，也在委任议员时考虑加入澳娱的代表（如 1996~1999 年届别的欧若坚）。同时，透过每一次专营合约的签署和修改，虽然博彩税率有所调升，并且博彩公司需承担更大的社会责任，但这并没有影响博彩公司的核心利益，且由于澳葡政府在监管上相对宽松，博彩公司的经营自主性很高。因此，回归前其基本上不需要透过参与政治而作利益代表。直至回归前的最后一届立法会选举，坊间已提出建议打破博彩专营垄断权，具资方性质的组别（"经济建设联盟"）方首次参选，但从各项宣传以至候选人与博彩公司的关系上，均可见其获得资方的支持力度不太大，反之，因应劳资双方矛盾的深化，属劳方的博彩从业员期望透过参加立法会直选以争取应有的权益。

而回归后不久，为应对澳娱博彩专营权在 2001 年底届满的问题，政府旋即探求革新博彩业的可行性，在 2000 年 7 月成立博彩委员会，研究博彩业的未来发展方向，并委托咨询公司就博彩业的改革提交研究报告。2001年立法会直选前，《娱乐场幸运博彩经营法律制度》（第 16/2001 号法律）获立法会通过，新的法律制度以限制发牌数目的方式（最多 3 个），按部就班引入市场竞争机制，同年由经济财政司司长任协调员的博彩工作小组成立，并在 10 月公开征集投标意向书。为此，在博彩业即将面临竞争开放的时刻，以"澳门旅游娱乐文化促进会"名义参加 2001 年的立法会直选别具意义，参选名单由一批直接或间接隶属澳娱的行政人员组成，其代表澳娱资方参选的意向极为明显，如此旗帜鲜明地代表资方参选，在澳门选举史上也是首次①。同一时间，因应博彩业开放带来的不确定性，从业人员对未来工作环境十分担忧，且原来与资方就工作条件和福利补偿等谈判未有实质进展，代表员工利益的娱职联谊会再次参选。而是次参选的结果，劳方代表取得一个席位，而资方则失败而回。这显示在专营权届满与博彩业开放的转型时期，前景的不明朗使博彩业劳资双方的利益冲突加剧，矛盾的增强使劳方更能凝聚职工的力量，期望能在议会内拥有利益代表，并能增加与资方谈判时的筹码。

汲取过往的经验，以梁安琪领军的"澳门发展新连盟"首次参与2005 年的立法会直选，而作为澳博董事和何鸿燊太太的身份使其作为资方代表的地位更为明确，与过去何鸿燊和澳娱曾表示政治中立的立场②具明显的反差，这表明在博彩业进入激烈竞争的时期，由于政府与各博彩商刻意保持一定的距离③，以营造公平的竞争环境，政府与博彩商之关系因而有所改变。为争取在与博彩业相关之政策制定上更大的影响力，博彩营运商需要寻找新的利益代表模式，并倾向采取更为多样化的途径作利益表达。虽然以美资为首的非本地博彩营运商仍未正式涉足澳门的政治

① 陈丽君：《澳门博彩业的政治效应研究》，澳门理工学院、中山大学，2010，第 13 页。

② 《何鸿燊重申娱乐公司不介入议会选举》，《华侨报》1996 年 9 月 10 日，第一张第四版。

③ Lo, Shiu-Hing, "Casino Politics, Organized Crime and the Post-Colonial State in Macao," *Journal of Contemporary China* 14，43（2005）：224.

领域①，但因应政府施政上各项政策与博彩业利益的相关性，以及博彩业在未来很长一段时期内在澳门经济上的重要性，具博彩业背景之人士透过选举而成为政治精英的数目将与日俱增。

事实上，回归后本地财团参与立法会直选的，大多数就是与博彩业相关的商人，这与间选中雇主利益／工商金融界别的提名一直由中华总商会主持协调不无关系。这些竞选团队与传统社团较大的差异在于其缺乏具广泛网络和功能性的社团支持，候选人的选票大都来自其员工、生意伙伴和组织关系等。他们透过应诺当选后给予属下员工额外的花红和奖金，使旗下员工成为最为稳定和所占份额最大的票源②。同时，属下商业机构也成为重要的宣传媒介。虽然选举法规定禁止透过商业机构做竞选宣传，但不少具商界背景之候选组别，特别是与博彩业相关的，利用灰色地带做间接的宣传（如以候选组别之标志作为商业布置、组别排序之号码作为商业宣传噱头、在机构内张贴宣传海报、要求员工穿着可识别候选组别之制服等），而在选举当天相关商业机构更化身为临时的选举中心进行投票动员。

因此，在回归后打破博彩业垄断专营而带来的经济结构转变，除了对澳门的经济发展、就业情况等有直接的影响外，其带来的行业内竞争使博彩营运商急需透过新的途径以保障其利益和对相关政策保持足够的话语权，参与立法会直选进入政治精英之列因而成为直接和有效的工具，也是最为迅速的模式。而在这过程中，经济资本的价值也就随着与博彩业相关之商人积极参与立法会直选而提升。正如在第四章分析澳门的独特选举氛围（各组别政纲类同、宣传期短促、选民政治意识形态模糊和华人普遍在政治取向上的实效性考虑），加之竞选经费的上限因应政府预算收入的大幅提高而倍升（由2001 年的 274 万澳门元增加至 2005 年的 432 万澳门元，而 2009 年更高达

---

① 然而，有报道指美国的博彩营运商也透过多种渠道试图涉足对澳门政治的影响。《习近平提醒澳人要坚决反对外部势力干预》，《新华澳报》2009 年 2 月 3 日，第 P01 版；《后何鸿燊时代澳门博彩业的博弈》，《新华澳报》2011 年 4 月 14 日，第 P03 版。

② 除了透过访谈和在讨论区得悉相关情况外，如何鸿燊也曾在 2005 年立法会竞选前夕公开表示其太太梁安琪（澳门发展联盟的第一候选人）多次提醒他需给予"澳娱"员工额外的奖金，而其也应允在年底前实行。见 Eilo Wing-Yat Yu, "Formal and Informal Politics in Macao Special Administrative Region Elections 2004 ~ 2005," *Journal of Contemporary China*, 16, 52 (2007)：431 - 432。

894 万澳门元①），使经济资本在短时期的宣传策略、选民动员和组织运作上均发挥重大的作用，而这也反映在博彩商人成功获得议席比例的提升上。在有成功的范例后，博彩业背景的商人参加立法会直选的人数在回归后持续上升。

再者，庞大的经济资本也能作为相关候选人在当选后开展社区工作和服务的支持，例如设立具网络性的议员办事处②、自组社团或支持友好社团举办活动。在长时期内，透过促进政治精英与市民间的沟通联系，构建社会网络和建立政绩，有利于下一届别的连任。事实上，由于在各项投票取向的考虑中，过往政绩的重要性占据首位③，因此，这一过程也使得经济资本向社会资本转移，如以自 1996 年博彩业商人首次参加立法会直选并获得议席以来的届别计算，抛开转变获选方式之连任外，其余均能连任最少一届。

回归后经济结构的转变不单影响经济资本在政治精英生成中所起的作用，同时也在不同程度上影响了政治资本与文化资本的价值，虽然这并非直接和立时的。

博彩业的高速发展为澳门带来的最直接利益之一是政府收入以及居民收入的提升（表 5 - 3 和表 5 - 4）。因应政府在回归后推出多项缓解民困的措施，政府的收入在 2002 年比 1999 年回归时还要低，但自 2002 年后政府的收入受博彩税收的带动而迅速增长，由 2002 年的 152.3 亿澳门元增长超过 10 倍至 2013 年的 1759.5 亿澳门元。与此同时，从月工作收入中位数以至仅计算本地居民的年人均总收入来看，强劲的经济成长使居民的收入水平大幅提升，前者较 2002 年均增长了超过 2 倍，后者更超过 4 倍，失业率也降至几乎全民就业的水平（2010 年整体失业率为 2.8%，2013 年则进一步下降至 1.8%；而本地居民失业率则分别为 3.5% 和 2.4%④），展现丰硕的经济发展成果。

---

① 根据《选举法》的规定，各候选名单的竞选活动开支不得超过该年澳门特别行政区总预算中总收入的 0.02%。

② 以陈明金、吴在权议员为例，他们的共同议员办事处已有 7 间，遍布澳门各区。见陈明金、吴在权议员服务网，http://www.acumacau.com/。

③ 过去的一些调查显示，各项投票取向的考虑中，"候选组别主要成员的过往表现"最多（45.3%）。见澳门大学社会及人文科学院、澳门研究中心《有关"澳门特区成立后的首次立法会选举"民意调查报告》，调查访问于 2001 年 9 月 24 日至 26 日举行。

④ 数据来源于澳门特别行政区政府统计暨普查局。

表 5 - 3　1999 ~ 2013 年澳门政府总收入和博彩税收入

年份	政府总收入		博彩税收	
	亿澳门元	同期变动率（%）	亿澳门元	同期变动率（%）
1999	169.4	9.0	47.7	-6.8
2000	153.4	-9.5	56.5	18.4
2001	156.4	2.0	62.9	11.4
2002	152.3	-2.7	77.7	23.4
2003	183.7	20.6	105.8	36.2
2004	238.6	29.9	152.4	44.0
2005	282.0	18.2	173.2	13.7
2006	371.9	31.9	207.5	19.8
2007 *	537.1	44.4	319.2	53.8
2008	622.6	15.9	432.1	35.4
2009	698.7	12.2	457.0	5.8
2010	884.9	26.6	687.8	50.5
2011	1229.7	39.0	996.6	44.9
2012	1450.0	17.9	1133.8	13.8
2013	1759.5	21.3	1343.8	18.5

　　注：* 由 2007 年起，财政局开始编制公共会计合并账，故此 2007 年及以后年份的博彩税总收入包括澳门基金会从博彩公司收到的拨款（博彩毛收入的 1.6%），而 2006 年及之前年份的博彩税总收入则不包括此部分。

　　资料来源：澳门特别行政区政府统计暨普查局。

表 5 - 4　1999 ~ 2013 年澳门就业人口每月工作收入中位数和年人均本地居民总收入

年份	月工作收入中位数		年人均本地居民总收入	
	澳门元	同期变动率（%）	澳门元	同期变动率（%）
1999	4920	-2.6	—	—
2000	4822	-2.0	—	—
2001	4658	-3.4	—	—
2002	4672	0.3	128221	
2003	4801	2.8	140297	9.4
2004	5167	7.6	170517	21.5
2005	5773	11.7	185759	8.9
2006	6701	16.1	210379	13.3

年份	月工作收入中位数		年人均本地居民总收入	
	澳门元	同期变动率（％）	澳门元	同期变动率（％）
2007	8000	14.3	282295	31.7
2008	8000	0.0	279742	−0.9
2009	8500	6.3	289156	3.4
2010	9000	5.9	373796	29.3
2011	10000	11.1	463343	24.0
2012	11300	13.0	513674	10.9
2013	12000	6.2	583392	13.6

说明：为配合《劳动关系法》对订立劳动合同者的最低年龄调升至 16 岁的修订，统计暨普查局将界定劳动人口的年龄下限由 14 岁调升至 16 岁。11/2008～1/2009 的数据是按照新的年龄下限计算的。

资料来源：澳门特别行政区政府统计暨普查局。

　　然而，在博彩业发展带来高速经济成长的同时，虽然以本地员工的薪酬计算，各行业也录得显著的升幅，但可以看到，博彩业的增长在 2005 年和 2006 年相当突出（时值多家新的博彩娱乐场开幕并揭开"挖角潮"），与其息息相关的酒店业员工的薪酬也同期展现较快的增长。整体来说，博彩业的总体薪酬处于较高的水平，与其他行业有一定的差距（图 5-3），但其所需的学历要求不高，若以博彩业职位空缺最多的"荷官"来衡量，学历要求为初中或以下的占 96.3％[①]，这致使不少年轻人为了丰厚的收入，放弃升学机会和所学专业进入博彩业[②]。

　　虽然根据澳门特区政府统计暨普查局公布的 2012～2013 年住户收支调查显示，在 2012～2013 年澳门的基尼系数为 0.35，较 2007～2008 年（上一次调查）的数字稍低（0.38），更较 2002～2003 年的 0.44 低了不少，这显示贫富差距有所缩小，而扣除政府福利转移的住户收入计算的基尼系数则为

---

① 澳门特别行政区政府统计暨普查局：《人力资源需求及薪酬调查——博彩业》，2013 年第 4 季。

② 黄雁鸿、阮建中、崔恩明：《博彩业迅速发展后的澳门青少年价值观探析》，《澳门理工学报》2007 年第 25 期，第 11 页。文中提到，澳门旅游博彩技术培训中心的资料显示，在该中心接受培训的青少年当中不乏医生、工程师等人才，他们放弃自身抱负转投博彩业，不能发挥过往所学；也有部分青少年学生，虽然有能力继续升学，但仍然放弃了升学机会，提前进入博彩就业市场。

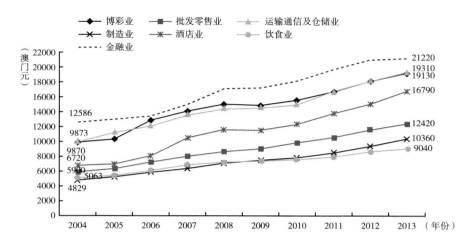

图 5 - 3 2004～2013 年澳门各主要行业之本地员工平均薪酬（不包括双粮、年终赏金、花红及其他同类奖金）

说明：博彩业、批发零售业、运输通信及仓储业均为该年 12 月之薪酬，而制造业、酒店业、饮食业、金融业则为该年 9 月之薪酬；澳门特别行政区政府统计暨普查局自 2011 年后没有提供金融业的总体薪酬数据，故以银行业的薪酬调查数据替代。

资料来源：澳门特别行政区政府统计暨普查局：各年《人力资源需求及薪酬调查——博彩业》《人力资源需求及薪酬调查——制造业、酒店、餐饮、银行及保险》《人力资源需求及薪酬调查——批发零售、交通运输、保安及公共污水废物处理业》《人力资源需求及薪酬调查——金融业》。

0.38，这反映公共福利转移对缓解住户收入分配差距的成效[1]，然而，相关科学数据的结果却不被社会广泛认同，人们普遍认为在博彩业开放后澳门的贫富差距实有所扩大。究其原因，与经济成长的集中性使经济成果倾向从事与博彩业相关的居民或家庭有关。同时，由于居民普遍对博彩业开放所带来的经济增长抱有很大的期望，但并非所有人都能同时提升其在市场上的竞争力，这使其价值期望与价值能力出现落差，特别集中在老年、低教育程度、主观社会阶层为下层、内地出生等社群，形成"前进型剥夺感"[2]。

---

[1] 另外，根据按住户每月收入五分位统计，最高五分位（最高 20%）住户的每月收入较 5 年前实质上升 25.7%，而最低五分位（最低 20%）住户的每月收入金额实质增加 41.8%，增幅大于最高五分位的住户，而两者的收入差距由 2007～2008 年的 8.2 倍大幅收窄至 2012～2013 年的 7.2 倍，显示高收入住户与低收入住户的收入差距逐渐减小。详见澳门特别行政区政府统计暨普查局《住户收支调查 2012/2013》。

[2] 郑宏泰、黄绍伦：《社会期望与社会现实》，载黄绍伦、杨汝万、尹宝珊、郑宏泰编《澳门社会实录——从指标研究看生活质素》，香港中文大学香港亚太研究所，2007，第 96～98 页。

再者，在经济高速增长的同时，其带来的高通胀（特别是食品价格）和高房价也使经济成果受到蚕食和扭曲，通胀率由 2002 年的 -2.6% 上升至 2008 年的 8.1%，其后在 2012 年和 2013 年也达 6.1% 和 5.5%，而食品价格的通胀率在 2012 年和 2013 年则分别达 8.5% 和 6.6%。另外，与居民生活息息相关的住屋，以住宅单位平均每平方米买卖成交价计算，在 2004 ~ 2013 年 9 年间上升了近 9 倍，租金的升幅也以倍数计算。同时，虽然失业率由 1999 年的 6.8% 下降至 2013 年的 1.8%，本地工人失业率在 2012 年和 2013 年也处于较低水平（维持在 3% 以下），但失业人口仍有 6500 ~ 7000 人[①]，且未计算不少在职贫穷的就业人口。另根据 2005 年澳门居民综合生活质素调查，接近三成的市民感到日常生活入不敷出，并有二成多认为个人努力与生活水平之间存在不公平的现象[②]，而在 2007 年和 2009 年的同类调查中，受访者被要求评估"与五年前比较，觉得自己目前的社会阶层到底是高了、差不多，还是低了"时，主观社会阶层为下层的受访者更倾向于负面的答案[③]。可见，由于部分居民的竞争力未能配合经济的急速发展和转型，结构性失业问题持续，在高通胀和住屋成本高昂的环境下，生活质素反而在某种程度上有所下降。

为此，"前进型剥夺感"的累积以及由"博彩资本主义"带动的社会急速转型（包括经济结构和劳动力资源的改变、社会结构的变化、社会价值的重塑等）均使社会原有积累的问题有所剧化，但回归后传统社团的功能以至其与政府关系的转变弱化了其原本作为群众利益表达的角色，部分弱势群体在转型过程中生活质素有所下降，转而期望以新生的社团作为利益代表，政治生态在回归后也就出现质的变化：一方面是社团数量的"井喷"式剧增与新生边缘性社团的大量出现，而这些社团大多是以独立的身份活动而与传统的社团体制有所剥离；另一方面是由这些新兴社团带动的社会运动日见频繁与激烈[④]。

---

① 澳门特别行政区政府统计暨普查局。

② 郑宏泰、黄绍伦：《社会期望与社会现实》，载黄绍伦、杨汝万、尹宝珊、郑宏泰编《澳门社会实录——从指标研究看生活素质》，香港中文大学香港亚太研究所，2007，第 95 ~ 96 页。

③ 郑宏泰、黄励莹：《经济发展与社会流动》，载张妙清、黄绍伦、尹宝珊、郑宏泰编《澳门特区新貌——十年发展与变化》，香港中文大学香港亚太研究所，2011，第 247 页。

④ 娄胜华、潘冠瑾、林媛：《新秩序：澳门社会治理研究》，社会科学文献出版社，2009，第 60 页。

而在回归后的立法会选举中，相关社团也组织竞选团队参选，例如在2005 年、2009 年和 2013 年的立法会选举中，除具传统社团背景和商界组别背景外，还有不少参选者来自新兴基层社团（如"民主起动""社会民主阵线""工人运动阵线"）以及独立的社团（如"同力建设联盟""社会公义""公民监察""公民权益"），而这在回归前的各个届别中是罕见的。虽然他们最终均落败而回未能进入立法会，但他们的参与使政治资本的价值出现了微妙的变化。因为不管在政治资本组成的族裔血统、宗族背景还是社团参与上，他们基本沾不上边，纵使他们具有社团参与的背景，但由于其新兴的性质，欠缺传统社团所具有的包括人力资源和社会网络的支持。由此，政治资本的价值在精英生成中虽然未因经济结构转型而受到直接的冲击，但在新的社会诉求涌现的情况下，其包容能力有所降低，失去了原有的耀眼光芒。

　　与此同时，因应特区政府打破博彩垄断经营的目标，要求新的博彩营运商需要适量增加非博彩元素，提升行业的整体竞争和带动其他产业的发展，经济适度多元成为特区政府的经济发展策略。所以，经济结构的转变除强化了博彩业的领导地位外，也直接带动了酒店零售业、餐饮业与会议展览业的发展。批发及零售业、酒店业及饮食业占本地生产总值的比重，由 2002 年的 11.2% 增加至 2012 年的 15.6%；酒店的房间数量由 2002 年的 8954 间增至 2013 年的 27764 间，增幅接近 2.1 倍；酒店数量同期则由68 间上升至98 间①，当中绝大部分为四星和五星级。而会议展览方面，由于多家新的博彩营运商在博彩娱乐设施外大力建设相关硬件设施，澳门的会议展览场地面积倍增，现已超过 14 万平方米，成为亚洲展览产业发展最快的三大地区之一②。据官方和业界统计，2001 年澳门举办会展活动 252 项，2013 年全年已达 1030 项③；而 2010 年会展业的直接收入已超过 8 亿澳门元④。

　　因此，这些行业的快速发展给澳门的人力资源在质与量上均带来极大的影响，特别是新兴的会议展览业以及配合澳门定位为"世界旅游休闲中心"

①　澳门特别行政区政府统计暨普查局：《旅游统计 2013》，第 6 页。
②　澳门特别行政区政府贸易投资促进局网站，http://www.ipim.gov.mo。
③　澳门特别行政区政府统计暨普查局：《澳门资料 2014》，第 14 页。
④　王心、叶桂平：《论澳门会展业发展过程中的政府角色》，《澳门研究》2011 年第 62 期。

的文化创意产业的发展①带来的庞大需求使澳门短期内需要透过大量输入外地专业人才以补足职位缺口。不少博彩企业的中高级管理层在开业初期均由外地输入②。因此，从中长线来看，不管是业界还是普罗大众，均认同需要培养足够的本地人才，尤其是从博彩业需求的职位来看，虽然大部分为学历需求较低的荷官和服务人员，但以空缺率计算，不少季度中"企业领导人员及经理"与"专业人员"的比例，以及中层"技术员及辅助专业人员"较荷官的空缺率更高③，且在2008年世界金融危机后，因大批包括中高级的外雇被解职，博彩企业在经济复苏后也更为重视本地管理人员的培养和晋升。可以说，经济的高速增长带来众多的就业机会，对人才的需求在数量和种类上较回归前经济不景气时有巨大的差异。

因此，经济结构的转变使文化资本在推动经济发展上的重要性与日俱增，各行业对专业人才的需求达到一个新的历史高度，文化资本在整体精英生成上的价值也相应地有所提升，而这种对总体精英拥有专业与技术的需求也将逐渐渗透对政治精英的要求。在经济转型对专才渴求的情形下，整体教育水平的提升将有助于形成中产阶级。较之处于社会中下阶层的选民，他们拥有相对独立的投票取向和意志，排除非正规的投票行为；同时，在投票行为上也倾向选择与其背景相似、政纲中能触及其视为核心利益的候选人④，而民主民生派别的候选团队在澳门多属拥有较高学历和专业知识的候选人，相较其他组别，其政纲也更多着墨于民主和政制发展。事实上，属社会中上

---

① 参见《为产业多元做好准备》，《澳门日报》2006年4月2日，第A10版；《星洲攻会展澳腹背受敌》，《澳门日报》2006年5月27日，第A10版；《会展业：需求激增人才奇缺》，《澳门日报》2007年3月22日，第A10版；《中层人才缺人资中介潜力丰》，《澳门日报》2009年8月10日，第A10版；《加强交流提高质素完善机制奖励科研新兴产业发展重在人才培养》，《澳门日报》2009年12月21日，第A04版；《冯志强称企业不愿承担猜不透风险创意产业先解决人才成本方向》，《澳门日报》2010年3月23日，第B05版。

② 参见《外雇退场机制应尽快设立控制外雇人数借助高专业外援助培训本地专才》，《澳门日报》2009年4月20日，第A02版；《时政开讲探讨如何培养优秀本地人才新青协倡设人力资源库》，《澳门日报》2010年1月6日，第B06版；《外劳影响本地工人就业博企员工协会提出意见》，《华侨报》2008年11月10日，第22版；《旅游博彩技训中心毕业礼四千八百人毕业今年致力培育博彩管理人才》，《华侨报》2009年1月21日，第13版。

③ 澳门特别行政区政府统计暨普查局：各季《人力资源需求及薪酬调查——博彩业》。

④ 香港研究学会：《2008年立法会选举票站综合分析报告》，http：//www.rahk.org/research/report.pdf；《2010年立法会补选票站调查综合分析报告》，http：//www.rahk.org/research/sp2010_report.pdf。

层的白领和专业人士更重视作为政治体系的民主进程①。另外，虽然现时委任议席的政治作用偏重于平衡议会内的利益力量，使具专业界别背景的人士更容易获得委任；然而，可以看到，与澳葡时期偏向达致族裔平衡不一样，行政长官在委任议员的考虑上也体现了社会对政治精英的价值取向，即期望能有更多专业界别的人士进入议事殿堂，以其专业知识配合社会发展的需求和施政的构想。例如，在 2005 年和 2009 年的委任议员中加入了熟悉法律的人士（社会对法律改革的诉求），而为贯彻科学施政的目标，2005 年首次有人以学者的身份进入立法会委任议员之列，而委任议员的人选整体上获得了社会的认同②。

（三）文化维度：强化中的本土归属感与政治文化的转变

与政治和经济因素的转变相比，文化的变迁所带来的影响更为宽泛和深远，并与前两者的转变相互影响。

宏观上，回归后因管治主体在族裔上的转变，实行"澳人治澳"，大大提高了澳门市民对本土的归属感。同时，经过 20 世纪 70 年代末 80 年代初以及 90 年代的移民潮，大量的新移民在澳门已落地生根，对凝聚本土归属感起着正面的作用。

表 5-5 显示，回归前只有约一半的澳门居民对身为澳门人感到自豪，而"不知道/没意见"的则接近两成，而在回归前夕，治安的不靖及经济的下滑使澳门居民对澳葡政府的管治失去信心，这也在一定程度上反映在澳门市民对作为澳门人的认同感上，较 1991 年处于经济增长期的认同感下降了接近三成。经过回归后 7 年的时间，澳门居民对作为澳门人的认同感发生了巨大的转变，"感到自豪"的比例接近 2/3，而态度模糊的比例也大幅下降（与 1991 年和 1999 年相比），虽然 2009 年"感到自豪"的比例有所下降，但总体表现了回归后澳门居民对本土身份的认同，也从一个侧面揭示澳门居民本土归属感的增加。

---

① Seymour Martin Lipset, *Political Man: The Social Bases of Politics*, Expanded and Updated Edition Baltimore: Johns Hopkins University Press, 1981, Chapter 4.
② 《官委议员注专才元素》，《澳门日报》2005 年 10 月 10 日，第 B07 版；《委任增专业界平衡议会声音》，《市民日报》2005 年 10 月 10 日，第 P01 版。

表5－5　澳门市民对身为澳门人的认同

单位：%

年份	感到自豪	不感到自豪	不知道/没意见
1991	53.6	28.1	18.3
1999	38.8	45.9	15.3
2006	65.8	26.7	7.5
2009	60.7	28.3	11.0

资料来源：余振、娄胜华、陈卓华：《澳门华人政治文化纵向研究》，香港三联书店，2011，第62页。

　　回归后澳门特别行政区实行"一国两制"、"澳人治澳"、高度自治的方针，与回归前管治下的"无为而治""二元分治"形成强烈的对比，虽然2009年在政治制度和司法制度的评价上录得较2006年的明显下降，很大程度与欧文龙贪腐案的揭发打击了市民对政府在这两方面的信心有关，但澳门居民对整体澳门的政治体系评价和情感取向仍较回归前有所提升（表5－6）。当中，对社会福利制度的评价变化尤为显著，凸显了特区政府在回归后加大对社会保障和福利投放资源的效用。

表5－6　澳门市民对政治体系的评价和情感取向

单位：%

年份	会	不会	不知道/无意见	样本数（个）
政治制度				
1991	21.1	41.2	37.6	663
2006	40.7	36.6	22.7	546
2009	28.7	47.7	23.6	861
司法制度				
1991	19.5	37.0	43.5	663
2006	43.4	32.4	24.2	546
2009	29.6	43.3	26.9	861
社会福利制度				
1991	25.4	52.7	21.9	663
2006	52.0	39.6	8.4	546
2009	55.2	34.2	10.6	862

　　说明：此一调查的问题是"你对以下所列感到自豪或骄傲吗？"

　　资料来源：余振、娄胜华、陈卓华：《澳门华人政治文化纵向研究》，香港三联书店，2011，第59页。

在本土归属感有所强化的情形下，澳门居民对社会的关注也有增无减，并透过各种社会行为和活动表达其意见。以下将以"松山灯塔事件""欧文龙贪腐案""小潭山建高楼"为例，而这三起事件均与澳门的政治制度和经济结构的转变有所关联。

2005 年澳门历史城区被列入世界文化遗产名录，而包括松山灯塔在内的历史城区附近地区也被划定为保护区，区内的建筑物高度、体积以至风格也在不同程度上受到限制。然而，2006 年行政长官取消了新口岸填海区两条限制建筑物高度的法令，以使在填海区上新建的多家超高层博彩娱乐赌场酒店（楼高 25 ~ 57 层）"合法化"，但同时为松山山脚不在保护区范围内的建筑物高度打开"缺口"。2006 年下半年，土地工务运输局公布有关松山山边道路网和地段规划时，限制建筑物的高度为 90 ~ 135 米，可是，与松山山体高度为 90 米相比，这样的规定已大大影响了松山灯塔的视觉景观，使其被高楼围堵。最初这只引起了议员以及历史文物团体的关注而被提出质询和异议，而政府回复则重申其不在"世遗"保护区范围以及依法施政的原则。其后不单是东望洋区居民分别投书报章，而且水荷雀坊会负责人到土地工务运输局反映意见，澳门各界不论是传统社团、知识分子还是普通市民，均齐声反对在松山山脚下建高楼，掀起了"保护灯塔"的一连串运动，更有具明确针对社会事件目标而成立之民间组织"护塔连线"应运而生[1]。一方面，坊间不满政府欠缺恰当的城市规划而导致新建高楼对松山灯塔景观的破坏，认为这是对澳门历史城区价值的一种践踏；另一方面，社会对政府在发展与保育之间偏向前者的取舍大感不满，特别是对博彩企业的倾斜政策。及后，中央驻澳联络办公室主动提出把松山山脚下正在兴建的楼高 99.9 米的新大楼建筑高度降至不超过松山的高度（90 米），而澳门特区政府也随即表示将发出一项特别指引，就松山山脚地段兴建中或即将兴建楼宇的计划做出协调和高度调整。最后，至 2007 年 7 月中旬，土地工务运输局宣布，经与文化局协调后，由罗理基博士大马路往松山隧道方向的左侧一带，将来新建建筑物高度不会超过 90 米。然而，其后松山山腰有发展商获政府批准兴建楼高 126 米的高楼，再次激起民间之反对声音，新生民间组织"保护东望

---

① 从"松山灯塔事件"的开始至政府最终修订松山山边建筑物限高而使事件暂告一段落的过程，见 2006 年 8 月 8 日至 2007 年 7 月 19 日报章之相关报道。

洋灯塔关注组"更致函联合国教科文组织,期望透过超国家机构对澳门政府施加压力。事实上,联合国教科文组织世遗中心就澳门世遗城区内松山灯塔受到高层建筑物威胁问题,透过中央政府向澳门特区政府发信,要求特区政府正视有关问题,以及消除公众的疑虑①。最终,政府在 2008 年 4 月颁布行政长官批示,订定东望洋灯塔周边区域兴建的楼宇容许的最高海拔高度,涉及附近 2.8 平方公里的面积(占澳门半岛面积的 1/3),区内划分为11 个区域,以梯级递减式的高度限制楼高,新建楼宇最高不能超过海拔 90米,以免影响松山区域景观②,而有关"松山灯塔"的事件也暂告一段落。

而在同一时期,"欧文龙贪腐案"所带来的政府管治威信的波动,则形成大众对特区政府施政满意度的"拐角"。在回归前的管治时期,涉及政府高层,尤指澳督的贪腐消息此起彼落。如早在 1988 年,时任澳门总督文礼治被指曾收受德国魏德普兰公司合 35 万美元的贿赂,以帮助该公司争取澳门国际机场的建筑工程合同。后来因该公司未能中标,该公司便于 1989 年10 月发文要求退还。此事被葡萄牙《独立周刊》曝光,事情披露后成为轰动葡萄牙全国的"传真事件"③,而这也最终导致文礼治辞职离任。另外,回归前最后一任澳督韦奇立虽然成立了反贪污暨反行政违法性高级专员公署,但其则透过担任澳门发展与合作基金会信托委员会主席,利用职权在回归前夕拨款 5000 万澳门元给其本人名下的欧华利基金会,涉嫌利益输送,以权谋私。纵使这两起事件在坊间引起不少争议,也受到报章和议员的批评,但由于政治上的无力感,市民的反响也仅限于言语上的批评和讨论,加之制度、历史和社会等原因,回归前澳门政府与市民的沟通不良,关系不顺,行政效率低下,送礼"走后门"等陋习成风④,这些事情使得市民对政治精英的信任度在回归前一直很低,对其操守、行为等也不抱有很大的期许。

回归后虽然特区政府的主要官员并不是由市民选举出来的,而是由行政

---

① 《灯塔景观受威胁联国查询文化局正与部门研究回复》,《新华澳报》2007 年 11 月 29 日,第 2 版。
② 《灯塔周边新建楼高受限政府推出护塔景观措施》,《新华澳报》2008 年 4 月 17 日,第 1 版。
③ 梁国庆主编《国际反贪污贿赂理论与司法实践》,人民法院出版社,2000,第 918 页。
④ 周士敏:《澳门特别行政区廉政公署》,《行政》2001 年总第 54 期第 14 卷。

长官提名并报请中央人民政府任命的，但在"澳人治澳"的理念下，过去因族裔的不同而形成的隔膜有所消除，居民对于政治精英的能力和表现，或整体上对特区政府的施政充满期望。2006年底运输工务司司长欧文龙被捕，被控以严重受贿并进行非法金融操作活动，当中涉及博彩酒店工程施工、住宅项目"放高"以及公共工程批给等，震惊全澳，其后廉政公署查明欧文龙夫妇的资产高达8亿5000万澳门元，是两人法定收入的61倍，最终裁定欧文龙57项罪名成立，重判27年徒刑，其他多名涉案人士也被判处重刑（但部分已潜逃离澳，至今杳无音讯）①。

虽然最后并没有其他的政府官员或公职人员被检控判罪，但欧文龙的贪污受贿全然与土地和公共工程的批给相关，而在审讯期间各级相关公务人员做证时均表示依循上级指示或对事情并不知情，显示公共工程判给存在机制上的漏洞，这也体现了在行政主导下对政府政治精英监察的欠缺。其后政府在土地和公共工程审批的各项环节上提高了严谨度和透明度，并加快《土地法》和相关法例的修订，以及扩大廉政公署的职权范畴至私人领域，借以挽回公众对政府权威的信心。纵使在"欧文龙贪腐案"的过程中，公众并没有任何的话语权影响司法的审判和裁决，但与过往澳葡时期曾发生政府高级官员贪渎的情况不同，这次公众的反响巨大，不单成为"口头上"坊间议论的热点，且转化为行动的力量，"反贪腐"成为其后多次游行运动的诉求，并表现为对政府施政的不满②。

最后，"小潭山建高楼"一事其实也就是"松山灯塔事件"的一个延续，但与前者不同的是，这次事件的主角并非在世界文化遗产的历史城区内，而是一座在离岛氹仔名不见经传的小山丘。自"欧文龙贪腐案"后工

---

① 参见《廉署打老虎欧文龙落马涉严重受贿非法金融操作欧被捕震惊全城》，《澳门日报》2006年12月8日，第A01版；《财产充公8亿黄金梦碎欧文龙重判27载》，《澳门日报》2008年1月31日，第A01版。

② 回归后众多社会和学术团体均透过民意调查收集市民对政府施政的满意度数据，而相关结果也见诸报章，成为检视政府各项工作满意度的一种监督工具。自"欧文龙贪腐案"发生后，市民对廉政工作的满意度一直处于较低水平。如2009年澳门理工学院一国两制研究中心进行的"澳门特区十年发展与进步"民意调查显示，居民对"发生欧文龙事件"的不满最为突出，而"下届政府应着重处理哪些问题"的回答中"贪腐行为、利益输送"成为反映最为强烈的选项。详见《理工公布澳门十年发展民调结果居民对何厚铧施政评分较佳》，《大众报》2009年6月17日，第P01版。

务部门加强对项目审批的透明度，设立了土地批给公开旁听会（并没有法律的约束力，仅为咨询性质），2011 年度第一次会议便是阐述位于氹仔岛小潭山山腰（邻近七潭公路）的土地更改利用方案。

当中的争议焦点在于有关土地承批人过去因法律诉讼而使工程（第二期）被搁置了 10 多年，2004 年法院裁决土地承批人胜诉，而政府于 2009 年把土地重新以租赁制度批给土地原承批人，而承批人也就把原方案包括别墅、酒店和商业用途的设计（较低建筑高度）更改为纯住宅的项目，当中包括兴建 29 层和 36 层的高楼各 3 栋，其海拔高度最高达 154 米，较小潭山最高点海拔 112 米高出接近一半①。虽然小潭山上并没有具特殊人文或历史意义的建筑物而受到法律的保护，且该土地承批人也是依法申请，然而，在近年房地产市场蓬勃兴旺的情形下，澳门市区和离岛大部分的山体与山脚均被发展商视为黄金住宅用地而规划兴建高楼，在"小潭山建高楼"一事前已有多起类似的事件发生而受到议员和关注团体的抨击，澳门的山体或山体周边已几乎被高楼包围或见缝插针。与此同时，与过往"事不关己"的心态不同，山体已被澳门市民视为珍贵的公共财产，而是次土地批给也被质疑欠缺足够的合理性——土地承批人与合作伙伴（发展商）之商务纠纷使土地的发展期限已过，但政府仍然把土地批给同一承批人而没有收回，且承批人更改土地用途而兴建高楼，因此引起社会的强烈反响，政府也因应市民的诉求而把意见征集期由原来的两星期延长至一个月，在此期间共收集了 880 份意见书②，正反双方各持理据，各大报章也发表多篇评论和采访报道（以反对者居多），而立法会议员、社团等也较多持反对的立场，仅具建筑地产界背景之社会人士公开表达支持相关项目。其后，政府曾于 2011 年 9 月表示已要求土地承批人扩大进行环境评估的范围以做审批，正等待承批人提交新调整方案，希望再次透过旁听会听取市民对承批公司新方案的意见，并在政府审批新方案后适时向公众披露结果，解释政府做出最终决定的理据③。然而，政府截至 2015 年底仍未做最后定案，也没有向外界进一步公布审批情况。

---

① 有关"小潭山建高楼事件"的始末，可见 2011 年 5 月 20 日~9 月 2 日的相关报道。
② 《三分二支持，两成七五反对小潭山项目特府称对意见会综合分析》，《华侨报》2011 年 7 月 28 日，第 24 页。
③ 《政府处理小潭山项目的进展》，《新华澳报》2001 年 9 月 2 日，第 P02 版。

可以看到，以上这些例子对居民日常生活的影响并不一定是直接的，也并不一定会对其利益造成损害，但市民对相关事件的关注、讨论以及意见的表达已超越以个人为中心的利益而在更大程度上出于对公共利益的考虑，对整体"澳门人"利益的关切。当然，市民环保和保育意识的强化，以及其他地区类似情况的发生而引起的社会运动，也影响着大众的反应和关切程度，但不容置疑的是，与回归前澳门人普遍抱着"过客"的心态又或认为澳葡政府"不思进取"而对其心灰意冷的态度不同，"澳门是我家"的理念已逐渐烙印在澳门居民心中。市民对于政治的参与愈见积极，展现"当家做主"的态度，特别是在澳门出生的年青一代。

另外，回归后在澳门的政治制度和经济结构转变的情形下，澳门的政治文化也相应有所转变，而这也直接体现在其政治行为上。政治文化被界定为"一个政治系统（国家或民族）的基本政治倾向"[1]。政治文化是长期形成的心理积淀，深藏在人们心中并潜移默化地支配着人们的政治行为，而政治文化也是一个政治系统内的个人对该系统的态度取向，可从认知、情感和评价三个概念做说明。当中，根据公民对政治体系、体系的输入和输出功能，以及个人担任的政治角色的认知、情感和评价的状况可将政治文化分为三种类型：①地域型文化：指民众对政治制度、政策和其他政治目标的认知极为薄弱，具有这种政治文化特征的社会大都仍处于部落、地方或村落文化状态；②臣属型文化：指民众对于政治系统及其输出有强烈的认知，但仅是微弱地感到此系统的重要性，且个人的政治效能感很低；③参与型文化：指社会成员对整个系统、政治运行结构及运作过程有强烈的认知和态度取向，民众相信个人的努力参与将能影响国家的事务[2]。

回归前曾有学者对澳门的政治文化做出分析，总结澳门的大众政治文化还保留着传统的"臣属型"政治文化心态，但同时具备对政治积极参与的取向[3]；而在回归后澳门的政治文化则处于从传统"臣属型"过渡至"参与型"的阶段[4]。

---

① Gabriel A. Almond, "Comparative Political Systems," *The Journal of Politics*18, 3 (1956): 391 – 409.

② Gabriel A. Almond, Sidney Verba. *The Civic Culture*: *Political Attitudes and Democracy in Five Nations*, Princeton: Princeton University Press, 1963, p. 20.

③ 余振、刘伯龙、吴德荣：《澳门华人政治文化》，澳门基金会，1993，第144页。

④ 余振、吕国民：《大众政治文化》，载黄绍伦、杨汝万、尹宝珊、郑宏泰编《澳门社会实录——从指标研究看生活素质》，香港中文大学香港亚太研究所，2007，第319页。

首先，从澳门市民对民主的认知来看，比起西方民主思想所强调的方法和过程，其始终更重视民主的效用性，不管是在澳葡管治时期还是在"澳人治澳"时期，大部分人认为民主政府应是"听取民意、照顾市民利益"的政府，而西方民主价值中三权分立的体制并没有引起澳门市民的较大重视，为此，接近六成澳门市民认为能改善市民生活素质的政府就是好政府。其次，深受传统中国儒家思想中政府乃"父母官"的影响，超过一半（2006 年）和四成（2009 年）的受访澳门市民认为政府所做的事都是为我们好。然而，可以看到，回归后市民对政府角色的认同有了一定的转变，认同"政府只要能改善生活素质就是好政府"的说法的比例有所下降，而持否定态度的则增加了约一成半；相似的，认为"政府所做的事都是为我们好"的比例也有所下降。最后，伴随着市民政治参与程度的提升，不管是投票行为还是向政府表达意见，相比回归前，更多受访者认同这是市民的义务和责任，且市民对参加政治运动的抗拒也相应降低，接近六成的人"不同意"或"很不同意""小市民不适宜参加政治运动"的说法（表 5 - 7、表 5 - 8，同时可参考表 3 - 12）。

表 5 - 7　澳门市民对民主的认知

单位：%

选项 ＼ 年份	1991	1999	2006	2009
听取民意、照顾市民利益	30.0	26.0	58.4	59.3
人民有言论自由	21.2	22.9	27.8	40.4
政府由人民选出来	9.6	32.3	26.7	31.4
廉洁公正的政府	8.1	10.9	32.1	37.2
按法律办事的政府	4.8	3.4	10.4	22.4
行政效率高的政府	4.8	0.9	15.8	27.0
按三权分立原则组成的政府	3.0	1.7	9.7	15.4
其他	13.3	18.0	8.1	3.1
不知道/没有意见	39.6	34.5	16.8	19.6
样本数（个）	663	496	546	863

　　说明：该调查的问题是"怎样才算是一个民主政府？"（可选多项）
　　资料来源：余振、娄胜华、陈卓华：《澳门华人政治文化纵向研究》，香港三联书店，2011，第95 页。

表5-8 澳门市民对政府角色的看法

单位：%

年份 \\ 选项	很同意	同意	没有意见/中立	不同意	很不同意	样本数(个)
政府是否民主不要紧，只要能够改善市民生活素质就是好政府						
1991	5.7	60.4	11.0	22.1	0.8	661
2006	6.6	52.7	4.0	33.7	2.9	546
2009	6.5	48.9	19.6	23.1	1.9	861
政府所做的事都是为我们好，所以我们应该服从政府						
1991	2.6	53.2	16.8	26.6	0.9	662
2006	2.0	48.4	8.6	37.9	3.1	546
2009	1.6	33.7	32.6	29.7	2.4	860

资料来源：余振、娄胜华、陈卓华：《澳门华人政治文化纵向研究》，香港三联书店，2011，第97页。

在居民对政府角色看法以及政治态度取向转变的情形下，澳门市民的政治效能感有所提升，而这也就是"参与型"政治文化的重要指标。政治效能感具有两个维度，分别为公民能力（civic competence）和臣民能力（subject competence），前者指公民影响政府决策的能力，后者则指公民对向政府部门或官员求助的信心[1]。表5-9显示，回归后澳门市民的公民能力和臣民能力均有一定的提高，认为"肯定有"或"有"能力影响政府决策的比例由1991年的3.7%上升至2006年的8.2%，2009年则降至5.2%；而认为政府"肯定会"或"多数会"认真替市民解决问题的比例也由1991年的14%大幅增加至2006年的26.9%，2009年则为17.3%。然而，仍有超过八成半的市民认为自己"很少"或"完全没有"能力影响政府决策，也有1/4~1/3的受访者对向政府部门求助缺乏信心，与大部分市民认为政府应作为"父母官"的认识有所矛盾。

不过，因应治权回归后市民的政治效能感有所提升，在面对政府错误政策时，市民将采取实际行动的比例也有一定的升幅，表示"肯定会"或"多数会"的比例由1991年的35.4%上升至2006年的40.3%，其后2009

---

[1] 余振、吕国民：《大众政治文化》，载黄绍伦、杨汝万、尹宝珊、郑宏泰编《澳门社会实录——从指标研究看生活素质》，香港中文大学香港亚太研究所，2007，第311页。

年下降为 33.1%，同时有多达 1/3 受访者"多数不会"或"肯定不会"采取行动，这反映澳门人的政治效能感仍然偏低，但整体来说，澳门的政治文化已逐步脱离"臣属型"而具有"参与型"的雏形（表 5-9）。

表 5-9　澳门市民的政治效能感

单位：%

	年份	肯定有	有	间中有	很少	完全没有	没有意见/不知道	样本数（个）
影响政府决策的能力	1991	0.5	3.2	2.0	18.2	76.1	0.0	658
	2006	0.5	7.7	4.9	13	73.8	0.0	546
	2009	0.4	4.8	5.2	17.4	72.3	0.0	847
	年份	肯定会	多数会	或者会	多数不会	肯定不会	没有意见/不知道	样本数（个）
向政府部门求助的信心	1991	1.5	12.5	32.5	19.7	11.0	22.8	659
	2006	4.6	22.3	35.3	17.9	8.4	11.4	546
	2009	1.5	15.8	38.3	20.3	12.4	11.6	860
	年份	肯定会	多数会	或者会	多数不会	肯定不会	没有意见/不知道	样本数（个）
对政府错误政策的态度	1991	18.1	17.3	19.8	21.1	12.6	11.1	658
	2006	15.6	24.7	21.8	18.1	14.7	5.1	546
	2009	16.3	16.8	21.6	29.1	10.7	5.6	863

说明：此次调查的问题分别为："你觉得你有能力影响澳门政府的决策吗？""如果你有事找澳门政府帮忙，你觉得有关部门会认真替你解决问题吗？""如果政府的政策严重损害你的利益，你会采取行动去提出反对吗？"

资料来源：余振、娄胜华、陈卓华：《澳门华人政治文化纵向研究》，香港三联书店，2011，第97页。

社会归属感与本土意识强化所带来的政治文化转变，体现了文化资本的价值有所提升。回归后由经济高速发展所带来的不少负面效应（以上提及的三起社会事件也可被归纳在内），一方面使大众对政治精英（包括政府和立法会等）的要求有所提高，另一方面使整体社会对政治精英的不信任有所加剧。例如在"松山灯塔事件"和"小潭山建高楼"中，不少评论指向政府为博彩企业和建筑发展商（经济精英）大开"方便之门"，为他们造就低成本投入高效益产出的赚利优势，而"欧文龙贪腐案"更把"官商勾结"之形象深深烙在普罗大众的心坎。2009 年《澳门居民综合生活素质调查》显示，在 16 项社会现况评价中，"社会廉洁"敬陪末座，超过一半被调查者表示"不满意"或"非常不满意"①。

由此，回到立法会的政治精英生成上，政治资本中的宗族因素与经济资本将可能成为一种负担：宗族因素中的家族背景是传统"臣属型"政治文化下政治精英生成的一个最重要元素，与传统中国"家天下"的概念相一致；而经济资本则被认为是诱发金钱政治的动因，使立法机关掌控在商界手中，容易构成"官商勾结"的疑虑。但由于制度的设计，这主要或对直接选举产生影响，同时也在一定程度上使行政长官在委任议员时有所规避。

自 2005 年的立法会选举（特别是直接选举）开始，经济资本的力量在政治精英生成上起着举足轻重的作用，2005 年的立法会选举中商界组别获得接近四成的选票，较 2001 年大增 11.6 个百分点，虽然 2009 年其所获得的票数比例有所下降（4.4 个百分点），在一定程度上显示经济资本的力量在政治文化的转变下受到影响，但值得注意的是，经济资本在选举内的力量日趋强化，且透过任期内较为积极的地区工作，2013 年的立法会选举中来自商界的竞选组别（原上届议员）均能连任，并取得更多的议席。另外，具民主民生社团背景的组别所获得的选票比例在过往四届相对平均，总体约占 1/3，但 2013 年的比例则较 2009 年有一定的下降。而传统社团（基本属建制基层力量）在经历 2005 年选举的低谷后，整体得票比例在 2009 年有所提升，但 2013 年则录得四届以来的最低得票比例，纵使议席数目仍可保持 4 席。最后，相应的，由于 2009 年和 2013 年的立法会选举中，较多组别具争取议席之实力，因此"其他"类别（不在上述三种类别）在 2009 年和 2013 年的得票比例较 2005 年倍增，但仍较 2001 年为低（图 5 - 4）。

另外，随着教育水平的提升和经济的发展，澳门社会逐渐形成新兴的"中产阶层"。虽然对于中产阶层的定义在澳门具有很大的争议性②（因在澳门特殊的产业环境下，部分从事博彩业的高收入人士，其学历水平与一般中产概念所指的较高学历水平存在一定的距离），但不容否定的是，在澳门大专教育日趋普及的情形下，现时具有高等教育水平的就业人口超过 1/4，能

①　澳门基金会虚拟图书馆网站，http：//www. macaudata. com。

②　有关对澳门中产阶层的定义和相关研究，可见陈震宇《谁是澳门的中产？》，《澳门日报》2011 年 6 月 15 日，第 F02 页；娄胜华：《中产困惑的政策求解》，《澳门日报》2011 年 7 月 13 日，第 F02 页；澳门新视角：《澳门市民心目中的中产阶层调查报告》，http：//www. myra. org. mo/？p = 545；澳门发展策略研究中心：《澳门中产阶层现状探索》，2011。

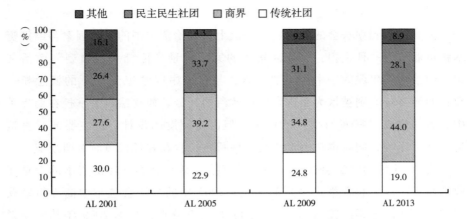

图 5 - 4　回归后各届立法会直选中各种背景之候选组别所获得的有效票数比例

说明：各候选组别之背景归类依其主要参选人之职业、所属支持社团和政纲三方面厘定。

资料来源：参见《澳门日报》2001 年 9 月 9 ~ 16 日有关各候选组别之介绍、《2005 立法会选举候选名单政纲概要》、《2009 立法会选举候选名单政纲概要》、《2013 立法会选举候选名单政纲概要》，并根据 2001 年、2005 年、2009 年和 2013 年立法会选举网站得票资料整理而成。

被视为中产阶层的一个重要组成力量。与此同时，自 20 世纪 80 年代并延续至回归后，经济社会发展、自由结社制度、有限度政治开放等新元素，促进了澳门华人社群的权利意识，并表现在结社上：一是社团总量出现爆炸式的"井喷"现象；二是专业性社团与政治性社团急速发展；三是现有社团功能趋向多元化①。为此，具有"中产阶层"本质的专业性社团的成长加速了澳门政治文化在回归后的转变，特别是在上述提及的社会事件中，"中产阶层"是反应最大的一群。例如，在"松山灯塔事件"中，除原有的澳门历史文物关注协会、澳门历史学会等专业性团体提出异议外，民间相继成立旨在保护松山灯塔景观的组织，包括"护塔连线"、"全澳保护东望洋灯塔联盟"、"保护东望洋灯塔关注组"；而在"小潭山建高楼"事件中，不少新生的民间组织也齐声反对，包括澳门青年动力、澳门公民力量、我城社区规划合作社以及具传统社团背景的群力智库等，他们大多由专业人士或青年组成，并以行动表达不满。

---

① 娄胜华：《转型时期澳门社团研究——多元社会中法团主义体制解析》，广东人民出版社，2004，第 132 页。

同时，在立法会的选举中，具专业社团的背景或由专业人士组成的团队也更加积极参与其中。虽然他们缺乏传统社团的支持和长期社会工作所积累的政治和社会资本，也欠缺商界背景候选人拥有的丰富经济资本，但他们尝试以其文化资本的力量针对中产阶层的票源。在 1996 年的立法会直选中，纵然半数的候选组别由专业人士组成，但他们在宣传上并没有强调其专业性或文化背景；反之，自回归后 2001 年的立法会竞选，始有组别在定位上强调"中产"与"专业性"，如"中层人士同盟"、"浩然朝阳促进会"（由年青专业人士组成），2005 年则有"澳门新青年"和"澳门前瞻促进会"。虽然他们的得票仍较取得议席所需票数有相当的距离，但与 2001 年相比，2005 年的得票比例已显著增加。2001 年"中层人士同盟"和"浩然朝阳促进会"的得票比例分别为 1.08% 和 1.05%；2005 年"澳门新青年"和"澳门前瞻促进会"的得票比例则分别是 2.45% 和 1.58%。而在 2009 年的立法会竞选中，由文化艺术界人士组成，首次参选并以代表中产阶层声音为目标的"公民监察"，获得 5329 票（占总有效票数的 3.76%），这体现了在政治精英生成的过程中，文化资本的力量渐次提升。事实上，在该届参选团体中，"社会公义"和"齐建澳"均是首次参选并由社会工作者、学者和其他专业界别人士组成。2013 年的选举体现了选举团队组成的多样性，包括再次代表中产阶层参选的"公民监察"和首次参选的"公民权益"，也加入了由青年人（"80 后""90后"）组成的竞选团队"超越行动"。虽然当中没有一组顺利当选，但总体成绩不俗，分别占总体有效票数的 3.57%、0.58% 和 1.12%。再者，不能忽略的是，在 2009 年的立法会选举中，可被界定具有文化资本的组别（具高等学历水平或专业资格背景）的候选组别多达 12 个，占全部组别的 75%。

　　因此，虽然文化资本的力量在立法会的精英生成中所发挥的力量相对其他资本仍是薄弱的，但在澳门居民的政治文化转变、中产阶层兴起以及经济社会高速发展带来的负面影响下，文化资本正成为一股新生的力量，并在缓慢的文化制度变迁过程中渗透其影响力。

二　制度变迁与资本的关系

　　作为基础性的条件，社会变迁在宏观的角度上使精英拥有的资本价值有所调整，然而，一般的精英要成为政治精英的一员，需要透过制度建设的路径才能实现。在这当中，选举制度是其得以进入政治前台的根本途径，澳门的政治精英透过三种不同的路径（直选、间选和委任）进入立法会，而在不同的路径上精英的资本价值和组合也有所区别。

澳门的选举制度，自 1976 年具自治性质的立法会正式成立并进行首届选举至今，曾经历多次制度调整。首先，1976 年的立法会选举是澳门在管治下首次引入具民主成分的直接选举，这比香港直至 1991 年才首次进行立法局的直接选举早了 15 年之久，然而，因对非葡籍居民的选民资格限制，首两届选举登记选民人数仅约 4000 人。同时，延续了葡萄牙本土的选举制度，澳门立法会直选采用汉狄比例代表制的模式，每组别的第一、二位候选人所应得的票数分别为该组所得选票的全部及一半，第三位候选人则获得 1/3 选票，第四位得 1/4，第五位得 1/5，如此类推。而从欧美国家的实践经验来看，汉狄比例代表制较有利于弱小的政党，保障利益表达的多元性。

1984 年澳督高斯达因与土生葡人利益取向的矛盾而提请葡萄牙总统解散立法会，在澳门立法会的选举制度变迁中具有里程碑的意义。透过选民登记和选举组别划分的修订，取消了对非葡籍居民投票资格的限制，并为选民登记提供诱因，使选民的基数（特别是华人）大大增加，也因此推动华人的参政。同时，间选中 6 个议席的 5 个划分予经济利益，这更有利于华人社团的参与，而这 5 个议席均由中华总商会下属之社团代表获得，而另一道德、文化及救济利益的席位也由与中华总商会关系密切的同善堂领导取得，华人议员的比例首次超越葡裔议员。

进入过渡期，华人对政治参与的热情持续提升，而新兴的华人民生社团也乘时而起参加立法会直选，并在 1988 年的立法会选举中取得 3 个议席，与由传统社团和土生葡人组成的 "联合提名委员会" 平分秋色。因此，有建制派议员提出修改汉狄比例代表制①，并自 1992 年的立法会选举沿用至今。在新的汉狄计算法下，第一、二位候选人所应得的票数和旧的计算法一致，但第三位候选人获得的票数仅为该组所得票数的 1/4，第四位得 1/8，第五位得 1/16，如此类推。虽然未能确认修订的动机是否担心其时新生社团的独一力量过于强大，但新的计算方式使得纵使是选民基础十分强大的传

---

① 《恢复汉狄比例法似则不符均衡参与原则》，《新华澳报》2012 年 3 月 20 日，第 P01 版。

统社团，也难以依靠一个组别而取得 3 个直选席位，对新兴和弱小团体相对有利。

1990 年《澳门组织章程》的修订使澳门立法会的议席数目获得历来最大的调整（由 17 席增至 23 席），并于 1991 年进行补选（直选、间选和委任各增加 2 席），而议席的数目和配置也一直维持至回归前的最后一届立法会。由于 1996 年的直间选议员可顺利过渡至回归后第一届立法会，因此除直选的陈继杰因没有进行登记而放弃过渡，以及间选因何厚铧担任行政长官而出缺外，14 位回归前的直间选议员成为特区第一届立法会议员，而委任议席则由行政长官重新选任，仅一位前任土生葡人议员获得再任进入特区立法会，葡裔精英在立法会的议席份额骤降。

回归后澳门特别行政区第一个颁布的法律《回归法》规定，原有规范"选民登记"与"立法会选举"的法律因部分条文或整体内容与《基本法》相抵触而被废止，而特区政府则根据《基本法》及其附件所确立的行政长官和立法会产生办法的基本原则，先后制订了《选民登记法》（第 12/2000 号法律）、《澳门特别行政区立法会选举制度》（第 3/2001 号法律）和《行政长官选举法》（第 3/2004 号法律），从而奠定了澳门特别行政区立法会选举与行政长官选举的制度框架。从总体来看，立法会的选举制度在更大程度上体现了与回归前相衔接的特点①。

《基本法》第 68 条对议员的产生方式做出了两大规定②，一是"立法会多数议员由选举产生"，二是立法会的产生办法由《基本法》附件二《澳门特别行政区立法会的产生办法》规定。前者实际上是《中葡联合声明》附件一《中华人民共和国对澳门的基本政策的具体说明》第 3 条的规定——"立法机关由当地人组成，多数成员通过选举产生"的具体实现，回归前已实行的混合式立法会选举制度（包括直选、间选和委任）也就得以延续。事实上，委任议席的保留主要基于葡方在中葡谈判中对直选未能保障葡裔居民参选的利益的忧虑，期望透过委任议席做利益平衡③。然而，《基本法》只就第二届和第三届立法会各种议席的分布和总量有所规定，议员的具体选

---

① 娄胜华：《混合与过渡：澳门选举制度的变革及特征分析》，《社会科学》2010 年第 3 期。
② 劳日添：《澳门立法会选举制度之研究》，台湾暨南国际大学公共行政与政策学系硕士学位论文，2007，第 73 页。
③ 《请高议员向其祖国追究没有普选的责任》，《新华澳报》2012 年 2 月 15 日，第 P01 版。

举办法是由澳门特别行政区政府提出并经立法会通过的选举法加以规定。截至 2012 年 6 月 30 日人大常委通过报请备案的《澳门特别行政区立法会的产生办法修正案（草案）》前，回归后特区政府没有在选举制度上提出重大的修改①，全澳保留为独一的选区，按"新汉狄法"的比例代表制投票。直选方面依旧采用"名单投票制"的方式，只是在议席上由回归前最后一届的 8 席分别增加至特区第二届立法会的 10 席和第三届及第四届立法会的 12 席；间选中以利益界别为基础的模式以至划分的类别均有所延续，但在第二届立法会选举中分别增加"专业利益"和"慈善、文化、教育、体育利益"各一席；而委任议席则在没有任何增减的情况下，仅是委任人由澳葡时期的澳督转变为特区的行政长官。

事实上，2012 年新的《立法会选举法》主要是增加了直间选的议席数目，以及完善间选的组别划分和提高其代表性②，总体的模式和机制仍是原来制度的延续优化。直选的议席数目由 12 席增至 14 席；间选新增 2 个名额，1 席分配予专业界别，使专业界别增至 3 席，而原来的社会服务、文化、教育及体育界，则分拆成社会服务界及教育界与文化及体育界两个选举组别，获得新增的 1 个议席，社会服务界及教育界获分配 1 席，而文化及体育界则有 2 席（图 5 – 5）。

因此，立法会选举制度所具有的延续性特征，使原来在回归前精英所具有的各种资本价值，除政治资本中的族裔血统外，并没有因治权的转变而产生剧烈的变化。从制度的变迁中看到，其总体趋势为鼓励和支持华人精英的参与，使立法会的族裔力量趋于平衡。由于葡裔议员在政治上主要代表土生葡人的利益，而土生葡人的职业背景也多集中在公务员上，因此立法会初期的大量立法工作均与公务员的利益相关③，有违立法会作为整体民意代表的原意。

直选议席的增加对华人精英，特别是新生华人社团的代表相对有利，立

---

① 但在选民登记、选民资格、议员提名、选举管理等方面有所调整。而在 2008 年进行的《选举法》修订，也没有重大地改变立法会的选举制度，只就提高选举素质、规范选举行为做出技术性的调整。

② 例如每一投票法人享有最多 22 票的投票权，即代表法人选民投票的投票人数由原来的 11 人增加一倍至 22 人；取消"自动当选"机制，纵然是等额选举仍需投票。见澳门特别行政区政府行政公职局、法务局《关于立法会选举法的修改及 2013 年第五届立法会的组成》，2012。

③ 李炳时：《澳门总督与立法会》，澳门基金会，1994，第 83 页。

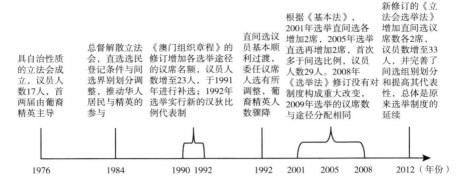

图 5 - 5　澳门立法会的主要制度变迁

法会政治精英的组成出现除本地葡籍人士和传统社团代表外的第三种力量，但总体政治资本中社团参与的价值始终有所保持。从制度上看，与其他地区不同，澳门的选民登记工作除由政府部门主责外，还引入了社团参与机制，回归前相关法律规定由公民团体或提名委员会协助进行选民登记工作，而特区成立后新修订的选民登记法将其扩大至各类社团均可参与协助选民登记①。故此，从选举过程的首阶段开始，社团已是当中的自然参与者，而此制度也间接确认了社团在选举中的动员力量。

　　再者，无论是直接选举还是间接选举，制度的设计基本排除了独立候选人参与的可能性。间接选举中，社团法人需经确认为相关利益界别的法人选民方能参与，一般由社团领导层或管理层的代表获得选举权与被选举权，并行使提名权与投票权。同时，间接选举的名单由提名委员会提出，而其组成按规定不能少于该组别已做法人选民登记社团数的 25%②，而在 2012 年修改的《立法会选举法》则把相关比例降至 20%。较高的门槛设定使界别内的候选人必须获得众多的社团支持，具备丰厚的社团参与政治资本，因而间接选举中社团的重要性也就不言而喻。而由于澳门的特殊社会环境所形成的紧密人际关系网络，宗族背景与社团力量的支持具有密切的关系，因此间选

---

① 娄胜华：《社团选举参与及其政治效果论析》，载郝雨凡、吴志良主编《澳门经济蓝皮书——澳门经济社会发展报告（2009～2010）》，社会科学文献出版社，2010，第 258 页，另见第 12/2000 号法律《选民登记法》第 15 条。

② 澳门特别行政区第 11/2008 号法律，修改第 3/2001 号法律《澳门特别行政区立法会选举法》第 43 条。

的制度设计与延续也有利于宗族背景资本价值的保持。

另外，纵使是直接选举，候选人的提名同样需要社团的参与，因法律规定提名权落在政治社团或提名委员会。前者自然也就是社团的一种，而后者因法律要求需由不少于 300 名的选民组成，在实际操作上基于征集足够选民支持的考虑，也依赖社团的支撑。当然，前述在直选的过程中，短促的宣传期拉票和宣传活动所涉及的财力与人力资源、在政纲类同的情形下选民倾向于重视候选者过往政绩的投票取态，以至动员选民的实际投票行为等因素，均凸显了社团在当中举足轻重的角色。

故此，经济资本的效用更多体现在直选上，特别是宣传的手段和投票动员，而自 20 世纪 90 年代商界大举参与选举而带来金钱政治介入的趋势①也使经济资本的价值在直选中得到更多的体现。然而，选举制度上加强对贿选的预防及打击②也使经济资本的作用趋于建立在政绩的积极行为上（如建立市民办事处、支持慈善服务等）。

作为制度设计上的政治平衡，委任议席在制度的变迁中保持最大的不变性，但其展现的结果却是最大的精英流动，这主要体现在回归前由总督在议员委任上更为重视族裔的考虑转变为回归后行政长官在委任上较为关注其专业背景，文化资本的力量在委任议席上相较其他选举途径突出。

总体来说，选举的制度变迁对政治精英的生成大多是渐变的影响，回归后精英的资本价值基本保持与回归前相若。

三　政治精英的循环与再生产

在转型社会中，精英生成往往是社会变迁与制度变迁的共同结果，澳门

---

① 1996 年的立法会选举被传媒形容为充满不规则行为的一次选举，而回归后的四次直选也有不少关于贿选又或类似"擦边球"的争取支持的消息传出，2012 年即有一宗 2005 年立法会选举的贿选案件审理完毕。7 名被告被指替所属酒店管理公司及两家酒店各部门职员办理选民证，随后以 500 澳门元现金招徕选民，收集选民证，用于该年举行的立法会选举，"支持"公司董事参选，最终其罪名成立，被判监禁 1 年 6 个月至 2 年不等，但均获准缓刑。见《七男女贿选判囚缓刑》，《澳门日报》2012 年 3 月 1 日，第 B05 页。

② 包括取消选民证制度；赋予选举管理委员会更大的职权；引入污点证人制度；加强选举财务收支的监管；加重处罚贿选及不规则选举行为；延长选举违法行为的追诉时效。详见第 11/2008 号法律修改第 3/2001 号法律《澳门特别行政区立法会选举法》。

由管治时期过渡至"澳人治澳"的特区政府时代，因应社会变迁而发生的各种资本价值的变化，以及制度变迁所导致的状况，在精英生成过程中带来了怎样的结果？在精英生成的研究中，最重要的一个目的是理解精英的形成与流动，并由此进而了解精英生成与民主、社会稳定等的各种关系。精英理论鼻祖莫斯卡虽深刻意识到精英阶级出现的必然性，但他强调精英阶级的构成不是一成不变的，内部的内渗与阶级间的外渗这两股力量使统治阶级处于稳定与发展的动态过程之中①。而帕累托透过对历史现象的观察和总结，指出精英的更替循环是持之以恒的②。事实上，精英的产生可透过两种模式，即循环/流动（circulation）与再生产（reproduction）。前者是指精英群体产生于非精英群体的过程，也就是帕累托最早提出的精英循环③，可视为与政治民主化并举的一个自然过程。而后者则是指精英群体的自我再生产过程。

精英的循环与再生产是一个持之不断的过程，但其一般是缓慢和不着痕迹的。然而，处于转型期的国家/地区，由于短时期内其社会经济以至文化均经历重大的转变，因此，精英循环或再生产的特征将较为突出。

不少学者指出，在东欧社会主义国家向市场机制的转型中，原来的政治权力者仍把持政治权力又或透过原职务之便将政治权力转化为私人经济利益，正如斯坦尼茨基斯和汉基什所预示出现的政治资本主义，因此，精英的主体在改革前后虽然发生了以循环为特征的部分变化，但其精英成员主要来自旧的权贵精英的"再生"，实际上更倾向于精英的再生产。这主要是因为在苏联后期真正面向群众的大规模私有化纲领颁布前，权贵已将整个国家私有化了，他们对国家财产的占有权如今变成了所有权④。而当苏联真正解体时，那些由权贵精英演变而成的官僚资产阶级利用得天独厚的优势加强了对资本和财富的新一轮掠夺。权力资本化及资本对权力的重新回归所导致的最终后果是俄罗斯新的精英的崛起，但他们多半是苏联权贵精英演变过来的⑤。

① 〔意〕加埃塔诺·莫斯卡（Gaetano Mosca）：《政治科学要义》，任军锋、包军译，上海人民出版社，2005，第446~473页。

② 〔意〕维尔弗雷多·帕累托（Vilfredo Pareto）：《精英的兴衰》，戴北成译，上海人民出版社，2003。

③ Vilfredo Pareto, *The Mind and Society*: *A Treatise on General Sociology*, New York: Dover, 1963.

④ Olga Kryshtanovskaya & Stephen White, "From Soviet Nomenkenklatura to Russian Elite," *Europe-Asia Studies* 48, 5 (1996): 711–733.

⑤ 黄军甫：《精英转换与俄罗斯政治转型》，《思想战线》2004年第6期。

相对于俄罗斯，虽然中欧国家也经历了与俄罗斯相同的政治经济转型，然而在后共产主义转型期间，其精英生成更倾向于精英的循环。以中欧三国波兰、捷克和匈牙利的跨国比较研究为例，在中欧的共产主义向资本主义转型的过程中，由于有恒产的资产阶级的形成是相对缓慢的，市场制度远远比资产阶级要发展得迅速，形成"没有资本家的资本主义"的状态。而这种缺少恒产的资产阶级的缺憾，使得由不同部门的知识精英所组成的权力集团保持一种霸权性的位置成为可能①。政治资本主义并未在中欧的后共产主义时期出现，反之，原来权贵拥有的强大政治资本成为一种包袱，出现大规模的向下流动，而文化资本和经济资本的重要性则悄然上升，特别是前者。因此，从广义的精英定义来说（包括监督管理者），俄罗斯精英的再生率达80%，相较而言，波兰和匈牙利则分别为57%和50%②。

而在中国，有别于东欧和中欧的市场改革模式，社会资源配置方式的变化虽然引领了新的精英阶层的出现，但在市场改革的过程中，实际出现的是一个掌握文化资本、政治资本和经济资本的精英集团，而这个集团的原资本是他们自己和父辈所掌握的政治或行政权力。在政体连续性背景下的"渐进式改革"，权力的延伸性使各种资本间并没有出现确切的"转换过程"，而是一种总体性资本在不同领域展现的过程③。因此，在这一过程中展现的是精英的再生产，而其与东欧国家的差异在于其欠缺"转换过程"而一跃由单一资本扩展成总体的多元资本。同样的，中国其中一种新生的精英阶层——私营企业主的形成，已从过去以精英循环为主转向以精英复制（又或精英再生产）为主④。

因此，在转型时期的精英生成更多的是与转型时期的变化对原有的精英带来什么样的冲击或机会有关，魏昂德认为，朝向市场经济的迈进为精英提供了新的飞黄腾达的机会，积累财富的政治约束不再存在，通过打开

---

① 〔美〕吉尔·伊亚尔（Gil Eyal）、〔美〕伊万·塞勒尼（Ivan Szelenyi）、〔美〕艾莉诺·汤斯利（Eleanor Townsley）：《无须资本家打造资本主义——后共产主义中欧的阶级形成和精英斗争》，吕鹏、许龄译，社会科学文献出版社，2008。

② Frane Adam and Matevz Tomsic, "Elite (Re) Configuration and Political-Economic Performance in Post-Socialist Countries," *Europe-Asia Studies* 54, 3 (2002): 437.

③ 孙立平：《总体性资本与转型期精英形成》，《浙江学刊》2002年第3期。

④ 陈光金：《从精英循环到精英复制——中国私营企业主阶层形成的主体机制的演变》，《学习与探索》2005年第1期。

攫取现存公共资产的方便之门或利用公共资产进行交易，新的市场价值得以创造出来，形成精英的机会论①。当中，可因应体制变迁的广度和对资产挪用的制约而形成 4 组不同的转型经济类型，并提供原精英不同程度的机会（表 5 – 10）。

表 5 – 10　4 种转型经济中的精英机会

	体制变迁的广度	
	高	低
政策法令对资产挪用的限制　高	**类型 1**　高比例的精英替代。精英在政治和经济组织中流动成为有产和公司精英的比例有限。那些受过较高教育和有技术的精英更可能在高薪位置上存续下来。	**类型 2**　低比例的精英替代。干部继续把持他们的职位，且借此提高他们自己和家庭成员的收入，但私有化的限制延缓和制约他们流动成为一个新的有产或公司精英。
政策法令对资产挪用的限制　低	**类型 3**　高比例的精英替代。但政治精英有广泛的机会流动成为有产和公司精英。旧精英向下流动的比例较低。有技术和受过较高教育的人才具有的优势比在类型 1 中要小。	**类型 4**　低比例的精英替代。官员可以选择在他们的职位上攫取收入或是将资产私人化而离职。新的有产和公司精英形成于旧精英之外。

资料来源：Andrew G. Walder, "Elite Opportunity in Transitional Economies," *American Sociological Review*, Vol. 68, No. 6 (2003): 907。

　　表 5 – 10 中显示的 4 种转型经济事实上也就对应着精英生成的 4 种不同的可能性：类型 1 为整体精英循环/流动、类型 2 为混合的精英再生产与循环/流动（政治精英较多能保留其原有位置）、类型 3 为混合的精英循环与再生产（政治精英较多流向经济精英）、类型 4 为整体精英再生产。而中欧、中国、俄罗斯和中亚的不同国家/地区则可分别处于这 4 种类型之一（表 5 – 11）。

　　可是，在分析澳门的精英生成中，由于澳门的政治经济转型模式与以上国家/地区具有根本性的区别——并非由社会主义制度转向资本主义制度，又或是总体的政治经济制度变革，因此并不存在政策法令对资产挪用之限制。与之相比，澳门的体制变迁程度较低，故澳门的体制变迁所展现的精英

──────────

　　①　魏昂德：《转型经济中的精英机会》，载边燕杰、吴晓刚、李路路主编《社会分层与流动：国外学者对中国研究的新进展》，中国人民大学出版社，2008，第 307～328 页。

表 5 - 11　转型经济中的精英生成

		体制变迁的广度	
		高	低
政策法令对资产挪用的限制	高	类型 1 整体精英循环/流动 例如:前民主德国、波兰、匈牙利、捷克、爱沙尼亚	类型 2 混合的精英再生产与循环/流动(政治精英较多能保留其原有位置) 例如:中国、白俄罗斯、越南、塔吉克斯坦、土库曼斯坦
	低	类型 3 混合的精英循环与再生产(政治精英较多流向经济精英) 例如:乌克兰、俄罗斯	类型 4 整体精英再生产 例如:乌兹别克斯坦、哈萨克斯坦、吉尔吉斯斯坦

　　资料来源:笔者自撰,参考 Andrew G. Walder, "Elite Opportunity in Transitional Economies," *American Sociological Review*, Vol. 68, No. 6 (2003): 912。

生成模式也就具有其特殊性。回归后政治形态、经济结构和文化氛围的转变为社会变迁带来动力,导致精英资本的价值变化和组合在一定程度上产生对精英流动的需求;然而,由于制度(选举制度)的变更涉及相对复杂的法律程序,回归前葡萄牙政府的介入使本土社会的角色相对被动,回归后对选举制度的修改需要获得精英、社会大众的共识,并要得到中央政府的支持,因此,与社会变迁的步伐相比,制度的变更自然是相对缓慢和滞后的。在这一过程中,澳门具有混合的精英循环与再生产的特征,但在澳门的语境下可归纳为混合的精英维持与循环,并具有精英资本集中性与多元性之双向趋势。

　　精英资本的集中性在各种资本的相对突出比例上有所反映,图 5 - 6 展示了由 1984 年澳葡政府第三届立法会①至 2013 年回归后第五届立法会中政治精英所拥有的各种资本比例。当中,政治资本分为三个子分类——基于族裔血统(葡籍)的政治资本②、基于血缘宗亲或籍贯乡亲(统称为

---

① 由于 1976 年和 1980 年的首两届立法会议员资料有部分遗缺,因此不计算在内。

② 但有一位例外——许辉年,虽然他拥有纯中国血统,不过从小接受葡文教育,并在葡裔社会氛围中长大,因而在民族感情上倾向于土生葡人,并被认为是土生葡人的一分子,因此其也具族裔血统的政治资本。

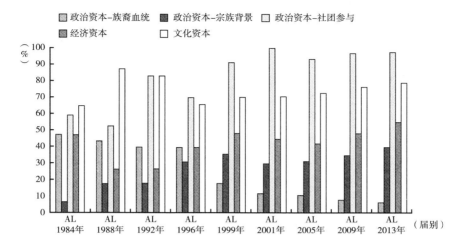

图 5-6　各届立法会议员具有之各种资本比例

宗族背景)① 的政治资本，以及透过社团参与并得到社团支持而获得的政治资本②；经济资本的衡量以其是否具商界背景为标准；而文化资本则主要以其是否具高等教育学历（大专或以上）为量度③。

随着过渡期的来临和回归后管治主体的改变，政治精英中族裔血统的政治资本比例由 1984 年的接近一半不断下降至 2013 年的不到 10%；与此同时，同为政治资本的宗族背景则经历前过渡期之趋于隐蔽，至过渡期和回归后之显著提升，但相对来说其占政治精英所拥有的资本比重不太高，而后过渡期和回归初期之明显提高主要由于精英家族之第二代开始踏足澳门政坛。另外，自 2005 年后，除了具血缘之后代以"薪火相传"的模式延续精英家族的影响力外，政治精英的配偶也代表其夫婿或家族进入澳门政坛，使宗族背景的政治资本比例保持在三成至四成的水平。而在政治资本中，议会精英

① 基于籍贯乡亲的政治资本可能部分地与社团参与的政治资本重叠，因绝大部分可动员乡情之力量，也以社团组织作为中介工具，但在计算上与社团参与之要求仍有所区别——只限于明显凭借乡情而获选的情况。

② 这里指的是社团已成立超过 5 年，且以该政治精英已参与该社团超过 5 年/获得领导层职位来计算。因初期成立之社团较难拥有足够的力量以转化为参选者之资本，且政治精英一般需为该社团之领导层方能获得社团的全力支持。

③ 若该精英在某一专业界别或文化素养上具有突出之成就和名声，则不论其学历水平仍被界定为具文化资本。

透过社团参与所获得的资本占据最大的比重，在第四章之阐述中也表明其重要性也是最高的。当中，回归前后的差异较大程度与族裔血统的因素相关联，因为回归前总督在委任议席上偏向葡裔专业人士和政府官员，而他们在社团参与上不如华人积极。再者，在后过渡期之20世纪90年代，大量新生社团成立，他们在社区工作、组织活动和选举动员等方面的能力均相对薄弱，未能确切界定其能作为影响精英生成之正面资本。然而，这些社团的活动能力和影响范围因应时间之推移而有长足之发展，部分能在社会功能和政治动员上与传统社团有所竞争，这使回归后社团参与成为政治精英所必须具有的资本，其比例已高达90%。

另外，拥有经济资本的精英比例也随着越来越多具商界背景的精英涉足政坛而有所增加。在过渡时期之初众多民主民生派别参加直选使精英中拥有经济资本的比例保持在较低的水平（1988年和1992年约占1/4）；1996年经济精英积极参与政治，凭借经济资本在宣传和动员上的优势迅速崛起，与传统社团和民主民生派别形成直选上"三分天下"之格局；回归后，经济结构转型，除了传统产业的商家在间选中仍保留一定的席位外，来自博彩企业或具博彩业背景之商人在直选中乘时而起，因此，经济资本成为回归后各种资本中所占比重增长较快的类别，在2013年超过一半之政治精英被界定为具有经济资本。

最后，文化资本的比重则经历由过渡期前至过渡期的先高后低的情况，这是由于葡裔精英与民主民生派别议员大体比商界精英具有较高的学历水平，回归后进入议会的精英大多具有高等教育的学历，加上部分议员积极进修，以及行政长官在议员委任上体现对专业背景的侧重，整体政治精英具有文化资本的比例在回归后保持徐徐上升的态势，现时已达七成以上的水平。

而各种资本在整体和不同时期的标准差显示：虽然政治精英所拥有的资本中社团参与的政治资本和文化资本所占比例明显较高，但回归前各届别各种资本的变化均较回归后更大（除族裔血统的政治资本外），各种资本的比例处于相对浮动的阶段；反之，回归后各种资本在各届别的变化基本低于回归前的标准差，也就是说政治精英所具有的各种资本的组合已相对稳定。

另外，从单项的各种资本分析可以看到，由于回归的分野在族裔血统因素上相当显著，因此其整体的标准差远远大于回归前与回归后的单一时间段；与之相似的是，社团的因素在单一时间段也较整体之变化小，特别是回归后，加之其所占的比例很高，可以推断社团参与作为政治资本的作用更为巩固（表 5－12）。

表 5－12　以时段划分的各种资本比例变化之标准差

单位：%

资本类型	整体	回归前	回归后
政治资本—族裔血统	16.25	3.32	4.01
政治资本—宗族背景	10.19	8.69	3.40
政治资本—社团参与	16.83	11.52	3.06
经济资本	9.29	8.95	4.40
文化资本	7.21	10.03	3.46

与此同时，自过渡期开始澳门的政治精英拥有的资本类型数目呈现高低起伏但总体上升的趋势（图 5－7），这显示独一精英所拥有的资本类型数量具有向总体性精英又或米尔斯所指权力精英倾向的表征，精英所具有的资本越趋多元。然而，这是否如中国内地由于总体性精英过多垄断了社会资源而影响中产阶级之形成[①]，现时并未能对此有所定论。

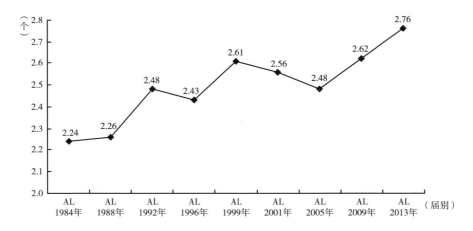

图 5－7　1984～2013 年各届立法会议员拥有之资本类型数目

---

① 　孙立平：《总体性资本与转型期精英形成》，《浙江学刊》2002 年第 3 期。

再者，政治精英的再生比例一般被视为断定精英循环与再生产的一个重要指标。在澳门，由于并非如其他转型政体般经历总体的社会转型，也并非透过资本间的转换保留政治精英的地位，所以"再生"在这更大程度是指政治精英在回归前后和各届立法会届别的更选中保持其政治精英的位置。从整体上看，自 2001 年特区第二届立法会①至 2013 年第五届立法会，回归前已为政治精英，并在回归后保持其精英地位的比例依次下降，由 2001 年的 48.1% 降低至 2009 年的 20.7% 和 2013 年的 15.2%。当中，与回归前相比，委任议席在 2009 年已全为新的面孔，但因 2013 年一位原 2009 年的间选议员被委任进入立法会，2013 年委任议席中 14.3% 为回归前的政治精英；直选的比例则下降至 16.7%（2009 年）和 14.3%（2013 年）。可是，由于间选的制度设计以社团协商为原则，且多以论资排辈厘定该利益界别的参选人，因此精英维持的比例较直选和委任更高，2001 年的比例高达 70%，而至 2009 年则仍占四成的比重（图 5 - 8）。

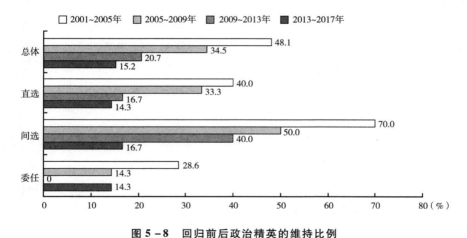

图 5 - 8　回归前后政治精英的维持比例

说明：由于澳葡最后一届立法会议员能以"直通车"模式过渡至特区第一届立法会，因此忽略不计 1999 ~ 2001 年的届别。

同时，澳门政治精英的维持可透过"连任"与"再任"的比例测量。根据第三章有关治权回归后澳门政治精英特征的分析，除委任的议席外，回

---

① 由于澳葡政府最后一届立法会议员能以"直通车"模式过渡至特区第一届立法会，因此 1999 ~ 2001 年的届别忽略不计。

归后政治精英的连任比例（透过直选和间选）均较回归前高，间选的比例高达82.5%，而直选则倍增至67.0%的比重（纵使排除"直通车"导致之自动连任也达61.9%）。虽然回归后直选的议席由8席增加至14席（2001年、2005年和2013年各增加2席），但对政治精英的连任比例却没有负面影响，而部分政治精英透过转换不同的进入方式保留其位置，主要为从直选进入间选，这也使得连任的比例较高，虽然2001年直选的连任率与1996年相同，但2005年、2009年和2013年均较回归前有较大的提升；相反，委任议席（回归后除2013年外）则再次起着平衡的作用而具较大之流动性。可是，加之再任议员[①]的比例，总体具议会经验的议员比例在回归后接近七成的水平，较回归前增加6.7个百分点（表5-13和图5-9）。因此，可见回归后澳门的政治精英除了不少为原来回归前的政治精英外，回归后各届立法会之政治精英也倾向于"维持"。连任三届（2001年、2005年和2009年）的议员共12位，占2009年总共29位议员的四成，其中直选3位、间选8位和委任1位，间选中实有2位是以转换参选方式连任的。而连任四届的（即至2013年届别）也有11位，占总共33位议员的1/3，其中直选3位、间选5位、1位直选转间选、1位委任和1位在直间选和委任中多次转换。

表5-13 以时段划分回归前后立法会议员之连任和具议会经验者之比例

单位：%

时段 \ 参选方式	直选	间选	委任	总体
连任议员的比例				
回归前（1980~1999年）	38.3	77.5	50.3	56.5
回归后（1999~2017年）	67.0	82.5	48.6	67.2
排除"直通车"导致之自动连任*	61.9	81.3	—	—
具议会经验的比例				
回归前（1980~1999年）	38.3	83.3	61.7	62.0
回归后（1999~2017年）	67.0	82.5	53.3	68.7
排除"直通车"导致之自动连任*	61.9	81.3	—	—

注：*委任之议席并没有"直通车"之概念，因此并不适合此部分的计算。

[①] 意指除连任外隔（若干）届再度进入立法会者。

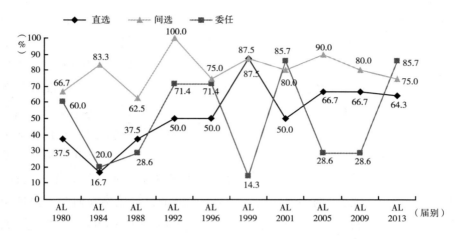

图 5 - 9　历届立法会各种议席之连任议员比例

四　小结：转型时期澳门政治精英的生成模式
——混合的精英维持与循环

综上所述，从制度来看，虽然经过数次的关键节点而构成不同程度的变迁，但总体来说，渐进且具强烈延续性的选举制度变更使精英的产生路径没有根本性的改变，较大的变化主要为议席的渐次增加以及治权改变致使制度上委任议员的选择权掌握在行政长官手里，因此，相对来说，这较为直接地影响了政治资本的价值：直选中依赖社团参与的政治资本，间选中政治资本中的宗族背景和社团参与发挥强大的力量。同时，对经济资本的影响主要体现在议席数的增加而带来的竞争，使经济资本在直选的渗透力有所加强。最后，制度变迁使委任中的专业背景（文化资本）的作用因委任主体的变更而渐趋强化。

另外，治权回归给澳门带来的社会变迁，对澳门的政治形态、经济结构和文化氛围都有影响，并透过不同的产生路径给资本价值带来影响，社会变迁与制度变迁相结合导致各种资本的价值变化和组合。而在这一过程中，实际上由"渐变"和"突生"两种方式混合构成政治精英的生成模式。

在政治上，"三化"过程给予华人精英的巨大机会以及"澳人治澳"基本方针下对华人政治地位的提升，在短暂的时间内以"突生"的模式使华人精英取代原具族裔血统资本优势的葡裔精英；而文化资本则更倾向于作为其中一种条件取向而在委任议席中起着作用。

与之相似的是，经济方面因急速发展所带来的结构转变也产生了两种相反的变迁方式。博彩业商人因应行业竞争以及与政府关系的改变，积极投入政治的参与，一时间较高比例的商人参政使经济资本的价值在回归后有所提升，并为立法会带来不少新面孔。可是，这主要集中在直选的议席，因为间选的议席仍然由建制商界主导。虽然有迹象显示旅游博彩业的商人（特别是美资）将更活跃于政坛，而以传统经济利益代表为主导的间选议席结构将因此有所改变①，但社团的政治资本仍然保持举足轻重的价值，经济结构的转变并未即时对间选中以社团协商为主的利益界别代表机制带来冲击，而以"渐变"的方式慢慢显露其影响力。

同时，"博彩资本主义"带来的社会负效应显现在部分澳门居民所感到的"前进型剥夺感"上，原有社团的角色定位在回归后的模糊性使其利益代表功能有所弱化，相应地影响传统社团的政治资本在精英生成中的价值，但过程是迟缓的。至于经济结构转变所产生的对专业人才的需求，虽然其猛然对人力资源结构带来变化，但以溢出的效应对政治领域的影响力则是相对迂回和间接的。

最后，在文化上本土归属感的强化体现在对社会事件的关注以至渗透政治行为的变化，这使市民对整体经济资本与政治资本的高度整合而可能导致出现的"权力精英"有所抗拒。而在政治行为上"参与型"政治文化的雏形使文化资本的力量有所体现，但其对选举参与和投票行为所展现的影响是植根性的，并为渐进的转变而非突生的嬗变，需以中产阶级的壮大和公民社会的建立为支撑。大众对文化资本的日趋重视同时也可能导致他们对抬头中的经济资本与政治资本的结合，又或宗族背景和社团参与的政治资本优势有所抗拒，期望在行动上能为政治精英的新陈代谢有所贡献。

可以看到，透过"突生"的方式改变政治精英拥有的资本价值变化，

---

①　陈丽君：《澳门博彩业的政治效应研究》，澳门理工学院、中山大学，2010，第55页；《后何鸿燊时代澳门博彩业的博弈》，《新华澳报》2011年4月14日，第03版；《从曹其真宣布退休看立法会议员结构变化》，《新华澳报》2008年8月21日，第01版。

不管是正面的还是负面的，其对精英生成的影响结果都是精英的循环，例如族裔血统的政治资本在治权回归后的急速贬值和经济资本在经济结构转变下的显著增值；相应的，以"渐变"方式对精英资本的影响，倾向于引致精英的维持，例如政治文化和行为的改变对文化资本、经济资本和政治资本的正负面影响，又或是选举制度在回归后的延续对宗族背景和社团参与的资本力量的巩固。然而，值得注意的是，虽然文化制度本质的不易改变性使变迁所指向的结果倾向于精英的维持，但这种缓慢的过程所带来的却是深邃的影响，长远来说其可能引领精英的循环转移（表 5 - 14）。

表 5 - 14　澳门政治精英的生成模式

社会变迁					
维度	子分类	产生路径	变迁之方式	资本价值的变化	精英的生成
政治	治权回归与"三化"的过程	直选、委任	族裔血统的政治资本→突生	中→弱（－）	精英的循环
		委任	文化资本→突生	弱→中（＋）	精英的循环
经济	商人的参政	直选	经济资本→突生	中→强（＋）	精英的循环
		直选、间选	社团参与的政治资本→渐变	强→强（／）	精英的维持
	经济发展带来的社会负效应	直选	社团参与的政治资本→渐变	强→中（－）	精英的维持
	专业人才的需求	直选	文化资本→渐变	弱→中（＋）	精英的维持
文化	对社会事件的关注	直选	经济资本和政治资本→渐变	强→中（－）	精英的维持
	政治文化和行为的改变	直选	文化资本→渐变	弱→中（＋）	精英的维持
		直选	经济资本→渐变	强→中（－）	精英的维持
		直选	宗族背景和社团参与的政治资本→渐变	强→中（－）	精英的维持
制度变迁					
变化		产生路径	变迁之方式	资本价值的变化	精英的生成
制度的延续性		直选、间选	宗族背景和社团参与的政治资本→渐变	强→强（／）	精英的维持
议席渐次的增加		直选	经济资本→渐变	中→强（＋）	精英的维持
委任主体的改变		委任	族裔血统的政治资本→突生	强→弱（－）	精英的循环

说明：＋具正面影响；／正负面影响相若；－具负面影响。

总的来说，社会变迁结合制度变迁而导致澳门政治精英生成中各种因素的改变主要是以"渐变"的方式为主导，其结果是精英所具有的资本和组合日趋集中，以及体现在回归后精英的较高维持比例。因此，虽然在转型时期澳门的政治精英生成具有不少精英循环的特征，但其生成模式应归结为混合的精英维持与循环。

第六章
转型时期政治精英的利益代表

从前述内容可以看到，精英生成包括两种含义。首先，其指向精英的组成，包括：精英具有什么样的特质和特征？什么因素能导致某一些人成为精英？在怎样的背景下使得某些因素的重要性较其他的因素高？其次，精英生成可引申为精英的产生模式，在不同的环境下透过特定的渠道使精英的产生具有一定的规律。

为此，精英的生成模式涉及精英的背景、组成、政治取态，各种资本在不同阶段的价值展现以及不同的进入路径进而构成在立法会内不同政治力量的划分和分布，故政治精英的生成模式将预示其在利益代表的状况及实际操作上的成效，影响着精英与大众之间在利益代表上的关系。对立法会内政治精英的立场和态度的分析，是反映其利益代表性的重要测量。

对应前述的选举分析，本章将以回归前最后一届立法会（1996~1999 年）以及回归后第三届立法会（2005~2009 年）和第四届立法会（2009~2013 年）的议员做横断面的比较研究，透过量化政治精英的议程前发言和书面质询，以及根据社会的关注程度和重要性而选择的热点议题做定性分析，阐释在转型时期的精英生成模式下，政治精英如何体现其利益的取向和代表性。

一 政治精英的利益代表

代议制是现代民主政治的重要组成部分，在实行议会民主的国家或地区，人们主要通过选出的代表在议会中表达自己的诉求。政治精英作为对政治系统的"输入"和"输出"具有重要影响力的一员，所行使的权力是大众所赋予的，这也正是代议制政府的一个基本假设。詹姆斯·穆勒（James

Mill）认为按照人民的利益使人民接受统治的唯一方法就是人民管理自己[1]，且进一步指出没有什么状态比权力分散于国家内的每个人更值得期望[2]，当然，由于在现代国家中，"直接民主"不可行，代议制也就成了唯一可以采用的形式。这一制度通过使用选举权，代表的委任和免职以及议会来迫使统治者准确地反映人民的利益。英国政治家安奈林·比万曾论述道："一个有议员身份的人就是这样一种人，他在特定情况下所采取的行动应该与他所代表的那些人在同样情况下所采取的行动一致。简言之，他必须是他们同一类人……选举只是代议制的一部分，只有被选出来的人以选他为代表的那些人的真实声音说话时，这种代议制才成为一种完全的代议制……他必须具有与他们相同的价值，也就是说，他应当与他们所处的现实保持联系。"[3] 虽然在现实的情形下议员（政治精英）不一定完全符合比万所认为的议员身份，但他指出了代议制的核心价值所在，即代表大众表达其意愿取向。因此，在理论的层面上，代议制中议会或立法会的政治精英也就具有代表大众利益的本质。

在澳门，因选举制度的延续性，政治精英的产生方式（透过直选、间选和委任）保持了很大的稳定性。虽然在代表性上由间选和委任产生的政治精英与直选有所区别，但这不能否定精英是大众利益代表角色的假设，只是间选的政治精英更倾向于代表其所属之阶层或集群的利益，而委任则在整体的角度代表全民的利益。

一般来说，政治精英对大众的利益代表体现在了解大众的利益取向或需求，经过分析整合并在立法的过程中表达出来。利益的概念自古有之，具有与人类的生活不可分割的原生性。除了在词源学上利益的定义就等同于"好处"外[4]，利益更大程度是"需要"的代名词，捷克经济学家奥塔·锡克认为"利益是人们满足一定的客观产生的需要的集中的持续较长的目的；或者这种满足是不充分的，以致对其满足的要求不断使人谋虑，或者这种满足（由于所引起的情绪和情感）引起人的特别注意和不断重复的，有时是更

---

① 王绍光：《民主四讲》，三联书店，2008，第43页。
② John Stuart Mill, *Considerations on Representative Government*, U.S: Kessinger, 2004, p. 44.
③ Aneurin Bevan, *In Place of Fear*, London: Quartet Books, 1978, p. 35.
④ 杨炼：《立法过程中的利益衡量研究》，法律出版社，2010，第10～11页。

加增强的要求"①。而马克思主义则认为，利益是"社会化的需要，人们通过一定的社会关系表现出来的需要。利益在本质上属于社会关系的范畴。社会主体维持自身生存和发展，只有通过对社会劳动产品的占有和享有才能实现，社会主体与社会劳动产品的这种对立统一关系就是利益"②。因此，不管是个人生存的需要还是社会化过程的必需品，利益是客观存在的事物，因此，利益的表达也就具有必然性和现实性。

利益表达是个人或利益群体在立法过程中通过一定的渠道直接或间接向立法者（政治精英）提出意见、表达其态度意向，期望以一定方式实现其目的之行为。然而，由于立法表达的分散性和个体性，利益主体（大众）的利益要求需要经过有效的整合，形成具有共识性的利益诉求。比较政治学家阿尔蒙德和鲍威尔把政治过程分为利益表达、利益综合、政策制定、政策实施四个阶段，其中利益表达是第一个阶段："当某个集团或个人提出一项政治要求时，政治过程就开始了。"③ 在这一过程中，政治精英在比较分析各种利益诉求的基础上做出判断，其结果也就是法律规范的产生④。所以有学者认为法律就是在"各种利益、种种价值观相互权衡、协调的过程，即讨价还价的妥协过程"⑤ 中被制定出来的。为此，政治精英在这一过程中发挥着意见收集、整合、分析以及表达的角色，当中也无可避免地渗透着个人的偏好取向，形成精英在利益取向的态度和其利益表达的实际行为。

事实上，基于政治精英所具有的"代理人"角色，其一言一行已流露着其态度取向，然而，其在立法行为上真正的影响力则建基于他们具有的制度化权力。根据《基本法》，澳门特别行政区立法会具有制定、修改、暂停实施和废除法律；审核、通过政府提出的财政预算案和审议政府提出的预算执行报告；根据政府提案决定税收，批准由政府负担的债务；就公共利益问题进行辩论；接受澳门居民申诉并做出处理等。为此，本书所指的利益代表是政治精英在政治过程中，透过被赋予的制度化权力而做出的利益表达行为。

---

① 〔捷〕奥塔·锡克（Ota Sik）:《经济·利益·政治》，中国社会科学出版社，1984，第263页。
② 李淮春:《马克思主义哲学全书》，中国人民大学出版社，1996，第376页。
③ 〔美〕加布里埃尔·阿尔蒙德（Gabrial A. Almond）、〔美〕宾厄姆·鲍威尔（G. Bingham Powell）:《比较政治学：体系、过程和政策》，曹沛霖等译，上海译文出版社，1995，第199页。
④ 杨炼:《立法过程中的利益衡量研究》，法律出版社，2010，第3页。
⑤ 叶传星:《论法治的人性基础》，《天津社会科学》1997年第2期。

政治精英的行为受他们的信念影响，也就与政治制度中的政治录用程序和模式、精英的社会背景、精英的结构与分化相关，并导致精英在认知取向（cognitive orientations，了解或诠释某一事情的特定倾向）、规范取向（normative orientations，对某一事情认为"应该是这样"的倾向）、人际取向（interpersonal orientations，个人人际以至群体间的交往导致对特定事情的看法）和风格取向（stylistic orientations，精英的信念系统和其政策分析的风格）的差异①。为此，前述精英的生成模式所涉及精英来源的背景、组成结构、政治态度、进入方式等，也就影响着精英的信念和其态度行为，这些差异构成了立法会内不同政治力量的划分和影响力，以及其在利益代表过程中体现的不同立场和取态。

二 精英的利益取向：基于议程前发言和书面质询的分析

在澳葡管治时期，根据《澳门组织章程》，立法会议员可对总督或当地行政当局任何行为提出书面咨询，以便向公众解释（第 38 条）。然而，在实际的操作上，采用此模式对政府的工作进行监管和表达利益取向之情况十分罕有，因此，在对其利益取向的分析中，将以议程前发言代替之。回归后，《基本法》保障了立法会议员有权按照法定程序对政府的工作提出质询，而书面质询成为立法会议员代表民意监督行政当局的最活跃方式，而议程前发言的内容也常常转化为书面质询向政府提出，以期获得有关当局的正式回复②。同时，相较于口头质询，书面质询对议员的规限性较低③，因此

---

① 见 Robert D. Putnam, *The Comparative Study of Political Elites*, N. J.：Prentice-Hall，1976，pp. 72 – 105。

② 根据澳门特别行政区立法会 2/2004 号决议《对政府工作的质询程序》第十三条的规定，政府应在行政长官收到书面质询之日起 30 日内做出书面答复，而对议程前发言则没有任何的回复规定。

③ 根据澳门特别行政区立法会第 3/2000 号决议，口头质询在立法会专门召开关于质询的全体会议上进行，召开口头质询的全体会议需要议员先向立法会主席提交书面申请，并可就该质询事项向政府提出不超过 3 个问题，立法会主席收到申请后须将副本派发给其他议员，并订定在 30 日期限内（后来在 1/2001 号决议更改为 15 日，2/2004 号决议更改为 10 日）接受其他议员提出的口头质询，如果在限期内立法会主席收到的质询不足 3 个，则口头质询程序就此结束。因此，成功召开口头质询会议的概率不高，如在 2005～2009 年的立法会会期内，共有 17 次为口头质询而召开的全体大会，收到 86 份口头质询，数量仅为书面质询（1473 份）的 5.8%。

也成为"立法会议员根据基本法第 76 条规定参与政治事务愈来愈常用的方式"①。

（一） 总体情况

据统计，澳葡第六届立法会（1996～1999 年）会期的议程前发言有 146 份②，而在特区第三届立法会（2005～2009 年）和第四届立法会（2009～2013 年）会期中，各议员提交的书面质询则分别达 1473 份③ 和 1987 份④。

回归前立法会议员的议程前发言主要集中在"治安""劳工与就业""公共行政""公用事业/专营服务""公共财政""经济"，共占所有议程前发言的 55.6%，当中，"治安"问题最受关注，占整体数量的 1/5（表 6-1）。

表 6-1　1996～1999 年立法会议员的议程前发言统计

排序	范畴	数量（个）	比例（%）
1	治安	28	19.2
2	劳工与就业	13	8.9
	公共行政	13	8.9
3	公用事业/专营服务	9	6.2
	公共财政	9	6.2
	经济	9	6.2

考虑到议程前发言在回归前并非立法会议员最为常用的利益表达渠道，本书根据 1996 年 10 月～1999 年 12 月在报章⑤上以议员身份所做的言论和表态⑥做补充，得出议员最为关注的范畴依次为"治安""过渡期事务"

---

① 见 2006/2007、2007/2008 和 2008/2009 年会期澳门特别行政区立法会活动报告。
② 由于官方没有公布 1996～1999 年的立法会议程前发言内容，本书根据《华侨报》1996 年 10 月～1999 年 12 月的相关报道整理而做统计。
③ 但根据澳门特别行政区立法会网站上载的书面质询数量，相关数字为 1453 份，因此本书所做的书面质询分析以此 1453 份为基础。
④ 但根据澳门特别行政区立法会网站上载的书面质询数量，相关数字为 2049 份，因此本书所做的书面质询分析以此 2049 份为基础。
⑤ 资料来源自《华侨报》1996 年 10 月～1999 年 12 月的相关报道。
⑥ 共计 432 条，但不包括在议会讨论时的取态，相关取态在下述"热点问题与法案"部分再做阐释。

"立法会运作""司法体系与法律""公共财政""经济""劳工与就业",共占所统计之表态的 67.8%（表 6 - 2）。

表 6 - 2　1996 ~ 1999 年立法会议员的表态统计（仅以议员身份）

排序	范畴	数量（个）	比例（%）
1	治安	68	15.7
2	过渡期事务	55	12.7
3	立法会运作	51	11.8
4	司法体系与法律	35	8.1
5	公共财政	31	7.2
	经济	31	7.2
6	劳工与就业	22	5.1

　　与此同时,因应澳门立法会议员一般具有多重社团成员身份,或兼任政府咨询体系成员又或作为中国政治构架内的成员（如人大代表、政协委员）,特别是回归前夕不少立法会议员兼任澳门特别行政区筹备委员会或推选委员会成员,本书也对其以其他身份做出的表态做了统计。可以发现,"过渡期事务"占总体比例接近 1/4,而"经济"和"司法体系与法律"也占一成,反之原来最受瞩目的"治安""公共财政""劳工与就业"则不属于主要的意见表达范畴,这反映在不同身份下立法会精英的利益代表角色也有所转变,尤其是回归前夕中葡双方曾在多项议题上产生矛盾（如驻军、总督及政务官返回原职位津贴）,立法会议员多以特区筹委或推委成员做出表态（表 6 - 3）。

表 6 - 3　1996 ~ 1999 年立法会议员的表态统计（以其他身份）①

排序	范畴	数量（个）	比例（%）
1	过渡期事务	50	22.8
2	经济	26	11.9
3	司法体系与法律	20	9.1
4	教育	13	5.9
5	立法会运作	12	5.5
6	特首选举	9	4.1

---

①　共计 219 条。

与回归前澳门的治安不靖和经济环境处于低谷的情形恰恰相反，2005～2009 年澳门经历了经济的高速成长期，但同时也受到 2008 年底全球金融危机的一定冲击，治安不再成为议员最为关注的焦点，取而代之，"劳工与就业""公务员""医疗卫生""公共行政""交通""环境保护"成为关注的重点，前六位最受关注的范畴共占总体比例的 36.6%。而 2009～2013 年的书面质询所关注的范畴基本延续上一届别的趋势，较为突出的是"公共行政"和"房屋"，对专营服务的关注在该届别也尤为突出（表 6-4）。

表 6-4　2005～2009 年和 2009～2013 年立法会议员的书面质询统计

排序	2005～2009 年			2009～2013 年		
	范畴 *	数量（个）	比例（%）	范畴 *	数量（个）	比例（%）
1	劳工与就业	181	12.5	公共行政	162	7.9
2	公务员	85	5.8	房屋	143	7.0
3	医疗卫生	72	5.0	劳工与就业	137	6.7
4	公共行政	67	4.6	交通	116	5.7
5	交通	66	4.5	公用事业/专营服务	106	5.2
6	环境保护	61	4.2	公务员	106	5.2

注：* 范畴中"公务员"指的是针对公务员之薪酬、福利、工作环境或与其利益相关的内容，而"公共行政"则指整体之公共行政运作体系。

资料来源：笔者根据澳门特别行政区立法会网站相关资料整理所得，见 http://www.al.gov.mo。

从中可看到，回归前后，"劳工与就业"始终占据举足轻重的地位，而随着博彩专营权开放后经济环境的迅速改善，因经济成长带来的负面效应（交通堵塞、房屋价格高企、环境质量下降等）也逐步浮现且备受瞩目。同时，不容置疑的是，在回归前被长期诟病的公共行政体系在回归后进行了一连串的改革更新，但无论是改革的成效还是由此对公务员利益所造成的影响都成为议员在书面质询时的关注点。

（二）议程前发言与书面质询所显现的利益代表特点

从议程前发言与书面质询的量化分析可见，基于精英的来源背景、资本力量及具体产生方式，其在利益表达上展现明显的差异。同时，社会经济经过后过渡期和回归后的急速转变，利益代表的特征也展现新的变化，这体现在以下四个方面：利益表达的集中性、利益表达议题的多样性、不同政治力量议员利益表达的侧重性、个案比重的增加。

1. 利益表达的集中性

不管是在回归前的 1996～1999 年届别，还是在回归后"澳人治澳"的立法会，制度化的利益表达主要集中在直选的议员身上，而相关情况在回归后更有所强化。在 1996～1999 年的届别中，直选的立法会议员的议程前发言占总体比例的 80.2%，而 2005～2009 年和 2009～2013 年特区第三、四届立法会中，来自直选议员的书面质询比例分别高达 92.2% 和 97.2%（表6－5 和表6－6）。究其原因，这与直选议员需要依靠庞大的选民群体支持而获得议席不无相关，因议程前发言或书面质询是当中最为直接表达利益取向而又能让大众获知的途径，澳门各大报章以至电子媒体基本上对相关发言和质询也有所报道。

表 6－5 　按选举途径划分的立法会议员议程前发言统计（1996～1999 年）

选举途径	数目*（个）	比例（%）
直选	134	80.2
间选	32	19.2
委任	1	0.6

注：＊由于部分为两位或以上立法会议员的联合发言，且同一议程前发言也有跨越不同选举途径类别议员的情况，因此将按联合议程前发言所代表之议员数目做统计。

表 6－6 　按选举途径划分的立法会议员书面质询统计

（2005～2009 年和 2009～2013 年）

选举途径	2005～2009 年		2009～2013 年	
	数目（个）	比例（%）	数目（个）	比例（%）
直选	1340	92.2	1992	97.2
间选	99	6.8	23	1.1
委任	14	1.0	34	1.7

资料来源：笔者根据澳门特别行政区立法会网站相关资料整理所得，见 http://www.al.gov.mo。

事实上，自回归以来，书面质询的数量一直呈上升的趋势，虽然受到 2/2004 号立法会决议对议员书面质询的限制[1]，2004/2005 年的书面质询数

---

① 规定每位议员每周只能提出一份书面质询。

量有所下降，但其后在第三届（2005～2009 年）及第四届（2009～2013
年）的立法会会期内，书面质询的数量大幅上升，每年书面质询的数量已
超过 500 份，当中，直选议员占绝大多数。同时，值得留意的是，提出书
面质询的直选议员人数也随着直选议席竞选的日趋激烈而有所增加。例如
在回归后以"直通车"形式过渡的第一届立法会会期（1999～2001 年）
内，提出书面质询的议员为 7 位（共 10 位直选议员），但其中 1 位议员提
出的书面质询已占总数的 3/4 以上；而在第二届立法会会期（2001～2005
年）内，提出书面质询的议员增至 8 位，且各议员提出的数目相对平均；
及至第三届和第四届立法会会期，议席的增加（2 席）同时带动议员在立
法会更为积极地履行代表民意的责任。而自 2005 年以后，不论是因博彩
业高速增长而引致的社会负效应逐渐浮现，还是政府在管治上出现了监督
的漏洞或施政行为上引起的诟病（如公共工程的严重超支、"欧文龙贪腐
案"、外劳输入等问题），也致使直选议员更主动地以书面质询作为监督
政府施政和行为的手段。以第四届立法会会期为例，全数 12 位直选议员
均提出过书面质询，且几乎平均每周（连立法会休会期内）每位直选议
员都提出一份书面质询（图 6 - 1）。

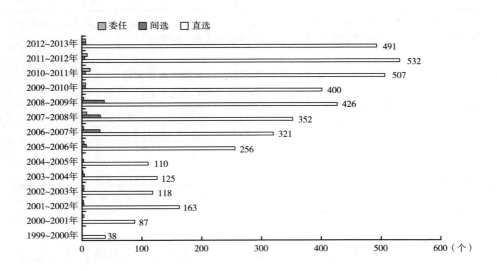

图 6 - 1　1999～2013 年澳门特别行政区立法会的书面质询统计

资料来源：1999～2013 年澳门特别行政区立法会会期报告。

在澳门政治主要为协商的氛围下，不少政治议题以非正式的渠道提出又或议员以社团成员身份的角色来做出利益表达，因此间选和委任议员在实际的操作上并没有透过制度化的模式作为利益表达的迫切需要，特别是间选议员，因其是透过社团间的协商而推选的利益代表，其关注的一般是相关界别的利益，而行政长官委任的议员则由于其角色在议会内属政治生态平衡的产物，因此虽然从理论上其没有利益界别的划分而代表整体的利益，但对政府施政一般较少以直接公开的方式做监督批评，利益代表的取向也因而相对模糊。

2. 利益表达议题的多样性

比较 1996～1999 年的议程前发言及议员表态与 2005～2009 年、2009～2013 年的书面质询，可以看到，除了议员最为关注的议题因社会经济发展而有所改变外，整体来说，议员的关注点更加分散，议题的多样性大大增加。作为回归前议员最为关注的"治安"，其分别占议程前发言和议员表态数目的 19.2% 和 15.7%；相同的，2005～2009 年书面质询最为关注的"劳工与就业"，其占总体的比例则为 12.5%；而 2009～2013 年书面质询数量最多的"公共行政"，其比例仅为 7.9%。而从三个时间段占前六位的范畴来计算，结果也出现明显的差异。最后，以标准差计算，回归前各范畴（议程前发言与表态）分别为 3.7% 和 4%，而 2005～2009 年和 2009～2013 年的相关数字则分别为 2.2% 和 2.0%，这显示回归后各议题关注的分布程度相当，众多议题同样受到议员的重视（表 6-7）。

表 6-7 议题表达的分布程度

单位：%

	1996～1999 年议程前发言	1996～1999 年议员表态	2005～2009 年书面质询	2009～2013 年书面质询
最受关注范畴的比例	19.2	15.7	12.5	7.9
最受关注的前六个范畴的比例	55.6	67.8	36.6	37.6
所有范畴之标准差	3.7	4.0	2.2	2.0

利益表达上议题的多样性间接印证了回归后澳门市民的利益取向多元化的趋势。一方面是原来类似议题的分化，例如，过往在澳葡时期属于优差的"公务员"工作，其薪酬待遇在回归前并不是市民关注的热点，

大众把焦点放在如何让这些高薪的公务员提高其工作效率和服务质素上，整体公共行政架构的改革才是关注重点。而在回归后，市民不仅仍旧关注公共行政改革的进程和公共行政服务的优化，基层公务员的福利、公共行政架构长期存在的"同工不同酬"等情况也受到广泛的重视。另一方面，原来在回归前较为忽略的多项议题，在回归后受到分外的关注，例如因人口老龄化和经济成果分享不均而引起注意的医疗卫生、社会保障问题，受博彩业发展、建筑房地产业兴旺以至"欧文龙贪腐案"的发生而成为众矢之的的土地批给和房屋，因应世界文化遗产和历史城区的保护与经济发展的平衡而成为社会讨论热点的城市规划①等问题（表6-8）。

表 6-8　立法会议员对部分议题关注程度的变化

单位：%

范畴	1996~1999 年 议程前发言	1996~1999 年 议员表态	2005~2009 年 书面质询	2009~2013 年 书面质询
公共行政	6.2	2.3	4.6	7.9
公务员	2.7	1.6	5.8	5.2
医疗卫生	0.7	0.5	5.0	3.7
社会保障	1.4	1.2	3.7	2.9
房屋	0	0	3.6	7.0
土地批给	0	0	2.8	4.2
城市规划	0	0	2.6	1.8

3. 不同政治力量议员利益表达的侧重性

根据前述，以政治力量划分，澳门的立法会议员可分属 6 个不同的组别，包括建制基层、建制商界、建制专业、新兴民主阵营、新兴商界和本地葡籍②，从政治取态的划分上可归类为建制派和非建制派。不同政治力量议员的利益表达侧重点各有差异，而这可从他们拥有的不同资本、职业、社团背景，进入立法会方式等因素做阐释（表6-9）。

---

① 对城市规划的关注可见第五章有关"松山灯塔事件"及"小潭山建高楼"的个案分析。

② 澳葡时期的立法会未有任何的议员被界定为属"建制专业"的政治力量。

表 6 – 9　以政治力量划分的立法会议员基本背景

政治力量	政治取态	职业界别	主要拥有资本	主要进入方式
建制基层	建制派	社会服务、全职议员	政治资本（社团背景）	直选、间选
建制商界		商界（中小企业）	政治资本（社团背景和血缘宗族）、经济资本	间选
建制专业		专业人士	文化资本	委任
新兴民主阵营	非建制派	专业人士、全职议员	文化资本	直选
新兴商界		商界（博彩企业）	经济资本、政治资本（籍贯乡亲）	直选
本地葡籍	回归前：建制；回归后：非建制与建制相混合（视乎进入方式）	公共行政、专业人士	政治资本（族裔血统）、文化资本	委任/直选/间选

　　表 6 – 10 至表 6 – 13 的交叉分析（cross tabulation）展示了不同政治力量的立法会议员对不同范畴的关注具有一定的倾向性，而统计上的验证显示各政治力量对不同范畴的关注程度具有显著的差异。首先，在假设每一政治力量对所有议题的关注程度均等的情形下，可以发现，不管是 1996 ~ 1999 年届别的议程前发言[1]、1996 ~ 1999 年届别的议员表态，还是 2005 ~ 2009 年和 2009 ~ 2013 年届别的书面质询，提出的议题范畴在各政治力量中并非处于均等的分布（卡方验证 p 值 < 0.01）。虽然在 1996 ~ 1999 年届别的议程前发言中，并未能进一步通过统计的验证说明政治力量与议题关注的范畴之间具有关系，但在 1996 ~ 1999 年届别的议员表态，以及 2005 ~ 2009 年和 2009 ~ 2013 年届别的书面质询中，政治力量与议题关注的范畴之间是有相关性的，达统计的显著水平（卡方验证 p 值 < 0.01），这说明不同政治力量在表态和书面质询上具有相当的针对性，且倾向于关注不一样的范畴（表 6 – 10 至表 6 – 13）。

---

[1]　由于"本地葡籍""新兴商界""建制商界"的议程前发言数量较少，不足以进行统计运算，因此忽略不计。

表 6 - 10   按政治力量划分 1996～1999 年立法会议员的关注范畴（议程前发言）

单位：个

主类别	子类别	政治力量				
		建制基层	新兴民主阵营	本地葡籍	新兴商界	建制商界
公用事业/专营服务	公用事业/专营服务	3	5	0	0	1
城市建设	公共工程、市政管理/设施	3	6	0	0	0
政府管理	三化、公共行政、公共财政、公务员、新闻/讯息发布	10	16	3	3	1
社会服务与保障	公共服务、社会服务、社会保障	2	5	0	0	0
治安	治安	15	10	1	1	1
法律法规	法律法规、立契	7	2	0	0	0
经济与产业	金融、博彩业、经济、区域合作	4	4	0	5	1
食品/药物/产品安全与权益	食品/药物/产品安全、消费权益	2	0	0	0	0
劳工与就业	劳工与就业	8	3	0	0	2
教育与医疗	教育、医疗卫生	2	6	1	0	0
其他	立法会运作、交通、信息科技等	6	4	0	2	1
总计		62	61	5	11	7

说明：灰色部分为相关政治力量最主要关注的施政范畴，但未能通过统计的验证说明两者的相关性（见附录附表2）。

表 6 - 11   按政治力量划分 1996～1999 年立法会议员的关注范畴（议员表态）

单位：人次

主类别	子类别	政治力量				
		建制基层	新兴民主阵营	本地葡籍	新兴商界	建制商界
公用事业/专营服务	公用事业/专营服务	4	2	0	0	2
城市建设	公共工程、市政管理/设施	2	1	0	0	3
政府管理	三化、公共行政、公共财政、公务员、新闻/讯息发布	28	13	5	0	8
社会服务与保障	公共服务、社会服务、社会保障	7	2	0	0	0
治安	治安	28	18	5	5	13
司法体系与法律	司法体系与法律、立契	19	2	15	1	2

续表

主类别	子类别	政治力量				
		建制基层	新兴民主阵营	本地葡籍	新兴商界	建制商界
经济与产业	金融、博彩业、经济、区域合作	*11*	*3*	3	7	13
劳工与就业	劳工与就业、职业安全	22	*2*	*0*	*0*	*0*
教育与医疗	教育、医疗卫生	3	3	*0*	*0*	*0*
立法会运作	立法会运作	*11*	13	13	4	11
过渡期事务与政制	过渡期事务、政制、特首选举、特区事务	*15*	23	10	1	12
其他	土地、内地居民来澳、公众权利、交通、廉政审计、葡人利益/观点、对外交通、楼宇管理/维修等	28	14	21	7	11
总计		178	96	72	25	75

说明：灰色部分为经统计验证后相关政治力量较关注的施政范畴；斜体为经统计验证后相关政治力量较忽略的主要施政范畴（见附录附表3）。

表6-12　按政治力量划分2005~2009年立法会议员的关注范畴（书面质询）

单位：个

主类别	子类别	政治力量*				
		建制基层	新兴民主阵营	本地葡籍	新兴商界	建制商界
土地与整体规划	土地/工程批给、城市规划、旧区重整	*21*	55	*1*	7	0
公用事业/专营服务	公用事业/专营服务	21	14	8	6	0
城市建设和管理	公共工程、市政管理/设施、灾害/危机处理	49	21	9	18	0
政府管理	公共行政、公共财政、公务员、新闻/讯息发布	*58*	42	71	41	1
交通	交通	23	16	*1*	21	3
房屋	房屋	21	21	*0*	9	1
社会服务与保障	公共服务、社会服务、社会保障	63	26	7	23	0
社会安全	治安、非法旅馆、毒品问题	20	*6*	*0*	24	0
法律法规	司法/法律法规	22	8	2	15	0
经济与产业	金融、旅游、博彩业、经济、区域合作、对外交通	25	17	5	29	2

续表

主类别	子类别	政治力量*				
		建制基层	新兴民主阵营	本地葡籍	新兴商界	建制商界
食用品安全、价格与权益	食品/药物/产品安全、价格/消费权益	30	12	6	8	0
劳工与就业	劳工与就业、职业安全	111	49	17	*11*	4
教育与医疗	教育、医疗卫生	68	20	3	23	0
环境保护	环境保护	33	12	2	13	1
出入境与人口政策	出入境、人口/移民政策	18	8	3	10	0
楼宇管理/维修/安全	楼宇管理/维修/安全	11	*2*	*0*	5	0
其他	公众权利、文化、社会事件、政制/选举、专业、廉政审计、信息科技、中产、动物保护	39	41	5	27	2
	总计	633	370	140	290	14

注：*属"建制专业"政治力量中仅有 1 位议员在 2005～2009 年会期中提出过 6 份书面质询，由于数量较少因此忽略不计；另外，由于"建制商界"提出的书面质询数目未能符合进一步统计验证的要求，因此仅列出相关数字而没有以灰色部分或斜体标示。

说明：灰色部分为经统计验证后相关政治力量较关注的施政范畴；斜体为经统计验证后相关政治力量较忽略的施政范畴（见附录附表 4）。

表 6－13　按政治力量划分 2009～2013 年立法会议员的关注范畴（书面质询）

单位：个

主类别	子类别	政治力量*				
		建制基层	新兴民主阵营	本地葡籍	新兴商界	建制商界
土地与整体规划	土地/工程批给、城市规划、旧区重整	38	53	*3*	31	*2*
公用事业/专营服务	公用事业/专营服务	35	29	6	30	6
城市建设和管理	公共工程、市政管理/设施、灾害/危机处理	33	46	11	48	16
政府管理	公共行政、公共财政、公务员、新闻/讯息发布	*23*	98	106	92	39
交通	交通	30	36	*3*	31	15
房屋	房屋	53	57	6	*25*	*2*

续表

主类别	子类别	政治力量*				
		建制基层	新兴民主阵营	本地葡籍	新兴商界	建制商界
社会服务与保障	公共服务、社会服务、社会保障	28	31	7	44	27
社会安全	治安、非法旅馆、毒品问题	*9*	*3*	1	20	5
法律法规	司法/法律法规	12	16	8	28	6
经济与产业	金融、旅游、博彩业、经济、区域合作、对外交通	28	28	6	37	12
食用品安全、价格与权益	食品/药物/产品安全、价格/消费权益	24	17	2	20	3
劳工与就业	劳工与就业、职业安全	62	50	9	*14*	19
教育与医疗	教育、医疗卫生	23	38	7	43	22
环境保护	环境保护	27	20	5	16	8
出入境与人口政策	出入境、人口/移民政策	7	10	1	12	5
楼宇管理/维修/安全	楼宇管理/维修/安全	22	9	3	22	6
其他	公众权利、文化、社会事件、政制/选举、专业、廉政审计、信息科技、中产、动物保护	21	56	17	25	15
总计		475	597	201	538	208

注：＊属"建制专业"政治力量中在2009～2013年会期中提出过30份书面质询，由于数量较少因此忽略不计。

说明：灰色部分为经统计验证后相关政治力量较关注的施政范畴；斜体为经统计验证后相关政治力量较忽略的施政范畴（见附录附表5）。

以上表格进一步说明，由于验证了政治力量与议题关注的范畴具有相关性，因此根据假设①而计算的预期值，以及在表态和书面质询的实际数量之间的差异比例，可说明某一政治力量对相关范畴的关注度相对于其他政治力量、该范畴相对于其提出的表态/书面质询的总量来说是多是少，显示其对特定范畴的相对关注和忽略（有关运算见附录附表2－5）。

总的来说，回归前建制基层与新兴民主阵营均对"政府管理"与"治安"相当关注，只是因其社团的角色，建制基层在"劳工与就业"的问题上常常作为工薪阶层的代表做出表态，而新兴民主阵营则较多对过渡期的各种事务与政制提出意见。值得指出的是，因建制基层与建制商界往往同时具

---

① 虚无假设 H_0：各政治力量与所关注的议题范畴没有关系。

有全国人民代表大会代表、政治协商会议委员等国家政治机构成员的资格，又或是特区筹备委员会和推选委员会的一员，因此在不少的情形下其以非议员的身份对过渡期事务与政制进行意见表达。相对的，新兴商界和建制商界对经济问题的关注尤为突出，而本地葡籍则因其主要从事法律与公共行政的工作而对"政府管理"和"司法体系与法律"提出大量的意见。

同样的，从 2005～2009 年和 2009～2013 年的书面质询中可看到不同的政治力量所关注范畴的侧重点也有所差异，并随着社会议题的转变而有所变更，另外，议员人数和质询数量的增加也使得关注的范围有所扩大。相较其他政治力量，建制基层除一贯以来对"劳工与就业"的密切注视外，因应社会经济环境的急速变化，其对"食用品安全、价格与权益"和"楼宇管理/维修/安全"的关注相对突出。新兴民主阵营方面，虽然其提出不少关于"政府管理"和"劳工与就业"的问题，但相对来说其关注的侧重点为"土地与整体规划"和"房屋"，且两者均是他们连续两个届别持续关注的焦点。

因透过书面质询做利益表达的本地葡籍代表在两届立法会中均仅有一位，曾为公务员的身份和作为公务员团体的领导使其侧重代表公务员发声，"政府管理"自然成为其关注的要点，两届均占其书面质询总数的一半。

基本上，来自新兴商界的代表均透过直选进入立法会，因此其也较建制商界更为积极地争取选民的支持，并对多个范畴有所关注，较之其他政治力量更为平均①，当中，以"社会安全""交通""经济与产业"和"楼宇管理/维修/安全"相对突出。

与之相反，在 2005～2009 年届别建制商界甚少透过书面质询做利益表达，且多以联合提出的形式代表雇主利益，当中，因应外劳审批的情况而提出的书面质询（"劳工与就业"）数量较多，但自 2009 年因新增一位来自直选的建制商界议员，在其带动下该政治力量的书面质询数量急升，关注的重点集中在"社会服务与保障"和"教育及医疗"。

从另一个角度，交叉分析和卡方分析的验证也反映了部分施政范畴主要获得独一政治力量的关注，例如在 1996～1999 年的议程前发言中，仅有建制基层提及"食品/药物/产品安全与权益"，又如作为全球趋势与本土社会共识对"环境保护"的重视，特别是澳门经济高速发展加速了对自然环境

---

① 可见其各范畴的实际值与预期值之比接近 1，见附录附表 4 和附表 5。

造成的损害，立法会中以建制基层最为积极表达对此的关注。而"土地与整体规划"则基本上是新兴民主阵营较为关心的，其多次就政府"低于市场价格"或"不透明"的土地批给向政府提出质询，是众多政治力量中最为密切关注的，而关于特区政府向中央政府申请大规模填海造地的计划，也只有新兴民主阵营曾就相关问题提出书面质询，并曾于 2008～2009 立法年度申请辩论"面对本澳低洼地区受严重海水倒灌现象所威胁，特区政府是否应重新检讨在澳氹之间水域大规模填海之计划"的公共利益问题（不获通过）①。另外，新兴商界对"社会安全"和"经济与产业"的较大关注也恰恰补足了部分政治力量对有关范畴的相对忽略。

事实上，在不少子类别的范畴上，仅有少数议员曾做相关的利益表达，在 1996～1999 年的议程前发言和表态（以议员身份）中，仅有属新兴民主阵营的吴国昌提出对"市政管理/设施""新闻/讯息发布"的意见，而在 2005～2009 年和 2009～2013 年的书面质询中，由于数量的增加，每一议员的"代表分工"更为明确。例如对"非法旅馆"的关注集中在属新兴商界的吴在权和陈明金，而陈明金则对多项与民生范畴（"公共服务""市政管理/设施"等）和经济相关的议题提出质询。另外，2005～2009 年对"公共工程"兴建的合理性与延误提出质疑的集中在关翠杏和梁玉华两位同属工会联合总会的议员，当中，来自医疗界别的梁玉华对"食品/药物/产品安全"和"医疗卫生"的关注较其他议员高。而针对低下和夹心阶层对住屋的需求，新兴民主阵营的吴国昌和区锦新在 2005～2009 年的立法会会期内积极敦促政府兴建更多的公共房屋和压抑楼价，其中，吴国昌是少数持续针对专业界别的议题而提出书面质询的议员，也是唯一一位在立法会内就 2007 年"五一游行"的社会事件中警方的处理手法提出书面质询的议员。属建制基层来自妇联的容永恩，因其社团界别的背景而在"社会服务"和"教育"的利益代表中较其他议员突出。而同属建制基层来自街总的梁庆庭，在回归前多次代表小业主对房屋的立契问题②向行政当局提出意见和交涉。回归后随着立契程序的正常化，市民向街总要求协助处理立契的个案有

---

① 澳门特别行政区第三届立法会第三立法会期（2008/2009 年）活动报告，http：//www. al. gov. mo。

② 澳葡时期多方因素导致小业主在购入单位数年后仍未能立契（做正式的房地产登记），这损害了小业主的权益。

所减少，转而更多因大厦管理和维修问题而求助，梁庆庭在立法会内对
"楼宇管理/维修"问题也较多发声。其后在 2009~2013 年届别立法会中来
自街总的何润生则把关注点集中在公共房屋的兴建和私人物业价格的持续高
企，提出兴建"限价楼"的设想。值得留意的是，虽然议会内来自新兴商
界的议员均有从事博彩业的业务，但其没有明显地较其他议员积极利用书面
质询做相关的利益表达。表 6-14 总结了在各范畴中的最为关注者，从中勾
勒出各议员的利益代表框架。

表 6-14　两届立法会各施政范畴中以书面质询数量计算的最为关注者

届别	政治力量	议员	范畴
2005~2009 年	建制基层	容永恩	社会服务、教育
		梁庆庭	治安、信息科技
		关翠杏	劳工与就业、公共行政、人口/移民政策、廉政审计
		梁玉华	医疗卫生、食品/药物/产品安全、职业安全、环境保护、公共工程
	新兴民主阵营	吴国昌	社会保障、专业、社会事件、新闻、信息发布
		区锦新	土地/工程批给、公用事业/专营服务、公共财政、房屋、城市规划、交通
	本地葡籍	高天赐	公务员、博彩业
	新兴商界	陈明金	公共服务、出入境、市政管理/设施、区域合作、经济、对外交通、旧区重整
		吴在权	非法旅馆
2009~2013 年	建制基层	何润生	房屋、环境保护、中产、出入境
		李从正	价格/消费权益
		关翠杏	劳工与就业、社会保障、金融
	建制商界	麦瑞权	社会服务、教育、职业安全、旅游、文化、经济
	新兴民主阵营	吴国昌	专业
		区锦新	土地/工程批给、公共财政、社会事件
		陈伟智	交通、市政管理/设施、灾害/危机处理、政制/选举、新闻/讯息发布
	新兴商界	高天赐	公务员、公共行政、动物保护
		陈明金	公共工程、公用事业/专营服务、医疗卫生、区域合作
		吴在权	司法/法律法规、楼宇管理/维修/安全、治安、非法旅馆、毒品问题、信息科技
		梁安琪	对外交通

说明：仅列出在该范畴最为突出的关注者，因此并不包括全部提出书面质询的议员。

4. 个案比重的增加

最后，随着社会的利益诉求趋向多样化和细致化，以及更多的直选的立

法会议员成立议员办事处，建立与市民的直接沟通机制，立法会议员在利益代表的操作上也有所变化。当中，个案的比重较突出地增加。

回归前的议程前发言或表态主要笼统地针对某一范畴或情况做意见表达，如对治安问题的忧虑、期待落实措施改善经济环境、设立财政储备的意向等。回归后，书面质询中（议程前发言也相类似）以求助个案做例子说明或引旨的比重渐次增加，虽然仍占总体的少数（不足1/5），且作为立法会议员其应以代表整体市民利益为依归，但在利益表达方面这也具有一定的优点。一方面，议员因个案而提出的书面质询更具说服力，反映民意的真实诉求，且由于在一份书面质询中能向行政当局提出三个质询问题，因此大部分议员也充分利用这一机会，以个案作为引旨，说明问题的存在与严重性，并进一步引申至某一政策或施政范畴存在的不足。另一方面，因按规定特区政府或其代表必须对提出的书面质询问题以书面方式做出具理据的回复，这也是把求助者的利益观点直接反映予当局并获得跟进回复的有效途径。不能忽略的是，因个案本质的利益诉求较能体现利益代表的多元化，而每一议员每周仅能提出一次书面质询，因此个案的选择大多具代表性，又或经过总结多个个案的情况而提出，有利于平衡过于零散的利益表达。

三　精英的利益代表：基于热点议题与法案取态的分析

除了从议程前发言、表态和书面质询理解立法会议员的利益代表取向外，本书选取部分在相关时期社会较关注、引起争议和影响性较大的热点议题与法案，分析政治精英的立场和行为，以便更好地了解澳门政治精英的利益取态，特别是法案的辩论和表决最能直接确切地展露其利益代表的立场。

（一）1996～1999年届别立法会

由于回归前澳门经历经济的低迷时期，就业情况较为严峻，加上由赌场利益的争夺而引起的治安不靖，市民对政府如何改善就业和治安尤为关注。另外，澳葡政府公共财政的不透明，使大众担心经济的不景气使澳葡政府为特区政府留下沉重的财务负担，建立财政储备制度积谷防饥，并强化对政府财政监管的呼声此起彼落。而在后过渡期澳葡政府部分行为未能恰当地保障澳门的本地利益，也为大众所诟病。以下将从劳工与就业、治安、公共财政和过渡期事务 4 个范畴做分析。

1. 劳工与就业

根据上文的分析，劳工与就业问题在回归前后均是议员的关注重点，在回归前，经济的不景气曾使失业率上升至 6.3% 的水平①，同时，自 1984 年起因经济的起飞而大量输入外劳，然而，经济环境逆转的情况下不少本地低学历与低技术的工人首当其冲、加入失业大军，引致刚回归后的 2000 年便发生多次失业工人游行示威并演变成警民冲突的情况。

1996～1999 年的立法会会期内，1997 年 3 月澳葡政府宣布恢复自 1995 年 7 月中止的聘用非专业外地劳工的政策，并优先允许纺织业和制衣业申请输入外劳的事件及其后相关的外劳输入问题引起最大的社会关注与矛盾。

从政府批示的原因可见②，政府的意图是透过输入非技术劳工以减轻制造业的成本，从而保持对外出口的竞争力。然而，以数据来看，失业率由 1995 年的 3.6% 上升至 1996 年的 4.2%，而同期人均本地生产总值也仅由 134983 澳门元微升不足 0.2% 至 135208 澳门元③，加上自 1996 年 10 月伊始，澳门的治安每况愈下，几乎隔天便发生严重的罪案（黑帮仇杀、枪击、斩人、炸弹案等），在这样的前提下重新启动非专业外劳的输入当然受到劳动阶层的极大反对。代表工人权益的工会联合总会（简称"工联"）在社会协调常设委员会的代表随即表示这漠视了 7000 多名失业工人的实况，而同属工联的立法会议员也就在当月的立法会全体大会上就相关政策做议程前发言，质疑恢复输劳的合理性和政策目标（刺激经济）的效用性。但是，他们对有关政策表达强烈不满的方式主要是透过工联下属团体会员的身份（如制造业工会向政府递交建议书）又或其在社会协调常设委员会的代表（如收集工人意见并拟定意见书呈社会协调常设委员会）进行活动④。

另外，新兴民主阵营的议员对在失业情况未有改善，而政府也未进行有

---

① 数据来源于澳门特别行政区政府统计暨普查局。

② 《准纺织制衣业恢复申请外劳 月中办申报评估后研究处理》，《华侨报》1997 年 4 月 1 日，第一张第一版。

③ 数据来源于澳门特别行政区政府统计暨普查局。

④ 《对重新输入外劳强烈不满 工联拟就意见书呈交社协》，《华侨报》1997 年 4 月 14 日，第一张第四版；《重申不能接受输入外劳 对澳府所为表强烈不满》，《华侨报》1997 年 5 月 10 日，第一张第四版。

效的转职培训和设立外劳分类管理等政策的情形下重启外劳输入提出强烈的反对，并以相较包括传统劳工社团在内的建制基层更为激烈的行动做表态。以新澳门学社的名义联同属同一政治力量的市议会议员，派出宣传车辆到各区停驻演讲，与市民当面讨论共商对策，并呼吁市民以"一人一信"的实际行动致函澳督要求撤回相关的批示，并把收集之市民信件向澳督递交①。与此同时，提出了"就业促进法"的法律草案，建议透过立法设立客观平衡劳资矛盾的机制，包括规定外劳总人数及配额期限②。相关团体与议员进而发起了反对无限制输入外劳的游行，更认为资方提出申请名额达 1.76 万名是"开天索价"，要求政府不应对此采取暧昧和卸责的态度处理，并以静坐行动表达不满。事实上，澳葡政府经济暨协调政务司也对资方申请的外劳名额感到惊讶，该数字与政府估算的 4800 多个相去甚远③。

当然，包括立法会议员在内的雇主代表也就此表达其支持重启外劳输入的理据，但其并非以立法会议员之身份，而是透过商会负责人的名义召开记者招待会，认同政府的政策符合实际需求，表示纺织和制造业缺少足够劳动力，而经过长期的联合招工也未能聘请足够的工人（超过 1 万个），指出在本地居民教育水平不断提高的情形下，较少年轻人入行，而制造业按件计酬的方式也不存在同工不同酬的情况④。资方与新兴民主阵营也因意见的重大分歧而未有任何的合作空间，新兴民主阵营议员曾连同其他社团提议举办"求职广场"活动，表示邀请联合招工的企业参加，但该计划因反应非常冷淡（仅有 4 个商号参加，当中 1 个为曾参加联合招工的企业）而流产⑤。

显而易见，立法会中建制基层、新兴民主阵营与建制商界各具鲜明的立

①　《今明发起反对输入劳工行动 吁市民致函澳督收回成命》，《华侨报》1997 年 4 月 5 日；《新澳门学社向澳督呈函 要求撤回输入外劳批示》，《华侨报》1997 年 4 月 12 日，第一张第四版。

②　《吴国昌提"就业促进法"法律草案 建议规定外劳总人数及配额期限》，《华侨报》1997 年 4 月 12 日，第一张第四版。

③　《申请输入外劳名额达万七人 贝锡安表惊讶认为差距甚大 增加审批困难将会审慎从事》，《华侨报》1997 年 5 月 22 日，第一张第一版；《吴区两议员昨竟日静坐 反对用外劳取替本地人》，《华侨报》1997 年 6 月 2 日，第一张第二版。

④　《三商会谓澳府决定实时求是认两行业缺乏工人乃是事实》，《华侨报》1997 年 4 月 9 日，第一张第四版。

⑤　《就厂商不参加"求职广场"新澳学社访政务司递资料》，《华侨报》1998 年 8 月 8 日，第一张第二版。

场，只是建制基层与建制商界并没有主要透过立法会议员的身份做正面交锋，这可能碍于两者不欲破坏一直以来澳门传统社团具有的相对融洽的协商氛围，而新兴民主阵营则因其独立于传统社团的身份而以较积极的行动对政府的态度和资方的表态予以反击，新兴商界与本地葡籍的议员在事件中则保持缄默。

由于在立法会内代表劳方与新兴民主阵营的议员数目较资方少，加之在建制基层内另一坊众社团并未予以支持，而政府方面对新兴民主阵营议员提出的"就业促进法"也持否定态度，认为在现有法律体系内已有适当的规范，因此，法案最终在分歧下以 4 票赞成、11 票反对未获通过。当中，属工联的 3 位劳工界议员和提案人投赞成票，而全数委任议员、建制商界和部分新兴商界议员则投反对票①。但在劳方和新兴民主阵营议员的强烈反对下，政府对输入外劳的态度变得审慎起来，也向商会表达其部分申请的数额并不合理，最终首批输入外劳数字为 200 名②。

虽然政府的态度有所转变，但代表劳方的立法会议员除透过议程前发言外，也以议员身份或其所属劳工组织的身份表达对削减外劳的诉求，同时认为须进行本地工人转职培训和订定有关法例保障本地工作利益，也应设立专责监管外劳问题的机制③。

与此同时，新兴民主阵营在"就业促进法"不获通过后，在 1997 年 9 月提出了《限制输入外地劳工法律（草案）》，就输入劳工的限制、外劳待遇、申请与审批、最低工资等做出规范，并建议获批输入外劳的雇主需向政府缴付费用作为培训本地工人的资源④。虽然是次法案获得坊众社团的建制基层立法会议员的支持，但在商界和委任议员的反对下，最终以 5 票赞成 8 票反对未能通过，代表雇主利益的议员认同立法的良好用意，但认为其不具

---

① 《劳工界与商界歧见甚大就业促进法法案遭否决》，《华侨报》1997 年 7 月 30 日，第一张第四版。

② 《就澳府批准下月输入二百外劳一事新澳学社及两议员在各区派传单》，《华侨报》1997 年 8 月 24 日，第一张第四版。

③ 《未订措施保障本地工人之前不应让两行业恢复输入外劳》，《华侨报》1997 年 8 月 23 日，第一张第四版；《关翠杏在立法会上质询输入外劳政策促订保障本地工人措施》，《华侨报》1997 年 10 月 17 日，第一张第四版。

④ 《吴国昌提限输入劳工法案就外劳审批引入相应规范》，《华侨报》1997 年 9 月 18 日，第一张第四版。

实际操作性①。

另外，建制基层中的劳方代表，透过联合传统坊众社团代表及法律范畴的本地葡籍议员，在 1998 年 2 月提出"就业政策和劳工权利纲要法"，旨在确立就业的基本制度和政策原则，提出一个框架规范就业机会、就业条件和就业保障，并要求设立最低工资②。与新兴民主阵营提出的相关就业方案相比，因其框架性的本质使其具有较大的弹性，且因提出法案的议员共有 5 位，在建制基层和本地葡籍（非委任）中已形成一定共识，法案也就获得一致的通过，劳方的利益能透过立法得到更确切的保障，而这在一定程度上也得益于商界和其他政治力量的妥协。

然而，随着暴力罪案的不断升级，加上受亚洲金融风暴的影响，澳门的经济在 1998 年雪上加霜，失业率进一步上升至 4.6%，而输入外劳再次成为劳资双方的矛盾点。

1998 年 6 月工联公布的调查显示失业工人的人数超过 9000 人，且失业率有上升的趋势，因此，工联提出要求大幅削减外劳人数等措施，而在同年 10 月更罕见地组织游行前往澳督府请愿，表示虽然曾向相关当局递交建议书和约访官员表达意见，立法会也通过了《就业政策和劳工权利纲要法》，但外劳数字却节节上升。同一时间，代表资方的三大商会（厂商会、出入口商会、毛纺毛织厂商会）联合召开"工贸界维护权益会"，指出制造业空缺逾 7000 个岗位但无人问津，表示外劳是各行工厂劳动力的骨干，大幅削减额度必然对澳门工业和出口贸易造成冲击，并明确召开会议的目的旨在说明情况，盼与工联谋求解决问题的方案③。

可见，在整体失业情况有所恶化，外劳人数却不断攀升，而澳门经济仍以出口制造业作为其中一个支柱产业之时，劳资双方的矛盾与日俱增，并以劳方的游行示威作为最高级别的警戒。不过，在过程中劳工界议员并非反应

---

① 《吴国昌引介"限制输入劳工"法案两商界议员指脱离实际》，《华侨报》1997 年 10 月 17 日，第一张第四版；《限制输入劳工法案立会以十票对五票否决》，《华侨报》1998 年 5 月 26 日，第一张第四版。

② 《刘关唐欧梁等五立法议员向立会提就业政策纲要法》，《华侨报》1998 年 2 月 5 日，第一张第一版。

③ 《工贸界维护权益反对大幅削减外劳 昨开大会说明实况声明并非搅对抗》，《华侨报》1998 年 10 月 24 日，第一张第一版；《工联率工会代表督辕请愿 要求"还我饭碗保我权益"》，《华侨报》1998 年 10 月 24 日，第一张第四版。

最大的一群，他们主要从旁支持所属劳工社团和透过立法会的工作争取对劳工阶层权益的保障；而代表雇主利益的建制商界议员也没有单独以立法会议员的身份对劳方的指责予以反击，而是透过商界社团领导的身份，并联合相关人士举行名为"维护权益"的说明会议，显见双方并不主动地以立法会议员的身份对有关外劳输入的问题做出激烈的评议，并期望以达成共识的结果做利益的代表与表达。

事实上，在"劳工与就业"的问题上，澳葡政府在制定政策时未经过足够的咨询以及施政上的缺失，造就了劳资双方又或是各政治力量较易达致共识，成为当中的"推动者"。

1998年底有消息传出政府已拟定《修改劳动关系法（草案）》（下称《修改草案》），并将于1999年交予社会协调常设委员会讨论，可是，部分政府单方面提出的条文受到劳资双方的共同抨击。

其中，劳方最为不满的地方是原本由雇主支付的婚姻假期工资，转变为由社会保障基金支付，而劳方曾提出的多项建议也未被列入《修改草案》内。考虑到当时澳门经济以至周边地区环境较差，政府收入中与区域经济相关度甚高的博彩收益必然受到影响，而社会保障基金是由政府和劳资三方共同投入资源的，在当时其滚存仅为6亿澳门元，且需应付因失业情况和经济不景气导致的社会保障支出上升，额外增加其支出的想法自然引起劳方的极大关注。而立法会的建制基层也一致对政府的做法表达不满，透过议程前发言和表态（包括以工人组织成员身份），认为《修改草案》存在漏洞，指责政府回避劳方要求，有薪产假薪酬由社会保障基金支付不合理，同时也反对以社会保障基金垫支工人欠薪的措施[①]。

虽然与建制基层针对的侧重点不同，但新兴民主阵营的议员也透过其所属论政团体的行动对《修订草案》的内容提出质疑，认为其是黑箱作业，必须确保公众的知情权而让大众有所参与、提出意见[②]。与此同时，《修订草案》也得不到资方的支持，社会协调常设委员会资方代表认为：例如把工时缩短至44小时、夜晚薪酬必须高于日班等措施脱离社会承受能力，也

---

① 见《华侨报》1998年1~2月的相关报道。
② 《促将劳资关系法草案 公开向公众咨询意见》，《华侨报》1998年1月13日，第一张第四版。

会严重打击以娱乐服务业为主的澳门经济；纵使《修订草案》建议有薪产假薪酬由社会保障基金支付的做法看似对资方有利，但他们也担心社会保障基金的支付能力而有较大的保留意见①。为此，劳资双方均未能认同政府提出的方案，最终《劳动关系法》的修订一直延至特区成立后的 2008 年才获通过。

由于是次由政府初步提出的《修改草案》已受到建制基层、新兴民主阵营和商界代表的质疑，建制商界议员并没有进一步提出反对的意见，而新兴商界议员由始至终也没有对相关法案修订做出任何的表态。显见，澳葡管治时期，新兴商界议员在议会的力量较为薄弱，作为界别的利益代表采取低调的处事方法。

2. 治安

在回归前的最后一届立法会会期内，治安成为议员们议程前发言、口头质询又或在议会内外表态时重中之重的议题。回归前黑帮派别竞争造成的相互仇杀以至对执法人员的枪击，使严重罪案时有发生，更由最初仅具针对性的黑帮仇杀演变成平民百姓也受波及的爆炸袭击，使得疲弱经济雪上加霜。然而，澳葡当局并未采取积极有效的措施打击犯罪，夕阳政府的心态日隆，治安环境每况愈下，使得各政治力量的议员在治安问题上一致督促行政当局承担责任，从整体公众利益的角度出发，积极参与《有组织犯罪法》（原称《歹徒组织》法例）的法律草案的制定。

自 1996 年底相关法律由立法会小组开始研究，其后因应严重罪案迭起，议员们在 1997 年 5 月一致通过采取紧急程序审议，并透过其后 15 天的时间进一步吸纳议员、社会各界和市民意见，迅速获得一般性通过②。后因增加大量的条文以及对相关概念的争议而一再交回小组做细则性审议，但在小组讨论时，来自不同政治力量的非小组成员的议员也一同出席，合共 20 位议员（占全部议员的 87%）参与讨论并达成共识，实属前所未有③，可见各

---

① 《劳资法修订文本存颇多漏洞 关翠杏指政府回避劳方要求》，《华侨报》1998 年 1 月 4 日，第一张第一版；《由社保基金支付女工有薪产假工资 竟两不讨好官员表示不了解》，《华侨报》1998 年 1 月 16 日，第一张第四版。

② 《议员提反黑法案要求紧急审议》，《华侨报》1997 年 5 月 16 日，第一张第一版。

③ 《立会小组讨论反黑法案有共识 廿名议员参加小组会前所未见》，《华侨报》1997 年 7 月 16 日，第一张第一版。

议员对相关法律草案的重视。纵然来自博彩业的新兴商界议员认为草案将"叠码仔"列为黑社会将对赌场利益有所损害，议员们对最终本文的一些黑社会界定问题存在争议，但各政治力量基本摒除了原有界别的利益取向，而赌场叠码最后也并未列入黑社会活动，因此，法案其后在仅有一票弃权的情况下获得通过，并经澳督签署后即时执行。

在澳葡政府未能有效打击犯罪的情形下，治安问题牵动了所有界别议员的神经，连立法会主席林绮涛和多位委任议员也表达对治安情况的忧虑，因此在利益表达上各政治力量从整体澳门的利益出发，积极达致共识，希望相关法案能早日颁布，而这正符合整体澳门市民对治安得以改善的急切期待。然而，与之相对的是，部分情形下本地葡籍，主要为委任议员，则难以摆脱其"保驾护航"的角色，加之华人议员的利益取态不一致，未能在后过渡期更好发挥政治精英维护澳门整体利益的角色。

3. 公共财政

一直以来，澳葡政府没有设立财政储备的制度，历年在当年开支出现盈余后，便将其归入"备用拨款"，在经济处于上升周期而政府库房充足的情形下，历年的盈余便可累积成一笔可观的财政滚存。可是，由于澳葡政府在习惯上会在预算案获立法会审批后因应财政资源不足时动用"备用拨款"，在实际操作上立法会对政府的财政监督力量薄弱，早于 1992～1996 年届别的立法会中已有议员建议设立具规范性的财政储备制度，而 1996 年的政府施政方针也提出了展开研究设立财政储备体系的法律制度。

在澳门税基狭窄，并依赖博彩业税收作为政府财收入来源的情形下，建立财政储备制度能有效为澳门"积谷防饥"，也可作为对澳葡政府财政资源运用的一种监控，为未来特区政府稳健的财政打下基础，因此市民各界普遍赞同建立财政储备制度。而 1996～1999 年的立法会会期开始不久，建制基层和新兴民主阵营议员已敦促政府落实相关承诺，但澳葡政府社会事务暨预算政务司却认为澳门立法会并没有权限对此做出讨论，因这应交由中葡联络小组磋商①。但是，这并没有阻碍立法会议员在审议澳葡政府 1997 年度施政方针中财政预算政策时，再次对此提出要求。虽然当中由新兴民主阵营议

---

① 《是否设立财政储备制度 董乐群称立会不应讨论》，《华侨报》1996 年 11 月 12 日，第一张第四版。

员提出设立财政储备的动议未能通过，但由建制商界议员提出的较温和动议（继续研究设立财政储备制度）则以大比数获得通过，只是全数委任议员一致投反对票，并维护澳葡政府的立场，指设立财政储备不利政府的福利和刺激经济，而一位新兴商界与间选的土生葡籍议员则投弃权票，不置可否①。由此可见，委任议员在利益取态时，始终不能避免为政府的立场"保驾护航"，且利益的取态倾向集体的一致性。

而在1997年底审议1998年度财政预算政策时，对政府财政的监管和设立财政储备制度再次成为讨论的重点。然而，委任议员全数反对，加上本地葡籍和新兴商界议员的反对或弃权，三份旨在增加政府财政透明度和设立财政储备制度的修订动议案均被否决。与过去相同的是，由新兴民主阵营议员提出对政府监管力度较强的动议案（每月公布收入、支出和滚存的情况）被大比数否决，而由建制基层和建制商界提出的较温和的动议案（定期公布历年滚存数目）则能获得较多的支持。而另一由新兴民主阵营议员提出的明确于1998年上半年设立财政储备的议案，则仅获动议人和全数建制基层议员的支持②。

事实上，澳葡政府的财政能力在1997年审议财政预算案时让大众较往年更为担心，政府将在1997～1999年度动用12亿澳门元滚存，因当年入不敷出，且官方并不认同存在所谓的"滚存制度"，认为这仅是积累下来的结余数字，属资产收入并为可动用的开支。为此，滚存的运用存在很大的随意性，这正为社会的担心所在。而在屡败屡试的情形下，新兴民主阵营议员在1998年中提出的"要求设立财政储备制度"决议草案获得接纳。可是，在距离澳门回归仅一年多的时间，部分华人议员对设立财政储备的时机存疑，认为这应留待特区政府再做筹谋，最终在仅获建制基层全数议员和动议者的支持下（6票对14票）而未能通过。一如既往，葡籍议员全部投下反对票，而建制商界议员则分为反对和弃权两种投票意向，新兴商界也以弃权作为对草案"不支持"的表态③。

从时间来看，自1994年以来已有多位议员提出的建立财政储备建议在

---

① 《立法会仍然通过动议 续研究设立财政储备制度》、《大多数议员主张积谷防饥 救火队反指财储冻结财政》，《华侨报》1996年11月30日，第一张第二版。

② 《立法会让政府拉上财政帷幕?》，《华侨报》1997年11月29日，第一张第一版。

③ 见《华侨报》1997年12月～1998年11月的相关报道。

此画上句号，因是次决议草案是回归前最后也是唯一可交予立法会讨论的，因此其投票结果清楚表达了设立财政储备的愿景只能交托给特区政府，而投票取向也成为传媒和市民的关注点，特别是当中投反对票的包括属特区筹委会的成员。当然，诚如部分反对者和弃权者所认为的，要求澳葡政府建立财政储备的决议草案并没有强制执行的能力，且需经过漫长的立法程序，政治表态的作用大于其实际效果。然而，从立法会作为代表市民利益诉求的角度来看，纵使不具约束力的政治表态也是需要的。同时，财政储备制度的建立应是恒常性的机制而非跟随管治主体的转变而有所更迭，由此更引起市民对立法会工作的疑惑，怀疑立法会在澳葡最后管治的时期放弃财政监管的责任，也有声音质疑在华人议员占立法会议席过半数优势的情况下仍未能团结一致反映民意，是因为不想给特区政府在财政上有所约束①。

4. 过渡期事务

从回归前最后一届立法会的工作来看，治安问题因其严重性和重要性而在各政治力量的合作下取得共识，从而推动法案的提出和通过。然而，在后过渡期内澳葡当局未积极保护澳门的整体利益而引起强烈的反对，也推动着精英共识的产生，当中，以澳督及政务司返回原职津贴一事最为经典。

1998 年 7 月有报道指葡萄牙检察总署发出建议书，认为澳门政府应支付自 1974 年以来历任澳督及政务司的返回原职津贴，而澳督则透过新闻官间接表示纵使民间对建议书存在反对的声音，但因葡萄牙制定的法律在澳门具有法律效能，澳葡政府必得依从执行。随即，新兴民主阵营议员向立法会提交反对的决议草案，而其所属论政社团也表示澳门政府支持该建议等同抢掠并践踏澳门的财政自治权。其后更传出葡萄牙政府要求为任公职满 8 年和 12 年的澳督和政务官给予终身月津贴，并以紧急程序向葡萄牙检察总署咨询委员会提出，而相关议员也为此书面质询澳督，其所属社团也透过街头广播和派发传单的方式呼吁市民同声反对②。在澳门原来财政资源紧张的情形下，可以预期，较早前因华人议员联手反对而首次使公务员的加薪方案被否决而省下来的公帑将可能因此付诸流水，这将使澳门政府的财政负担百上加斤。

一时间，建制基层和建制商界议员（部分身兼特区筹委会委员身份）

---

① 见《华侨报》1997 年 11 月的相关报道。
② 见《华侨报》1998 年 7~8 月的相关报道。

也纷纷透过议程前发言和在其他场合表示建议并不合理，认为葡萄牙委派的政治职位，其津贴也应由葡萄牙支付，更计划要求政府透过法律程序向葡萄牙提出上诉。国务院港澳办副主任陈滋英也明确表示完全同意澳人言论，指相关支付"不合理"，并透过联络小组向葡方提出异议。正当此事闹得沸沸扬扬，新兴民主阵营议员除提出决议草案采取紧急程序外，更由于时值立法会休会期间而致函主席及联系其他议员召开特别会议之际，葡萄牙政府在1998 年 9 月底宣布其将负责支付返回原职位津贴①。

由此看到，在澳门回归前夕，在部分情形下立法会议员达成共识更大程度上借用了"外来"的力量，除了澳葡政府未能有效维护澳门的整体利益（不论是治安问题还是返回原职位津贴）外，葡萄牙政府与中国政府的态度也是当中的重要因素。以返回原职津贴为例，葡方立场的转变除因为澳门立法会议员及市民的强烈反对外，更重要的是因为中方已从官方渠道表达了对澳门各界意见的赞同，碍于中葡双方的利益关系，葡方不愿与中方在非核心问题上产生对抗。葡方原来立场的坚定激起了议会内各政治力量的反对（除委任议员外），而中方的认同则无形中成为其有力反对葡方建议的支持，在此情形下澳门的整体利益得以透过立法会的民意代表有所反映，并取得实效。

（二）2005～2009 年和 2009～2013 年届别立法会

在 2005～2009 年届别的立法会会期间，社会经济的发展使大众对社会议题的关注点有所扩张，而相关议题的争议或重要性也延续至 2009～2013 年届别的立法会会期。首先，虽然回归后治安的大大改善使其已不再成为议员关注的重点，而经济的迅速增长也使失业率由回归初期的 6.8%（2000年）渐次降低至 2005 年的 4.1% 及 2009 年的 3.6%。可是，大量外地劳工的输入以及黑市劳工的存在使劳工与就业问题仍是各政治力量的交锋所在，也是市民最为关注的切身利益的范畴，当中，以由引介至细则性通过长达一年多的《劳动关系法》法案最为瞩目，而紧接《劳动关系法》于 2009 年通过的《聘用外地雇员法》也引起社会不少的争议，而两法在其后的落实也往往成为书面质询/议程前发言的主题。次之，回归后市民对自澳葡时期已

①　见《华侨报》1998 年 8～9 月的相关报道。

有微言的公用事业与专营服务的素质日趋不满,指未能配合社会发展的需要,且部分收费过高,认为政府对专营企业有袒护和"利益输送"之嫌,也抱怨政府在公用事业的监管上存在不足。另外,回归后最为轰动的社会大事应是"欧文龙贪腐案"的揭发,其是澳门回归 10 年十大新闻之首,也是"三十年来最具代表性新闻"①,社会议论纷纷,对特区政府的管治威信带来严重打击。除了高级政府官员的操守和廉政机制受到注意外,社会更为关注由经济发展而引发的土地批给和城市规划问题。与此同时,澳门回归后的经济发展主要依赖博彩业的推动,而具博彩业背景的议员数目也渐次增加,博彩业政策也是社会的关注焦点。而关于经济跳跃式发展带来的高楼价及房屋问题,特区政府自回归后初期基本停建供夹心阶层购买的经济房屋,虽然其后提出 2012 年底前兴建 1.9 万公屋单位的承诺,但公屋的轮候制度、兴建进度、质量、配套等也引起了社会的较大反响。故此,以下将从劳工与就业、公用事业/专营服务、土地批给与城市规划、博彩业和公共房屋的热点议题和法案进行分析。

1. 劳工与就业

在《劳动关系法》法案通过前,规范劳动关系的《劳工法》自 1989 年生效后未做过重大修改,前述 1998 年曾提出修订草案但不获劳资双方的认同。自《劳资关系一般制度》法律草案(原名,后改称《劳动关系法》,下称《新劳工法》)于 2006 年初在社会协调常设委员会讨论修改时起,代表劳方的工会联合总会(简称"工联")已开始收集职工的意见,而代表妇女界的澳门妇女联合会(简称"妇联")则建议有薪分娩假期由草案提出的 42 天增加至 56 天。其后,《新劳工法》草案经过一轮的修订,在 2006 年中旬开始,各大报章均以较大篇幅报道有关新修订的内容和主要为劳工界的意见,当中,仍主要以工联和妇联及其所属议员最为积极地提出意见,且两团体分别向经济财政司递交意见书及签名。除此以外,新兴民主阵营的议员也就《新劳工法》草案内未有回应外劳与黑工等核心问题提出质疑。最终,行政会在 2007 年 4 月完成讨论,《新劳工法》草案增加了不少更有效保障

---

① 相关结果是在每年由《澳门日报》和国际银行主办的"十大新闻选举"活动中经市民投票选出,见《回归十周年胡锦涛莅澳 09 十大新闻居首 回归十年新闻选举世纪巨贪案得票最多》,《澳门日报》2010 年 2 月 20 日,第 B07 版;《欧案开审当选去年本地最大新闻 十大新闻选举揭晓月底颁奖》,《澳门日报》2008 年 3 月 1 日,第 A02 版。

雇员权益的修订，如在产假、病假等方面都接纳了劳工界以至妇女界的意见做出调整，针对强制性假期补偿方面也采取较灵活的方式。然而，商界议员虽然认同《新劳工法》草案的修订意向，但对中小企业由此所增加的营运成本表示担心①。

当然，旧有法例执行已接近 20 年，已难以配合社会经济环境的巨大变化，修订《劳工法》在原则上并没有引起太大的争议，立法会在 2007 年 6 月以绝大比数（22 票赞成，1 票弃权）一般性通过相关法案。然而，随着法案交予第三常设委员会进行细则性讨论，并展开咨询让各界发表意见，双方漫长的角力由此展开。从政治力量划分，建制基层、新兴民主阵营与本地葡籍（直选）代表劳方的意见；建制商界、新兴商界自然而然代表资方的意见，但以主要代表中小企业利益的建制商界较为积极；而建制专业力量的委任议员则没有在修订的过程中做鲜明的表态。

在建制基层中，以来自工联的四位直间选劳工界议员最为积极表达对法案的意见，当中，尤以直选议员最为关注，并提出多项针对性的意见。同时，透过议程前发言②，劳工界议员进一步阐述其对《新劳工法》条文的立场和主张。

另外，工联也透过多方途径收集劳工阶层的意见，例如讲座、论坛、巡回展览、签名运动等，并作为媒介推广相关法案的认识，其中，工联要求《新劳工法》中的劳资协议不能低于该法最低标准，并加入欠薪刑事化和设立长期服务金条文的主张最为明确，并获得其属会的表态支持③。而工联其

---

① 《劳工法案有进步亦有退步 关翠杏议员希望当局改善》，《华侨报》2006 年 8 月 17 日，第 14 版；《妇联总会建议有薪产假增至 56 天》，《新华澳报》2006 年 8 月 17 日，第 2 版；《昨会谭伯源反映对新劳工法意见立场递建议 工联：劳动基准不能倒退》，《澳门日报》2006 年 9 月 15 日，第 B03 版；《妇联争取 56 天有薪产假 向谭伯源递交意见》，《新华澳报》2007 年 4 月 3 日，第 1 版；《议员指新〈劳工法〉难降温》《劳方欢迎资方忧心》，《市民日报》2007 年 4 月 21 日，第 P01 版、第 P04 版；《徐伟坤：贫穷的中小企》，《华侨报》2007 年 4 月 27 日，第 13 版；《保障孕妇权益 妇联冀调升无理解雇赔偿》，《澳门日报》2007 年 4 月 28 日，第 B06 版；《关姐重申劳工法不应太弹性》，《市民日报》2007 年 5 月 2 日，第 P05 版；《吴国昌批评抽起了退休条款内容认须为雇员设退休保障机制》，《华侨报》2007 年 5 月 30 日，第 14 版。

② 因书面质询回复往往需时数月而失去针对法案提出意见的时效性。

③ 《工联向会员宣传新劳工法案收集意见为工人争取权益》，《新华澳报》2007 年 6 月 11 日，第 1 版；《工联签名望完善劳工法》，《市民日报》2007 年 7 月 13 日，第 P04 版；《将展签名运动争取支持 修订劳工法工联提三诉求》，《澳门日报》2007 年 7 月 16 日，第 B05 版。

后也把对《新劳工法》法案的意见书及2.2万个市民签名转交立法会第三常设委员会①。

新兴民主阵营的议员则多透过其所属新澳门学社表达其主张，与工联的意见相若，对长期服务雇员的退休保障表示关注，也坚持有关最低标准的要求②。同时，新兴民主阵营的议员认为新法案有许多方面在保证劳动者的权利上停滞不前甚至存在倒退的现象，呼吁大众关注劳工法的修改和要求政府尽快回应劳工阶层的迫切诉求，并以此作为游行活动的目的③。

与此同时，代表资方的澳门中华总商会（简称"中总"）也透过举行座谈会等形式收集商界对法案的意见，当中雇主利益代表的立法会间选议员也一并出席，并呼吁各行业雇主要把握"最后机会"积极表达意见④。显见代表雇主利益的议员担忧雇主的沉默可能使《新劳工法》过于倾向保护雇员的利益而对营商环境有所损害，这也异于过往间选议员较少直接表达其利益取向的情况。

与劳工界议员和团体的意见壁垒分明，中总要求在《新劳工法》中容许劳资双方因行业特性和作业模式，自行协定聘用及应聘条件等多项弹性条款，也明确反对欠薪刑事化和雇员因年老退休的长期服务金制度⑤。

因此，法案审议的过程并不平坦，更罕见地因小组会议决定不将恶意欠薪刑事化列入新劳工法案内，以及不加入长期服务金的概念，该委员会内唯一的劳方议员表达强烈不满而抗议离场⑥。

再者，因《新劳工法》法案审议受到广大居民、传媒和议员关注，列席小组的非委员会成员为历来最多，而由于议会内和社会各界对《新劳工法》的意见取态各异，法案的审议举步维艰。

双方的分歧并未因其后工作文本的确立而有所拉近，劳工界议员认为新

---

① 《工联向立法会递交意见书及二万二千签名 新劳法须确立欠薪刑事化》，《澳门日报》2007年8月1日，第B03版。

② 《新澳学社就劳工法提建议》，《华侨报》2007年8月1日，第14版。

③ 《学社关注劳工权益五一游行》，《市民日报》2008年4月30日，第P02版。

④ 《间选议员吁表达"行唔通"意见》，《澳门日报》2007年6月30日，第A03版。

⑤ 《倡新劳工法应顾及行业特性 中总：容许劳资自定义协议》，《澳门日报》2007年9月19日，第B07版。

⑥ 《保劳权益两内容被排除李从正极不满抗议离场》，《新华澳报》2007年12月8日，第1版。

文本低于劳工法原有的最低标准，比现行《劳工法》和 2007 年立法会一般性通过的《劳资关系一般制度》法案更差，并更加向资方利益倾斜①。与此同时，工作文本也没有取得商界议员的认同，对文本建议公司的行政管理负责人或企业代表需要为公司违反《新劳工法》所受的处罚承担连带责任表示强烈反对②，也有直选商界议员透过议程前发言反驳劳方的观点，认为劳资双方可自由订立合同或协议切合实际，并表示故意拖欠薪金的雇主凤毛麟角，不需以刑事化处理③。而间选的商界议员则相对温和地从营商压力的角度表示，如法案制定过量的补偿性措施将加重商界负担，不利于澳门产业的多元化发展④。其后，代表新兴民主阵营的社团则发表声明，不满有立法会议员对于欠薪刑事化嗤之以鼻⑤。一时间，各政治力量在媒体上针锋相对，就所持主张争持不下。

为此，代表劳工利益的工联约见了行政长官何厚铧及经济财政司司长谭伯源提出立场及意见⑥。关于劳工法的争议，劳工界最后采取约见行政长官做意见申诉，而非惯常仅向政策或法案所属的司长做利益表达的做法，显见在此法案上劳工界的坚持。最后，由政府表态为《新劳工法》的争议一锤定音，删除备受争议的"协议除外"的表述，为双方争持不下的超时工作补偿订定清晰的最低标准⑦。

当然，劳工界对政府表达明确立场表示欢迎，然而，时值澳门又发生雇主拖欠薪金事件，工联以至劳工界和新兴民主阵营议员均认为必须设定欠薪刑事化。与此同时，中总领导（包括多位间选雇主利益代表的议员）也拜

---

① 《关翠杏抨劳工法工作文本大倒退 指打垮原法最低标准不能踰越原则》，《澳门日报》2008 年 5 月 30 日，第 B07 版；《李从正提出对条文立场指新法绝不能倒退 劳工法不能以协议凌驾法律》，《华侨报》2008 年 6 月 13 日，第 13 版。

② 《商界议员对"劳动关系法"持不同意见 立会顾问：刑不上则法律流于形式》，《澳门日报》2008 年 6 月 24 日，第 B05 版。

③ 《冯志强：劳资矛盾勿偏侧一方》，《市民日报》2008 年 6 月 25 日，第 P03 版。

④ 《认劳动法过量补偿措施加重商界经营压力 高开贤 贺定一：按行业特性订雇聘条件》，《澳门日报》2008 年 7 月 5 日，第 A07 版。

⑤ 《劳动立法 不容倒退 新澳门学社就劳工立法发表声明》，《正报》2008 年 6 月 26 日，第 P01 版。

⑥ 《为完善劳工法 工联约见特首》，《大众报》2008 年 7 月 9 日，第 P04 版。

⑦ 《替代文本下周交立会 引入欠薪徒刑代罚金 劳工法案删协议除外表述》，《澳门日报》2008 年 7 月 11 日，第 B05 版。

访经济财政司司长，就《劳工法》的修订反映雇主的立场和忧虑。其后，劳工界的声音进一步获得接纳，政府在提交的《新劳工法》法案新文本中，加入了欠薪刑事化条文，建议若欠薪雇主在限期内不交缴罚金便转换为监禁①。

不容置疑，资方对政府的新修订表明不接受，在劳资博弈的持续态势下，政府最终也加入"自动缴纳罚金"制度，让欠薪雇主在自动交缴罚金期限届满前履行金钱债务（如欠薪）可获免除缴纳罚金的处理方式，为商界对欠薪刑事化的顾虑降温，而由妇联及所属议员提出的女性雇员56天分娩假期及生父可因成为父亲而缺勤的诉求也在最后的文本中有所回应②。

然而，各种利益取态的争论并未因多次的会议和法案文本的修改（四易其本）而有所调和，在提交法案予大会审议前夕，行政长官何厚铧更史无前例地介入"拉票"，宴请商界和委任议员，呼吁他们以整体利益为重而对政府提交的《新劳工法》法案投下赞成票③。事实上，法案的细则性审议较预期顺利，在众多劳资各执一见的条文上，商界议员（包括建制商界和新兴商界）并没有太多投下反对票，连当初最具争议性的欠薪刑事化条文也全票通过。最终《新劳工法》自一般性通过后14个月始在2008年8月获细则性通过，为历次法案之冠。

《新劳工法》是各立法会会期内少有的极具争议性的法案，其草案的出台、讨论，以及获一般性通过后漫长的争论过程，可见各政治力量充分表达了其利益取向。除与前述书面质询中直选议员较积极行使对政府的监察和做利益表达外，因该法案与广大劳工阶层和工商界的利益密切相关，间选议员也打破沉默透过传媒表达对法案的看法，并以中总的名义向经济财政司司长反映意见。同样的，回归后作为建制内"政府管治同盟"的传统劳工界议员一反常态多次表达对法案的强烈不满，在小组会议期间因不满讨论的结果而采取抗议离场的方式也甚为罕有，而劳工组织以拜访行政长官做最后的利

---

① 《〈劳动关系法〉法案新文本加入"欠薪刑事化"劳方表欢迎资方不接受》，《华侨报》2008年7月21日，第14版。

② 《三常会同意产假增至56天　倡撤服务年期限制　生父可缺勤两工作日》，《澳门日报》2008年7月29日，第B11版。

③ 《箍票凑效七成多条文已通过》，《华侨报》2008年8月5日，第11版。

益申诉以显示其坚定不移的立场也非比寻常。

《新劳工法》通过后，在 2008～2009 年立法年度完成审议通过的俗称"外劳法"的《聘用外地雇员法》（以下简称《外雇法》）的审议过程同样一波三折。

《外雇法》前称为《规范聘用外地雇员的原则》和《聘用外地雇员规范制度》，特区政府于 2006 年 8 月已完成收集劳资双方及社会各界对《聘用外地雇员规范制度》及《打击非法工作的一般制度》法律法规草案的第一轮咨询意见。经整理并配合《劳动关系一般制度》法律草案，分别制订《规范聘用外地雇员的原则》法律草案及《规范聘用外地雇员规章》行政法规征询意见稿，并展开第二轮公开咨询。当中，以代表劳工界利益的工联最为积极，透过在社会协调常设委员会的委员在第一轮咨询过程中开展意见收集的工作，整理后提交意见书和修改文本予相关部门，并在工联总会网站上刊载。

劳工界议员认同对《聘用外地雇员规范制度》及《打击非法工作的一般制度》框架做出调整，认为改以法律和行政法规形式制订，无疑较之前单以行政法规形式制订为佳，表达当局将有关规范权利上的保障或禁止等内容透过法律制订，而仅抽出有关行政部分以行政法规推出的做法是可以接受的①。同时，工联强调《外雇法》必须订定输入外地雇员的总量，在一些行业和职业种类禁止输入外地雇员，订定申请外地雇员单位的本地与外地雇员具体比例，订明优先聘用本地雇员的可行措施等②。可是，由于政府在完成第二阶段的咨询后迟迟未有把相关法案交予立法会审议，劳工界议员也透过书面质询督促行政当局尽快提交法案。

《外雇法》中较大的亮点是加入雇主必须为外地雇员缴纳聘用费，亦加大了对聘用黑工的处罚。聘用费具体缴纳金额由行政法规订定，而有关费用将用于社会保障。而法案也建议对聘用黑工雇主可处最高 3 年徒刑或最高 150 日罚金，并可处以禁止聘用外地雇员、承揽政府工程和服务批给、剥夺获政府资助津贴或优惠的权利 6 个月至 2 年的附加刑。

---

① 《关翠杏：外劳法全透过法律制订》，《市民日报》2006 年 8 月 18 日，第 P02 版。
② 《工联响应外劳法两草案咨询重申多项建议 保障本地 工人条文欠具体清晰》，《澳门日报》2006 年 8 月 27 日，第 B06 版。

　　然而，工联以及劳工界议员认为法案文本并未充分吸纳劳工界的意见，包括外雇总量控制，以及外雇退场机制等内容。在一般性讨论时劳工界议员也批评法案内容过于空泛①。但建制商界议员亦持相反观点，认为《外雇法》应以框架为主而不需过于细化，具体内容可通过行政法规因应实况来辅助法案落实②。

　　商界议员也普遍支持法案的制订和内容，并较《劳工法》在起草阶段的较大反应有所不同，部分可能是因为外劳法重点之一的征收外劳费机制是行政长官较早前所提出的，事前已有一定的酝酿和共识，在交予立法会一般性表决前夕，建制商界议员认为《外雇法》立法已取得基本共识，建制基层和建制专业的议员也认同外劳管理方面有待改善而需要以法律加强对聘用外雇的规管，认为其时是适当的立法时机③。可是，在交予大会一般性讨论、表决时却出现戏剧性结果。建制商界议员以法案涉及当时《劳工法》多项条文，但《劳工法》即将被立法会正在细则审议中的《新劳工法》取代及废止为由，认为《外雇法》法案未具条件做一般性讨论、表决，动议要求暂时搁置一般性讨论、表决。劳工界和新兴民主阵营的议员认为突然押后法案的讨论并不恰当，但由于反对的票数仅 3 票，弃权的也为 3 票，动议最终获大会通过。

　　《外雇法》的立法进度就此暂缓，但劳资双方的分歧则渐见明显，新兴民主阵营的议员更直指立法会"搁置"《外雇法》的审议是背离公众期望，并引起多位议员的评议。而劳工界议员也反复透过接受访问、提出书面质询和议程前发言等强调须以法律形式规范外地雇员的输入及管理，明确设立输入外地雇员的总量和比例之制度，并须尽快就外地雇员与本地雇员的比例制度展开实质性的研究④。政府的立场也由此有所转变，表示比例制和退场机制等建议已包含在交到立法会讨论的《外雇法》法案的立法精神中，而修

---

① 《当局立会引介外劳法 强调仅为补充本地劳动力不足》，《澳门日报》2008 年 3 月 1 日，第 A07 版。

② 《徐伟坤：外劳法属框架毋需细化》，《市民日报》2008 年 3 月 3 日，第 P02 版。

③ 《普遍认同立法意向议员对外劳法意见不一》，《澳门日报》2008 年 4 月 7 日，第 B06 版。

④ 《关姐提减输劳冲击三部曲》，《市民日报》2008 年 5 月 21 日，第 P02 版；《梁玉华：审批外劳须有科学依据 倡分阶段削减博彩业外雇总量尽快设建筑业退场机制》，《澳门日报》2008 年 7 月 1 日，第 B10 版。

订文本使其表述更加清晰以利议会审议①。可是，这并未获得劳工界议员的认同，他们更罕见地发表联合表决声明，表示"本来打算投弃权票，基于昨日出席的议员人数较少，为了不希望法案不获通过，最终投了赞成票"②。尽显对法案文本的不满。

而与劳工界议员持相似立场，新兴民主阵营议员认为应设定外地雇员总上限，并针对不同行业设定外地雇员的数量和比例，全面撤销所有博彩机构内的非技术性外地雇员。同时认为实有必要透过立法程序，处理外地雇员轻易"跳槽"的问题及制订"过冷河"程序③。

代表商界的议员则认为《外雇法》法案与已通过的《新劳工法》一样，较多倾向于保护雇员，而未考虑到雇主的权益，质疑聘用费的实际成效，也质疑引入外雇比例将令商界尤其是中小企的人力资源更为紧绌④。

《外雇法》审议过程中恰巧全球金融危机的影响迅速蔓延，澳门博彩业首当其冲，金沙集团于2008年11月宣布暂时搁置澳门"威尼斯人"度假村的第五、六期工程计划，接着传出部分博企"减薪"或"冻薪"的消息并获得证实，此时劳资双方在《外雇法》上的分歧更见明显：劳工界议员认为应削减外雇以保本地居民的就业权益，并应透过系列措施提升人才质素；商界议员则认为外雇对澳门是绝对重要的，低技术性、厌恶性职位多由外雇负担，外雇亦支撑了中小企的营运⑤。

为此，《外雇法》在2008年8月获立法会一般性通过，虽然其后在立法会第三常设委员会经过多次会议审议，但自2009年12月后相关法律的立法工作便毫无声息，有报道指出委员会正等待行政当局提交新的法案文本⑥，而其时离立法会会期完结仅剩1个多月。最后，立法会延长

---

① 《政府施政意向引入比例制退场机制等　谭伯源认同须检讨外劳管理》，《澳门日报》2008年7月8日，第A03版。

② 《立会一般性通过外雇法　劳工界议员轰外雇审批监管不力》，《澳门日报》2008年8月13日，第A01版。

③ 《吴区促撤赌企非技术外雇》，《澳门日报》2008年8月13日，第A02版。

④ 《无考虑雇主权益　质疑聘用费成效　高开贤：法案倾向保护雇员》，《澳门日报》2008年8月13日，第A01版。

⑤ 《各行业发展放缓影响就业　梁玉华徐伟坤对削外劳存异议》，《澳门日报》2008年10月30日，第A03版。

⑥ 《关姐指外雇法规未见踪影》，《市民日报》2009年7月3日，第P05版。

会期至 10 月中旬以完成审议和表决。当中，劳工界议员认为应赶在立法会换届时完成该法案，但商界议员则担心仓促通过法案难免影响立法质量，最终在 23 票赞成、1 票反对和 4 票弃权的情况下通过以紧急程序延期审议①。

在最后细则性审议期间，劳资双方的分歧也未有很大的拉近，特别是"过冷河"制度引起了激烈的辩论②。最终《外雇法》在争议声中于 10 月 9 日获细则性通过，但因议员对该法案较关键的条文存在很大的分歧，结果出现自回归以来，首次有法案条文因赞成票数不足而未获通过、需要删除的情况。当中遭删除的条文包括许可聘用外雇的最长期限，这造成对聘用外雇没有年期限制；以及修改现行法律，加重处罚雇用黑工的徒刑年期，这致使负责细则性讨论该法案的立法会第三常设委员会主席郑志强表示极度遗憾，而从各方的表决声明也可窥见当中的利益矛盾未有调和，致使法案中的争议点需要以行政法规在其后做出补充。

其中，行政法规规定向聘请外雇的雇主征收聘用费 200 澳门元，代表商界的中总领导人随即表示这增加了资方的负担，虽然大企业可以承担，但使中小企百上加斤。而饮食业联合商会代表兼间选议员也表示根据该会调查，约有七成饮食企业认为《外雇法》的实施将会造成不利的影响，而《外雇法》带来的额外成本将反映在经营成本上③。与此同时，劳工界议员和工联则不满设定外雇输入总量、比例及设立具公信力监察机制的长期要求并未在行政法规中有所体现，也因而提出质询④。

从利益代表的角度来看，因过去澳门以劳动密集产业为经济支柱，以廉价劳动力为竞争优势，原《劳工法》对雇员的利益保障匮乏，各类欠薪、

---

① 《立法会延长会期审议外劳法 议员忧法案完成过于仓促》，《大众报》2009 年 8 月 12 日，第 P04 版。

② 根据法案第四条第二款，外地雇员的逗留许可被废止又或过期失效后，须经过 6 个月才可再获发同类许可。这是希望设立半年的外雇"过冷河"制度以避免有人以申请到中小企业工作为名，来澳后"跳槽"大企业，或大企业以高薪向中小企业外雇"挖角"。

③ 《座谈会聚焦人资问题 多个行业冀适度放宽加快输入外雇》，《澳门日报》2010 年 3 月 26 日，第 A03 版；《中总认为聘外劳成本高于聘本地人》，《新华澳报》2010 年 4 月 22 日，第 02 版；《外雇法增经营成本 饮食业加价缩营业时间二选一》，《澳门日报》2010 年 5 月 11 日，第 A10 版。

④ 《工联遗憾外雇总量比例不立法》，《澳门日报》2009 年 10 月 30 日，第 A06 版；《关翠杏就外雇法欠周详质询》，《华侨报》2010 年 4 月 16 日，第 23 版。

无理解雇、不公平对待工人的情况充斥于劳动市场，而对外地雇员的输入欠缺法律规范也使黑工问题日益严重，外雇数量持续增加，但在以和谐协商为主导的社会氛围下，劳工阶层或工会组织也甚少以激烈的方式争取权益，加之立法会内以商界议员的数目占优，因此，是次劳工界议员和团体的行为取态，实际上是较弱势的群体竭力争取与其他经济体和国际公约表述相一致的权益。当然，在2007年爆发最为严重的警民冲突"五一游行"至2009年立法会选举之间的特殊时间段，也使得政治精英更需要突出其利益代表的功能，众多社会运动的发生已揭示传统社团在利益表达上失去原有的垄断性角色，而直选议席的激烈竞争也使议员在利益取向上更为关注占选民较大比重的劳动阶层。

而站在主要代表中小企业的建制商界议员（直选和间选）的角度，虽然其基本没有选举竞争的压力，但《新劳工法》中假期工作"三工"（三倍工资）的规定、《外雇法》中聘用费等规定将不可避免地增加其营运成本，而在主要由大型博彩企业带动的高速经济发展下，中小企业的获益程度不高，并受到人力资源紧张和租金上升等因素的影响。为此，建制商界议员的积极表态是不难理解的，最终因行政长官的影响力而在《新劳工法》细则性审议时所做的妥协让步则显见其以澳门整体利益为考虑，避免因劳资双方持续的意见不一而使法案的落实一再推迟，影响广大工薪阶层取得更全面的劳工保障。然而，因劳资双方未能很好调和当中的矛盾，致使《外雇法》中部分更好保障劳动权益的条文不能落实或遭删除，这却是总体社会付出的代价。

相对的，由于新兴商界多从事与博彩业相关的高利润行业，而博彩业的迅猛发展使得博彩企业一直透过高薪和具吸引力的福利吸引充足的人力资源，《劳工法》的修订和《外雇法》对其利益或原有的待遇福利未有构成与建制商界同等程度的冲击。再者，新兴商界议员大部分来自直选，其倾向雇主的利益取态容易使主要为劳工阶层的选民产生反感，影响竞选的连任。因此，在法案处于委员会讨论的过程中，新兴商界议员较少透过议程前发言或接受访问进行公开的利益表态，而主要是在最后立法会大会的讨论和投票阶段才做具体的利益表达。

虽然并非直接为劳资双方的利益持份者，新兴民主阵营与土生葡籍的直选议员以维护劳工的权益作为其利益代表对象的核心，特别是新兴民主阵营议员的取态和意见基本与劳工界相同，一定程度上促使政府在最终法案文本的取态上倾向关照劳工界的利益。而属委任的建制专业代表，则基本没有以明确的姿态表达其利益取向。

2. 公用事业/专营服务

虽然在回归后议员们对公用事业/专营服务的关注从书面质询所占比例上似是有所降低（2005～2009 年），但 2009～2013 年则有明显的上升，且在回归后澳门多项公用事业仍是垄断专营或寡头垄断，而在经济与人口高速增长的同时，其服务质素和收费一直为市民所诟病，整体社会的关注程度越来越高，特别是 2008 年政府拟批准两家巴士公司大幅调高票价四成，并获政府补贴一事，以及其后新巴士服务引起的服务质素和增加服务费的争议引起了社会的高度重视和议论，因这不单涉及公用事业的服务质素和经营问题，更与公帑的运用扯上关系。

自 2006 年，澳门两家巴士公司在公布业绩时均表示虽然营运收益有所增加，但因营运成本（工资、购买新车辆等）的上涨而亏损，希望政府批准加价的申请。然而，新兴民主阵营议员对于巴士公司在“自由行”和经济环境持续改善下录得可观的收入增长却从盈转亏感到诧异，并在议程前发言质疑政府，容许把原给巴士公司用作兴建巴士总站和商住用途的两幅土地分别转让到同属承批人名下的两家私人公司，使由此所产生本可消减巴士加价压力的盈利完全归私人所有，而巴士公司则能以亏本原因而申请加价①。不少关注公用事业的社团和社会评论也对巴士公司的服务质素提出批评，认为“加价”的前提是服务质素的提升。直选土生葡籍、建制基层的劳工和新兴民主阵营议员均透过书面质询对巴士服务质素的每况愈下提出关注，并质疑巴士公司负责人可能存在利益冲突（同时承包赌场的穿梭巴士服务）以及建议开放巴士专营权②。另外，对巴士公司难以聘请足够司机的困境，

---

① 《区锦新盼政府暂不批准巴士加价》，《华侨报》2006 年 3 月 22 日，第 24 版；《两巴批地转私人名下离谱》，《正报》2006 年 4 月 28 日，第 P04 版。

② 《澳巴连迭发生严重意外 冯金水促政府加强监管》，《华侨报》2006 年 8 月 18 日，第 14 版；《巴士加价难获支持》，《正报》2007 年 1 月 4 日，第 P01 版；《中途站乘搭需候廿分钟 有隔卅分钟方见同线车澳人搭巴士难日趋严重》，《华侨报》2007 年 1 月 5 日，第 11 版；《搭巴士难高天赐提质询》，《新华澳报》2007 年 1 月 10 日，第 1 版；《李从正盼完善公交服务》，《澳门日报》2007 年 1 月 19 日，第 E06 版；《几许巴士变身赌场酒店专车区锦新轰巴士公司不务正业》，《正报》2007 年 1 月 26 日，第 P04 版。

劳工界议员也表示相关问题主要由巴士公司的内部劳资关系制度引起，并批评政府的取态过于偏袒巴士公司①。

由此，议员和坊间的群起反对使巴士公司提出的加价申请一直被搁置，而巴士服务也因路面交通日趋繁忙、乘客量增加、巴士司机的不足等因素而没有改善的迹象。

在两家巴士公司的专营合约即将到期，政府也计划开放巴士专营权引入竞争之际，政府宣布拟与两家巴士公司签订 2 年临时批给合同，并初步同意在 2008 年底前加价，加幅四成。同时，为减轻因加价导致的市民负担，政府将补贴持电子收费卡的居民乘搭巴士，涉及每年使用公帑 2 亿 5000 万澳门元②。

此一消息公布后随即引起社会的强烈反响，特别是 2008 年下半年美国金融危机的爆发瞬间为澳门的博彩业降温，经济前景转差，除了多个社团表达了加价幅度过大，并要求政府详细解释有关公帑补贴的细节外，报章的不少评论也质疑大幅加价的合理性和公帑补贴的必要性③，而澳门消费者委员会也表示高度关注和认为加价幅度过大，同时，也有传统社团表示支持政府的取态但对补贴金额有所保留④。事实上，因为自 1998 年起澳门的巴士票价一直冻结，社会上对 10 年后票价的适当调整并没有太大的异议，但条件是巴士服务的质量有所提升，可是，政府并未就此对公众做出详细的解释。

这样，不单属新兴商界的议员质疑政府计划补贴巴士乘客车资的合理性，认为此举将打开政府利用公帑资助公用事业/专营服务的"先河"，而且一直对公用事业较为关注的新兴民主阵营和建制基层的议员，也纷纷透过

---

① 《早知两巴问题症结无跟进协调 关翠杏：当局不负责任》，《澳门日报》2007 年 1 月 29 日，第 A07 版。

② 《拟加八角至二元 加幅四成年底前实施 巴士加价政府补贴坐车平咗》，《澳门日报》2008 年 10 月 4 日，第 A01 版。

③ 《冯金水认两巴加幅过高》，《澳门日报》2008 年 10 月 5 日，第 A03 版；《两巴加价首年赚回历年亏损梁金泉指 40% 加幅咋舌 促交代提升服务计划》，《市民日报》2007 年 10 月 6 日，第 P01 版；《潘志明反对两巴加价及补贴》，《正报》2007 年 10 月 7 日，第 P04 版；《当第四辆巴士走了以后》，《澳门日报》2008 年 10 月 7 日，第 E03 版；《公交优先是假 利益输送是真》，《讯报》2008 年 10 月 10 日，第 4 版；《错过了根治问题的时机》，《澳门日报》2008 年 10 月 10 日，第 F06 版。

④ 《消委会认两巴加幅过高》，《澳门日报》2008 年 10 月 13 日，第 B07 版；《侨总冀准确拿捏补贴分寸 公帑使用宜加谨慎》，《澳门日报》2008 年 10 月 9 日，第 A02 版。

表态和书面质询质疑大幅加价的理据和政府补贴的计算①。虽然包括运输工务司司长的政府代表到立法会接受议员的提问，但由于在巴士的账目监管等方面政府没有给予明确的回复，公众未能就当中的合理性有所释疑，新兴民主阵营议员也去函立法会主席要求召集为辩论公共利益问题的全体会议。

按理就涉及公用事业的大幅度加价，并与大笔公帑的使用相关联，社会普遍期待透过公开辩论让公众了解加价与政府补贴的合理性，可是，动议仅获得部分直选的建制基层议员、新兴民主阵营和直选本地葡籍议员的支持，在占议席超过半数的委任与间选议员的一致反对下，相关辩论未能成功召开②。然而值得注意的是，虽然新兴商界议员和劳工界间选议员也曾就相关事宜提出质疑，但其以弃权票做出表态。

在反对的声音中，主要以提出辩论之理由陈述中涉及宪制上的问题而并不合宜，以及因政府已做了表态，相关不清晰的地方可以以书面质询澄清为由。然而，立法会作为代表民意的立法机关，就公共利益问题展开辩论事实上是《基本法》赋予的职权，而有关在辩论之理由陈述中可能涉及的宪政问题，其实也非辩论合理性与合法性的核心，就此影响展开辩论的表态值得商榷。

接着，新兴民主阵营与直选劳工界议员分别提出两项有关巴士加价幅度过大的辩论动议案，在有关事件已连日成为社会争论焦点的情况下，大部分直选议员均发言支持动议，但在委任议员和间选议员的共同反对下，加上部分直选议员投弃权票，两个动议案分别以 2 票及 1 票之差而未获通过③。

最终，政府在各方压力下，虽然批准两家巴士公司的加价申请，但加幅由原来的接近四成下调至 28%，政府每年的额外支出也减少至 2 亿 900 万澳门元。而由于批准的加价幅度较原建议方案低，政府要求两家巴士公司达到的增加班次、增聘人手和合理回报也相应下调④。

---

① 《梁安琪促交代补贴票价理据》，《市民日报》2008 年 10 月 10 日，第 P04 版；《关翠杏质询两巴补贴措施》，《澳门日报》2008 年 10 月 17 日，第 B06 版。
② 《立会全体大会十三票反对 巴士补贴辩论动议遭否决》，《华侨报》2008 年 10 月 30 日，第 14 版。
③ 《两巴加价冇得辩论》，《市民日报》2008 年 11 月 11 日，第 P04 版。
④ 《加幅27% 澳线每程 3.2 元 巴士下月加价政府年贴 2 亿》，《澳门日报》2008 年 11 月 20 日，第 A03 版。

其后特区政府于 2011 年 8 月正式推出新巴士服务模式，巴士服务以外判的形式判给巴士公司经营，营运公司必须按照政府所订立的集体客运公共服务要求（包括服务质素、巴士路线及班次等），提供服务、车辆、设备、人员及后台设施等，并按照实际所提供的服务向政府收取合同订明的服务费用，乘客所支付的票款则属特区政府所有。按计划政府可强化对巴士服务的监管，除增加巴士班次、增辟新的路线外，亦能规范车辆的车龄、车厢内的无障碍设施等。而对于透过开放巴士专营权，在新服务模式下吸引一家具外资背景、拥有营运全球多地公共运输工具经验的公司进驻澳门，社会普遍具有较高的期望。但在新巴士服务正式启动前，新兴民主阵营的议员已对此模式的效用有所质疑，认为原有澳门巴士服务质素不理想的原因在于缺乏竞争，而新的巴士经营模式却取消市场力量，完全由政府投入巨大资源"购买服务"，担心效益未如理想，并将大幅度增加公帑的支出①。

同时，来自劳工界和新兴商界的议员也就新旧巴士服务之间的过渡、巴士司机的人力资源、政府监管等问题提出书面质询，特别是新加入营运的"维澳莲运"因招聘司机不理想而曾提出输入外劳的构想引起了一定的关注。然而，新巴士服务模式实施初期成效不尽如人意，新经营者取得最大份额和最骨干的巴士路线，却在班次、行车安全、车辆硬件等多方面为人诟病，出现较严重的脱班情况和多宗交通意外，为此，于新服务模式启动一个多月后所做的调查显示，仅 19.8% 的受访者认为整体巴士服务比以前好；表示比以前还差的占 29.9%②。

在新巴士服务模式运作不足一年的时间，于 2012 年 6 月底传出三家巴士公司向政府提出提升服务费的申请，并已获政府完成审批加价 23%。与上一次巴士加价的情形相若，这一事件旋即受到各方的批评。新兴民主阵营议员指出政府如此迅速完成审批（2012 年 4 月始申请）是非常仓促和不负责任的，认为任何加价的申请必须有具体理据，亦应考虑不同公司的表现做个别调整，并提出质询表示涉及民生的特许经营公用服务收费调整应提交立

---

① 《谈谈新巴士服务经营模式》，《正报》2011 年 1 月 13 日，第 P04 版。
② 《调查指巴士服务未改善塞车更甚交局评分不高》，《新华澳报》2011 年 9 月 15 日，第 P02 版。

法会审议①。建制基层议员则批评在新巴士服务质素未有改善的情形下加价缺乏理据，且加幅过大，也有指加价的程序是"先斩后奏"。而建制商界、新兴商界议员以及街坊总会、妇联等多个社团也就批准加价仓促、缺乏透明度、加价理据等提出质疑。

由于社会反弹强烈，交通事务局于7月中旬宣布暂缓三家巴士公司调升服务费的行政程序，直至三家巴士公司能按"承诺"改善服务才再重启，而就在传媒和社会的压力下，交通事务局也公开了巴士批给合同文本的主要内容，让公众了解调升服务费的理据，从中知悉计算服务费加价的方程式（其元素主要有轻柴油价格、雇员薪酬及通胀调整等数据），但没有提出服务质素和交通安全的要求②。而在接着的立法会土地及公共批给事务跟进委员会闭门会议中，运输工务范畴官员承认工作有失误，提出包括研究引入巴士服务质素评鉴制度的改善措施③。

政府在市民反对下"暂缓"向巴士公司增付服务费，但是这一事件仍触发市民游行。而新兴民主阵营和建制基层议员也不约而同地通过议程前发言促请政府在往后重大公共工程拨款、专营与特许经营批给，以及涉及民生的收费调整需交给立法会公开审议。

虽然在直选议员中强化立法会对公用事业收费调整的监管似有共识，但在随后的口头质询大会上，由新兴民主阵营议员提出的要求当局建立法定机制将重大公共工程拨款、专营与特许经营批给，以及涉及民生公用服务的收费调整交由立法会公开审议的提议，受到建制专业议员的反对，其认为与《基本法》规定立法会的权力范围有所不容，并认为就重大公共利益及事务立法会已设立多个专责委员会监督④。

由此，各政治力量（包括建制专业）的立法会议员反映了巴士服务质素的未完善之处，且该问题成为在其后施政辩论中追问交通范畴官员的焦点，但交通事务局仍然在2013年2月批准两家巴士公司（除"维澳莲

---

① 《陈伟智：闪电审批违阳光施政》，《市民日报》2012年6月30日，第P01版；《巴士提加价 吴国昌要求立会审议》，《正报》2012年7月3日，第P01版。
② 《交通局让传媒索取巴士批给合同以了解内容 合同欠质素与安全度要求》，《华侨报》2012年7月13日，第11版。
③ 《立会闭门会谈巴士调价 冀政府检讨改善不足》，《大众报》2012年7月14日，第P01版。
④ 《巴士加价经立会审批或抵触基本法》，《濠江日报》2012年8月14日，第B01版。

运"外）加价23%，而加价的起始点由2012年6月开始计算，这也就再次引起社会强烈的反弹，与建制基层社团关系密切的智库团体随即认为当局以巴士服务未符民望之时作为加价的起始点于理不合①，建制基层、新兴民主阵营议员纷纷批评当局做法难以理解，也有新兴商界议员认为绕过交通咨询委员会"解冻"巴士加价程序让人质疑政府未能站在公共利益的立场说话做事，主导角色倒置②。在社会的强大压力下，当局最终仍完成两家巴士公司的调整服务费的财政拨款行政程序，这意味着加价"米已成炊"，但追溯期由最初提出的2012年6月缩短至由2013年1月1日，且政府承认调升巴士服务费仅根据合同及法理审批，无法顾及社会对改善巴士服务水平的殷切期望③。

在两次巴士加价事件中，由于行政当局在政策实施上缺乏透明度，且巴士服务质素未能达到市民的期望并呈恶化趋势，市民大众普遍反对加价的申请。在2005~2009立法年度内，由于有关加幅和补贴等事宜并未能在议会内得到澄清，在欠缺足够透明度的情况下，虽然政府提出的补贴方案能减轻市民的乘车负担（实际收费较加价前为低），但并未得到整体市民的支持，相反，市民认为政府在公用事业的监管上存在不足，而立法会作为利益代表和表达的角色也受到一定的质疑。纵使在2009~2013立法年度内的调整服务费申请因受到各政治力量（特别是直选议员）和多个社团（包括建制社团）的质疑而暂时搁置，并待其中两家巴士公司的服务质素有所改善时才得到加费的批准，但由于立法会对公用事业的费用调整并没有审议的权力，而立法会内相关的专责委员会也没有被赋予主动监察的制度能力（很大程度上视乎行政当局是否通报专责委员会有关加费的申请），立法会对公用事业的监管往往处于相对被动的位置而被诟病。

3. 土地批给和城市规划

自2006年底"欧文龙贪腐案"（以下简称"欧案"）的曝光和其后一年

---

① 《群力指巴士加价图瞒天过海》，《市民日报》2013年2月3日，第P02版。
② 《巴士服务改善须清晰理据 李从正促交代调费解冻原因》，《澳门日报》2013年2月4日，第A03版；《吴国昌：反攻倒算偷偷加费》，《市民日报》2013年2月4日，第P01版；《陈明金批交通局罔顾公共利益惹民愤》，《市民日报》2013年2月6日，第P04版。
③ 《两巴去年申请加价得直 今年一月起计 政府缩追溯期或捱告》，《澳门日报》2013年4月14日，第A01版。

多的审理，一直以来被社会诟病的土地批给欠缺透明度的问题备受重视，因为与"欧案"相关的受贿项目不少与土地批给和建筑物高度放高相关，而澳门成功申报世界文化遗产后对历史文物的保护与经济发展需求所构成的矛盾，以及后来新城填海计划的公布，使得城市规划与土地批给像双生儿般受到社会的关注。

自回归后，澳门的土地鲜有以公开竞投或拍卖的形式批给，而不管是商业、住宅还是其他类型的土地批给绝大部分均以免公开竞投的模式操作，因此，在"欧案"曝光前，社会上一直有声音认为土地批给的过程欠缺足够的透明度，容易引起"利益输送"的嫌疑。

自 2003 年起经济的整体增长使过去在回归前夕出现的大量空置住宅单位情况大有改善，而由博彩业垄断专营权的开放所带来的庞大新建赌场与酒店需求也使建筑业进入新一轮的成长期，过去很多闲置的土地被重新利用，但当中涉及不少土地因长期闲置而超过原批给的开发期限，又或在新的申请中因用途改变而需补偿溢价金的情况，这就可能成为"利益输送"的载体。

从前部分书面质询的量化分析可看到，整体来说新兴民主阵营的议员对土地与整体规划（包括土地批给）的关注程度最高。事实上，在"欧案"被揭发前的 2005/2006 立法会会期，新兴民主阵营的议员已多次针对土地用途的改变和溢价金补偿偏低等向政府提出质疑，并提出土地的批给应遵从公开竞投的程序。为此，行政长官也曾就此做出澄清，表示特区政府在过往数年新批出的土地几乎均为澳葡时代所批出的，仅有一两块土地是回归后批出的，且是在没有违反法律的情况下进行的，并解释政府批地时不采用公开竞投的形式，是因为不欲推行高地价政策[1]。然而，相关议员并没有因此释疑，持续对特区政府多块土地的批给和溢价金征收予以批评，透过递信、书面质询、口头质询、议程前发言和其论政社团的刊物等发表意见。属建制基层的劳工界直选议员和土生葡籍直选议员也表达对政府在批地过程中透明度不足的质疑。

事实上，土地溢价金的计算公式是在 2003 年检讨、2004 年订定的，而当时澳门的房地产市况已与 2005 年和 2006 年实行时大相径庭，因此往往政府收取因土地用途变更（如工业改变为商住）的溢价金金额数目仅及市场

---

① 《提官商勾结特首发火》，《正报》2005 年 11 月 16 日，第 1 版。

价值的一小部分。同时，政府对已批给但超过开发期限的土地一般采取较宽松的处理态度，甚少收回，并允许用途的更改或公司间的转换，这使商人能从中赚取较土地溢价金高出数倍的利润[①]，也使得大众难以消除政府在土地批给过程中存在"黑箱作业"的怀疑。

作为稀缺资源，特别是在澳门这弹丸之地，土地的价值不言而喻，而在理论上其所有者也应为全体市民，政府则充当代理人的角色而对其使用权做出分配。因此，由土地所产生之利益实际可归属为公共利益。

2006年底"欧案"的揭露及其后的审理，显示当中涉及不少土地出让的幕后交易，在一定程度上印证了社会上的一些猜测和指责，由此，除了以新兴民主阵营为代表，对政府的各项土地批给持续透过质询和传媒做出监督外，立法会的建制基层议员也对土地批给格外关注，并提出成立"检视土地及公共工程批给制度临时委员会"和"检视公共财政制度临时委员会"的提议[②]，该提议得到几乎全体议员的一致支持（仅有一票弃权）而获得通过。

同时，政府也就此采取多项措施增加批地的透明度，包括加快土地法的修订和对溢价金的检讨、成立土地发展咨询小组、建立"地籍信息网"、设立土地批给公开旁听会等，并在2008年1月举行了回归后第2次土地公开拍卖。

与土地批给相关联，由于澳门一直欠缺整体的城市规划法律，官员对建筑工程的批给存在较大的裁量权，容易造成渎职的情况；再者，经济的发展与原来的城市尺度、世界文化遗产的保护产生越来越大的矛盾，前述第五章有关"松山灯塔事件"便是最佳的例证。

在2006年8月土地工务运输局公布的在松山山脚一带开展的整治方案使多个地段的建筑高度限制被大幅放宽之前，主要是新兴民主阵营议员较多关注澳门城市规划的问题，而在有关方案公布后，新兴民主阵营议员提出的

---

① 例如在2005年3月，一块原本在1993年批出，位于黑沙环新填海区近"东方明珠"面积9万多平方米的工业用地获批转为商住用途，溢价金共收9亿多澳门元，然而，获批地的发展商随即在同年4月，将其上述获批商住用途土地的八成股权，以84亿多港元转让，引起新兴民主阵营议员的质疑和社会的讨论。见《指黑沙环地段十多年来未依约发展 议员质询批工用地转商住》，《澳门日报》2006年5月15日，第B12版。

② 《检视土地工程批给及公共财政制度五议员联署提案倡立会设两临委会》，《华侨报》2006年12月20日，第11版。

书面质询以及文化和历史文物关注者的声音掀起了社会对保护松山灯塔的讨论，议会内其他政治力量的议员也相继表达对有关方案以至对澳门如雨后春笋般正在兴建的高楼群建筑的担心。因事态的发展，中央驻澳联络办公室把在松山山脚下兴建中的新大楼高度也调低了，而政府在 2008 年 4 月颁布了行政长官批示，订定东望洋灯塔周边区域兴建楼宇容许的最高海拔高度。

此事除了引起大众对经济发展过程中如何保护文化遗产的关注外，也使社会各界更加认识到建立整体城市规划法规和指引的重要性。以新兴民主阵营的议员为主，加上其他政治力量，对城市规划等相关议题持续向行政当局表达意见和关注，而政府也逐渐积极地开展城市规划的研究、法规的建立等工作。城市规划的议题在 2008 年后已成为运输工务范畴的一个重点，特别是新城规划方案的公布。

2008 年初有内地官员透露澳门计划今后再填海造地 20 多平方公里再造一个新澳门，其后当局做出澄清，表示实为 2006 年公布的澳凼新城区填海规划的微调方案①。

2006 年 1 月初，时任运输工务司司长欧文龙举行记者会推介填海造地 398 公顷（约为澳门总面积 1/8）的计划，新兴民主阵营和建制基层议员随即就庞大的填海造地建新城区计划要求立法会召开口头质询政府工作的全体会议，认为缺乏城市规划的法制基础，相关填海计划存在众多疑问，质询当局有关填海规划方案的制订过程和科学理据②。实际上，大规模填海造地的计划事出突然③，而政府官员在口头质询的回应中未能清楚阐释，使得包括委任议员在内的各界别议员也齐声予以批评④。随后，立法会邀请政府代表就新城规划的构想和初步规划，以及如何分阶段进行相关工作等问题向议员做详细讲解。过程中，官员透露特区政府已把相关计划提交中央政府审批，

---

① 《五幅土地已报中央特区拟填多一个澳门》，《澳门日报》2008 年 4 月 6 日，第 A01 版；《何来 20 平方公里填海计划》，《华侨报》2008 年 4 月 9 日，第 11 版。

② 《吴国昌指填海建新城缺乏城规法制基础 要求召开口头质询会议》，《华侨报》2006 年 1 月 18 日，第 13 版；《梁玉华关注填海新城建设规划 吴国昌质询会否制订城市规划文件》，《澳门日报》2006 年 1 月 22 日，第 B07 版。

③ 仅在 2005 财政年度的施政方针中提及将研究制定澳门未来新区的规划，以满足澳门未来发展需要的土地开发，但未有清晰述及新区规模、地点等基本情况。

④ 《新城规划乃初案续咨询民意 议员冀有整体蓝图法制不满"假咨询"》，《澳门日报》2006 年 2 月 10 日，第 B01 版。

这对涉及澳门未来 20 年的土地供应以及预计容纳超过 10 万人口的规划来说，政府的"未咨询，先审批"的做法使公众大感不妥，新兴民主阵营的议员也就此持续透过书面质询等形式要求政府就决策程序做出解释，并透过中央驻澳联络办公室致函时任国务院总理温家宝，希望中央政府关注该项目是否符合城市规划①。

因此，2008 年初填海方案的消息传出后，旋即引起社会与立法会议员的高度关注。新兴民主阵营议员认为大规模填海造地的计划应做公开咨询，也认为传统私人填海造地的方式②需改变为政府行为，并率先兴建大量公共房屋以调节楼价。同时，由于政府在消息最初传出后并没有即时澄清，因此新兴民主阵营议员也提出了口头质询，希望当局能就填海计划详情做出交代。建制基层与委任议员也分别就此提出意见，前者认为填海增加的土地面积有助于提升居住环境质素，后者则指出土地资源紧张是近年楼价被推高的其中一个因素，相信土地增加能使地价和楼价恢复相对合理水平③。在随后举行的立法会口头质询中，运输工务司司长刘仕尧就填海建设新城的初步规划方案做出阐述。

因应近年部分低洼地区容易出现海水倒灌而导致严重水浸的现象，新兴民主阵营议员担心大规模在澳（门）氹（仔）之间填海将导致海平面上升而使水浸情况更加严重，因此提出了召开辩论特区政府应否在澳氹之间水域大规模填海会议的申请。可是，由于大部分议员认为海水倒灌是否由填海造成的立论必须在充足的科学论证和研究数据的支持下方有辩论的空间，最后该提议以 7 票赞成、13 票反对、2 票弃权被否决，但各议员均赞同可邀请政府代表到议会解释④。

---

① 《吴区倡中央指引填海造地防利益输送损害澳门利益》，《新华澳报》2007 年 4 月 23 日，第 1 版。

② 澳葡时期，不少填海工程虽由政府主导，但由于缺乏资金，往往是由私人公司提出申请，筹措资金并进行工程，而政府则把部分填海获得的土地使用权回馈予相关公司作为工程费用的支付。

③ 《恐博彩业出现调整期 宜按经济力度作规划议员：填海造地应公开咨询》，《市民日报》2008 年 4 月 6 日，第 P01 版；《梁庆庭认填海可提升居住质素 刘本立料楼价走向合理》，《华侨报》2008 年 4 月 7 日，第 14 版；《区锦新冀中央批准由澳府填海率先兴建大量公屋》，《华侨报》2008 年 4 月 10 日，第 11 版。

④ 《区锦新动议辩论低洼倒灌》，《市民日报》2008 年 10 月 11 日，第 P03 版；《区锦新"检讨填海计划"申请遭否决唯不反对邀官员详细解释》，《华侨报》2008 年 11 月 4 日，第 13 版。

　　由于方案的申请一直在中央政府的审批过程中，因此特区政并没有主动透过传媒或其他途径对填海方案做更详细的介绍，而直至 2009 年 4 月，由新兴民主阵营议员提出的口头质询大会（另有两位议员提出不同议题的口头质询），运输工务司司长方透露新城填海的用地方案经听取国家相关部委以及科学论证后做了微调，用海和用地面积均有所减少。最终在 2009 年 11 月底，中央政府正式批复允许澳门特区填海造地 361.65 公顷建设澳门新城区，而自 2009 年 12 月开始特区政府便进行长达 3 年的规划流程，当中由规划概念、规划草案以至最终方案各阶段均进行了公众咨询①，为历年各项咨询中时间与规模之最。

　　由于社会各界均认同建立完整的城市规划法律的重要性，2009 ～ 2013 年届别立法会的一项重要工作便是制订《城市规划法》（以下简称《城规法》），另外，因社会各界对已多年未修订过的《土地法》落后于现实情况的关注，以及多位议员批评《土地法》的修订延误使澳门土地管理欠缺系统性，《土地法》的修订工作与《城规法》的制订同时进行，并于该立法会会期的最后一刻正式通过颁布。

　　从两届立法会的书面质询来看，新兴民主阵营对城市规划的议题尤为关注，在相关法案仍未由行政当局提出前，2006 年便向行政长官提交《城市规划纲要法》法案，及后于 2010 年再次向行政长官递交文本，建议及早制定《城市规划纲要法》，而在 2010 年中旬特区政府正式提出将于翌年正式启动《城规法》的立法工作，其时也同时启动了新城填海区的首阶段公众咨询，为此，各界别议员和社团也纷纷为新城规划和未来的城市规划法律建言，且不限于新兴民主阵营或建制基层议员，来自委任的建制专业议员也积极提出构思想法。

　　为配合《城规法》的出台，特区政府委托中国城市规划学会完成《澳门总体城市设计研究》，并吸纳广东省城市发展研究中心《澳门城市规划编制体系研究》的研究成果，将其纳入 2011 年提出的公众咨询方案。

　　针对土地长期闲置、溢价金偏低、土地批给欠透明等问题，虽然《土地法》咨询文本均有所着墨，但当中"公开招标的豁免"的内容引起了相当大的反对声音，新兴民主阵营议员所属的论政团体随即提出质疑，这也成

――――――――――――――

　　① 详见澳门特别行政区政府运输工务司《新城区总体规划草案》咨询文本。

为后来审议《土地法》的一个争议焦点。同时，在《土地法》和《城规法》的咨询和制订阶段，建制基层和新兴商界议员也多次就溢价金"落后"而导致的"不合理性"、各项社区规划与总体规划的联系等提出质询。

《城规法》咨询文本提出了编制、检讨及修改城市规划的程序，包括建立制度化的公众参与机制、设立城市规划委员会、扩大与保障居民的知情权等。建制基层议员强调城规委员会中涉及经济利益界别如律师、建筑师、建筑商、则师等的代表不应太多，且要确实执行利益回避机制[1]；新兴民主阵营议员则建议应适当整合使土地、工务、城规等事宜集中一部门处理[2]；委任议员（包括商界和专业界）也相对积极地表达意见，并希望尽早立法。而就在《城规法》正待立法会审议期间，工务局批准在路环叠石塘山脚兴建高度达100米的楼宇，又使城规问题再次成为社会关注的焦点，多位不同政治力量的立法会议员认为在《城规法》通过前应冻结具有争议性的项目审批，而新兴商界议员也就此提出书面质询。

可以说，在社会高度重视和关注《土地法》的修订和《城规法》的制定的情形下，且在总体方向上议会内各政治力量的议员已取得一定的共识，法案的审议相较《新劳动法》和《外雇法》更为顺利，但在一般性审议上已有多位直选议员批评新的《土地法》并未堵塞旧法的漏洞，仍容许政府以公共利益为由，免土地公开招标，且新法土地使用的原则也为纸上谈兵，未融入实际条文中。而在《城规法》法案的一般性审议时，多名议员则批评法案建议多项内容将以行政法规订定，认为政府最低限度需要让立法会审议总体规划的内容，1位建制基层和1位本地葡籍议员投下弃权票以示不满。

与此同时，路环叠石塘山脚一块私家地被揭最高可建100米高楼的事件持续发酵，在立法会口头质询大会上多位议员（包括建制基层、新兴商界和新兴民主阵营）认为，路环一直以来被视为澳门"市肺"而不应容许肆意破坏，即使该土地为私家土地，尤其是有关项目可能会破坏山体和损害绿化。其后为发展商之一的全国政协委员的言论则激起社会很大的争议，其指

---

① 《关翠杏不认同城市发展须现代化多建高楼 澳城规须保休闲宜居核心》，《市民日报》2012年4月30日，第P01版。

② 《城规立法　第一步也是止步发挥功能　专业民间齐头并进》，《讯报》2012年5月11日，第P08版。

出项目预计楼高 20～30 层，提供 2000 多个单位，部分是豪宅。而因项目受关注已递交了建筑图则，并称会坚定不移地进行开发，没有回旋的余地且一切程序依法进行①。多位议员也随即再次表示应待《城规法》通过后而再从详审批，新兴民主阵营议员更联署辩论动议，认为应尽快以城市规划来做正式规范以保留路环为绿化生态保护区，并暂缓批准任何与此抵触的大型建设计划。因社会持续关注以及有部分市民发起"守护路环"的行动，辩论动议罕有地获 20 票赞成、2 票弃权和 0 票反对而通过。稍后新兴民主阵营议员进一步提出议决案，期望能安排在相关辩论会议后就同一议题（议决案）进行表决，但立法会主席表示"初端拒绝"并将议决案送往章程任期委员会讨论。

在辩论过程中，新兴民主阵营议员忧虑若叠石塘山项目在《城规法》及相关规划未制定前就已完成审批，一旦与日后的城市规划有抵触，特区政府将需依法赔款；但多名商界间选及委任议员则反对暂缓批准计划，担心有关建议若被支持则等同鼓励政府不用依法施政。与此同时，建制基层和新兴商界议员则倾向于认为相关部门不应在《城规法》及相关细则规划出台前批出有损山体或其他自然资源之建筑项目，也有人质疑该地段较高的容积比例②。

《城规法》的另外一个争议点是赔偿机制，未来因应城规法律生效而受影响的地段建设项目之旧街道准线图可否作为索偿的依据？当中，建制基层和新兴民主阵营议员表态支持政府法案，建议以土地持有人取得政府发出总工程准照为赔偿准则，但另一观点的议员（主要来自商界和地产界）则要求取得街线图就可获得赔偿。虽然政府在赔偿准则上持有明确立场，但同时在文本内建议，在新法生效后，规划条件图（即新法生效下的"街道准线图"）因城规而发生改变的，可透过"特别保障"条款获赔。而这使社会担心这将成为商人囤地而向政府索偿的缺口，部分建制基层和新兴民主阵营议员也对相关条文有所保留。澳门建筑置业商会、澳门地产业总商会、澳门房

---

① 《建约三十层高楼宇供二千单位 发展商：坚定开发田畔街地段》，《澳门日报》2013 年 3 月 9 日，第 A03 版。

② 《立法会全体大会辩论路环规划方向 建议暂缓大型计划成焦点》，《华侨报》2013 年 6 月 21 日，第 14 版；《立会辩保护路环生态议员针锋相对》，《市民日报》2013 年 6 月 21 日，第 P04 版。

地产联合商会和澳门建筑师协会则就《城规法》，尤其第十章关于"私人的保障"的内容举行联席会议，希望当局能全面和积极考虑加入过渡性规定条文，采取"旧人旧制"的概念和方式，对于法例实施前的街道准线图，承诺其所具的效力直至其有效期完结为止①。

或许出于不想多生枝节、让《城规法》在当届立法会会期内审议通过，政府在最终提交予立法会审议的文本中删除了因修改规划条件图而可启动特别保障机制索取赔偿的条款，释除了社会和部分界别议员担心《城规法》可能变成发展商的"赔偿法"之忧虑，法案的细则性审议也因而相对顺利而获得通过，并于 2014 年 3 月正式实施。

自 2002 年博彩专营权的垄断被打破后，博彩业的迅猛发展所带来的负面效应在 2005 年以后渐渐浮现，基层市民对于房屋、就业等感到不满，认为自身未能合理分享经济成果，但大众在对各种与个人利益切身相关的议题外，也更为重视整体的公共利益。

在澳葡时期，市民对历史文物的保护意识相对较低，而澳门的城市发展相对迟缓，并没有形成与其他亚太地区大城市一般高楼林立的情形，因此新建高楼在景观上影响历史文物的情况并不常见。与此同时，回归前虽然政府曾多次进行大规模的填海工程，但因大部分市民并不认为填海工程会对个人生计或生活构成直接的影响，社会一般认为土地的匮乏制约了澳门的经济发展，在着眼于经济成长的情形下，鲜有人对填海造地的计划提出质疑，政府也因而没有在计划开展前进行任何公开咨询工作。虽然中文在 1991 年正式获得官方语言的地位，但长久以来以葡语为主导的政府工作语言并没因此改变，政府的众多官方文件仍以葡文编写，这使议员或市民难以了解政府的批地过程并进行监管，即使澳葡政府在土地批给上采取公开竞投或拍卖的形式，但土地批给在回归前仍未受到大众的重视。

事实上，不论是土地批给还是城市规划的问题，涉及的并非个人或某一群体的利益，因此一般较少由某一利益团体就此提出诉求（除了填海计划影响所居住单位的景观和价值的情况外），有关议题也就束之高阁，并未在议会形成任何的代表力量。正如前述，回归后居民的"当家做主"心态有

---

① 《四会就〈城规法〉向政府提意见 冀对街线图采旧人旧制》，《华侨报》2013 年 7 月 19 日，第 13 版。

所加强，加上整体教育水平的提高，以及以新兴民主阵营为首的议员对政府在批地和城市规划议题的监督质询，虽然有关填海造地开展辩论的动议因理据不足而未获共识遭否决，但相关议题的提出已使社会对此更为关注，而政府也在议会精英的质疑与跟进下，提高了土地批给的透明度和加快法制建设，填海工程的计划也往往透过回复议员的质询而披露有关讯息，并在一定程度上形成社会压力，促使政府强化公众的咨询。而在 2009～2013 年届别，以建制基层和新兴民主阵营为主的议员持续针对城市规划和土地审批的议题提出质询和意见，政府也相应提出了修订《土地法》和制定《城规法》的咨询工作和法案文本，历经各政治力量议员和社会不同界别的博弈，总体上让市民对立法会的审议情况有了较多的了解和关注。再者，针对社会热点议题为路环山体的保护召开了该届立法会首次辩论也是一种社会共识的体现和立法会在议事方式上的突破，纵然辩论没有得出一致的结果或对政府构成任何的法律责任，但也使得相关发展方案受到更大的关注，政府在审批上也更为谨慎。基于此，回归前部分被忽略的公共利益议题在回归后有所改变。

4. 博彩业

毋庸置疑，影响回归后社会变迁的一个重要因素是博彩业的发展，虽然在前述立法会议员的书面质询数量上关注博彩业的仅为少数，但考虑到博彩业对澳门社会经济的举足轻重地位，以及在立法会议员中不少为与博彩业相关的商人（基本属新兴商界的政治力量），以下将对各政治力量在博彩业议题上的取态做分析。

首先，新兴商界中主要以两位直接从事博彩业的商人较多表达对博彩业政策和制度法规的看法，例如自 2005 年进入立法会的博彩业界议员，其在总结当届议会工作时，强调在任期间为社会提出了不同的意见和诉求，尤其为博彩业界带来不少帮助①。从相关议员的议程前发言、在施政辩论和行政长官答问大会上所提出的问题和关注点也能窥探其利益代表的侧重。在博彩业的监管和发展上，其倡议设立由政府主导的"博彩协调机制"以规范各博彩企业在公平环境下的竞争；促请严厉打击非法赌博；关注问题赌博；提出设立"博彩从业员就业基金"等。再者，博彩业界议员也对特区政府疑似偏

---

① 《梁安琪：实干参与议会提出建议》，《市民日报》2009 年 7 月 31 日，第 P04 版。

祖外资博彩企业的情况提出多次质询和批评。然而，除了与博彩业相关的政策外，透过直选晋身立法会的新兴商界议员对交通、社会服务、社会保障等与民生息息相关的议题也多有关注。

同属新兴商界（直选）而部分业务与博彩业相关的议员，由于主要依赖乡情的票源，并没有较其他政治力量的议员对博彩业议题分外关注，但是在赌场贵宾厅码佣的问题上，与其他来自博彩业界议员所表达的意向一致，他们也认为外资博彩企业为争取贵宾厅业务而采取过高的码佣回赠（予博彩中介人）有损业界的整体利益。同时，博彩借贷制度及中介人利益的维护也是新兴商界议员的共同关注点。

2008年第四季度爆发的全球性金融危机，对澳门博彩业构成一定的冲击，美资博彩企业也因资金的原因而暂停澳门的在建项目，裁减大量人手，更计划把酒店的住宅式项目和商场分拆出售，这引起了新兴商界及新兴民主阵营议员的高度关注。除了由此引起的就业问题外，其更担心外资的资产转移将变相损害澳门的整体利益。

相对的，来自建制基层和新兴民主阵营的议员，对博彩业的关注集中在其发展过程中带来的劳工矛盾与社会问题，如外劳的大量输入对本地工人就业和晋升的影响、博彩社区化和角子机场迁出社区、博彩企业所应负的社会责任、娱乐场的禁烟问题等，涉及的范畴相对广泛。

不能否定的是，新兴商界在与博彩业相关的利益表达过程中，在部分情形下难以明确分割代表个体公司又或博彩业界的利益。例如，其以立法会议员的身份质询政府需强化对美资公司落实竞投博彩牌照时的投资承诺，但鲜有对本地和港资公司提出相关质疑，而身份重叠引起的利益代表模糊性在北安码头航线批给的问题上尤为突显。

2007年10月特区政府宣布把氹仔北安临时码头的其中一个营运权批准予外资博彩集团旗下的船运公司，随即引起来自博彩业界议员的质疑，该议员在11月经济范畴施政方针的答问会上，质询经济财政司司长何以把新的航线经营权批给毫无经验的赌牌公司[①]。而在当天，该议员的丈夫以澳门博彩股份有限公司（简称"澳博"）行政总裁的身份举行记者招待会，认为在没有公开竞投的情形下把海上客运服务经营权批予一家赌牌公司违反了法律

---

① 实际上该博彩公司的航运服务并非由其直接经营，而是交托予一家船运公司营运。

规定①。事实上，因政府在公用事业服务的判给上一直未实行全面的公开竞投制度，社会对此做法是否会造成利益输送存在一定的质疑。然而，因其除了为澳博的行政总裁外，也同时为营运港澳海上航线企业之母公司的行政主席，其公司曾向政府申请使用北安码头的航线。因此，在此事情上其更多的是以商人和营运者的角度表达判给程序不公平性和不合法性的意见，而这也使得作为其家族成员的政治精英在议会上对事件的表态陷入角色矛盾的窘境。

5. 公共房屋

回归初期房地产市道积弱，私人住宅价格保持在较低水平，且市场上存在大量空置单位，因此，特区政府停止批建新的经济房屋（简称"经屋"②），而把房屋政策的重点投放在社会房屋（简称"社屋"③）上，2000年便进行了回归后第一次社屋公开竞投（即接受申请）。

随着澳门经济自2002年开始复苏，一方面澳门居民的收入有所增加，对改善住屋有较大需求，同时，外来资金也看好澳门的投资环境而流入房地产业，消化了回归前大量的空置单位，住宅单位价格节节上升，并形成一个"两极化"的市场④，普罗大众的置业难度较回归前经济不景气时更高。

然而，在澳门整体接近八成家庭拥有自置物业的情况下，房屋问题在回归初期并未成为社会关注的重点，但考虑到社会房屋的供应与需求存在较大的差距，以建制基层中的坊会代表和新兴民主阵营的议员为主，积极要求政府加快兴建社屋，以回应低下阶层的住屋需求。

---

① 《全国政协常委澳博总裁何鸿燊声明指威尼斯人获批航线不当》，《华侨报》2007年11月22日，第11版。

② 经济房屋是政府提供给低下和中低产阶层的人士（所谓的"夹心阶层"）购买的公共房屋，价格受政府管制并低于自由市场价格。

③ 社会房屋是政府提供给草根阶层人士租赁的房屋，须入息审查，租金按居住家庭的收入厘定，但较自由市场价格为低。

④ 行政长官何厚铧曾于2007年4月的施政答问大会上指出，澳门的房地产出现了一种前所未有的新情况，出现"两个市场"：一是面向澳门本地居民，另一是面向澳门以外的投资者，以及认为澳门房地产吸引、愿意在本澳置房度假的市场，且后者的规模正在扩大。他表示在澳门以外有能力承担高价物业且不一定为移民而喜欢在澳门置业、居住的人数之多出乎政府的意料，并于当天宣布暂停置业移民的申请。见《何厚铧：澳楼市出现两市场 参考外地经验推综合性多层次公屋政策》，《澳门日报》2007年4月4日，第B03版。因此，新建的住宅项目日趋豪宅化，主要为外地买家投资所用，而本地居民转而把目光投向二手物业。

踏入 2005 年，整体外围经济环境好转，而博彩专营权开放后首家外资赌场 2004 年的正式开业也标志着澳门经历新一轮的资金涌入潮，房屋政策开始引起社会较为广泛的关注，建制基层中的劳工界议员透过议程前发言表达对房地产市场炒热气氛的担忧，并认为政府的不干预政策只会"推波助澜"①。另外，建制基层的代表性社团之一的街坊联合总会（简称"街总"），透过举办座谈会收集市民意见，也就此拜访房屋局反映低下阶层住屋困难的情况，要求当局增建公共房屋②。

为此，特区政府于 2006 年度施政报告中提出"三四五六"（三年内兴建约 4000 个社屋单位，并争取在五年内兴建不少于 6000 个社屋单位）的社屋兴建计划，建制基层和新兴民主阵营的议员也就密切跟进有关社会房屋兴建的进度。虽然本地居民的整体收入在经济增长下录得显著的上升，但仍难以追上住宅单位的成交价格，纵使 2008 年发生的金融危机对住宅单位的总体买卖价值带来沉重打击，但每平方米的平均成交价仍然持平，并在 2010 年再次大幅度上升，这使得纵然人均本地居民收入在 2004～2013 年累计录得超过两倍的增长，但仅及住宅每平方米平均成交价增幅的四成，再加上住宅单位买卖价值（总量）的迅猛增长，房地产市场的投资气氛炽热。虽然政府推出了连串打击楼宇炒卖的措施，但在总成交价值略有下降的情形下（2013 年），平均每平方米成交价则大幅飙升，措施对楼价的降温作用值得怀疑（图 6－2）。再者，社屋申请的入息资格在很长一段时间内并未随着人均收入的上升而有所调整。在既难以负担自由市场的私人楼宇价格，也未能符合申请社屋资格的情形下，所谓的"夹心阶层"由此产生，他们期待政府兴建经屋以满足居住需求。

可是，回归后特区政府停建新的经屋，而原有已批出的项目也因各种原因而被延误搁置，自 2000 年至 2010 年仅有 2816 个经屋单位供应（部分为回归前已开始兴建的），但回归后仅举行过的两次经屋公开竞投（沿用《旧经屋法》）便收到超过 1 万份申请；同时，社屋的供应量也远远未达社会的需求，2000～2008 年仅有 210 个单位落成，当年在社屋轮候名单的家团数

---

① 《两议员促检讨公屋政策 加大供应量协助轮候者尽快上楼》，《澳门日报》2005 年 5 月 26 日，第 B07 版。
② 《晤街总负责人听取反映草根阶层住屋问题 郑国明：将推九百经屋二百社屋》，《澳门日报》2005 年 8 月 12 日，第 B06 版。

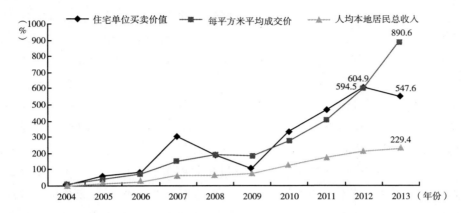

图 6 - 2　以 2004 年为基准的住宅单位价值与人均本地居民收入变化（累计）

资料来源：澳门特别行政区政府统计暨普查局。

达 5821 个①。市民对政府解决房屋问题的诉求日渐提高，认为"房屋"属于 2006 年政府最需要处理的问题的市民有 7.2%，及至 2008 年已达 23.9%，2010 年则接近一半②。而在各项施政中房屋政策的满意度敬陪末座，在市民认为最需要改善的施政范畴中房屋政策也名列前茅③。

在 2005～2009 年的立法会会期内，虽然各政治力量对公共房屋政策也有所关注，但在方式与程度上展现了较大的区别。同时，在时间上也具有一定的滞后性，与社会的诉求形成较大的差异。

建制基层中的坊会和劳工组织一直以来在利益表达上具有一定的分工，前者较多反映住屋的问题（如做契、大厦管理等），回归前是居民在房屋问题上求助的主要社团，也是回归后较早关注房屋政策（针对社屋）的力量。同时，另一建制基层的劳工界议员也积极对房屋政策提出意见，多次就经屋和社屋的兴建进度、相关法规的修订、住屋补贴计划等提出质询。虽然在一定程度上商界议员部分为地产商人，在公共房屋政策上可能存在一定的利益矛盾，但整体来说，新兴商界中以乡族力量为支持核心的议员对房屋政策也

①　《列总轮候名单家团维持原排序无须再办 社屋申请廿八重开为期三月》，《澳门日报》2009 年 9 月 19 日，第 A02 版。

②　见香港大学民意调查计划，http：//hkupop. hku. hk/。

③　澳门特别行政区政府可持续发展策略研究中心：《澳门居民综合生活质素调查 2009》；澳门民意调查学会：《澳门快乐指数调查》，2010。

有零星关注，主要集中在公共房屋的个案处理和兴建进度上。相对而言，建制商界、新兴商界中具博彩业背景的议员和委任议员则较少透过制度化的渠道或公开场合表达其取态。

而在各政治力量中，新兴民主阵营议员对政府房屋政策的批评最为激烈，除透过议程前发言、口头质询、书面质询追问政府落实"三四五六"社屋政策及其后提出的"2012 年建成 1.9 万个公共房屋（经屋＋社屋）单位"的进度外，也透过其所属论政团体，以较建制基层更为高调的姿态发起签名运动、向行政长官递信等表达社会对公共房屋的诉求，主张公共房屋应设定轮候期限。事实上，因公共房屋的兴建速度未能追及需求，不少公共房屋的申请者轮候 7~8 年仍未能"上楼"。

因过去经屋申请的条件限制较低①，申请个案中不乏经济能力不低的单身年轻人，且经屋的转卖门槛不高，容易造成炒卖获利，与原来的政策目标有所偏离，社屋的收入规限也与经济发展脱节。为此，特区政府在 2007 年就公共房屋法规的修订进行咨询，在经屋申请上提出设定入息审查、资产上限、禁售期等。从利益代表的角度，由于建制基层议员所属的社团与政府的关系密切，政府的咨询活动多主动透过传统社团协调，而有关社团也乐意积极配合，如街总就公共房屋的法例修订举行说明会、房屋论坛，透过问卷调查收集意见，这样，在有关修订方案的利益表态上便多以社团领导为骨干，议员则以辅助的角色在议会和其他场合做申述。相对的，因新兴民主阵营一贯以独立批判者的角色对政府工作提出意见，与政府的关系较为疏离，而在同一事情上新兴民主阵营则透过论政团体的活动，以议员身份表达其想法。例如，对于修订方案内取消原有轮候名单重新排序的建议，新澳门学社随即举行记者会表示强烈反对②，而对公共房屋政策的意见和诉求也见诸其发起的社会运动。为此，与新兴民主阵营相比，在利益表达上建制基层议员的利益表态因身份的重叠性（议会代表与社团代表）而具有模糊性，更多情况下需与其代表社团在取态上调和配合。

最终，在听取各界意见后，政府在修订方案中保留原有经济房屋轮候人

---

① 只要没有持有物业并在澳门居住超过 5 年的 18 岁居民便能申请。

② 《新澳门学社批评此一建议乃掩饰政府政策失误 反对推倒轮候公屋名单重来》，《华侨报》2007 年 7 月 28 日，第 13 版。

的名单，也在转售条件、差价补偿、收入及资产限制等方面做了新的修订，并在2011年以《经济房屋法》（即俗称《新经屋法》）的名义获立法会全体大会细则性通过。相较而言，房屋问题在2009～2013年届别立法会议员中的关注度有所提高，一跃成为书面质询中第二受关注的范畴。当中，除新兴民主阵营持续就公共房屋的兴建进度和何时重启新的公开竞投提出质询，以监督政府承诺的兑现（2012年底完成兴建1.9万个公共房屋单位）外，建制基层（尤其是具坊会背景）的议员尤为关注房屋问题，多次就未来社屋和经屋的供应、楼宇炒卖、兴建"限价楼"的可行性等提出质询，新兴商界中具乡族背景的议员也较积极地就公共房屋质量、公共房屋政策、政府对房价的调控措施等问题做书面质询。虽然截至2014年第一季度特区政府已建成约1.65万个公共房屋单位，并已提出兴建6000多个单位的"后万九"公屋计划，唯觅地建屋尚需时日，且部分供配售的公共房屋仍待落成。为此，公共房屋供应作为市场调节的效能暂未见发挥，而过去数年的公共房屋"真空期"与社会需求的时间差距则已成为近年房价快速上升的原因之一，且政府推出的调控楼价措施也因房地产市场持续畅旺并供应短缺而未有发挥作用的迹象。

四　精英生成与利益代表的关系

上述议程前发言、书面质询、表态和投票取向，勾勒出在不同时间段上澳门的政治精英在利益表达和代表取向上的侧重。可以看到，在转型时期以精英维持为主导特征的精英生成模式，由于制度变迁的步伐落后于社会变迁，社会变迁造成的利益表达需求并不能完全在现有的精英生成模式中得以实现，形成均衡利益代表缺位的情况，这可从利益表达的积极性、利益界别的代表性和利益代表的效用性三个层次来剖析。

（一）利益表达的积极性

首先，作为大众的利益代表，原则上政治精英需要在行动上具有适当的积极性，让大众了解其利益取态。由于选举制度以路径依赖的模式一直延续，直选、间选和委任三种不同的精英产生路径并没有根本性的改变。因此，路径的差异使政治精英在利益表达的积极性上存在本质的区别。

1996～1999 年、2005～2009 年和 2009～2013 年届别立法会的议程前发言和书面质询的总结显示了在总量上直选议员对制度化的利益表达积极性最高，次之为间选议员，再次之为委任议员；而从横断面的时间段来看，虽然回归后不论直选、间选还是委任议员透过议程前发言的积极性均大大增加，但以书面质询做利益表达的还是集中在直选的议员上。

　　进一步来看，虽然来自不同政治背景的议员具有不同的资本力量，但在利益表达上的积极性主要因精英的产生方式而具有差异，制度（需要透过竞争性选举赢取选票）成为当中的主要影响因素，而这体现在横断面研究中同一议员透过直选或间选进入立法会后展现的利益表达积极性之区别，但政治力量在这当中也具有一定的解释力，这可见于间选中建制基层议员的较积极表现。再者，值得留意的是，2009～2013 年届别中委任议员透过议程前发言和书面质询做利益表达的积极性有所提高，但需持续留意这是短暂的现象或是长期之趋势（表 6-15）。

表 6-15　议程前发言和书面质询数量（平均每人计算）

单位：个

届别（方式）	产生方式	建制基层	新兴民主阵营	本地葡籍	新兴商界	建制商界	建制专业
1996～1999 年（议程前发言）	直选	20	61	—	5	1	—
	间选	10	—	4	—	3	
	委任	—	—	1	—	—	
2005～2009 年（议程前发言）	直选	79	92	45	59	19	
	间选	30	—	0	16	25	
	委任	—				43	17
2005～2009 年（书面质询）	直选	137	190	141	77		
	间选	47	—	0	3	4	
	委任	—				8	4
2009～2013 年（议程前发言）	直选	50	53	39	44	54	
	间选	41	—	1	15	18	
	委任	—				38	27
2009～2013 年（书面质询）	直选	147	193	193	130	196	
	间选	23	—	0	0	0	
	委任	—				2	7

　　说明："—"表示不适用；数字为以发言和质询数量除以政治力量及产生方式划分的议员数而计算的平均数，而议员数不包括立法会主席。

同时，时间的投入程度也与利益表达的积极性相关。一般来说，除就议案做引介和投票的全体大会外，立法会议员需出席常务委员会，以对法案做细则性讨论并提交意见书予大会审议①。而从进入途径和职业界别来划分，虽然不同进入途径的议员在全体大会的出席率上相当，但常设委员会会议的出席情况则有较大差异，间选议员的出席率低于直选和委任议员；同时，职业界别的分野也体现在议员出席全体大会和常设委员会的情况上。这可归因于立法会直选中建制基层和新兴民主阵营的议员主要从事社会服务的工作，并部分在当选后成为全职议员，因此能更专注于议会的工作；相反，间选议员均有全职工作，部分为多家商业机构的领导人员，多重身份使其面对较大的时间矛盾难题，而来自商界的间选议员的缺席情况相对突出，相应地减少其参与议会内讨论并透过制度化的途径做利益表达的机会（表6－16）。

表6－16　2005～2009年和2009～2013年届别以进入途径和职业界别划分的议员会议出席比例

单位：%

届别		全体会议			常设委员会会议		
2005～2009年	进入方式	直选	间选	委任	直选	间选	委任
	出席率	93.7	91.6	94.5	88.8	76.7	95.6
	职业界别	社会服务	商界	专业人士	社会服务	商界	专业人士
	出席率	98.1	89.3	95.3	96.7	77.4	96.6
2009～2013年	进入方式	直选	间选	委任	直选	间选	委任
	出席率	96.3	89.9	96.2	91.6	71.0	91.7
	职业界别	社会服务	商界	专业人士	社会服务	商界	专业人士
	出席率	97.1	92.1	95.5	96.0	79.7	89.2

资料来源：2005～2013年澳门特别行政区立法会会期报告。

再者，从热点议题的分析中可以看到，间选和委任议员较少透过公开或制度化的渠道进行利益表达，这种情况在回归后更为突出，这很大程度与管治主体的转变相关。

---

① 立法会另常设"章程及任期委员会"，以及因社会需要而设立的临时委员会，如"欧文龙贪腐案"发生后设立的"检视土地及公共工程批给制度临时委员会"和"检视公共财政制度临时委员会"。

回归前，澳葡政府在管治上的"不作为"促使华人精英积极在议会和公开场合表达对澳葡政府政策的不满，而除委任议员外，本地葡籍议员对澳葡政府在保障土生葡人利益上也颇有微词，由此淡化了选举途径的不同造成的利益表达积极性的区别。然而，回归后在政治生态上，间选议员除了作为界别代表外，其角色也体现在支持特区政府落实行政主导的管治方针上，故此在利益表达上趋向低调，在众多的情形下间选议员透过非正式渠道与政府官员接触以表达界别的取态。而在 2005～2009 年届别中，间选议员仅在与其利益密切相关的《新劳工法》的草案制定上，较主动和具体地提出其想法和意见。与之相似，在 2009～2013 年届别中，其也在《外雇法》的制定过程中相对积极地进行表态。

另外，虽然委任议席的组成展现了较大程度的精英循环，而这往往被视为导致精英在利益表达的态度和行为上与回归前具显著差异的原因，但在"行政主导"的管治方针下，委任议员的产生方式及其在立法会的角色决定了其在利益表达本质上的被动性并没有改变。

（二）利益界别的代表性

结合议程前发言/书面质询的量的分析，以及热点议题的质的分析，主要因职业界别、资本、精英产生方式差异而划分的政治力量，在社会经济变迁的过程中，其利益界别的代表性展现着显著的变化，并形成新生的利益代表格局。

回归前市民对政府的诉求集中在治安和经济环境的改善及就业的保障上，并对澳葡政府公共财政的运用和公务员队伍的素质等有所批评，同时，随着回归日子的迫近，凝聚了各界就过渡期事务和未来特区政府制度的讨论，加之澳葡政府在过渡期部分问题的处理上未适当考虑澳门的整体利益，如"返回原职津贴"，促使本地华人精英产生"一致对外"的目标。因此，政治精英在利益表达上集中在治安、经济、政府管理和过渡期事务等几个主要范畴，它们被视为澳门社会整体的核心利益。

除了核心利益外，立法会中各政治力量因其精英生成中的界别组成，而对相应的施政范畴较为关注，形成总体上单一性的利益代表。例如建制基层中的议员来自工联和街总，因此在利益代表上前者主要关注劳工阶层的就业问题，而后者则多代表小业主就立契和日常生活常遇到的法律问题发声，两者同时在政府管理问题的意见表态上相对突出；建制商界和新兴商界较集中对经济议题发表意见，代表业界向澳葡政府反映在营商环境和输入劳工方面的诉求，但前者较为关注出入口业和制造业的利益，而后者则因在利益表达上的低调处态（在法案投票上也多投以"弃权"票）而在利益代表上具有一定的不确定性；本地葡籍中有不少来自法律界的专业人士，在利益表达上多围绕司法体系与法律，并以反映土生葡人在过渡期事务的意见和保障其利益为基础，同时，由于其大多为委任议员，在利益取态上也倾向于维护澳葡当局的利益，因此在部分核心利益的问题上与华人精英有明显的分歧；最后，新兴民主阵营较其他政治力量更为积极地表达其利益取态，因此其所涉及的范畴较广，总体在利益代表上具有二元性的特征，一方面倾向于为低下阶层的利益发声，如就劳工、教育、社会保障等多次提出质询、法案和意见，另一方面则代表中产阶层就过渡期事务和政制提出与主流传统社团不同的构想。然而，从整体来说，在利益代表上，回归前呈现的是强核心利益与各政治力量的单一利益代表格局（图6-3）。

有别于回归前的强核心利益凝聚，回归后因社会的变迁，澳门社会的利益取向呈现多样化，因此，核心利益的界定也相对模糊。从政治精英的书面

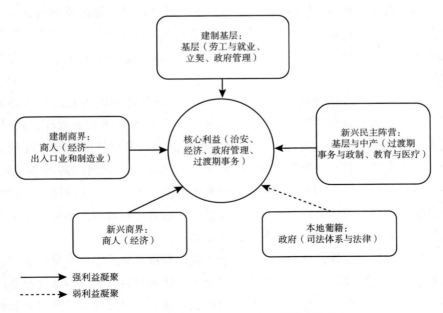

图6-3 回归前立法会内各政治力量的利益代表

质询来看，"劳工与就业"和"政府管理"① 是社会较为关注的焦点。

不容置疑，虽然随着经济的好转就业环境有所改善，就业水平接近全民就业，可是，由于特区政府在外劳的审批上透明度不高，外界对规模已占劳动人口约 1/3 （约 10 万人）的外地劳工的合理性有所质疑，特别是当中绝大部分属非技术性外劳，这使不少低学历居民抱怨工作机会受到影响，而在以"博彩资本主义"带动的经济成长中，与博彩业不相关的行业在工资福利、工作条件方面的提升幅度较小。与此同时，"黑工"（非法劳工）问题日趋严重，并引起逾期居留、盗窃等与治安恶化相关的负面影响。除劳工界别外，商界在外劳输入的政策上也有微言，认为政府在审批上倾向于对大型博彩企业"开绿灯"，而中小企则因欠缺劳动力和租金等成本上升而营运状况每况愈下。另外，回归前市民一直期望的公共行政改革进程在回归后并没有取得预期的成果，虽然公共服务的质素和效率因服务承诺的全面推行而显著提高，但其他较深层次的公共架构调整、公务员制度的整合、公共财政的运用等却步履蹒跚，例如财政储备制度在第三届立法会会期完结前仍未建立（截至 2011 年才透过第 8/2011 号法律颁布），公共行政架构内的同工不同酬现象和复杂多样的公共行政人员招聘模式在回归 10 多年后也没有太大改变。因此，从社会对各项议题的关注度来看，"劳工与就业"和"政府管理"确实较为突出；但因回归后社会变迁，大众的利益取向从单一性到多元性，其他不同范畴的政策也受到格外关注（如房屋、博彩业的发展、专营服务、土地批给等），作为受整体社会普遍关注和重视的核心利益，不论从量化的书面质询统计还是质化的热点议题分析来看，与回归前相比，"劳工与就业"和"政府管理"两者的地位与核心利益的界定仍有相当的差距。

相应的，各政治力量的利益代表也趋向多元化。制度变迁的延续性特征使得政治资本保持其在精英生成中的主导价值，而不管是透过直选还是间选的途径，建制基层的精英生成均依靠政治资本中的社团因素，因此，如何发挥社团因素的价值对建制基层来说具有举足轻重的意义。代表劳工和基层利益的社团，其核心是保障劳工阶层利益，以及传统坊众社团关注的楼宇管理/维修与安全，同时也注意到社会经济的急速发展对低下阶层

---

① 包括公共行政、公共财政、公务员事务、新闻/讯息发布。

生活质量的较大影响，主力代表基层市民争取政府在社会服务与保障、教育和医疗领域的资源投入及素质提升（2005～2009 年），另因应物价和住宅楼宇价格急速飙升而更为关注食用品价格/安全与权益和房屋问题（2009～2013 年）。

一直以来新兴民主阵营不处于政府（澳葡政府又或特区政府）的政策制定主体网络内，也缺乏传统社团所拥有的丰富的政治资本，并主要透过其所属的议政论政团体对政府的施政提出独立的批判，以其学历背景和对专业利益的关注而展现文化资本的力量。回归后从大众对社会事件的关注程度以及政治文化和行为的改变可见，文化资本的重要性有所提升，虽然未能对以精英维持为主要特征的精英生成形成立竿见影的影响，但从新兴民主阵营在回归后议席数字的增加可见端倪。因此，新兴民主阵营虽然对社会核心利益"劳工与就业"的关注度不及建制基层，但发挥了其文化资本的力量而把利益表达的重点持续放在土地、整体规划及针对夹心阶层的经济房屋政策上，对土地批给、城市规划、填海造地等议题透过质询、发言以及社会运动向政府施压，关注点较回归前广泛，但同样与回归前相似具有二元性的特征。例如一方面代表基层市民关注外劳的输入、推动政府加强对公用事业服务的监管；另一方面针对中产阶层所关心的土地批给、城市规划，以及非主流的专业利益和政制等议题提出意见。

建制商界一直以来甚少利用制度化的途径做利益表态，但从其少数提出的书面质询、议程前发言和对热点议题的取态中可见，其主要代表澳门中小企业的利益，围绕劳动力资源不足和营商环境压力等问题向政府表达意见。建制商界议员主要透过间选，并依靠政治资本（社团和宗族）进入政治精英之列，因此，在界别利益视角，以及界别内缺乏竞争而导致较高的维持比例的情况下，整体利益取态单一，主要关注社会核心利益中的"劳工与就业"，代表传统中小企业发声。另外，由于建制商界议员均具中华总商会的背景，且透过"执事关联"形成相对紧密的社交联系圈子，因此在利益表达上具有高度的一致性，这从占议程前发言、书面质询和表决声明中较大比例的联合表态可见一斑。但值得注意的是，在 2009～2013 年届别新当选的一位建制商界议员（直选）改变了该政治力量以往的"低调"作风，积极利用议程前发言、书面质询又或法案讨论的机会充分表达其取向和主张，尤为关注社会服务和保障，以及教育与医疗。

在精英生成上，突生的经济资本价值变化促使利用丰厚的经济资本做支撑的新兴商界在议会内的力量大大提升，并展现循环的精英生成模式。循环的生成模式意味着位置的获得建立在竞争的制度上，促使精英更加积极扩大利益代表群体的基础。与回归前相比，新兴商界的利益代表展现着多元化和分裂化的趋势。首先，与过往没有明确的利益代表群体相异，新兴商界在组成上具博彩业的背景使其整体上以保障博彩业从业者（包括中介人）的权益为主导，但除对经济活动相关的经济与产业及出入境与对外联系（包括对外交通、人口政策）的问题有所关注外，对社会安全（治安、非法旅馆、毒品问题）和交通（内部）等与民生息息相关的领域的关注也较突出，同时重点关注法律法规的修订更新。由于其关注点相对分散，因此以各政治力量对不同范畴所做的书面质询比例的标准差计算，新兴商界的数值为各政治力量中最低（2005～2009 年）和第二低（2009～2013 年）[①]，利益表达呈较明显的多元化趋向。

然而，与此同时，新兴商界内部的利益取态也出现一定的分化，这体现在新兴商界议员在博彩业的参与程度之高低差异。其中，主要依靠属下员工的支持而进入立法会的新兴商界议员，其公司主要业务为博彩业，相反，主要选票源自宗族乡亲的新兴商界议员，博彩业务并非核心的部分，因此，两者在利益取态和代表上也有显著的区别，前者在部分情况下因议员与博彩业者身份的矛盾而产生利益代表的模糊化，而后者的利益代表则相对宽泛，并多针对民生问题代表基层反映意见。

值得注意的是，由于新兴商界内部利益代表的分化，社会核心利益对整体新兴商界的利益取态没有太大的凝聚力，虽然其对"政府管理"的关注程度不亚于其他政治力量，但对"劳工与就业"问题的关注度相对较低，例如在《新劳工法》和《外雇法》的起草过程中，新兴商界没有明确的利益代表和取态。

回归后葡籍议员的数目锐减，在利益代表上也出现相应的变化。回归后因族裔血统政治资本价值的下降，土生葡籍人士的代表性不能再依靠委任议

---

① 因建制商界（2005～2009 年）和建制专业力量的书面质询数量不多，在统计上容易造成误差，因此忽略不计。

席的庇荫，而需透过直选的激烈竞争才得以体现。可是，在利益代表上单纯针对土生葡人利益难以获得占选民绝大多数的华人的支持，因此，透过直选进入立法会的本地葡籍议员，更多受益于公职体系而获得庞大的公职人员群体的支持，透过公职人员社团的政治资本作为动员力量，并因对法律的熟知而具有明显的文化资本，所以在利益代表上自然以保障公务员的权益和福利为主。虽然其利益代表具有强烈的单一性特征，但其对基层界别的"劳工与就业"问题也有不低的关注度①。

建制专业指属专业界别的委任议员，然而，委任议员的本质使其在利益代表上更多考虑政府的立场处态，造成立法会议员与"政府代表"角色的矛盾。前述行政长官一般以文化资本（专业）作为委任议员的一个重要考虑，平衡议会的政治力量，可是在实践中，委任议员大都仅透过议程前发言进行利益表达，而未利用监督程度较高的口头质询、书面质询等要求政府对其利益或意见申诉做出回复。再者，虽然来自专业界别，但其发言表态并不主要针对专业界别的利益，而在热点议题的分析上，委任议员作为民意代表的利益表态展现较大的不确定性，投票取向也有很大程度的一致性，故在利益表达上较少触及整体社会所关注的核心利益。可见，虽然整体文化资本价值的渐次提升使非传统社团成员能更大程度地被吸纳至议会内，但以专业人士为骨干的建制专业力量在发挥代表专业界别或中产阶层的利益取向上仍有所不足。

最后，值得一提的是，部分直选、间选的雇主利益和专业界别的议员也身兼行政会委员。由于被委任为行政会委员的立法会议员在行政会会议上已提前参与政府政策的制定和法案的提出，这种双重角色很容易演化为政府在立法会上推介政策或法案的保护性力量，致使兼任行政会委员的立法会议员与委任议员之间的地位和作用出现了趋同化的现象②，而这也在一定程度上使其利益代表的角色有所模糊。

总的来说，回归后社会呈现的是弱核心利益和各政治力量（主要是以直选为进入途径的议员）的相对多元利益代表格局（图6-4）。

---

① 这里仅针对直选的本地葡籍议员。
② 曹其真：《立法会主席十年工作情况的总结报告》，澳门特别行政区立法会，2009，第18～19页。

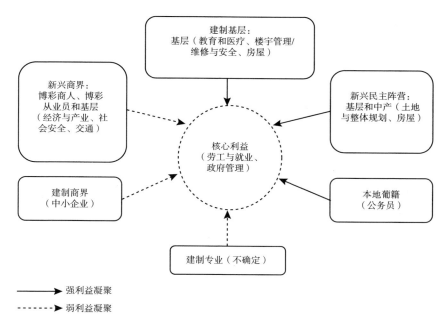

图 6 - 4　回归后立法会内各政治力量的利益代表

（三）利益代表的效用性

在利益代表上，社会大众除期望议会精英透过不同的途径表达他们的想法和利益取态外，更期待进入立法会的政治精英运用被授予的权力发挥其功能，把表达的意见和取态转化为实际的行动，并取得成效。

政治精英在利益代表上的效用性除了治权回归在制度框架内对其赋予的监督政府和意见表达的权力有所调整，从而在根本上导致不同的实效外，还受到多个因素的共同影响，包括某一政治力量在立法会的议席数，其与别的政治力量在利益取态的契合性、与政府的关系，以及与大众的联系。

回归后立法会作为唯一的立法机构，在制定法律的过程中，因《基本法》第75条规定，"澳门特别行政区立法会议员依照本法规定和法定程序提出议案，凡不涉及公共收支、政治体制或政府运作的议案，可由立法会议员个别或联名提出"，"凡涉及政府政策议案，在提出前必须得到行政长官的书面同意"，所以在实践上，议员提出法案的情况不多，与回归前相比，由于《澳门组织章程》中对议员提出法案的规限较宽松，因此议员在提案上也较为进取。

据统计，1996～1999年届别的立法会中，由议员提出的法案共32份，其中，以新兴民主阵营议员最为积极，其提案数接近总数的一半，但当中绝大部分被否决和驳回。例如就保障本地劳工权益而提出的《就业促进法》和《限制输入外地劳工》法案，由于相关法案仅获得建制基层和提案人的支持，在委任和商界议员的反对下未能获得通过；相反，由建制基层提出在性质上为框架性和具较大弹性的《就业政策和劳工权利纲要法》，同样旨在规范就业机会、条件和代表劳工阶层利益，由于建制基层与建制商界在劳工问题上采取协商共识的方式（例如在1997～1998年有关外劳输入的问题上，双方主要依靠社团的角色而非议员的身份进行利益表达，并表现出联合解决问题的合作态度），所以在两大阵营联合且在议席数目具优势的情况下，最终获一致性通过。

事实上，回归前的各项法律提案中，除新兴民主阵营的提案因其仅有一位议员而为单独提案外，其他法律提案均以联合提案的形式提出，且不限于单一政治力量，例如由传统和新兴商界议员联合提出的《取消在戏票上征收的百分之十印花税（娱乐税）》法案，是代表传统戏院业界反对有宗教背景的戏院可获得税务豁免而导致不公平的竞争。毋庸置疑，在利益代表的效用上，联合提案获得通过的概率也相对较高。

除了法案的提出外，回归前议员可在审议施政方针时提出动议案，又或在非审议期间以决议的形式向政府表达立法会的意见，虽然两者在实践上因欠缺强制执行力而效用不大，但从利益表达和作为对澳葡政府的一种施压手段来看，也有积极的作用。

整体来看，各种政治力量在利益表达上的效用大部分视乎其与其他政治力量的关系和彼此利益代表的契合性。虽然在拥有的资本性质上建制基层与新兴民主阵营具显著的差异，但在组成背景上的共通点（从事社会服务或作为全职议员）使两者在利益代表和取态上具有不少共同性，这可从外劳输入问题、财政储备的建立和返回原职津贴一事上的表态有所反映。但是，建制基层倾向于与政府采取合作的模式，双方关系较密切，并透过社团的网络和官方的咨询性组织而与建制商界拥有相似的政治取态，减少两者因所代表的群体差异而引起的争端。同时，与政府的关系也有利于其与土生葡籍议员（间选或委任）开展合作①，例如不少法案是建制基层与土生葡籍议员共同提出的。另外，虽然新兴商界的形成是因为传统产业的商界人士主导了立法会间选，但这无损建制商界和新兴商界在利益取态上的近似性，并在法案的提出上具有一定的合作空间。

与此同时，与大众联系的亲疏也在一定程度上影响着精英的利益代表功能，并与其利益代表群体相关。理论上，虽然政治精英是少数的一群，但代表相对大部分的群体行使被赋予的权力。当然，间选的议员在利益代表上更多为相关界别的代表者，然而，作为立法会议员，其在利益代表上也具有双重性的特征，除致力于保障界别的利益外，也具有维护澳门整体利益的责任，也就是说，其也是整体大众利益的代表者之一。故此，较密切的精英与大众联系是保持社会利益顺畅表达的重要条件。在精英产生的路径上，因建制基层和新兴民主阵营基本上为直选议员，前者长期透过社团的活动从事地区的工作，其支持力量源自广大的蓝领阶层，与大众的关系具有原生的亲和性，而议员办事处的设立也为大众咨询求助开启方便之门②；后者虽然以独立于传统社团作为角色定位，但其在关注议题上的二元性特征，及其创新的多种沟通和利益表达模式（出版刊物、街头论坛、静坐等），除获得新生中产和年轻知识分子的支持外，也拉近了与大众的距离。

另外，建制商界和新兴商界的利益界别和组成背景，导致其利益代表的单一性，使其与大众关系较为疏离。但后者精英资格的获得取决于大众选民的支持，因此新兴商界在与大众的沟通联系上也相对积极，如新当选的新兴商界议员均设立了议员办事处。而本地葡籍议员则因语言的障碍和其主要为委任议员的性质而与大众保持较大的隔阂。

最后，与政府关系的亲疏也影响着政治精英的利益代表实效。由管治至回归后的特区政府，澳门的政治架构以行政主导为原则，特别是回归后对议员提出法案的要求较回归前更严，法案的草拟提出掌握在行政当局的手中。

---

① 但不能否定的是，自1984年《选举法》的修订以来，土生葡人社群主要依赖华人社团内部的协调而获得立法会的议席，与土生葡人社群建立了良好的合作关系基础。

② 例如唐志坚和关翠杏议员办事处在1997年的3～9月内便收到257宗市民的投诉和咨询，见《行政措施失当侵犯市民权利 唐志坚谓政府对此应予关注》，《华侨报》1997年9月5日，第一张第四版。

纵使在回归前，议员提出法案的门槛较低，但若欠缺行政当局的认同，也难以获得其他议会代表的支持。再者，在澳门特殊的社会环境下衍生的法团主义体制使得政府（行政机关）与社团代表（大部分的立法机关成员均为社团成员）基本保持合作的关系，彼此存在高度的相互依赖，而在澳门立法会的历史上仅立法会成立初期行政立法关系处于较紧张的态势，致使总督高斯达于1984年解散当届立法会。因此，与行政当局的良好关系有利于政治精英在利益表达上取得事半功倍的成效。

在与政府的关系上，虽然来自传统社团的建制基层和建制商界力量在不少问题上与澳葡政府的立场不一，但因过渡时期澳葡政府在不少重大政策的推动上需依靠传统社团的力量支持，政府部分社会服务功能的缺失也由传统社团补足，且传统社团也以保持澳门顺利回归祖国为大原则，在与澳葡政府的关系上既扮演了监督者的角色，也作为辅助者，因此，政府与建制基层和建制商界的政治精英倾向于保持紧密的关系。

由于本地葡籍议员大部分为委任性质，以维护总督在行政上的主导为重要取态考虑，自然而然地与政府的关系相当密切。新兴商界和新兴民主阵营方面，虽然他们均具有社团的背景，但由于成立时间尚短，社团的政治资本影响力未见突出，故澳葡政府也没有主动把其纳入政策制定和咨询的网络，缺少如传统社团所具有的与政府部门的恒常沟通联系机制，特别是后者主要以独立批判者的姿态对澳葡政府的施政提出意见，两者与政府保持一定的疏离关系。

为此，虽然澳葡时期立法会的监督力量薄弱，像建立财政储备制度这样具较大社会诉求的法案未能透过各政治力量的协作而获得通过，然而，因社会核心利益的凝聚力较强，以与大众和政府维系较紧密且与各政治力量保持良好的协作关系或具有相近的利益取态的建制基层为中心，立法会使总体上较单一化的社会利益诉求得以反映，并在利益表达上取得一定的成效（图6-5）。

回归后立法会对政府享有较为广泛的监督职权，有权通过政府的财政预算案，并能对政府提出质询、进行听证及就施政方针和公共利益的问题进行辩论；而回归前，立法会仅享有较弱的监督职权，每年所通过的仅仅是预算编制和执行的原则及标准而无权批准政府的预算案等。

但回归后提案权受到较大的限制，因此也对政治精英在利益表达的实效

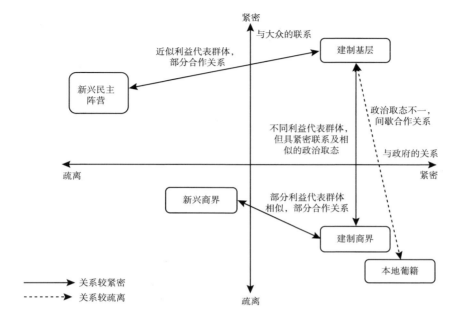

图 6 – 5 回归前各政治力量之间的关系

说明：这里所指的"合作"关系并非指向制度性的合作模式，仅针对两者具相似的取态和投票意向而具有的"合作"关系。

上构成影响，故此，政治精英除了透过法案的审议投票外，也利用质询、提出听证和进行公开辩论等方式提高其监督效果，同时，各政治力量间的协作也在很大程度上决定了利益表达的成效。

首先，传统社团在回归后与特区政府的相互"融合"使社团的活动重心从社会自治转移到政治参与①，但传统社团与政府更为紧密的合作共生关系也使得其角色（利益代表者与政策推动者之间）出现矛盾，利益代表功能弱化，与大众的紧密亲和关系也有所疏远。因此，面对激烈的竞选竞争以及社会利益多元化时，建制基层的政治精英也逐渐刻意与政府保持一定的距离，摆脱社会认定其"保守"和附属于政府的角色，但在这同时也使得建制基层与因治权回归而与政府关系更为紧密的建制商界和本质上为建制力量的专业背景议员关系的疏离。前者在利益代表的群体上与建制基层具根本性

---

① 潘冠瑾：《政府与社会的新关系》，载郝雨凡、吴志良主编《澳门蓝皮书——澳门经济社会发展报告（2009～2010）》，社会科学文献出版社，2010，第274页。

的差异，且回归后欠缺过往"一致对外"（澳葡政府）的共同目标；而后者则主要源自委任，两者在利益代表上存在一定的角色对立。但值得注意的是，在选举制度和政制发展等高阶政治（high politics）议题上，三者以统称属"爱国爱澳"的阵营而具有相似的取态。

而在与大众的联系上，间选议员和委任议员大部分没有设立议员办事处①，而特区立法会设立的议员接待公众的服务每天只有 1 小时（除正副主席外全部议员轮席），难以与大众保持紧密的沟通接触。因此，建制商界和建制专业力量的议员在意见收集和利益代表上主要仅面向所属的界别或无明确性，政治制度变迁使华人大众与政治精英语言隔阂的消除并没有同等地拉近建制商界和委任议员与大众之间的距离，利益代表的狭隘和不确定性持续影响其与大众之间的联系。

另外，建制基层与新兴民主阵营利益取态的趋同性则有所增加，一直以来两者除了对劳工权益的关注外，在公用事业监管、土地批给、城市规划、公共房屋供应等议题上的取态和意见也相近。另外，如在巴士大幅加价和巴士服务费调升的问题上，新兴民主阵营和建制基层均要求召开辩论，而在动议的投票上两者也互为支持。然而，两者与政府关系亲疏的差异也体现在两者的利益表达途径上，建制基层因能透过制度化的联系而进入政府的政策网络，利益表达的态度相对温和，而新兴民主阵营则更多以新兴媒体和社会运动做批判性的意见表达，且在土地批给、城市规划等新生议题上更加紧贴相关事态的发展和宣示立场，以引起大众的关注。为此，在社会对各种跨界别议题的关注度有所增加，以及社会变迁导致的利益分化和多元化的情形下，新兴民主阵营较好地维持着与大众，特别是中青一辈相对紧密的联系。

在直选中作为新兴的政治力量，本地葡籍议员的利益代表相对单一，但在不少议题的取态上与新兴民主阵营和建制基层也较为一致，例如在公用事业和公共行政的问题上，而在高阶政治议题上较为进取的取态则与新兴民主阵营高度契合，但与之相比，其公职体系的背景使其与政府的关系始终较新兴民主阵营更近。在澳门，以传统人际关系网络为主导的政治资

---

① 间选的劳工界议员和雇主代表设立了议员办事处，但后者属附设于工商社团的非恒常性组织，而委任议员都没有设立议员办事处。另外，2009～2013 年届别则有 1 位透过直选进入立法会的新生议员建立了议员办事处。

本积累的结果是精英与大众的联系建立在长时间的工作实效上，因此，虽然与回归前同属本地葡籍的间选和委任议员相比，本地葡籍议员与大众的联系已较为紧密，但仍需要进一步的时间历练。与此同时，通过间选和委任途径进入立法会的本地葡籍议员，由于其基本上没有透过制度化的模式做利益表达（议程前发言、书面质询等），而在投票取态上也倾向于与建制专业的委任议员一致，因此从利益表达的现实行动来看，其应归属在建制专业的力量中。

与回归前相比，新兴商界显现出最为突出的精英循环，因此其在利益取态上也展现较大的转变。除博彩业的利益外，新兴商界议员也重点关注民生事务，并运用丰厚的经济资本建立多样化渠道，与市民保持沟通接触，因而与建制基层在利益代表群体上具有一定的重叠。然而，由于部分新兴商界议员主要依靠属下机构员工的支持，在雇主与雇员的主导关系下，跟建制基层不少票源来自社团会员的支持不同，与选民间的利益代表关系相对迂回，这导致其在实际利益表态上存在更多需考虑的因素，在法案的投票和取态上呈现较大的不确定性，也因此难以完全脱离其商界背景进而与大众产生隔阂。相对来说，在与政府的关系上，虽然新兴商界议员常透过制度化的途径对政府施政提出批判，特别是针对有关博彩业的政策，但在实际的投票行为上，其对政府提出的法案大都予以支持。同时，政府也积极吸纳新兴商界的代表进入行政架构内的咨询组织，更有新兴商界的代表成为咨询组织核心的行政会成员。再者，政府在对博彩业强化规管的同时，于2007年下半年在博彩委员会下设立咨询小组，为新兴商界议员与政府在博彩业政策上另辟沟通渠道①。

总的来说，回归后精英与大众的联系互动仍然存在一定的障碍，而在社会核心利益日趋模糊，各政治力量的利益代表随着社会利益的分化而相对多元的情形下，过往以建制基层为中心，并透过协调和共同利益取态而达致的利益表达成效在回归后有所弱化。从对热点议题的分析可见，在不少具社会争议性的议题上，各政治力量因认识分歧而未能更好地监督政府的施政。同时，行政主导的原则在实际操作上往往以制约立法会的监督作为代价，这也

---

① 后经第38/2010号行政长官批示，把架构内原设的咨询小组的条文删除，改为可在需要情形下邀请私人实体参与委员会工作。

使得回归以来政府在很多重大事项的决策上并没有与立法会进行充分的沟通与协商，且政府单方面提出的立法规划也未能符合社会真正的需求①。因此，回归后立法会虽然能与行政当局保持相互配合的关系，支持行政主导原则的落实，但对政府的监督所发挥的作用相当有限，也未能更好地表达社会的部分利益诉求并获得政府的回应（图6-6）。

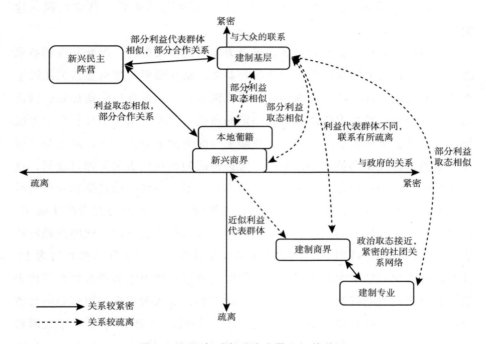

图6-6 回归后各政治力量之间的关系

说明：这里所指的"合作"关系并非指向制度性的合作模式，仅针对两者具相似的取态和投票意向而具有的"合作"关系。

五 小结：均衡利益代表的缺位

回归前原来华人倚重透过社团作为"过程代表"的方式在过渡期伊始

---

① 曹其真：《立法会主席十年工作情况的总结报告》，澳门特别行政区立法会，2009，第13~14页。

已逐渐转化为"制度代表"的方式①，而立法会的政治精英因此也就担任了最为重要的利益代表角色。社会变迁与制度变迁的共同结果导致的精英生成模式，涉及精英的背景、组成、政治态度、资本特征以及进入路径，构成了在立法会内不同政治力量的划分和分布。在以精英维持为主导的生成模式下，回归后政治精英力量的划分也基本保持了回归前的状态。各政治力量的精英在议会内的利益表达立场和行为，构成了转型时期澳门政治精英的利益代表格局。

治权回归后直选竞争性增加带来的利益表达积极性与在维护行政主导的原则下间选和委任议员的被动性形成强烈的对比，两者较回归前存在明显的失衡。再者，获得社会普遍认同和共识的社会核心利益在回归前集中在治安、经济、政府管理和过渡期事务几个范畴，纵使各政治力量在利益代表上具有单一性的特征，但在强核心利益的凝聚下，透过建制基层居中起主导和协作作用，政治精英的代表功能可基本满足当时的利益表达诉求。

虽然基本上立法会的各个政治力量因应社会的变迁而在利益代表和表达上日趋多元化，但这主要限于精英生成中需面对制度竞争的直选代表。同时，社会核心利益的界定在社会经济结构的转变下日趋模糊，原来在各政治力量间处中心地位的建制基层，因传统社团在参政功能与社会功能间的两难境地，与大众的联系以及与政府的协作关系均有所疏离，这使它能透过协调以及和其他政治力量具有共同的利益取态而达致的利益表达效用在回归后有所弱化。再者，建制商界、新兴商界和建制专业的政治力量在议席数上具有明显的优势（占议席数超过2/3），然而，其利益代表的单一性和不确定性使得部分群体的利益并未得到足够的关注，例如专业人士的利益诉求、"夹心"（中下）阶层的生活需要、社会的文化道德需求，又或是立法会在利益表达的过程中未能对新生但跨界别的社会诉求发挥应有的代表和监督作用，如公用事业、土地批给和城市规划等。

因此，从政治精英在利益代表的三个层次（利益表达的积极性、利益界别的代表性和利益代表的效用性）来看，回归后经济与社会的发展带来

---

① 潘冠瑾：《澳门社团体制变迁——自治、代表与参政》，社会科学文献出版社、澳门基金会，2010，第119页。

的社会利益分化和多元化未能及时透过政治精英的利益表达获得回应，从而形成回归后均衡利益代表的缺位（表6–17）。

表 6–17　政治精英的利益代表

层次	因素	结果	
利益表达的积极性	精英产生的途径	利益表达的积极程度具明显的侧重性,直选的政治精英较间选和委任的政治精英更为积极地表达利益取态	均衡利益代表的缺位
利益界别的代表性	职业界别、资本、精英产生方式	社会一致认同的核心利益模糊化;各政治力量原来的利益代表单一性渐次转变为相对多元性,但主要限于直选的政治精英	
利益代表的效用性	议会内各政治力量的权重、与其他政治力量利益取态的契合性、与政府的关系、与大众的联系	原来以建制基层为中心,透过协调和共同利益取态而达致的利益表达效用在回归后弱化,未能及时回应回归后社会利益多元分化的诉求	

第七章
结论：精英生成与社会稳定

通过对回归前后澳门政治精英在来源结构、组成特征、精英之路以及精英与大众联系的历史回顾，本书勾勒出在澳门的特殊体制下政治精英整体所具有的特点，并基于布迪厄对"资本"形式的概念，以 1996 年、2005 年和 2009 年的立法选举作为横断面研究。从前述分析可见，在转型时期澳门的政治精英生成出现了一定的变化：虽然整体政治资本的重要性并没有随着治权的回归而有重大的改变，但经济资本和文化资本的重要性则有所提高。

资本价值的转变并非内生的自我调整过程，而是在治权回归这一历史契机下，澳门在政治、经济和文化三方面所经历的转变，以及选举制度的变迁影响了各种资本的价值变化和组合，透过"渐变"和"突生"两种动力形成了精英生成的模式——混合的精英维持与循环。

由此，以精英维持为主导的模式基本延续了回归前总体政治精英的构成、界别背景和产生路径。在澳门社会经济跳跃式的发展模式中，社会利益加速分化，导致回归后以政治精英来弥补传统社团利益代表功能的弱化，以及政府与大众在利益沟通机制上的不对等关系等利益代表之不足的预期未能有效实现，并在更大程度上因制度变迁的步伐落后于社会变迁，社会变迁所带来的利益表达需求不能在现有的精英生成模式中完全体现，从而造成均衡利益代表的缺位并最终对社会稳定产生负面影响。

一　精英生成的滞后性

在西方国家的工业化过程中因职业分工而形成的现代社会精英被界定为

"战略精英"（strategic elites）[1]，其最大特点是基于功绩或功劳（merit）所获得的地位和多样性的组成。同时，与被统称为"统治阶级"的传统精英不同，战略精英以能力作为准入的条件，属于开放的群体，但他们拥有的权力范围与统治阶级相比则是狭隘的。

因此，工业化的深化带来经济上的劳动分工，社会阶层的划分更多在于其所给予的贡献（功能），而精英身份的获得也不单靠传统世袭和封建主义的先天因素。战略精英中的不同组成部分在社会的重要性次序依据当前社会面临的问题而变化，也就是说精英的功能具有组合性和多变性。Keller 的研究预示，社会经济的发展所带来的更细致和更多样化的社会分工，使战略精英的组成和功能也随之多元化和复杂化，一方面众多精英次群体的存在产生竞争和制衡，降低了精英的少数特性所带来的独裁和武断，另一方面精英准入条件的转变为精英的流动带来可能性和持续性。由此，从功能主义的角度，精英的结构也就随着社会经济的情况而转换，事实上，马克思深刻地指出政治精英的组成是社会经济力量结合的直接结果[2]。

工业化给西方国家的经济、社会以至文化各方面带来了深刻的影响。帕特南从欧洲的实证经验出发，指出政治精英结构的转换较经济的变迁迟缓，而时间差的产生与文化因素密切相关。再者，由工业革命诱发的经济与政治制度的转变，使欧洲精英结构的转换出现了"毛细血管作用"（capillary action）的特征，也就是说处于权力层阶底层的精英结构率先受到影响[3]。

自 20 世纪 70 年代中期至 90 年代中期，受惠于欧美国家对香港地区施加的贸易限制，澳门的经济发展有所突破。澳门拥有纺织和制造业配额的保护，加上营运成本低廉和自由港优势，不少香港厂商把制造业迁移至澳门，澳门工业不单迈向大规模生产，同时亦从单一化迈向有限度的多元化[4]。这吸引了大量的外来人口迁入澳门，并带来对建筑业和各种服务业的需求，使

---

① Suzanne Keller, *Beyond the Ruling Class：Strategic Elites in Modern Society*, N. Y.：Random House, 1963.

② 有关马克思与精英主义的讨论，可见巴特摩尔（Tom Bottomore），《平等还是精英》，龙卫军译，辽宁教育出版社，1998，第 16～24 页。

③ 有关"毛细管作用"（capillary action）在欧洲精英结构转换中的例证，见 Frederick W. Frey, *The Turkish Political Elite*, Cambridge, Mass.：M. I. T. Press, 1965。

④ 谢汉光：《澳门的工业发展》，发表于 1992 年 7 月 21～24 日于北京举行之"海峡两岸（含港澳）经济持续发展的资源与环境青年学者研讨会"。

得澳门的经济出现飞跃。经济发展引起社会人口及就业结构、社会收入水平、社会生活方式乃至社会心理需求等多方面的变革，经济与社会发展，在有利的社团及法律环境的配合下，推动澳门社团的数量剧增与结构分化①。

社团作为澳门政治精英②的主要来源管道，也是政治精英在权力层阶的起步点，社团数量的增长与结构分化使澳门的政治精英结构也有所变化，专业类社团在这时期发展迅速，而与资本家组成的商会和由劳工组成的工会具有本质上的区别，专业团体的会员主要为社会的中产阶层，具有较高的经济能力和教育水平，加上其他类别如文化、教育、学术类社团的兴起和发展，这些不同界别的社团成员和领导构成"战略精英"的重要一员。1976年以后澳门政治性社团③的发展及活跃，一方面由于葡萄牙"四二五"革命后澳门走上有限的民主和非殖民化道路，《自由集会结社法》的出台使澳门首次提出"公民社团"的概念；另一方面，因为受到"回归效应"的激发，华人社团参政意识有所加强，新兴的政治性社团从20世纪80年代开始崛起，并主要由知识分子和中产阶级人士组成④。这样，具有"战略精英"雏形的精英分子透过自身社团的活动，又或进入政府咨询组织和立法会而在澳门的政治领域产生影响，成为总体政治精英的一分子。因此，在社会经济的发展过程中，原来仅由传统社团和土生葡籍组成的政治精英结构也产生一定的变换，虽然这过程是缓慢和不显著的。

回归和随后博彩业的开放为澳门的经济社会面貌带来新的景象，社会结构的分化也日趋多样化和快速化，社会对专业知识、技能等的需求有所提高，特别是涌入的外资对专业人才的渴求。同时，利益诉求在社会变迁中的多元化使大众对政治精英的要求也有所转变。除了代表基层的利益外，大众期望政治精英可把其他不同社会阶层的声音带入议会，例如中产阶层的政治

---

① 娄胜华：《转型时期澳门社团研究——多元社会中法团主义体制解析》，广东人民出版社，2004，第122页。

② 这里泛指各类别的政治精英，而不限于立法会议员。

③ 本书使用娄胜华在《转型时期澳门社团研究——多元社会中法团主义体制解析》一书中的定义，见娄胜华《转型时期澳门社团研究——多元社会中法团主义体制解析》，广东人民出版社，2004。政治性社团指非政党组织中为争取团体成员利益而影响政府政策，并向政治体制输送政治精英的团体。

④ 娄胜华：《转型时期澳门社团研究——多元社会中法团主义体制解析》，广东人民出版社，2004，第127~128页。

需求、"夹心"阶层生活质素改善的两难窘境、青年人对社会变革的诉求等。另外，回归前一些被重视程度较低的议题，如城市规划、土地批给、房屋、公用事业/专营服务、交通、博彩社区化等，在回归后因政治形态、经济结构和文化氛围的转变而受到相当的关注，大量独立于传统顶级社团的社会组织相继成立，为战略精英的生成提供了丰富的成长土壤和基础条件。

从第五章的精英生成模式分析中看到，社会变迁所导致的明显和立时的效果是社会利益诉求的多样化，精英资本的价值变化和组合在一定程度上产生精英的流动，并体现在回归后选举结果的变化上，主要拥有政治资本的建制基层的选票比例和议席数减少，而较大程度依赖文化资本的新兴民主阵营却呈现相反的态势，新兴商界的得票数和议席数则经历了回归前后的巨大波动，但主要体现了经济资本和政治资本相结合的优势。然而，不管作为葡萄牙的管治地区还是中国的特别行政区，澳门在选举制度的设计上所具有的话语权相对有限。管治时期大多是葡萄牙主政者直接把宗主国的选举模式（汉狄比例代表制）嫁接至澳门，例如葡萄牙 1974 年民主革命 2 年后实施的《澳门组织章程》，其在立法会和选举制度的设计上便是对葡萄牙国内的模仿，并没有太多考虑澳门的实际情况。回归后澳门的选举制度透过《基本法》的附件有所规定，而《基本法》的草拟在过渡期曾进行大规模的咨询工作，澳门市民的参与程度相对较高，但在维护平稳过渡和在谈判中与葡方相互尊重的立场下，回归后澳门的选举制度以路径依赖的方式延续。事实上，特区成立后选举制度的变迁涉及相对复杂的程序，需要经过所谓的"政改五部曲"，包括：①行政长官向全国人大常委会提交修法报告；②人大常委会做出决定；③特区政府向立法会提案并获 2/3 多数通过；④行政长官同意法案；⑤上报人大常委会批准或备案[①]。这表示选举制度的调整需要获得精英和社会大众的共识，并得到中央政府的支持方能进行。因此，制度变迁的步伐也就与社会变迁出现明显的时间差，而由于制度的设计决定了精英进入政治前台的路径，精英生成的模式也就具有强烈的延续性特征，政治精英结构趋于稳定。

在后工业化的西方国家，由于其已经历社会经济的急速转型时期，精英

---

① 《全国人大已收到特首致函 乔晓阳解读政改五步曲》，《濠江日报》2011 年 11 月 23 日，第 A01 版。

的结构也趋向稳定，且非政府组织、工会、利益团体等的蓬勃发展也使政治舞台能更大程度地吸纳功能性的战略精英，使新生利益诉求能被吸纳，政府在政策制定的网络内也有多种渠道收集社会意见，让人担忧的反而是民粹主义的高涨，这使政治精英需调整其角色和建立与大众沟通联系的创新关系模式①。相反，在澳门，澳葡管治时期从葡萄牙嫁接过来的民主政治模式并没有在这里植根，回归前大众倾向于认为政府担当"父母官"的角色以维持社会的安定繁荣②；回归后澳门处于社会变迁较快的转型时期，随着社会生活的不断发展，利益的种类随之变化，一旦社会出现的新生利益足以引起共鸣，它们就将要求被承认③。再者，新生的特区政府不仅标志着治权的回归，也推动着大众在"一国两制""澳人治澳"框架下更多样化和积极地参与政治。在政治参与的过程中，社会动员和经济发展是现代化过程的必然现象，社会动员提高人们的期望，而经济发展则提高社会满足人们期望的能力，但是，社会动员一般比经济发展的速度快，于是"需求的形成"与"需求的满足"之间形成了一个时间差，在这个时间差内若社会内部没有良好的纵向和横向社会流动的机会，将促使人们产生"社会挫折感"，通过政治参与向政治体系施加压力④。

　　同时，政治参与的一个目的便是利益的表达。社会经济的发展产生了新的精英群体（包括战略精英），但在相对急速的社会变迁与较为缓慢的制度变迁所产生的精英生成模式下，制度变迁落后于社会变迁，从而导致吸纳新生利益诉求与精英的延后性。故此精英生成模式在精英吸纳上具有滞后性，如同帕特南分析西方国家工业化所带来的社会经济变革与精英结构转换的关系上所指出的时间差⑤，精英生成模式的滞后性也就是时间差出现的可能原因。再者，从第六章有关精英生成与利益代表的分析中可见，各政治力量在利益表达的积极性、代表性和效用性上的区别，形成利益代表与社会需求的

①　Jack Hayward, ed., *Elitism, Populism and European Politics*, U. K.：Oxford University Press, 1996.

②　见第二章的阐述。

③　〔美〕詹姆斯·安修：《美国宪法解释与判例》，黎建飞译，中国政法大学出版社，1994，第 147～148 页。

④　娄胜华、潘冠瑾、林媛：《新秩序——澳门社会治理研究》，社会科学文献出版社，2009，第 179 页。

⑤　Robert D. Putnam, *The Comparative Study of Political Elites*, N. J.：Prentice-Hall, 1976, pp. 166 - 183.

差异，无法更广泛地反映社会各阶层的利益，因而出现均衡利益代表的缺位（图 7 – 1）。

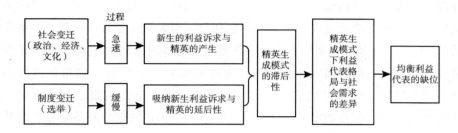

图 7 – 1　社会变迁与制度变迁的差异导致的均衡利益代表的缺位

从历史的走向来看，澳门的制度变迁落后于社会变迁并不是固有的情况。1972 年葡萄牙"四二五"民主革命为澳门的选举制度带来突生的变迁，在社会毫无准备的情形下管治政府在立法会部分政治精英的产生上引入具民主性质的直选。20 世纪 90 年代的调查显示，市民对政治的参与度偏低，并较大程度停留在"臣属型"的政治文化心态①。在 20 世纪 70 年代，澳门的经济有所突破，由制造业带动的经济起飞急需大量廉价的劳动力，因此吸引毗邻的广东和福建两省大批移民的迁入。他们鉴于现实需求来澳寻找工作机会和改善生活条件，对选举并没有太大的认识和缺乏参与动机，更不能忽略的是最初两届的选民资格限定中国籍的澳门居民需在澳定居 5 年。纵使1984 年后因选民资格的修订和为选民登记提供诱因，华人选民的参与热情仍相对有限，推动社会变迁的动力仅落在经济的因素上。整体来说，制度变迁的速度快于社会的变迁，且大众社会诉求的核心并不在政治层面，大众以至华人精英的政治参与程度不高，导致他们对政治的冷漠。

随着澳门进入过渡期，一方面，澳葡政府在施政上缺乏前瞻性，特别是经济政策未能有效配合经济结构向服务业的转型，澳门的经济增长有所减缓；另一方面，政治上行政架构臃肿、效率低下和公共财政缺乏透明度等，均使社会对澳葡政府的满意度普遍不高，并期待治权回归的早日来临。故此，不论是普罗大众还是华人精英均对政治的参与渐见积极，经济环境改变的态势、回归政治氛围、政治文化的改变推动社会变迁有所提速。1990 年《澳门组织

---

① 余振、刘伯龙、吴德荣：《澳门华人政治文化》，澳门基金会，1993。

章程》的修订，在不改变精英产生路径的前提下，扩大立法会的议席名额，使华人精英有更多机会进入议会，整体社会变迁的步伐与制度变迁基本一致。由此而产生的精英生成模式，结合社会核心利益的强大凝聚力以及各政治力量的协作，使政治精英的代表功能可满足当时的利益表达诉求，社会稳定有所强化。

反之，正如前述，回归后社会变迁速度的加快与制度变迁的延续性所构成的差异，使新生精英未能及时有效地被吸纳进政治精英的圈子，社会的需求与现实制度的供给失衡，社会各阶层的利益表达诉求难以得到很好的反映，形成回归后均衡利益代表的缺位，并造成精英与大众关系的疏离，持续的利益诉求未能得到回应可能导致最终因利益表达诉求满溢而引起社会的不稳定（图7－2）。

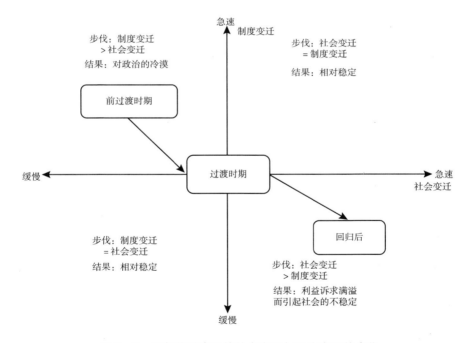

图7－2　回归前后澳门的社会变迁与制度变迁的步伐

二　转型时期精英与大众的关系

回归的来临让社会普遍预期在管治主体的改变（"澳人治澳"）及语言

隔阂不复存在的情况下，政治精英与大众的疏离感有所降低，两者的关系更为紧密。虽然回归后政治精英与大众的联系有所加强，政治精英较过往更加积极地建立和强化与市民沟通接触的途径和模式，而大众对政治活动的参与态度也趋向正面，但在上文阐述的均衡利益代表缺位的情况下，精英的生成是影响精英与大众关系的因素之一。

在精英生成模式引申之利益代表格局下，从政治精英的利益代表和表态可以看到，除劳工界与商界具有较充分的代言者外，其他界别的利益代表存在失衡，一方面，这难以配合经济和社会急速发展下战略精英的产生而带来的新生利益代表需求，另一方面，不少跨界别的社会诉求也因而未能得到充分的反映或获得成效。

从精英产生的路径上看，面向大众透过直选进入议会的政治精英较为积极地行使制度化的利益代表功能，并透过不同的渠道加强与大众的联系，以利下一届别的连任。间选方面，透过紧密的社团关系网络并以界别内的传统社团为主导，劳工和雇主利益界别的代表基本跟界别内的社团成员保持较密切的联系，但专业利益界别和慈善、文化、教育及体育（简称"慈文教体"）利益界别则因其所涵盖范围相当宽泛而缺乏代表性。例如，在"慈文教体"内，法人选民侧重于体育社团，且在选举前夕的爆炸性增长产生种票的嫌疑，使获选的政治精英的代表性受到质疑[①]。而在行为实践上，两界别的代表也较少透过制度化或公开的途径让外界明确其利益取向，也难以明晰其与社团成员间的联系沟通情况。然而，历届整体较雇主和劳工利益界别偏低的投票率[②]可部分说明界别内的代表并未得到较一致的支持。委任议席方面，在没有界别划分和支持力量分野的情况下，理论上其是澳门整体的利益代表；可是，除立法会提供的有限接待公众的时间外，普罗大众并没有可与其直接沟通联系的途径。虽然间选议员一般也没有设立如议员办事处等与大众接触的恒常机构，但以社团作为联系的节点，其与界别内的成员又或公众能保持一定的沟通接触。故此，在欠缺制度与机制的鼓励下，委任议员与大众的联系一直保持较大的疏离。

---

① 议员访谈内容，见劳日添《澳门立法会选举制度之研究》，台湾暨南国际大学公共行政与政策学系硕士学位论文，2007，第142~196页。

② 因间选基本为等额选举，投票率也就是支持率的一个反映。

同时，回归后大众对政治精英的要求有所提高，前述在回归前的管治时期，议员在职务履行上具有较大的局限性，他们（尤指直选议员）多作为市民在民生问题上寻求政府协助的沟通途径和申诉对象，因此市民对政治精英的要求主要是作为民生利益表达的媒介。而由于间选议席的协商性和委任议席的不透明性，尤其是委任议员较大程度因其背景来源而倾向于保障土生葡人或公务员的利益，加之语言的障碍，大众与其关系疏离，对政治精英在利益代表上（代表大众）的期望不高。相反，回归后在"澳人治澳"的理念下，普罗大众对政治精英具有较高的期望，在利益表达上不单针对民生问题，还关注一些新生跨领域（例如土地批给、城市规划）又或自回归前已存在的深层次问题（例如外劳输入、公共财政的运用、公用事业的监管、公共行政和法律改革）。再者，立法会代表大众对政府施政进行有效的监督也被认为是政治精英的要务，这在"欧文龙贪腐案"曝光后更为明显。

　　故此，在间选和委任议员占议席数目超过一半的情况下，转型时期精英与大众之间的联系总体上虽有所强化，但在现有利益表达和沟通的机制下，精英与大众之间的联系未能配合市民对政治精英更高的要求，并影响了政治精英的利益代表与监督政府的功能，也就使精英与大众的关系始终保持较大的隔阂，大众对政治精英的整体能力心存质疑。根据特区政府可持续发展策略研究中心2009年所做的调查，只有20.9%的市民认为立法会有能力监督政府，认为没有能力的高达42.7%，若以5分尺进行计算，均值为2.69分，低于5分尺的中点（即3分）[①]。前立法会主席曹其真也指出，由于立法会特有的议员构成（29名议员中行政长官委任的议员和委任为行政会委员的议员已占10人），加之多数议员从维护澳门社会的稳定与和谐出发，从维护行政主导原则和行政长官的权威以及政府施政出发，对于政府所提出的法案，基本上照单全收。即便一些法案在重大政策取向上存在较为严重的缺陷或自相矛盾之处，议员也都坚信通过委员会的细则性审议以及随后的立法程序能够对其加以完善，加之委员会的会议并不对社会全程公开，因而给予市民一种立法会对法案审议"如同橡皮图章"的印象。这种印象损害了立法

---

① 澳门特别行政区政府可持续发展策略研究中心：《澳门居民综合生活素质第五期研究（2009）——政府管治与施政》，http：//www.ceeds.gov.mo。

会在市民中的威信，并最终会降低政府政策的认受性和损害政府权威①。而2013年退任的前立法会主席刘焯华也承认立法会对政府工作的监督尚存在很多不足，突出的问题是缺乏对财政方面的监督，行政与立法之间缺乏有效的沟通协调机制也使得政府提交法案存在前松后紧和轻重失当等现象②。

精英与大众的联系是精英与大众关系的一种体现形式，而精英与大众关系的核心是两者的利益关系，若精英与大众关系持续处于对立的状态，将成为社会稳定的不利因素。

首先，政治精英在代表性上的质量是保障两者关系调和的重要因素，而这也是前述第六章有关政治精英的代表性问题，其不单纯指向在结构上的代表性，而且指向在实际取态和行为上的代表性。同时，这也涉及政治精英与大众的态度倾向，巨大的鸿沟可能导致严重的社会政治后果，这对经历深刻转型变迁的国家或地区来说尤为值得注意③。虽然从广度和深度来看，澳门地区的转型变迁与东欧或中亚国家，又或与内地的政治经济变革相比，具有很大的差距，但是在回归前后澳门处于政治、经济和文化的共同调整期，大众对各利益范畴的关注高于政治精英所能投放的注意力，也就是利益诉求的多元性大于政治精英所具有的利益代表和表达的效用。再者，如各社会集团不仅彼此意见分歧，而且相互之间存在的敌意不断加深，这会增加他们之间发生冲突的可能性，任何细小的问题都容易使这种敌意转化成愤怒和暴力④。

回归后应对劳工与就业问题，原来劳资双方采取的协商妥协模式在社会对利益分配和公平性敏感度有所提高的新环境下，未能发挥其效用，并最终依靠行政长官的个人政治力量居中调停（如《新劳工法》），不仅显示了大众与精英间在利益取向上存在差异，也说明了不同社会力量在共识形成上存在分化倾向。虽然回归后在不少议题上，建制基层、新兴民主阵营和直选本地葡籍议员的利

---

① 曹其真：《立法会主席十年工作情况的总结报告》，澳门特别行政区立法会，2009，第19页。

② 《刘焯华总结三十载立法生涯》，《讯报》2013年8月23日，第P04版。

③ 钟伟军：《利益冲突、沟通阻梗与地方协调机制建设——一种地方经济精英与大众互动的视角》，天津大学出版社，2009，第111页。

④ 〔美〕加布里埃尔·阿尔蒙德（Gabrial A. Almond）、〔美〕宾厄姆·鲍威尔（G. Bingham Powell）：《比较政治学：体系、过程和政策》，曹沛霖等译，上海译文出版社，1995。

益取态相若，但他们之间缺乏联系互动①，也因与政府间不同的关系距离，并未同时被吸纳在政府的咨询网络内而相互间能有紧密的沟通渠道。

其次，精英与大众之间的沟通状况决定了精英与大众的基本互动，政治沟通的障碍往往是导致精英与大众矛盾的重要原因之一。

自回归后，澳门的社会运动不论数量、频率还是强度都出现了新的态势，与在澳葡管治时期早已存在的各种社会运动构成差异，表明体制外的政治参与活动在澳门已发生变动，且在一定程度上对社会运动产生强大的压力②。

第一，社会运动的频率增加。自 2000 年后，每年的"五一""十一"和回归日组织游行示威已成为传统，而日常到政府部门递交请愿信、集会等也日趋频繁。第二，社会运动的强度有所提高。2000 年、2006 年、2007 年和 2010 年的"五一"游行均发生冲突或暴力行为，最为严重的是 2007 年警方鸣枪示警而最终导致一名路人无辜受伤，引起本地社会乃至外地媒体的极大关注。第三，社会运动的规模也同样有所扩大。回归前规模较大且引起社会相当关注的由传统劳工组织发起的反对输入外劳游行，参与人数仅为百多人，而回归后主要由新兴劳工社团和民主民生团体发起的社会运动，部分参与人数达 2000 人以上，与澳门过去的社会运动规模比较，成倍数增长。第四，社会运动的参与者与诉求更加多元。回归初期社会运动的参与者多为基层的失业工人，因生计不保而诉诸社会运动，但自 2006 年伊始，参与者中出现了属专业人士之医生、教师、社工等，而一向鲜有参与澳门社会运动的公务员，以及被认为是"沉默一群"的年轻人也加入行列，在诉求上除了针对劳工问题外，还包括反贪污腐败、房屋问题、民主发展、动物权益等。

近年社会运动的组织者中不少来自新兴的劳工社团，其独立于原有界别内的代表性社团，并刻意与之保持一定的距离。由于它们缺乏与政府畅顺有效的沟通渠道，往往选择体制外的激烈表达方式以争取社会的关注。特别是

---

① 例如虽然均被界定属澳门的"反对派"人士，直选的土生葡籍议员并没有与新兴民主阵营的议员具有个人接触。见 Eilo Yu Wing-yat and Natalie Chin Ka-man, "The Political Opposition and Democracy in Macao: Revolutionaries or Loyalists?" *Government and Opposition*, 47, 1 (2012): 108.

② 娄胜华、潘冠瑾、林媛：《新秩序——澳门社会治理研究》，社会科学文献出版社，2009 年，第 49 页。

经济社会的发展变迁使部分竞争力较低的居民未能分享预期的经济成果，却最直接受到经济繁荣增长带来的负面效应，形成如在中国内地高速经济发展下的社会"断裂"现象。这种"断裂"现象好比法国著名社会学家图海纳（Touraine）以"马拉松"来形容法国社会曾经出现的社会"断裂"现象，即过去法国的社会是一种金字塔形的等级结构，纵然人们的地位高低不一，但始终处在同一结构之中，但这种结构却正在消失而演变成马拉松比赛——每跑一段便会有人掉队，即被甩到了社会结构之外①。

在澳门，从经济数据以至公平性的数据（如基尼系数）来解读，澳门的情况远没有内地的情况严重，贫富的差距和社会的公平性并未如"断裂"社会般把部分人甩到了社会结构之外。然而，不能否定的是，主观社会阶层为下层的澳门居民，一部分认为其主观福祉每况愈下，而这负面情绪的积累很可能会成为滋生反社会行为的温床②。科塞进一步指出，利益冲突不仅源于社会制度的缺憾，而且也与人类自身的情感因素有关，他认为冲突的起因有二：一是现存不平等系统的合法性不再为被剥夺者认可，亦即出现合法性危机；二是下层的不公平感的增强③，由主观情绪诱发的心理困局往往导致超乎预期的结果。

有别于基层劳动者因面对经济发展带来的急促的社会变革而对贫富悬殊现状的不满，在澳门市民的社会意识和公民素质有所提升的情况下，部分处于社会中上层的人士，也透过社会集体行为表达渴望改革的声音，反映现时身处的社会所显现的畸形和不公平情况，他们的诉求和利益取态不单单针对所属的群体，而且代表跨界别的澳门整体利益。

他们当中不少曾循体制内途径反映诉求，但正如罗伯特·杰克曼（Robert W. Jackman）所言，人们采取制度外行为通常表明两种情况：一是他们不相信正常渠道能够为他们追求自己的政治利益提供一个切实可行的机制，并直接声称那些渠道形同虚设，不具效用；二是他们估计，自己有机会获得更高的利益，并用它来抵消增加的非正规参与行为的成本④。

① 孙立平：《我们在开始面对一个断裂的社会》，《战略与管理》2002年第2期。

② 郑宏泰、黄励莹：《经济发展与社会流动》，载张妙清、黄绍伦、尹宝珊、郑宏泰编《澳门特区新貌——十年发展与变化》，香港中文大学香港亚太研究所，2011，第221~252页。

③ 张玉堂：《利益论——关于利益冲突与协调问题的研究》，武汉大学出版社，2001，第71页。

④ 〔美〕罗伯特·杰克曼：《不需要暴力的权力——民族国家的政治能力》，欧阳景根译，天津人民出版社，2005，第149页。

事实上，制度外行为的出现获得了社会的广泛关注，并得到特区政府的重视①。可是，常规化地透过游行示威，甚至演化为警民冲突的体制外渠道，并非可持续的利益表达方式，而这也揭示在现行的政治精英与大众的沟通及利益表达模式中存在梗阻，使大众并未很好利用现行与政治精英的沟通管道做利益申诉，又或认为其作为利益代表的成效未能彰显。根据特区政府可持续发展策略研究中心的调查，在意见表达的渠道和频次上，一方面不做意见表达的高比例反映了市民偏低的政治效能感，他们不认为意见反映具有作用，另一方面，在各种途径上，以透过民意代表做表达渠道的比例最低（图 7 - 3）。

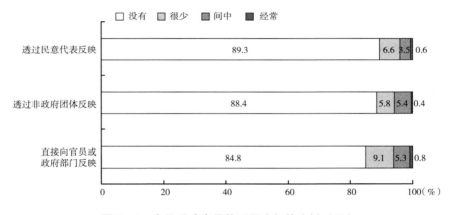

图 7 - 3　市民反映意见的不同途径的比例（％）

　　资料来源：澳门特别行政区政府可持续发展策略研究中心：《澳门居民综合生活素质第四期研究（2008）——社会与公共事务参与》，http：//www. ceeds. gov. mo。

---

①　例如，2007 年的"五一"游行演化为自特区成立以来规模最大的社会运动，在其后 8 月的答问大会上，行政长官宣布多项民生改善的措施，包括政府自建公共房屋计划以加快落实 2012 年前建成 19000 个公共房屋单位的目标、设立非强制性公积金、引入外地雇员"过冷河"制度（至少半年才可转职至另一企业）、建立社区服务中心和咨询网络。而在 11 月的施政报告中则提出：提升维生指数 20% 以加强支持弱势社群；扩大廉政公署的法定权力，并将监察范围伸延至私人领域；针对公务人员的诉求提出新的职程制度、官员问责制、"过冷河"制度（终止公职后从事私人业务的过渡时间）及离职计划和津贴制度修订方案等。另外，2010 年中产人士加入游行的队伍后，当年的施政报告也首次明确提出支持中产提升竞争力的措施，提出积极研究中产阶层定义及社会流动情况，营造更公平的社会环境，也针对中产阶层把职业税免税额由 9.5 万澳门元大幅调升至 14.4 万澳门元。

故此，若精英与大众的关系保持持续的疏离，社会阶层的利益相对难以透过政治精英得到表达，而大众的利益诉求同时未能透过行政当局提供的渠道得到宣泄，将驱使他们运用体制外的利益表达途径，也就是激烈且往往造成冲突的社会运动，这会对社会的稳定构成不利影响。

三　澳门政治精英的前景：新共识型精英的构建

社会变迁与制度变迁影响精英所拥有的资本价值变化与组合，其共同结果形成精英生成的模式。在澳门，制度变迁较社会变迁缓慢使精英生成模式具有滞后性的特征，利益代表格局与需求的差异形成回归后均衡利益代表的缺位，若精英与大众关系保持持续的疏离，容易诱发大众利用体制外的利益表达管道而可能导致社会的不稳定（图 7 - 4）。

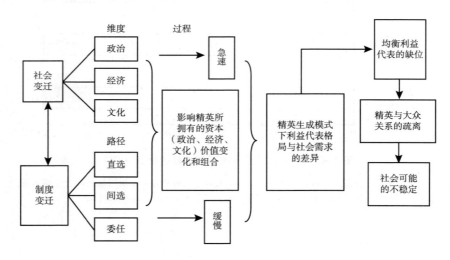

图 7 - 4　精英生成、利益代表与其社会后果的关系

当中，可以看到，影响社会变迁的因素范围十分广泛，且其多为基础性条件，因此，这并非政治精英或大众能轻易改变的。与此同时，虽然制度变迁也涉及复杂的法律程序，但与社会变迁相比，其能透过政治精英与大众的共同力量有所调整，并可配合社会变迁所带来的社会需求。更为重要的是，由于制度（选举）是精英得以进入政治前台的根本途径，其变迁将主要对精英生成构成直接和立时的效果。

（一）精英的整合与分化

从历史的视角出发，对西方国家及广大亚非拉地区的民主发展路径进行分析，Field 和 Higley 认为共识型的团结精英（consensual unified elites）是保持政治稳定的前提，而政治的稳定是民主代议制政府的一个必要条件，并指出发展中国家构建民主政制失败的原因很大程度上源自精英结构的不合理[①]。也就是说，作为民主政体的理想模式，其精英的组成指向共识型的精英结构——精英整合程度和精英分化程度均较高的结构，达致稳定的代议政体。当中，精英整合程度是指精英间是否能透过正式和非正式的网络联结在一起，并与决策行为者保持联系，同时在主要政治规则上是否具有相当的共识；而分化程度则指精英的来源在组织和功能上是否具有多元化，以及他们之间和其与国家/政府间是否具相对的独立性[②]。Burton 和 Higley 进一步就精英整合和分化两个维度把政体划分为四个类型：共识型精英（稳定的代议政体）、碎片型精英（不稳定的代议政体）、意识形态型精英（稳定的非代议政体）和分裂型精英（不稳定的非代议政体）[③]。

Field 和 Higley 的研究针对的是主权国家，并以长期的历史时间段作为分析基础，而澳门作为一个国家内的特别行政区，由过渡期至今仅 20 多年，在不少方面具有其独特性，但精英结构与政体代表性的关联以及社会对稳定性的追求在本质上没有区别。且从前述论证中可知，包含在精英生成中的精英结构也就与精英代表性和社会的稳定性具有关联。

在精英整合方面，回归前，澳门的政治生态有利于产生精英共识，这源自 1966 年"一二·三"事件发生后，葡萄牙政府清楚认识到在澳门重大事务的处理上必须与中国达成默契，与华人社会在内部治理上达成共识，因而逐渐构建一套有利于中葡共识政治形成的制度化框架，而澳葡政府在公共政策推行上也争取与社会精英达成共识。同时，澳门华人社团内部也一直以非

---

① G. Lowell Field and John Higley, *Elitism*, U. K. : Routledge & Kegan Paul Ltd. , 1980, pp. 117 – 130.

② Michael Burton, John Higley, "The Study of Political Elite Transformations," *International Review of Sociology* 11, 2 (2001): 187.

③ Michael Burton, John Higley, "The Study of Political Elite Transformations," *International Review of Sociology* 11, 2 (2001): 189.

正式的协调沟通作为化解冲突的惯用手段和潜性规则①。在这种传统下，澳门的精英结构体现较强的精英整合程度，除了透过澳葡政府委任的各种咨询组织的代表构建华人精英间的网络联系，华人精英还可通过多样化的社团组织（包括工商、慈善又或项目性的组织）形成一个相对紧密的关系网络，且包括不同界别和相异政治取态的成员，这为政治精英的整合提供了有利的条件。再者，澳葡政府在过渡期内不少政策并未充分考虑澳门的整体利益，又或抱着夕阳政府的心态而没有积极应对各种经济和社会问题，无形间推动澳门的华人以至土生葡人精英联合起来，以督促澳葡政府切实改善施政（如治安与经济），维护澳门的整体利益（如返回原职位津贴），且能在利益壁垒分明的敏感议题上取得协调（如劳资问题），故此，在支持祖国繁荣昌盛，确保澳门顺利回归的前提下，各种分歧和矛盾得以淡化。

另外，回归前的精英分化程度较低，尽管以职业界别划分，来自商界、社会服务、专业人士和公共行政的比例相对平均，但政治力量处于失衡的状态，属独立反对声音的新兴民主阵营力量薄弱，而为政府"保驾护航"的本地葡籍力量则过于强大。同时，新兴商界的利益代表具有一定的不确定性，整体界别分化的程度不高。从精英整合和分化的角度来看，回归前澳门倾向于意识形态型的精英结构，虽然在管治下代议政体的发育并不完全，政治精英的代表性也有待强化，但因精英分化的程度不高，政治环境保持较大的稳定性。值得注意的是，在澳门的语境下，意识形态所指的是具有社会凝聚力的共同想法与倾向——强烈期待回归祖国的意愿以及对澳葡政府在过渡期内施政的不信任。

回归之初是政府、政治精英以及大众相处的"蜜月期"，对于新生的特区政府的施政，政治精英与市民均有很高的期望，并以宽容的态度让政府专注解决经济的问题。随着由"博彩资本主义"带动的经济高速增长的负面效应陆续出现，而在回归前被淡化了的深层次问题在2005年后也因"欧文龙贪腐案"、公共工程严重超支、公共行政改革停滞不前等而浮出表面，政治精英对政府的取态有所改变，强化对政府施政进行监督和制衡。一方面，整体社会利益分化的加快使核心利益的界定日趋模糊，社会呈现多元的利益

① 吴志良、陈震宇：《构建新共识政治》，载郝雨凡、吴志良主编《澳门蓝皮书——澳门经济社会发展报告（2009~2010）》，社会科学文献出版社，2010，第244~245页。

表达态势，政治精英在利益代表上也各有侧重；另一方面，回归后精英整合有所减弱，这体现为大众对传统社团的依附程度降低，而建制基层在政治力量中的中心地位也开始动摇。同一时间，主要来自直选的政治力量，基于对选民负责以及代表民意的要求，对政府提出较尖锐的批评，而大部分来自间选的建制商界在关注点上则主要围绕单一的界别利益，基本为委任议员的专业人士则取态各异，但以维护行政主导原则的落实为出发点。因此，政治精英间欠缺核心利益的凝聚，在日益多元的社会利益诉求下，政治精英取态的多样性及不确定性阻碍了共识的产生。

而在精英的分化上，以职业界别划分，回归后逐渐形成来自商界和专业界别的趋势。由于葡裔精英在没有委任议席的庇荫下人数骤降，来自公共行政界别的政治精英数目也相应大幅减少。虽然在职业界别上有所失衡，但从议席分布来看，由于非建制的政治力量在直选议席的增加，以及社会对不同声音的重视，精英分化的程度实有一定的提高。从直选的得票率来看，政治力量从 2001年的"三柱擎天"发展到 2009 年的"五路并进"，选举呈现的政治力量分布趋向多元与均衡①，虽然 2013 年的选举是新兴商界大获全胜，但总体没有改变"五路并进"的情况，且各政治力量与政府的距离则有所拉远，具分裂型精英结构的倾向。尽管在澳门的语境下具分裂型精英结构的倾向并不能断言为非稳定政体的表征，但这可能是澳门特区长远发展的隐忧。

（二）构建共识型精英的路径

回归前澳门的政治生态具有共识政治的特征，但意识形态型精英产生的共识政治主要依靠非制度性的传统社团网络维系，并透过因回归的特殊因素而成立的项目性组织（如基本法咨询委员会、澳门特别行政区筹备委员会、澳门特别行政区政府推选委员会等）而有所强化。在普遍认同的社会核心利益下，共识的达致也以牺牲界别或眼前利益、淡化矛盾来换取。再者，除内部因素外，回归前共识政治的产生也归因于澳葡政府以及葡萄牙与中国政府外力的推动，澳葡政府施政乏善可陈成为各政治力量"一致对外"的目标，他们批评和监督其施政；与此同时，葡方和中方在联络小组的立场和表态也

---

① 娄胜华：《社团选举参以及其政治效果论析》，载郝雨凡、吴志良主编《澳门蓝皮书——澳门经济社会发展报告（2009~2010）》，社会科学文献出版社，2010，第 266~267 页。

是各政治力量达致共识的推动因素①。回归后澳门实行"澳人治澳",管治主体的转变和社会经济的变迁对各政治力量的取态提出了新的要求,而在"高度自治"的原则下,中央政府在可能对澳门施加政治影响力的行为上更为慎重,并主要以提供政策环境的手段支持澳门各项事业的发展。因此,不论在共识达致的媒介还是在途径上,意识形态型精英模式事实上倾向于非稳定性和非长期性。

故而,在面对变化中的社会与经济发展状况时,澳门的精英结构也需有所调整,并以迈向共识型精英结构为目标,重构澳门的共识政治②,推动澳门的长期稳定发展。透过以公共利益为核心价值取向凝聚精英的整合过程,保障社会各界别的利益诉求可得到适当的代表和表达,具体可从制度变迁的角度着手,以体现精英整合与分化程度的变更(图7-5)。

虽然精英的职业背景与其利益表达的积极性和取态具有一定的关系,但精英生成途径的区别能够更好地阐释政治精英与大众的利益关系。由于在直选中精英的代表功能通过在竞争性的选举中胜出方能行使,也就是说,透过大众选择的行为,政治精英与大众(选民)之间建立直接的代理人与受托人之关系,并需透过建立政绩积累社会资本,以利下一届别的连任,因此,其代表模式既为允诺的(promissory)也为预期的(anticipatory)。不能否认的是,从横断面的研究中看到经济资本的价值在选举中日趋提高,而庞大的经济力量也有助于在硬件上建立服务网络和透过理事连锁而获得社团的动员及支持,但市民在选择政治精英的考虑上始终重视候选人/组别的过往政绩③。

---

① 例如为体现回归后国家的主权以及对治安恶化的震慑,中方提出回归后在澳门驻军,华人精英的反应一致正面,认为这对维护澳门的社会稳定具有鼓舞作用。而葡方提出的返回原职位津贴的构想,则受到华人精英的一致强烈反对,并在中方官员取态的支持下,本地政治精英试图采用较强硬的方式申诉。

② 吴志良和陈震宇曾提出以"构建新共识政治"作为澳门未来政治发展的目标。见吴志良、陈震宇《构建新共识政治》,载郝雨凡、吴志良主编《澳门蓝皮书——澳门经济社会发展报告(2009~2010)》,社会科学文献出版社,2010,第243~248页。

③ 例如2005年进行的两次电话问卷调查显示,市民在选择立法会候选人时的考虑因素当中,过往政绩均为各项因素的第二位,见香港大学民意调查计划,"澳门地区定期民意研究合作计划"之澳门立法会选举及市民置业(2005年4月25~30日);"澳门地区定期民意研究合作计划"之澳门立法会选举及公共服务事业调查(2005年8月29日~9月1日),http://hkupop.hku.hk/。

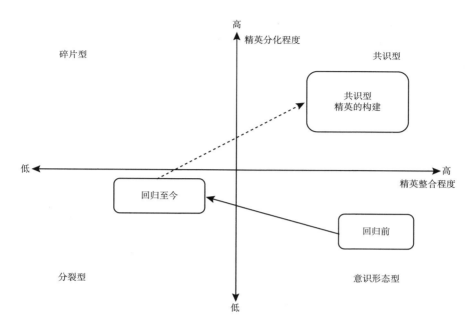

图 7 - 5　构建共识型精英的路径

　　在直选中，政治精英需透过发挥利益代表的功能向选民负责和取得支持。由于直选选民的基数庞大，利益诉求多元，政治精英所关注的范畴具有一定的广泛性，也避免利益代表单一性而可能造成对跨界别的整体利益议题的忽略，而这也是新兴商界在议题的关注上较建制商界多元的缘由。因此，直选的精英选择模式对政治精英施加了制度的制约与激励，一方面使其利益代表多元和取态贴近民意，并以政府施政的监督者为自身定位；另一方面，鼓励其对公众利益议题更为关注。

　　为此，在构建新的共识型精英的路径中，可考虑增加直选议席，加强遴选过程中的竞争性，让大众能有更大的选择权利。当然，不少评论者和学者对于澳门的选民质素有所质疑，担心其容易受到金钱政治的影响[①]，但在整体劳动

---

　① 　例如 2005 年的一项调查显示，16.7% 的受访者表示如果老板是其中一个立法会选举候选人，将投票给他。见香港大学民意调查计划，"澳门地区定期民意研究合作计划"之澳门立法会选举及市民置业（2005 年 4 月 25 ~ 30 日），http：//hkupop. hku. hk/；而 2013 年的一项调查则显示，投票者主要基于个别候选人做投票的考虑（接近一半的回应者），见香港大学民意调查计划，"澳门特区第五届立法会直选选举票站调查"之调查结果，http：//hkupop. hku. hk/。

人口的教育水平有较大幅度提升的情形下，选民的投票取向将更为慎重，而廉政公署也持续打击贿选和不正当行为，并取得一定的成效①。事实上，在2009年和2013年的立法会选举中，部分由专业人士组成、主要拥有文化资本的候选者获得的选票数量不少。虽然其未能获得议席，但说明在澳门居民的政治文化转变和中产阶层的兴起下，不同界别、背景、政治取态的精英均有机会透过直选进入议事殿堂，提高政治精英在结构上的分化程度。

《基本法》附件二规定了澳门特区前三届的立法会由直选、间选和委任议员组成，而2012年2月《全国人民代表大会常务委员会关于澳门特别行政区2013年立法会产生办法和2014年行政长官产生办法有关问题的决定》（以下简称《决定》），明确指出《基本法》附件二第一条关于第三届及以后各届立法会由直选议员、间选议员和委任议员三部分组成的规定维持不变。而在《决定》的说明上，阐释了这是基于特区政府政制咨询中社会各界反映的意见以及回归后行之有效的实践证明的②。而2005年和2009年立法会选举的票站调查也显示，澳门居民理想中的议席分布并没有排除间选和委任③。事实上，依利益界别划分的间接选举具有其现实的必要性。第一，其体现了"均衡参与"的原则，让不同界别的声音均可透过立法会的政治精英有所表达，这亦是起草《基本法》时保留间选议席的最大考虑；第二，从澳门的实际情况出发，社团在利益表达中仍具有不可或缺的作用，特别是在重大政策的起草和咨询上，而以社团为单位的间选模式能发挥界别内利益协调和对外利益代表的作用；第三，为避免"多数人的暴政"或因过度政

---

① 比较2005年第三届立法会选举和2009年第四届立法会选举的票站调查，认为选举公平和廉洁的比例有所提升，而关于一般被视为灰色地带的以助选团队接载选民到投票站的方式，2009年的票站调查显示，表示"有人接载到投票站"的比例也由上一届选举的12%下降至8.2%，2013年表示有人接载去投票（如公司、团体等）的比例进一步下跌至4.3%。见香港大学民意调查计划，"澳门特区第三届立法会直选选举票站调查""澳门特区第四届立法会直选选举票站调查""澳门特区第五届立法会直选选举票站调查"，http：//hkupop. hku. hk/。

② 《全国人民代表大会常务委员会关于澳门特别行政区2013年立法会产生办法和2014年行政长官产生办法有关问题的决定》、关于《全国人民代表大会常务委员会关于澳门特别行政区2013年立法会产生办法和2014年行政长官产生办法有关问题的决定（草案）》的说明，澳门特别行政区政府网站，http：//www. gov. mo。

③ 在两次调查中，2009年受访者更为明确地表示期望增加直选议席（由19.6%上升至24.4%），认为议席应全部改变为直选议席的比例由8%上升至15.6%，但满意直选、间选和委任比例的受访者也占42.9%。见香港大学民意调查计划，"澳门特区第三届立法会直选选举票站调查""澳门特区第四届立法会直选选举票站调查"，http：//hkupop. hku. hk/。

治化而出现的民粹主义，透过制度设计适当保障少数人的权益，具有其合理性，一如部分成熟的西方民主社会所具有的两院制所起的作用。

可是，从精英生成的模式来看，间选议席的提名以协商的形式产生，候选人名单由提名委员会提出，而提名委员会的组成则不少于该组别内已做法人选民登记社团数的 25%[1]，在提名门槛上已决定了政治资本（社团参与）的重要性。在投票的操作上，每一具投票资格的社团法人享有最多 11 票的投票权，由相关法人领导机关或管理机关成员中选出的最多 11 名具有投票资格的投票人行使[2]。一般情况下，选出的推选对象和投票人均为社团的领导层，社团成员的参与程度不高。再者，部分利益界别内已有代表性的社团，而较高的提名门槛使得经协商后的候选名单人数与界别应选议席数相同，间选中强调论资排辈的候选人协商方式以及高门槛的提名要求，使间选中的精英维持比例保持在较高的水平，也对精英分化的程度产生影响。

事实上，等额的间接选举并非固有的操作模式，澳葡立法会时期，在 1980 年和 1984 年的间选中，"文化团体利益"和"道德、文化、慈善团体利益"分别出现差额选举。由于在现实情形下间选代表仅由社团精英经非公开的协商推选，界别内的社团成员并没有充分的选择和参与权利，因此，选举中代理人与受托人的关系也主要建立在被推选的代表和社团精英间，弱化了其界别利益的代表性，也进一步降低其利益表达的积极性[3]。相似的情况也见于以间接选举模式推选的中国人大代表，在市场机制下，社会利益高度分化，多层次的间接选举使代表与选民间的联系随着代表大会级别的提高

---

[1]　澳门特别行政区第 11/2008 号法律，修改第 3/2001 号法律《澳门特别行政区立法会选举法》，第 43 条。而在 2012 年经立法会通过的第 12/2012 号法律，修改第 3/2011 号法律《澳门特别行政区立法会选举法》，即新修订的《立法会选举法》对提名委员会的法人选民总数要求降至 20%。

[2]　澳门特别行政区第 11/2008 号法律，修改第 3/2001 号法律《澳门特别行政区立法会选举法》，第 22 条。而在 2012 年经立法会通过的第 12/2012 号法律，修改第 3/2011 号法律《澳门特别行政区立法会选举法》，即新修订的《立法会选举法》将法人选民投票人数增至 22 人。

[3]　例如在 2009 年的立法会选举中，间选的雇主利益和专业利益界别并没有发表任何政纲，而在 2013 年的立法会选举中，虽然基本所有间选组别均发表政纲，但在间选候选人的官方宣传活动上，则没有来自工商、金融界，文化及体育界，专业界的候选人出席，而部分宣传板上也未见其张贴海报。故此，这除了未能让界别内的选民明确了解其利益取态外，也显示没有竞争性的选举降低了精英与大众沟通联系的主动性。

而日渐疏远，人大代表无须承担来自选民的压力，职责的不明确性导致一些表达社会弱势群体利益的议案不能进入立法议程①。

故此，间选的模式也可以增加竞争和提高参与度作为制度变革的原则，候选者门槛的调整有助于增加选举中的竞争因素，同时，提高社团成员的参与度，让界别内的社团成员能在代表其利益的政治精英选择上具有话语权。具体来说，可在推选保持以社团法人为单位的基础上，开放投票权予界别内的社团成员。由于需要向数目远大于社团法人之会员选民负责，政治精英对界别内的不同利益取向也会有所关注，并会更为积极地推动与界别内成员的联系沟通。事实上，2012 年立法会通过的《立法会选举法》也从调整参选门槛和增加法人选民投票权的人数入手进行修订，但与界别内达致竞争性选举和社团成员具更广泛参与权的目标仍有一定的距离。

委任议席的作用体现在政治力量的平衡和支持行政主导原则的落实上。可以看到，委任议席重视专业界别的背景考虑，能补充间选中专业界别涵盖宽泛和划分模糊的不足②。然而，由于委任议员与界别内的成员又或大众并没有任何的授权关系，故没有任何制度途径鼓励其在利益表达上的积极性以及强化与大众的接触联系。事实上，本质上作为跨界别的委任议员，具有政治取态的独立性，对社会议题的关注可更为全面，因此，在委任议席上，除了可循社会对文化资本价值的重视而有所侧重外，还可鼓励制度化的意见表达。

另外，精英间的整合程度也和精英与精英间的关系相关，共识型精英的建立需改变过往仅主要依靠社团网络并透过传统社团操作的沟通协作模式，各政治力量应不单以其代表的界别利益又或主要选票来源的支持力量作为利益表达和取态的依归，而是以维护澳门社会多元共融的利益为目标，这可成为其在各种议题上与其他政治力量取得共识的推动力。透过未来在政治发展方向上获取社会大众与政治精英认同的选举制度变革，适当扩大选举议席和大众参与程度，澳门的政治精英依从新生的"游戏规则"，在原有通过社团网络沟通接触的基础上，精英整合也将有所强化。

---

① 杨炼：《立法过程中的利益衡量研究》，法律出版社，2010，第 104 页。
② 例如在 2005～2009 年和 2009～2013 年届别的委任议员中，均有来自法律界和教育界的成员。

此外，政府的角色也能作为精英整合的桥梁。回归前政府与各政治力量的关系偏重传统社团（尤指建制基层），回归后同时与新兴商界建立较过往更为紧密的联系（可见第六章图6-5和图6-6），唯与新兴民主阵营仍缺乏有效的制度化联系。由于政府与整体社会的关系取决于社会力量在社会中的分布以及政府与各派社会力量的远近亲疏，部分社会力量因缺乏与政府稳定的制度化联系而与政府疏离将进一步影响两者关系的和谐，与部分游离于政府影响之外的社会力量通过制度化联系建立起和谐而稳固的关系被认为是第三届特区政府的一个重要政治举措①。进一步看，在行政主导的原则下，特区政府作为澳门政治系统的核心，能在施政上通过多样化的制度化模式（如咨询机构、委员会等）建立与各政治力量更紧密的联系，使得各政治力量间拥有更多接触和沟通的机会，有助于提高精英整合。

Higley和Burton的研究指出，大部分国家在建国初期的精英组成均是非团结的，而政体也处于不稳定的状态。从历史上看，透过协议——突发事件的发生或相关机会而达成妥协、殖民过程的机会（colonial opportunities）——地方被殖民者赋予有限的自治而最终获得独立、聚合（convergence）——为争取大部分已相对富裕选民的支持，它们原来非团结的精英的基本理念和行为有所聚合而形成共识型精英的结构。可是，前两者在当今政治环境下已基本不复存在，更大的机会在于精英的聚合②。

（三）构建共识型精英的有利条件

在澳门的语境下，精英的聚合事实上具有一定的有利条件。首先，回归后社会变迁的政治文化中，文化资本的价值和重要性有所提高，而文化资本价值的提升使大众对抬头中的经济资本与政治资本结合而可能导致的"权力精英"有所抗拒，在选举上倾向于支持非主流界别又或在社会网络上相对独立的人士。从回归后的立法会直选中可看到，总体来说各政治版块的得票总体趋向均衡化的分布，各政治派别的力量在直选议席中相对平衡，有利于精英结构的适当分化（图7-6）。然而，按目前的选举制度和选举实践来

① 潘冠瑾：《政府与社会的新关系》，载郝雨凡、吴志良主编《澳门蓝皮书——澳门经济社会发展报告（2009~2010）》，社会科学文献出版社，2010，第269~287页。

② John Higley & Michael Burton, *Elite Foundations of Liberal Democracy*, U.S.：Rowman & Littlefield Publishers, Inc., 2006.

看，错位代表性的问题仍相对突出，需要透过选举制度的持续优化和选民质素的提升以做调整①。

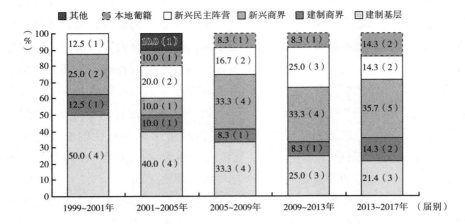

图7-6 回归后各届立法会直选议席分布

说明：直选议席由1999～2001年第一届立法会的8席增加至10席（2001～2005年）、12席（2005～2009年和2009～2013年）和14席（2013～2017年）；括号中的数字为所得议席数。

重要的是，与实行政党选举的国家（地区）不同，其选举的结果往往是政治力量出现对立或极化分布，并因此造成政局不稳，而澳门的选举因性质上为社团选举，本身并不以取得政权为组织目标，而社团政治在本质上也是非竞争性政治②，竞争的激烈性并不会造成社会的分裂。故此，由选举的竞争性而增加的政治参与和政治版块力量的分化，并不会对整体的社会稳定构成负面的影响。

其次，随着回归后各种制度的变迁，政治精英的整合程度虽有所降低，但在短中时期内澳门特区仍将保留"软威权政体"的政治体制③的基础上，行政主导的政治结构将有所维持，这对维系政治精英的整合具有正面的作

---

① 娄胜华：《错位代表性及其根源分析——以澳门特区第五届立法会选举为中心》，《当代港澳研究》2014年第12辑。

② 娄胜华：《社团选举参以及其政治效果论析》，载郝雨凡、吴志良主编《澳门蓝皮书——澳门经济社会发展报告（2009～2010）》，社会科学文献出版社，2010，第267页。

③ 蔡永君：《多样式的威权政体——澳门特区政体分类简析》，《澳门研究》2011年第62期。

用。在"软威权政体"的模式下，国家/地区以"经济发展优先"为原则，作为微型经济体，澳门的整体发展对外来环境影响的敏感度甚高，因此，经济问题在澳门市民心目中始终保持较高的重要性①。"经济发展优先"的落实需要特区政府发挥更积极的干预和指导作用，相应的，在政策的推行上依赖立法会适当的支持配合，这可透过立法会内被界定为"建制派"的"建制基层""建制商界""建制专业"的政治精英在重大政策上以维护行政主导为原则达致妥协共识而做到，且不能忽略澳门原有的协商政治传统在当中发挥的正面效用。相反，纵使在相似的威权主义政治文化基础上，若权力精英之间缺乏一种民主政治必备的协商和妥协素养，将最终演变成一幕政权更替乃至国家解体的悲剧②。

再次，由于澳门没有所谓的反对党（opposition party），"新兴民主阵营"一般被定义为与"建制派"相对而言的反对势力，可是，从其实际行动来看，其更大程度为忠实的反对力量（royal opposition groups）。在认同"一国两制"的前提下，反对力量期望透过指出行政失当，唤醒市民对公民权利的关注并鼓励其更积极地参与政治活动，强化公民社会的建立③。故此，虽然政治理念与主流政治力量有所不同，但其并没有逾越"一国两制"、《基本法》、行政主导等构成特区政治和法理基础的元素，在意见表达上也没有采取与特区政府抗衡的激进模式。

最后，由政治精英引领的政制发展程序是构建共识型精英的契机。在2011年11月公布的2012年度施政报告内，行政长官首次主动提出适当修改行政长官和立法会产生办法，并于11月17日正式致函全国人大常委会，要求其明确两个产生办法的修改程序，其后启动了所谓的"政改五部曲"④，

---

① 2009年的一项调查显示，认为政府最需要改善的施政范畴首三位中便有两个与经济相关，包括首位的就业（19.2%）和第三位的经济发展（17.1%）。见澳门特别行政区政府可持续发展策略研究中心《澳门居民综合生活素质第五期研究（2009）——政府管治与施政》，http：//www. ceeds. gov. mo。

② 见杨景明《引领转型：变革社会中的韩国与俄罗斯政治精英》，上海交通大学出版社，2011，第六章，第130～150页中对韩国和俄罗斯在政治转型的范式和路径比较的阐述。

③ Eilo Yu Wing-yat and Natalie Chin Ka-man, "The Political Opposition and Democracy in Macao: Revolutionaries or Loyalists?" *Government and Opposition* 47, 1 (2012): 97–116.

④ 包括：①行政长官向全国人大常委会提交修法报告；②人大常委会做出决定；③特区政府向立法会提案并获2/3多数通过；④行政长官同意法案；⑤上报人大常委会批准或备案。

造就了制度变迁的机会。整体教育程度的提升、市民对本土归属感的增强及对政治参与诉求的提高正不断改变着政治精英与大众之间的关系，大众期待在精英的遴选上有更大的话语权，而政治精英也希望能更好发挥利益代表和意见表达的作用。由此，虽然政制发展在各施政范畴中，并非市民认为最急需处理的问题，但在近年来主要由部分政治精英、中产阶层和青年人士透过多种渠道（包括社会运动）提出的诉求下，政制发展程序的启动带动社会各界的广泛讨论，特别是立法会内各政治力量的精英纷纷就此提出其立场意见。

在政府和各界社团的积极推动下，两阶段的咨询工作收到 16.8 万份意见书，经综合整理，总结出两个选举办法的调整以循序渐进为原则，以政府提出的"2 + 2 + 100"（增加直间选各 2 席和行政长官选举委员会成员 100 名）获得主流社团和市民的支持。直选增加 2 席至 14 席；间选在维持工商、金融界，劳工界，专业界 3 个选举组别构成不变的情形下，新增的一席分配予专业界（即由 2 名议员增至 3 名），另一席则分配予原社会服务、文化、教育及体育界，将其分拆为社会服务及教育界（1 席）和文化及体育界（2 席）。同时，间选制度也有所完善：每一具投票资格的法人享有最多 22 票投票权，较过往增加一倍，有助于提高间选议员的代表性；选举组别中组成提名委员会的门槛则降低至 20%，有利于鼓励组别内的竞争性；而原来在"等额选举"情形下的"自动当选"机制也被取消。最后，在整体共识的基础上，经立法会 2/3 议员的支持和行政长官同意，交全国人大常委会对澳门特别行政区 2014 年行政长官产生办法修正案予以批准、对 2013 年立法会产生办法修正案予以备案，"政改五部曲"也圆满完成。

在发展中的转型政体分析中，特别是 20 世纪 70 年代中后期以来，不少学者把注意力集中在精英在制度变迁中所起的主导作用，亨廷顿在解释第三波民主化时，认为最重要的因素是精英的信念和行为[1]，而李普塞特也认为民主成功还是失败主要取决于政治领导人和群体的选择、行为和决策[2]。澳

---

[1] Samuel Huntington, *The Third Wave: Democracy in the Twentieth Century*, Norman: University of Oklahoma Press, 1991, p. 36.

[2] Seymour Martin Lipset, "The Social Requisites of Democracy Revisited: 1993 Presidential Address," *American Sociological Review* 59, 1 (1994): 18.

门在回归后总体保持"强特首"的政治态势，可以预见应未来社会的发展，特别是近年来社会对立法会的监管角色提出了更高的要求，透过政治精英的引导，配合社会各界的支持和参与，可启动就第六届（2017～2021年）或以后立法会的产生办法进行修订的程序，为构建共识型精英缔造契机。

因此，在精英生成资本价值的变化、行政主导体制的维护和由政治精英引领的政治发展程序的共同作用下，聚合的过程有较大机会在澳门发生，精英的结构也将能朝向共识型精英迈进。

参考文献

专著与译著

澳门中央图书馆、澳门历史档案室编《中葡关系四百五十年》，澳门文化司署，1999。

〔捷〕奥塔·锡克（Ota Sik）：《经济·利益·政治》，中国社会科学出版社，1984。

〔英〕巴特摩尔（Tom Bottomore）：《平等还是精英》，龙卫军译，辽宁教育出版社，1998。

边燕杰、吴晓刚、李路路主编《社会分层与流动：国外学者对中国研究的新进展》，中国人民大学出版社，2008。

〔法〕布迪厄（Pierre Bourdieu）、〔美〕华康德（L. D. Wacquant）：《实践的反思——反思社会学引论》，李猛等译，中央编译出版社，1998。

〔法〕布迪厄（Pierre Bourdieu）：《文化资本与社会炼金术——布迪厄访谈录》，包亚明译，上海人民出版社，1997。

〔美〕查尔斯·赖特·米尔斯（C. Wright Mills）：《权力精英》（第二版），王昆、许荣译，南京大学出版社，2005。

陈震宇：《现代澳门社会治理模式研究》，社会科学文献出版社、澳门基金会，2011。

董晓阳：《俄罗斯利益集团》，当代世界出版社，1995。

费成康：《中国租界史》，上海社会科学院出版社，1991。

古万年、戴敏丽：《澳门及其人口演变五百年（1500~2000）》，澳门统计暨普查司，1998。

关振东、陈树荣：《何贤传》，澳门出版社，1999。

郝雨凡、吴志良主编《澳门蓝皮书——澳门经济社会发展报告（2009～2010)》，社会科学文献出版社，2010。

胡杨：《精英与资本：转型期中国乡村精英结构变迁的实证研究》，中国社会科学出版社，2009。

黄绍伦、杨汝万、尹宝珊、郑宏泰编《澳门社会实录——从指标研究看生活素质》，香港中文大学香港亚太研究所，2007。

黄湛利：《论港澳政商关系》，澳门学者同盟，2007。

〔意〕加埃塔诺·莫斯卡（Gaetano Mosca)：《政治科学要义》，任军锋、包军译，上海人民出版社，2005。

〔美〕加布里埃尔·阿尔蒙德（Gabrial A. Almond)、〔美〕宾厄姆·鲍威尔（G. Bingham Powell)：《比较政治学：体系、过程和政策》，曹沛霖等译，上海译文出版社，1995。

〔美〕吉尔·伊亚尔（Gil Eyal)、〔美〕伊万·塞勒尼（Ivan Szelenyi)、〔美〕艾莉诺·汤斯利（Eleanor Townsley)：《无须资本家打造资本主义——后共产主义中欧的阶级形成和精英斗争》，吕鹏、许龄译，社会科学文献出版社，2008。

金耀基：《中国政治与文化》，牛津大学出版社，1997。

冷夏：《何鸿燊传》，明报出版社，1994。

林园丁、张德荣等：《澳门特区民主发展前景研究——以选举制度为视角》，澳门理工学院—国两制研究中心，2010。

〔美〕利普哈特（Arend Lijphart)：《选举制度与政党体系》，桂冠图书股份有限公司，2003。

李淮春：《马克思主义哲学全书》，中国人民大学出版社，1996。

梁国庆主编《国际反贪污贿赂理论与司法实践》，人民法院出版社，2011。

娄胜华：《转型时期澳门社团研究——多元社会中法团主义体制解析》，广东人民出版社，2004。

娄胜华、潘冠瑾、林媛：《新秩序——澳门社会治理研究》，社会科学文献出版社，2009。

〔美〕罗伯特·达尔（Robert Dahl)：《多头政体——参与和反对》，谭君久译，商务印书馆，2003。

〔美〕罗伯特·杰克曼（Robert Jackman）：《不需要暴力的权力——民族国家的政治能力》，欧阳景根译，天津人民出版社，2005。

潘冠瑾：《澳门社团体制变迁——自治、代表与参政》，社会科学文献出版社、澳门基金会，2010。

王家英、黄绍伦、尹宝珊、郑宏泰编《澳门社会新貌——从指标研究看生活素质》，香港中文大学亚太研究所，2007。

王绍光：《民主四讲》，三联书店，2008。

〔意〕维尔弗雷多·帕累托（Vilfredo Pareto）：《精英的兴衰》，戴北成译，上海人民出版社，2003。

吴国昌：《民主派》，青文书屋，1990。

吴志良：《澳门政制》，澳门基金会，1995。

吴志良：《澳门政治发展史》，上海社会科学出版社，1999。

吴志良：《生存之道——论澳门政治制度与政治变化》，澳门成人教育学会，1998。

吴志良、陈欣欣：《澳门政治社会研究》，澳门成人教育学会，2000。

吴志良、杨允中、冯少荣编《澳门1996》，澳门基金会，1996。

谢常青著，全国政协文史和学习委员会、广东省政协文史资料研究委员会编《马万祺传》，中国文史出版社，1998。

杨道匡、郭小东：《澳门经济评述》，澳门基金会，1994。

杨光斌：《政治学导论》，中国人民大学出版社，2004。

杨景明：《引领转型：变革社会中的韩国与俄罗斯政治精英》，上海交通大学出版社，2011。

杨炼：《立法过程中的利益衡量研究》，法律出版社，2010。

余振编《澳门：超越九九》，广角镜出版社有限公司，1993。

余振、林媛主编《澳门人文社会科学研究文选（2008~2011）·政治编》，社会科学文献出版社、澳门基金会，2013。

余振、娄胜华、陈卓华：《澳门华人政治文化纵向研究》，香港三联书店，2011。

余振、刘伯龙、吴荣德：《澳门华人政治文化》，澳门基金会，1993。

〔美〕萨托利（Giovanni Sartori）：《政党与政党制度》，韦伯文化事业出版社，2000。

〔美〕詹姆斯·安修：《美国宪法解释与判例》，黎建飞译，中国政法大学出版社，1994。

张妙清、黄绍伦、尹宝珊、郑宏泰编《澳门特区新貌——十年发展与变化》，香港中文大学香港亚太研究所，2011。

张玉堂：《利益论——关于利益冲突与协调问题的研究》，武汉大学出版社，2001。

郑宇硕、卢兆兴编《九七过渡：香港的挑战》，香港中文大学出版社，1997。

钟伟军：《利益冲突、沟通阻梗与地方协调机制建设——一种地方经贸精英与大众互动的视角》，天津大学出版社，2009。

期刊论文

白艳、刘苗苗：《政务公开与政府治理模式的转换》，《理论探讨》2010年第4期。

蔡永君：《回归后澳门治理精英的来源、特征及其与大众关系的演变》，《当代港澳研究》2013年第3期。

蔡永君：《多样式的威权政体——澳门特区政体分类简析》，《澳门研究》2011年第62期。

陈光金：《从精英循环到精英复制——中国私营企业主阶层形成的主体机制的演变》，《学习与探索》2005年第1期。

Eduardo Nascimento Cabrita：《法律翻译——保障澳门法律政治自治之核心工具及遵守联合声明之必要条件》，《行政》1992年第16期。

方长春：《趋于隐蔽的再生产——从职业地位获得看阶级结构的生成机制》，《开放时代》2009年第7期。

冯邦彦、任郁芳、焦张义、彭兰：《澳门社团政治：特征、作用与发展趋势》，《澳门经济学刊》2010年第29期。

康晓光：《再论"行政吸纳政治"——90年代中国大陆政治发展与政治稳定研究》，《二十一世纪》2002年8月号总第5期。

黄军甫：《精英转换与俄罗斯政治转型》，《思想战线》2004年第6期。

黄雁鸿、阮建中、崔恩明：《博彩业迅速发展后的澳门青少年价值观探析》，《澳门理工学报》2007 年第 25 期。

黄永曦：《浅谈第四届立法会直接选举的竞选文宣策略》，《澳门新视角》2009 年第 5 期。

黎熙元：《难以表述的身份——澳门人的文化认同》，《二十一世纪》2005 年第 92 期。

冷铁勋：《澳门公共政策咨询中公众参与的困境及对策研究》，《"一国两制"研究》2011 年第 7 期。

李月军：《中国政治制度变迁中的路径依赖》，《学海》2009 年第 4 期。

刘祖云：《澳门社团政治功能的个案研究》，《澳门研究》2010 年第 58 期。

娄胜华：《令民意表达更加畅通——参与式民主与澳门政府咨询机构建设构想》，《澳门研究》2006 年第 32 期。

娄胜华：《竞争与均衡：第四届立法会直选活动及其结果透析》，《"一国两制"研究》2009 年第 2 期。

娄胜华：《混合与过渡：澳门选举制度的变革及特征分析》，《社会科学》2010 年第 3 期。

娄胜华：《错位代表性及其根源分析——以澳门特区第五届立法会选举为中心》，《当代港澳研究》2014 年第 12 辑。

《前澳督罗必信回忆录》，《文化杂志》中文版 1993 年第 15、16 期合刊。

孙立平：《我们在开始面对一个断裂的社会》，《战略与管理》2002 年第 2 期。

孙立平：《总体性资本与转型期精英形成》，《浙江学刊》2002 年第 3 期。

王绍明：《鸦片战争前后澳门地位的变化》，《近代史研究》1986 年第 3 期。

谢岳：《市场转型、精英政治化与地方政治秩序》，《天津社会科学》2005 年第 1 期。

杨允中：《澳门与东西方文化交流》，《行政》1989 年第 5 期。

叶传星：《论法治的人性基础》，《天津社会科学》1997 年第 2 期。

俞可平：《全球治理引论》，《马克思主义与现实》2002 年第 1 期。

余永逸：《2005 年澳门立法会选举：对澳门民主化的启示》，《香港社会科学学报》2007 年春/夏季第 32 期。

余振：《澳门的选举制度与 1992 年立法会选举》，《澳门研究》1993 年第 1 期。

余绩慧：《澳门过渡期的人才培养》，《亚太经济》1987 年第 6 期。

张虎：《澳门"三化"的检讨与评估》，《中国大陆研究》2000 年第 1 期第 43 卷。

张虎：《澳门公务员本地化研究》，《中国大陆研究》1998 年第 9 期第 41 卷。

赵延东：《社会资本理论述评》，《国外社会科学》1998 年第 3 期。

周士敏：《澳门特别行政区廉政公署》，《行政》2001 年第 41 卷第 54 期。

外文专著

Almond, Gabriel A., and Sidney, Verba, *The Civic Culture: Political Attitudes and Democracy in Five Nations*, Princeton: Princeton University Press, 1963.

Bachrach, Peter, *The Theory of Democratic Elitism: A Critique*, Canada: Little, Brown and Company, 1967.

Bevan, Aneurin, *In Place of Fear*, London: Quartet Books, 1978.

Bourdieu, Pierre, *Distinction: A Social Critique of the Judgment of Taste*, Cambridge, M. A.: Harvard University Press, 1984.

Boxer, C. R., *Seventeenth Century Macau*, Hong Kong: Heinemann, 1984.

Brezis, Elise S. and Peter Temin, eds., *Elites, Minorities and Economic Growth*, The Netherlands: Elsevier Science B. V., 1999.

Domhoff, G. William, *Who Rules America?* 3rd edition, U. S.: Mayfield Publishing Company, 1998.

Eldersveld, Samuel J., *Political Elites in Modern Societies: Empirical Research and Democratic Theory*, U. S.: The University of Michigan Press, 1989.

Field, G. Lowell, and John Higley, *Elitism*, U. K.: Routledge & Kegan

Paul Ltd. , 1980.

Frey, Frederick W. , *The Turkish Political Elite*, Cambridge, Mass. : M. I. T. Press, 1965.

Hankiss, Elemér, *East European Alternatives*, Oxford: Clarendon Press, 1990.

Hayward, Jack, ed. , *Elitism, Populism and European Politics*, U. K. : Oxford University Press, 1996.

Higley, John, and Michael Burton, *Elite Foundations of Liberal Democracy*, U. S. : Rowman & Littlefield Publishers, Inc. , 2006.

Huntington, Samuel, *The Third Wave: Democracy in the Twentieth Century*, Norman: University of Oklahoma Press, 1991.

Giddens, Anthony, *The Class Structure of the Advanced Societies*, London: Hutchison University Library, 1973.

Grant, Wyn, ed. , *The Political Economy of Corporatism*, London: Macmillan, 1985.

Jesus, Montalto de, *Macau Histório*, Macau: Livros do Oriente, 1990.

Keller, Suzanne, *Beyond the Ruling Class: Strategic Elites in Modern Society*, N. Y. : Random House, 1963.

Kitschelt, Herbert, Zdenka Mansfeldova, Radoslaw Markowski and Gabor Toka, *Post-communist Party Systems: Competition, Representation and Inter-party Cooperation*, New York: Cambridge University Press, 1999.

Lipset, Seymour Martin, *Political Man: The Social Bases of Politics* (Expanded and Updated Edition), Baltimore: Johns Hopkins University Press, 1981.

Mannheim, Karl, *Man and Society in an Age of Reconstruction*, London: Kagan Paul, 1946.

Mill, John Stuart, *Considerations on Representative Government*, U. S. : Kessinger, 2004.

Mosca, Gaetano, *The Ruling Class*, New York: McGraw-hill, 1939.

North, Dogulass C. , *Institutions, Institutional Change, and Economic Performance*, New York: Camgridge University Press, 1990.

Pareto, Vilfredo, *The Mind and the Society*, London: Jonathan Cape, 1935.

Pareto, Vilfredo, *The Mind and Society*：*A Treatise on General Sociology*, New York：Dover, 1963.

Putnam, Robert D. , *The Comparative Study of Political Elites*, N. J. ：Prentice-Hall, 1976.

Temin, Peter, eds. , *Elites*, *Minorities and Economic Growth*, The Netherlands：Elsevier Science B. V. , 1999.

Verba, Sidney, Steven Kelman, Gary R. Orren, Ichiro Mikaye, Joji Watanuki, Ikuo Kabashima, and G. Donald Ferree, Jr. , *Elites and the Idea of Equality*：*A Comparison of Japan*, *Sweden*, *and the United States*, U. S. ：Harvard University Press, 1987.

英文期刊论文

Adam, Frane, and Matevz Tomsic, "Elite (Re) Configuration and Political-Economic Performance in Post-Socialist Countries," *Europe-Asia Studies* 54, 3 (2002)：435 – 454.

Ågren, Hanna, Dahlberg, Matz and Mörk, Eva, "Do Politicians' Preferences Correspond to those of the Voters? An Investigation of Political Representation," *Public Choice* 130, 1 – 2 (2007)：137 – 162.

Aron, Raymond, "Social Structure and the Ruling Class," *The British Journal of Sociology* 1, 1 (1950)：1 – 16.

Almond, Gabriel A, "Comparative Political Systems," *The Journal of Politics* 18, 3 (1956)：391 – 409.

Box-Steffensmeier, Janet M. , David C. Kimball, Scott R. Meinke and Katherine Tate, "The Effects of Political Representation on the Electoral Advantage of House Incumbents," *Political Research Quarterly* 56, 3 (2003)：259 – 270.

Burton, Michael, and John Higley, "The Study of Political Elite Transformations," *International Review of Sociology* 11, 2 (2001)：181 – 199.

Diamond, Larry. "Is the Third Wave Over?" *Journal of Democracy* 7, 3 (1996)：20 – 37.

Goodstadt, Leo F. , "China and the Selection of Hong Kong's Post-Colonial Politicl Elite," *The China Quarterly* 163 (2000): 721 – 741.

Griffin, John D. , "Electoral Competition and Democratic Responsiveness: A Defense of the Marginality Hypothesis," *Journal of Politics* 69, 1 (2006): 220 – 236.

Ho, Wing-Chung, Wan-Lung Lee, Chin-Man Chan, Yat-Nam Ng and Yee-Hung Choy, "Hong Kong's Elite Structure, Legislature and the Bleak Future of Democracy under Chinese Sovereignty," *Journal of Contemporary Asia* 40, 3 (2010): 466 – 486.

Iversen, Torben, "Political Leadership and Representation in West European Democracies: A Test of Three Models of Voting," *American Journal of Political Science* 38, 1 (1994): 45 – 74.

Kryshtanovskaya, Olga, and Stephen White, "From Soviet Nomenkenklatura to Russian Elite," *Europe-Asia Studies* 48, 5 (1996): 711 – 733.

Lipset, Seymour Martin, "The Social Requisites of Democracy Revisited: 1993 Presidential Address," *American Sociological Review* 59, 1 (1994): 1 – 22.

Lo, Shiu-Hing, "Casino Politics, Organized Crime and the Post-Colonial State in Macao," *Journal of Contemporary China* 14, 43 (2005): 207 – 224.

Lo, Sunny, "Casino Capitalism and Its Legitimacy Impact on the Politico-administrative State in Macau," *Journal of Current Chinese Affairs* 38, 1 (2009): 19 – 47.

Luna, Juan P. , and Elizabeth J. Zechmeister, "Political Representation in Latin America: A Study of Elite-Mass Congruence in Nine Countries," *Comparative Political Studies* 38, 4 (2005): 388 – 416.

Mansbridge, Jane, "Rethinking Representation," *The American Political Science Review* 97, 4 (2003): 515 – 528.

Staniszkis, Jadwiga, "Political Capitalism in Poland," *East European Politics and Societies* 5, 1 (1991): 127 – 141.

Walder, Andrew G. , "Elite Opportunity in Transitional Economies," *American Sociological Review* 68, 6 (2003): 899 – 916.

Yu，Eilo Wing-Yat，"Formal and Informal Politics in Macao Special Administrative Region Elections 2004 – 2005，" *Journal of Contemporary China* ，No. 16，Issue. 52（2007）：417 – 441.

Yu，Eilo Wing-Yat，"Electoral Fraud and Governance：The 2009 Legislative Direct Election in Macao，" *Journal of Comparative Asian Development* 10，1（2011）：90 – 128.

Yu，Eilo Wing-yat，and Natalie Chin Ka-man，"The Political Opposition and Democracy in Macao：Revolutionaries or Loyalists？" *Government and Opposition* 47，1（2012）：97 – 116.

报告、会议论文及学位论文

《澳门大学社会及人文科学院、澳门研究中心，有关"澳门特区成立后的首次立法会选举"民意调查报告》，调查访问于 2001 年 9 月 24 ~ 26 日举行。

2005/2006 年、2006/2007 年、2007/2008 年、2008/2009 年、2009/2010 年、2010/2011 年、2011/2012 年和 2012/2013 年澳门特别行政区立法会活动报告。

澳门发展策略研究中心—澳门政治人才问题研究小组：《澳门特区政治人才问题研究》，2009。

澳门新视角：《澳门市民心目中的中产阶层调查报告》，2011。

陈丽君：《澳门博彩业的政治效应研究》，澳门理工学院、中山大学，2010。

龙异：《政治精英结构与民主巩固：菲律宾与印度尼西亚尼西亚的比较》，北京大学政治学系博士学位论文，2009。

劳日添：《澳门立法会选举制度之研究》，台湾暨南国际大学公共行政与政策学系硕士学位论文，2007。

香港研究学会：《2008 年立法会选举票站综合分析报告》《2010 年立法会补选票站调查综合分析报告》。

谢汉光：《澳门的工业发展》，发表于 1992 年 7 月 21 ~ 24 日于北京举行之"海峡两岸（含港澳）经济持续发展的资源与环境青年学者研讨会"。

曹其真：《立法会主席十年工作情况的总结报告》，澳门特别行政区立法会，2009。

张小梅：《新政治系统下澳门社会管治模式探析——澳门精英转换视角下的考察》，中国人民大学政治学系硕士学位论文，2005。

资料、档案、年鉴与统计数据

《澳门百科全书》，澳门基金会，2005。

《澳门日报》，1980 年 7 ~ 10 月、1984 年 7 ~ 8 月、1984 年 9 月、1988 年 9 月 ~ 10 月、1991 年 2 ~ 3 月、1992 年 9 月、1996 年 9 月、1999 年 9 月。

澳门日报编《澳门手册》，1983。

《中华人民共和国澳门特别行政区基本法》。

澳门行政暨公职司：《97 澳门公共行政之人力资源》，1997。

澳门特别行政区政府可持续发展策略研究中心：《澳门居民综合生活质素第五期研究（2009）——政府管治与施政》。

澳门特别行政区政府可持续发展策略研究中心：《澳门居民综合生活质素调查——2005 与 2007 年趋势》。

澳门特别行政区政府行政暨公职局：《选举活动综合报告 2001》《选举活动综合报告 2005》《选举活动综合报告 2009》。

澳门特别行政区政府统计暨普查局：《2006 中期人口统计总体结果》。

澳门特别行政区政府统计暨普查局，《2013 年澳门产业结构》。

澳门特别行政区政府统计暨普查局：《2011 人口普查详细结果》。

澳门特别行政区政府统计暨普查局：《澳门人口估计》。

澳门特别行政区政府统计暨普查局：《澳门主要统计指标》。

澳门特别行政区政府统计暨普查局：《澳门资料 2014》。

澳门特别行政区统计暨普查局：各年《人力资源需求及薪酬调查——博彩业》《人力资源需求及薪酬调查——制造业、酒店、餐饮、银行及保险》《人力资源需求及薪酬调查——批发零售、交通运输、保安及公共污水废物处理业》《人力资源需求及薪酬调查——金融业》。

澳门特别行政区政府统计暨普查局：《旅游统计 2013》。

澳门特别行政区政府统计暨普查局：《住户收支调查 2007/2008》《住户

收支调查 2012/2013》。

澳门特别行政区政府行政公职局、法务局：《关于立法会选举法的修改及 2013 年第五届立法会的组成》，2012。

澳门特别行政区政府行政暨公职局：《选举活动综合报告 2001》。

澳门特别行政区政府运输工务司：《新城区总体规划草案》咨询文本。

《华侨报》，1996 年 9 月 ~ 1999 年 12 月。

立法会选举委员会：《2005 年立法会选举候选名单政纲概要》。

林昶：《濠江精英录》第 1 ~ 4 辑，澳门出版社，1991、1993、1994、1996。

《全国人民代表大会常务委员会关于澳门特别行政区 2013 年立法会产生办法和 2014 年行政长官产生办法有关问题的决定》。

香港立法会秘书处：《资料便览》。

Manuel Teixeira, *O Leal Senado*（议事会），Macau：Leal Senado.

网络及其他文献

2001 年、2005 年、2009 年和 2013 年立法会选举网站，http：//www. elections. gov. mo/。

澳门立法会全体会议摘录，1990 年 4 月 30 日，http：//www. al. gov. mo/lei/col_lei - 05/CN/02/c4. htm。

澳门特别行政区政府贸易投资促进局网站，http：//www. ipim. gov. mo。

澳门特别行政区政府统计暨普查局网站，http：//www. dsec. gov. mo/。

澳门虚拟图书馆，http：//www. macaudata. com/。

澳门中华总商会网站：http：//www. acm. org. mo。

香港大学社会科学学院下属的香港大学民意研究计划"澳门研究系列"，http：//hkupop. hku. hk/。

新会侨网，http：//www. xinhui. gov. cn/export/xhqw/gazc/。

附　录

附表 1　2005 年和 2009 年立法会直选各组别之政纲重点

2005 年	
候选组别	政纲重点
第 1 组： 为澳门	保持澳门多元文化的社会特色和独立的司法制度
第 2 组： 澳门新力量	争取"还富于民"，分享经济发展带来的成果；争取"还政治直接参与权予民"；为弱势社群谋求合理福利
第 3 组： 民主新澳门	推动澳门民主化和现代化发展；遏止官商勾结利益输送；促进社会公平，维护草根阶层；管好财政盈余培育下一代
第 4 组： 民主起动	争取民主，改善民生，维护弱势社群，捍卫社会公义和反对官商勾结，落实真正高官问责制；反对输入外劳政策；争取制定《工会法》
第 5 组： 澳门新青年	制订《青年发展纲要》；全面检讨现行教育制度；推动行政改革，建立政府官员问责机制；关注社会公平
第 6 组： 职工同盟	限制输入外劳；落实高官问责制；实施义务教育；打破垄专营；促进民主发展
第 7 组： 群力促进会	监督特区政府依法施政；监察公共财政的有限运用；推动特区政府制订长远可持续发展的经济策略；推广澳门的旅游品牌；关注本地劳动市场的就业情况
第 8 组： 爱澳联盟	严格执行"一国两制"；发展壮大爱国爱澳力量；关注社情民意，协调社会资源合理分配；推动多元经济发展路向；促进政府改善营商环境
第 9 组： 澳门发展联盟	创造新繁荣，提高市民福利和生活水平；倡议政府设立博彩协调机制；提高教育工作者的地位；配合落实旧区重建政策，协助市民置业安居；敦促政府扩大专业界别参与途径
第 10 组： 澳门民主民生协进会	反对输入外劳，支持家人团聚（内地澳人子女）
第 11 组： 澳门前瞻协进会	促进经济可持续发展；实施人口规划；改革法律、完善公共行政；增加教育经费投入；制定城市规划；提高医疗服务水平
第 12 组： 澳门幸运博彩业职工总会联盟	反对向博彩业输入外劳；协助本澳有志人士投身博彩业；成立博彩业职工保障基金；争取工人合理权益；完善社会保障制度

续表

2005 年	
候选组别	政纲重点
第 13 组： 繁荣澳门同盟	推动政府制订短、中、长期发展计划；支持增建设施以完善具特色的大型旅游景点项目；监督医疗改革；加快法律体系改革；为残疾人士提供一生的医疗保障、护理服务
第 14 组： 同心协进会	维护职工合法权益，合理分享发展成果；推进行政改革；推动经济结构调整；提升市民的综合生活素质
第 15 组： 亲民爱群协会	为弱势社群争取适切服务与设施；为青年新一代争取资源，提升教育、教业与个人发展机会；为整体市民共享经济发展成果设立机制，监督政府施政；为政府与市民沟通作桥梁
第 16 组： 新希望	（分为给大众市民与公务员）设立全民强积金制度；增加社会及经济房屋的供应；延伸免费教育期限；支持服务满 25 年的公务员有权提早退休；统一公职人员编制和年资计算；调升不合时宜的津贴金额
第 17 组： 民权协进会	重视老人及贫穷问题；延伸免费教育期限；订立反歧视法，保护本地人就业；设立财政储备法制
第 18 组： 澳门民联协进会	成立议员办事机构；检讨房屋政策；推动政府逐步落实免费教育；推动政府整合旅游资源，增加配套设施；研究制订城市规划法规
2009 年	
候选组别	政纲重点
第 1 组： 澳粤同盟	开设地区办事处；创造良好营商环境及设独立机构扶助支持中小企；完善法制；打击贪污；优化房屋政策、增建公屋；改善交通；缩小贫富差距；扶助传统行业
第 2 组： 新希望	争取 2013 年立法会选举大部分间选议员和委任议员逐渐由直选产生；完善城市规划，增建社屋及经屋；实行全民免费医疗制度；设立全民强制性公职金及最低工资制度；政纲内不少篇幅为公共行政领域，包括严格遵守公职人员同工同酬的原则；统一公职人员编制等
第 3 组： 同力建设联盟	监察公共财政和资源的合理运用；遏止黑工泛滥；健全社会保障、社会福利制度和医疗卫生政策；设立贫穷线、制订扶助青年人创业政策
第 4 组： 民主昌澳门	加强公共开支的监察和透明度，规定重大公共工程拨款须交立法会审议；争取 2019 年普选特首；逐步减少立法会间选和官委议席；削外劳、除黑工，压缩博彩业非技术性外劳的输入；新建公共房屋单位增至 4 万个，设立具体输候期
第 5 组： 改革创新同盟	创新政策思维；推进教育改革；改善社会福利；争取劳工权益；关注青年成长；倡导旅游创建；合理分配资源；拓展多元创新
第 6 组： 公民监察	落实全面普选；强化施政监督；打破分配不公；革新资助机制；推动全民发展；确立专业制度；改革公职体制；打破利益垄断；捍卫共同记忆；推动公民参与
第 7 组： 澳门民联协进会	建公平机制监督政府依法施政；督促持续推进行政改革；推动产业结构调整促经济多元；缩小贫富差距分享经济成果；检讨房屋政策使居者有其屋；完善就业政策打击黑工

续表

2009 年	
候选组别	政纲重点
第 8 组： 社会公义	政纲主要针对青少年和家庭，以及警务人员和公务员，包括关注青才年品德教育；增加驻校社工比例；降低职业培训入学门槛；关注单亲、双职、隔代教养及新移民家庭；讨回警务人员/保安部队人员每年初剥削的 20% 年资；保障警员具足够休息时间等
第 9 组： 民主起动	为基层和工人争取权益，争取制定《工会法》，制定最低工资、削减外劳；反对商人家族治澳；2019 年普选立法会议员和行政长官
第 10 组： 澳门发展新连盟	完善博彩监管法规，设立"博彩从业员失业援助基金"；加快珠澳、泛珠三角区域合作；倡议政府增强对公共财政管理的透明度；完善高官问责制；严厉打击黑工；加快公屋兴建和兴建离岛医院
第 11 组： 社会民主阵线	严惩雇用黑工，欠薪徒刑化；限制输入外劳，设定人数上限；落实高官问责；倡导终身学习；打破专营垄断；争取全民普选行政长官、立法会绝大多数议席由直选产生
第 12 组： 同心协进会	完善输入外劳制度，设定总量、比例，建立退场机制；制定严惩聘用黑工的法律；推动最低工资立法；落实社屋及经屋的兴建，增建公屋；落实全民双层养老保障制度；完善经济多元政策措施；循序渐进发展民主；订定财政储备制度及预算纲要法；建立高官问责制度
第 13 组： 群力促进会	推动落实"双层式社保制度"，逐步建立强制性中央公积金制度；拓展社区服务网络；完善社会救助制度；完妇女权益保障法律；制定经济适度多元发展策略；完善城市整体规划；加快旧区重建
第 14 组： 齐声建澳门	在学校推广中、葡双语的教学；全民免费医疗；设立全民社会保障及退休金制度；聘用更多司法官和司法文员；非本地劳工及其子女应享有免费教育、医疗及社会保障；2013 年立法会直选议席增至 18 人；对澳门文化遗产实施完全保护政策
第 15 组： 民主新澳门	完善土地批给制度，确保土地均须公开竞投；防止滥批高楼及随意改变土地用途；争取 2019 年普选特首；立法会循序渐进迈向普选；削减外劳总量在本地劳动人口的 10% 以下；确保政府落实于 2012 年建成 1.9 万个公屋单位的承诺
第 16 组： 亲民爱群协会	广纳市民意见为民喉舌；建立有效的市民与政府对话平台机制；改进政府各级官员的问责制；重视老龄化带来的社会挑战，增拨资源于安老政策；制定有调节机制的贫穷线；加快推行双层式社会保障制度；落实执行弱能人士保障法规

资料来源：整理自立法会选举委员会《2005 年立法会选举候选名单政纲概要》、《2009 年立法会选举候选名单政纲概要》。

附表 2　政治力量与议题范畴关注的关联度验证（1996～1999 年届别之议程前发言）

附表 2 - a

		公用事业/专营服务	城市建设	政府管理	社会服务与保障	治安	法律法规	经济与产业	食品/药物/产品安全与权益	劳工与就业	教育与医疗	其他
建制基层	预期值	5.6	5.6	5.6	5.6	5.6	5.6	5.6	5.6	5.6	5.6	5.6
	实际值	3	3	10	2	15	7	4	2	8	2	6
	Poisson p 值	0.373	0.373	0.059	0.161	0.001	0.415	0.673	0.161	0.235	0.161	0.671
	卡方验证 p 值	**0.000**										
新兴民主阵营	预期值	5.5	5.5	5.5	5.5	5.5	5.5	5.5	5.5	5.5	5.5	5.5
	实际值	5	6	16	5	10	2	4	0	3	6	4
	Poisson p 值	0.958	0.642	0.000	0.958	0.053	0.171	0.701	0.008	0.393	0.642	0.701
	卡方验证 p 值	**0.000**										

说明：H_0（虚无假设）：各政治力量中对议题关注的程度是均等的，即预期值＝实际值。

H_1（对立假设）：各政治力量中对议题关注的程度是非均等的，即预期值≠实际值。

因两者的卡方验证 p 值 <0.01，否定虚无假设，在 99% 置信水平下，认为各政治力量中对议题关注的程度是非均等的。

灰色部分为实际值与预期值最大正差距之范畴，并具统计之显著性。

附表 2 - b

范畴	实际值		总数	比例	范畴	预期值	
	政治力量					政治力量	
	建制基层	新兴民主阵营				建制基层	新兴民主阵营
公用事业/专营服务	3	5	8	0.065	公用事业/专营服务	4.0	4.0
城市建设	3	6	9	0.073	城市建设	4.5	4.5
政府管理	10	16	26	0.211	政府管理	13.1	12.9
社会服务与保障	2	5	7	0.057	社会服务与保障	3.5	3.5
治安	15	10	25	0.203	治安	12.6	12.4
法律法规	7	2	9	0.073	法律法规	4.5	4.5
经济与产业	4	4	8	0.065	经济与产业	4.0	4.0
食品/药物/产品安全与权益	2	0	2	0.016	食品/药物/产品安全与权益	1.0	1.0
劳工与就业	8	3	11	0.089	劳工与就业	5.5	5.5
教育与医疗	2	6	8	0.065	教育与医疗	4.0	4.0
其他	6	4	10	0.081	其他	5.0	5.0
总数	62	61	123				
比例	0.504	0.496					
卡方验证 p 值	0.15						

说明：H_0（虚无假设）：各政治力量与议题范畴的提出并没有关系，即预期值＝实际值。
H_1（对立假设）：各政治力量与议题范畴的提出具有关系，即预期值≠实际值。
因卡方验证 p 值>0.05，无法否定虚无假设。

附表 3　政治力量与议题范畴关注的关联度验证（1996~1999 年届别之议员表态）

附表 3 - a

政治力量		公用事业/专营服务	城市建设	政府管理	社会服务与保障	治安	法律法规	经济与产业	劳工与就业	教育与医疗	立法会运作	过渡期事务与政制	其他
建制基层	预期值	14.8	14.8	14.8	14.8	14.8	14.8	14.8	14.8	14.8	14.8	14.8	14.8
	实际值	4	2	28	7	28	19	11	22	3	11	15	28
	Poisson p 值	0.002	0.000	0.001	0.040	0.001	0.231	0.392	0.059	0.000	0.392	0.830	0.001
	卡方验证 p 值	0.000											
新兴民主阵营	预期值	8.0	8.0	8.0	8.0	8.0	8.0	8.0	8.0	8.0	8.0	8.0	8.0
	实际值	8	1	13	2	18	2	3	2	3	13	23	14
	Poisson p 值	0.028	0.006	0.068	0.028	0.001	0.028	0.085	0.028	0.085	0.068	0.000	0.035
	卡方验证 p 值	0.000											
本地葡籍	预期值	6.0	6.0	6.0	6.0	6.0	6.0	6.0	6.0	6.0	6.0	6.0	6.0
	实际值	0	0	5	0	5	15	3	0	0	13	10	21
	Poisson p 值	0.005	0.005	0.891	0.005	0.891	0.001	0.302	0.005	0.005	0.007	0.085	0.000
	卡方验证 p 值	0.000											
新兴商界	预期值	2.1	2.1	2.1	2.1	2.1	2.1	2.1	2.1	2.1	2.1	2.1	2.1
	实际值	2	0	0	0	5	1	7	0	0	4	1	7
	Poisson p 值	0.249	0.249	0.249	0.249	0.040	0.768	0.003	0.249	0.249	0.121	0.768	0.003
	卡方验证 p 值	0.000											
建制商界	预期值	6.25	6.25	6.25	6.25	6.25	6.25	6.25	6.25	6.25	6.25	6.25	6.25
	实际值	2	3	8	0	13	2	13	0	0	11	12	11
	Poisson p 值	0.103	0.261	0.359	0.004	0.010	0.103	0.010	0.004	0.004	0.053	0.024	0.053
	卡方验证 p 值	0.000											

说明：H_0（虚无假设）：各政治力量中对议题关注的程度是均等的，即预期值＝实际值。

H_1（对立假设）：各政治力量中对议题关注的程度是非均等的，即预期值≠实际值。

因所有的卡方验证 p 值 <0.01，否定虚无假设，在 99% 置信水平下，认为各政治力量中对议题关注的程度是非均等的。

灰色部分为预期值与实际值较大正差距之范畴（较关注），而斜体则为实际值与预期值较大负差距之范畴（较忽略），两者均具统计之显著性（Poisson p 值 <0.01）。

附表 3 – b

范畴	实际值							预期值					实际值与预期值之比例				
	政治力量					总数	比例	政治力量					政治力量				
	建制基层	新兴民主阵营	本地葡籍	新兴商界	建制商界			建制基层	新兴民主阵营	本地葡籍	新兴商界	建制商界	建制基层	新兴民主阵营	本地葡籍	新兴商界	建制商界
公用事业/专营服务	4	2	0	0	2	8	0.018	3.2	1.7	1.3	0.4	1.3	1.25	1.16	–	–	1.49
城市建设	2	1	0	0	3	6	0.013	2.4	1.3	1.0	0.3	1.0	0.84	0.77	–	–	2.97
政府管理	28	13	5	0	8	54	0.121	21.6	11.6	8.7	3.0	9.1	1.30	1.12	0.57	–	0.88
社会服务与保障	7	2	0	0	0	9	0.020	3.6	1.9	1.5	0.5	1.5	1.95	1.03	–	–	–
治安	28	18	5	5	13	69	0.155	27.5	14.9	11.1	3.9	11.6	1.02	1.21	0.45	1.29	1.12
法律法规	19	2	15	1	2	39	0.087	15.6	8.4	6.3	2.2	6.6	1.22	0.24	2.38	0.46	0.30
经济与产业	11	3	3	7	13	37	0.083	14.8	8.0	6.0	2.1	6.2	0.74	0.38	0.50	3.38	2.09
劳工与就业	22	2	0	0	0	24	0.054	9.6	5.2	3.9	1.3	4.0	2.30	0.39	–	–	–
教育与医疗	3	3	0	0	0	6	0.013	2.4	1.3	1.0	0.3	1.0	1.25	2.32	–	–	–
立法会运作	11	13	13	4	11	52	0.117	20.8	11.2	8.4	2.9	8.7	0.53	1.16	1.55	1.37	1.26
过渡期事务与政制	15	23	10	0	12	61	0.137	24.3	13.1	9.8	3.4	10.3	0.62	1.75	1.02	0.29	1.17
其他	28	14	21	7	11	81	0.182	32.3	17.4	13.1	4.5	13.6	0.87	0.80	1.61	1.54	0.81
总数	178	96	72	25	75	446											
比例	0.399	0.215	0.161	0.056	0.168												

卡方验证 p 值 0.00

说明：H_0（虚无假设）：政治力量与议题范畴的提出并没有关系，即预期值＝实际值。

H_1（对立假设）：政治力量与议题范畴的提出具有关系，即预期值≠实际值。

因卡方鉴证 p 值＜0.01，否定虚无假设，在 99% 置信水平下，认为政治力量与议题范畴的提出具有关系。

实际值与预期值有相对关系有相对关系。

实际值与预期值之比例 >1 表示该政治力量对相关范畴具有相对较高的关注，且具统计之显著性，灰色部分是最多类为分类出的范畴，斜体则表示该政治力量对相关范畴具有相对较低的关注度（实际值与预期值之比例 <1）。

附表 4 政治力量与议题范畴关注的关联度验证（2005~2009 年届别之书面质询）

附表 4 - a

		土地与整体规划	公用事业/专营服务	城市建设和管理	政府管理	交通	房屋	社会服务与保障	社会安全	法律法规	经济与产业	食用品安全/价格与权益	劳工与就业	教育与医疗	环境保护	出入境与人口政策	楼宇管理/维修/安全	其他
建制基层	预期值	37.2	37.2	37.2	37.2	37.2	37.2	37.2	37.2	37.2	37.2	37.2	37.2	37.2	37.2	37.2	37.2	37.2
	实际值	21	21	49	58	23	21	63	20	22	25	30	111	68	33	18	11	39
	Poisson p 值	0.006	0.006	0.053	0.001	0.017	0.006	0.000	0.003	0.010	0.044	0.266	0.000	0.000	0.552	0.001	0.000	0.693
	卡方验证 p 值	0.000																
新兴民主阵营	预期值	21.8	21.8	21.8	21.8	21.8	21.8	21.8	21.8	21.8	21.8	21.8	21.8	21.8	21.8	21.8	21.8	21.8
	实际值	55	14	21	42	16	21	26	6	8	17	12	49	20	12	8	2	41
	Poisson p 值	0.000	0.105	0.983	0.000	0.254	0.983	0.310	0.000	0.001	0.363	0.034	0.000	0.812	0.034	0.001	0.000	0.000
	卡方验证 p 值	0.000																
本地葡籍	预期值	8.2	8.2	8.2	8.2	8.2	8.2	8.2	8.2	8.2	8.2	8.2	8.2	8.2	8.2	8.2	8.2	8.2
	实际值	1	8	9	71	1	0	7	0	2	5	6	17	3	2	3	0	5
	Poisson p 值	0.005	0.881	0.626	0.000	0.005	0.001	0.841	0.001	0.023	0.341	0.571	0.004	0.072	0.023	0.072	0.001	0.341
	卡方验证 p 值	0.000																
新兴商界	预期值	17.1	17.1	17.1	17.1	17.1	17.1	17.1	17.1	17.1	17.1	17.1	17.1	17.1	17.1	17.1	17.1	17.1
	实际值	7	6	18	41	21	9	23	24	15	29	8	11	23	13	10	5	27
	Poisson p 值	0.010	0.004	0.701	0.000	0.284	0.051	0.130	0.084	0.732	0.006	0.024	0.165	0.130	0.394	0.096	0.001	0.018
	卡方验证 p 值	0.000																

说明：H_0（虚无假设）：各政治力量中对议题关注的程度是均等的，即预期值＝实际值。

H_1（对立假设）：各政治力量中对议题关注的程度是非均等的，即预期值≠实际值。

因所有的卡方验证 P 值 < 0.01，否定虚无假设，在 99% 置信水平下，认为各政治力量中对议题关注的程度是非均等的。

灰色部分为预期值与实际值具较大正差距之范畴（较关注），而斜体则为预期值与实际值具较大负差距之范畴（较忽略），两者均具统计之显著性（Poisson P 值 < 0.01）。

附表 4－b

范畴	实际值 政治力量				总数	比例	预期值 政治力量				实际值与预期值之比例 政治力量			
	建制基层	新兴民主阵营	本地葡籍	新兴商界			建制基层	新兴民主阵营	本地葡籍	新兴商界	建制基层	新兴民主阵营	本地葡籍	新兴商界
土地与整体规划	21	55	1	7	84	0.058	36.59	21.39	8.09	16.77	0.57	2.57	0.12	0.42
公用事业/专营服务	21	14	8	6	51	0.035	22.22	12.99	4.91	10.18	0.95	1.08	1.63	0.59
城市建设和管理	49	21	9	18	97	0.067	42.26	24.70	9.35	19.36	1.16	0.85	0.96	0.93
政府管理	58	42	71	41	213	0.147	92.79	54.24	20.52	42.51	0.63	0.77	3.46	0.96
交通	23	16	1	21	66	0.045	28.75	16.81	6.36	13.17	0.80	0.95	0.16	1.59
房屋	21	21	0	9	52	0.036	22.65	13.24	5.01	10.38	0.93	1.59	0.00	0.87
社会服务与保障	63	26	7	23	119	0.082	51.84	30.30	11.47	23.75	1.22	0.86	0.61	0.97
社会安全	20	6	0	24	50	0.034	21.78	12.73	4.82	9.98	0.92	0.47	0.00	2.40
法律法规	22	8	2	15	47	0.032	20.48	11.97	4.53	9.38	1.07	0.67	0.44	1.60
经济与产业	25	17	5	29	78	0.054	33.98	19.86	7.52	15.57	0.74	0.86	0.67	1.86
食用品安全/价格与权益	30	12	6	8	56	0.039	24.40	14.26	5.40	11.18	1.23	0.84	1.11	0.72
劳工与就业	111	49	17	11	192	0.132	83.64	48.89	18.50	38.32	1.33	1.00	0.92	0.29

范畴	实际值						预期值				实际值与预期值之比例			
	政治力量				总数	比例	政治力量				政治力量			
	建制基层	新兴民主阵营	本地葡籍	新兴商界			建制基层	新兴民主阵营	本地葡籍	新兴商界	建制基层	新兴民主阵营	本地葡籍	新兴商界
教育与医疗	68	20	3	23	114	0.078	49.66	29.03	10.98	22.75	1.37	0.69	0.27	1.01
环境保护	33	12	2	13	61	0.042	26.57	15.53	5.88	12.17	1.24	0.77	0.34	1.07
出入境与人口政策	18	8	3	10	40	0.028	17.43	10.19	3.85	7.98	1.03	0.79	0.78	1.25
楼宇管理/维修/安全	11	2	0	5	18	0.012	7.84	4.58	1.73	3.59	1.40	0.44	0.00	1.39
其他	39	41	5	27	115	0.079	50.10	29.28	11.08	22.95	0.78	1.40	0.45	1.18
总数	633	370	140	290	1453									
比例	0.436	0.255	0.096	0.200										
卡方验证 p 值	0.00													

说明：H_0（虚无假设）：政治力量与议题范畴的提出并没有关系，即预期值＝实际值。

H_1（对立假设）：政治力量与议题范畴的提出具有关系，即预期值≠实际值。

因卡方验证 p 值＜0.01，否定虚无假设，在 99% 置信水平下，认为政治力量与相关范畴具有显著性，且具统计之显著度（实际值与预期值之比例＜1）。

实际值与预期值相关范畴具有相对较高的关注度，斜体则表示该政治力量对相关范畴具有相对较低的关注度（实际值与预期值之比例＜1）。

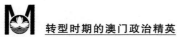

附表 5　政治力量与议题范畴关注的关联度验证（2009～2013 年届别之书面质询）

附表 5 – a

		土地与整体规划	公用事业/专营服务	城市建设和管理	政府管理	交通	房屋	社会服务与保障	社会安全	法律法规	经济与产业	食用品安全/价格与权益	劳工与就业权益	教育与医疗	环境保护	出入境与人口政策	楼宇管理/维修/安全	其他
建制基层	预期值	27.9	27.9	27.9	27.9	27.9	27.9	27.9	27.9	27.9	27.9	27.9	27.9	27.9	27.9	27.9	27.9	27.9
	实际值	38	35	33	23	30	53	28	9	12	28	24	62	23	27	7	22	21
	Poisson p 值	0.055	0.161	0.294	0.406	0.611	0.000	0.891	0.000	0.001	0.891	0.527	0.000	0.406	0.959	0.000	0.302	0.216
	卡方验证 p 值	**0.000**																
新兴民主阵营	预期值	35.1	35.1	35.1	35.1	35.1	35.1	35.1	35.1	35.1	35.1	35.1	35.1	35.1	35.1	35.1	35.1	35.1
	实际值	53	29	46	98	36	57	31	3	16	28	17	50	38	20	10	9	56
	Poisson p 值	0.004	0.344	0.063	0.000	0.795	0.000	0.553	0.000	0.001	0.260	0.001	0.014	0.555	0.008	0.000	0.000	0.001
	卡方验证 p 值	**0.000**																
本地葡籍	预期值	11.8	11.8	11.8	11.8	11.8	11.8	11.8	11.8	11.8	11.8	11.8	11.8	11.8	11.8	11.8	11.8	11.8
	实际值	3	6	11	106	3	6	7	1	8	6	2	9	7	5	1	3	17
	Poisson p 值	0.005	0.101	0.964	0.000	0.005	0.101	0.195	0.000	0.334	0.101	0.001	0.516	0.195	0.045	0.000	0.005	0.113
	卡方验证 p 值	**0.000**																
新兴商界	预期值	31.6	31.6	31.6	31.6	31.6	31.6	31.6	31.6	31.6	31.6	31.6	31.6	31.6	31.6	31.6	31.6	31.6
	实际值	31	30	48	92	31	25	44	20	28	37	20	14	43	16	12	22	25
	Poisson p 值	0.997	0.861	0.005	0.000	0.997	0.271	0.029	0.037	0.590	0.299	0.037	0.001	0.043	0.003	0.000	0.092	0.271
	卡方验证 p 值	**0.000**																

续表

建制商界	土地与整体规划	公用事业/专营服务	城市建设和管理	政府管理	交通	房屋	社会服务与保障	社会安全	法律法规	经济与产业	食用品安全/价格与权益	劳工与就业权益	教育与医疗	环境保护	出入境与人口政策	楼宇管理/维修/安全	其他
预期值	12.2	12.2	12.2	12.2	12.2	12.2	12.2	12.2	12.2	12.2	12.2	12.2	12.2	12.2	12.2	12.2	12.2
实际值	2	6	16	39	15	2	27	5	6	12	3	19	22	8	5	6	15
Poisson p值	0.001	0.080	0.229	0.000	0.346	0.001	0.000	0.035	0.080	0.902	0.004	0.051	0.008	0.280	0.035	0.080	0.346
卡方验证 p值	0.000																

说明：H_0（虚无假设）：各政治力量中对议题关注的程度是均等的，即预期值＝实际值。

H_1（对立假设）：各政治力量中对议题关注的程度是非均等的，即预期值≠实际值。

因所有的卡方验证 p 值＜0.01，否定虚无假设，在 99% 置信水平下，认为各政治力量中对议题关注的程度是非均等的。

灰色部分为预期值与实际值较大正差距之范畴（较关注），而斜体则为预期值与实际值较大负差距之范畴（较忽略），两者均具统计之显著性（Poisson p 值＜0.01）。

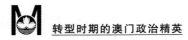

附表 5 – b

范畴	实际值 政治力量					总数	比例	预期值 政治力量					实际值与预期值之比例 政治力量				
	建制基层	新兴民主阵营	本地葡籍	新兴商界	建制商界			建制基层	新兴民主阵营	本地葡籍	新兴商界	建制商界	建制基层	新兴民主阵营	本地葡籍	新兴商界	建制商界
土地与整体规划	38	53	3	31	2	127	0.062	29.44	37.00	12.46	33.35	12.89	1.29	1.43	0.24	0.93	0.16
公用事业/专营服务	35	29	6	30	6	106	0.052	24.57	30.88	10.40	27.83	10.76	1.42	0.94	0.58	1.08	0.56
城市建设和管理	33	46	11	48	16	157	0.077	36.40	45.74	15.40	41.22	15.94	0.91	1.01	0.71	1.16	1.00
政府管理	23	98	106	92	39	360	0.176	83.46	104.89	35.31	94.52	36.54	0.28	0.93	3.00	0.97	1.07
交通	30	36	3	31	15	116	0.057	26.89	33.80	11.38	30.46	11.78	1.12	1.07	0.26	1.02	1.27
房屋	53	57	6	25	2	143	0.070	33.15	41.66	14.03	37.55	14.52	1.60	1.37	0.43	0.67	0.14
社会服务与保障	28	31	7	44	27	139	0.068	32.22	40.50	13.64	36.50	14.11	0.87	0.77	0.51	1.21	1.91
社会安全	9	3	1	20	5	41	0.020	9.50	11.95	4.02	10.77	4.16	0.95	0.25	0.25	1.86	1.20
法律法规	12	16	8	28	6	72	0.035	16.69	20.98	7.06	18.90	7.31	0.72	0.76	1.13	1.48	0.82
经济与产业	28	28	6	37	12	112	0.055	25.96	32.63	10.99	29.41	11.37	1.08	0.86	0.55	1.26	1.06
食用品安全/价格与权益	24	17	2	20	3	67	0.033	15.53	19.52	6.57	17.59	6.80	1.55	0.87	0.30	1.14	0.44
劳工与就业	62	50	9	14	19	154	0.075	35.70	44.87	15.11	40.44	15.63	1.74	1.11	0.60	0.35	1.22
教育与医疗	23	38	7	43	22	141	0.069	32.69	41.08	13.83	37.02	14.31	0.70	0.92	0.51	1.16	1.54
环境保护	27	20	5	16	8	80	0.039	18.55	23.31	7.85	21.01	8.12	1.46	0.86	0.64	0.76	0.99

续表

实际值

范畴	政治力量					总数	比例
	建制基层	新兴民主阵营	本地葡籍	新兴商界	建制商界		
出入境与人口政策	7	10	1	12	5	35	0.017
楼宇管理/维修/安全	22	9	3	22	6	62	0.030
其他	21	56	17	25	15	137	0.067
总数	475	597	201	538	208	2049	
比例	0.232	0.291	0.098	0.263	0.102		

卡方验证 p 值　0.00

预期值

范畴	政治力量				
	建制基层	新兴民主阵营	本地葡籍	新兴商界	建制商界
出入境与人口政策	8.11	10.20	3.43	9.19	3.55
楼宇管理/维修/安全	14.37	18.06	6.08	16.28	6.29
其他	31.76	39.92	13.44	35.97	13.91

实际值与预期值之比例

范畴	政治力量				
	建制基层	新兴民主阵营	本地葡籍	新兴商界	建制商界
出入境与人口政策	0.86	0.98	0.29	1.31	1.41
楼宇管理/维修/安全	1.53	0.50	0.49	1.35	0.95
其他	0.66	1.40	1.26	0.69	1.08

说明：H_0（虚无假设）：政治力量与议题范畴的提出并没有关系，即预期值＝实际值。

H_1（对立假设）：政治力量与议题范畴的提出具有关系，即预期值≠实际值。

因卡方验证 p 值 <0.01，否定虚无假设，在 99% 置信水平下，认为该政治力量对相关范畴的提出具有关系。

实际值与预期值之比例 >1 表示该政治力量对相关范畴具有相对较高的关注，斜体则表示该政治力量对相关范畴具有相对较低的关注（实际值与预期值之比例 <1）。

后　记

还记得 2008 年 8 月底一个十分闷热的正午，从飞机上下来便直奔中国人民大学（以下简称"人大"）的校园，以赶上统一的入学注册，就此，开始了 4 年读博的日子。

因为本科和硕士都在澳门修读，到内地大学念书对我来说是一个很大的挑战，语言、环境、面对的人和事，一切都有一点陌生，心里其实有所惧怕。虽然当初已下定决心到北京读博，但学期刚开始时还是会有点担心，在时间的安排上工作和读书的兼顾确是一件不易处理的事情，这 4 年间几乎所有的节假日都在北京度过。

幸而，在这 4 年间，老师、同学、朋友和家庭的支持让我可顺利完成博士学位论文，并在此基础上修改而完成本书。

首先，十分感谢我的指导老师张小劲教授，2004 年一个偶然的下午在办公室遇上并相识，直至 2007 年选择人大比较政治的专业，考上后成为张老师的学生，际遇的安排让我能有机会跟张老师学习。在张老师的悉心指导下，我不仅学到了理论知识，而且开拓了思维空间。更重要的是，在张老师的言传身教中，学习他做事的严谨态度，学习他的正面人生观，学习他待人（学生）的关切之情。

同时，在论文的写作上，我想特别感谢我的上司——澳门基金会行政委员会主席吴志良博士，吴博士不仅是我的上司，也如同我的指导老师，因为从选题、提纲整合、资料搜集、论文撰写以及其后的修订出版期间，吴博士给予我丰富而宝贵的意见。没有吴博士的鼓励和引导，我在选题定向上将辗转虚度不少时间。作为对澳门历史和政治研究的资深学者，他在百忙中抽空给我指导，让我在写作的迷惘中找到方向、在写作的沮丧中获得力量。

此外，在此谨向一直以来鼓励我读博的杨允中教授致以衷心的感谢。从毕业后的第一份工作开始便跟随杨教授学习，他让我体会到孜孜不倦、学海无涯的精神。他在工作上给予我包容和教导，在学习上给予我鼓励和支持，他的教诲我定铭记于心，他的良言让我终身受用。

同时，感谢清华大学景跃进教授、中国社会科学院史为民研究员、中国政法大学卢春龙教授，以及中国人民大学张鸣教授、孙龙博士等在论文开题和答辩时提出的意见和指导，使我认识到原有想法的不足而得到新的写作启发，让我了解论文写作中的未尽之处而在出版的过程中做出修订。另外，在人大的 4 年间，多亏国际关系学院朱凤余老师和同班同学的帮助，特别是李春峰博士和宿亮博士，才能解决包括行政手续、学习生活以至起居琐事等各种问题，并且在学习上与他们的讨论让我受益匪浅。

作为研究澳门的新生代学者，我的师姐潘冠瑾博士在论文的写作和本书的修订过程中给了我莫大的帮助，虽然她并非土生土长的澳门人，但具有坚实的理论基础和对澳门颇为深刻的认识，与她交流使我解决了不少在写作上纠结的难题。另外，我要感谢我的朋友和同事，没有他们在精神上的鼓励和行动上的迁就支持，论文的完成将遥遥无期，特别是我的上司黄丽莎小姐，工作伙伴陈奕萱小姐、黄励莹小姐等。另外，感谢澳门大学政府与公共行政学系陈建新博士，以及何伟鸿先生、赵家权先生、姜珊珊博士、钟志峰博士、陈震宇博士、梁佳俊博士、郑妙思小姐、吴少媚小姐、李静莹小姐、沈艺小姐等在我求学、论文写作和本书出版过程中给我的各种帮助。

最后，借此机会感谢我的父母、岳父母、太太、妹妹这段时间在生活、学习和精神上的支持，以及无限的包容和鼓励，特别是在论文修订期间犬子的出生让他们十分忙碌，他们的支持和勉励是我能顺利完成学业和出版此书的最重要的原动力。

蔡永君

2016 年 4 月 1 日

澳门研究丛书书目

澳门人文社会科学研究文选

澳门中文新诗发展史研究（1938～2008）

　　　　　　　　　　　　　　　　　吕志鹏／著

现代澳门社会治理模式研究　　　　　陈震宇／著

赃款赃物跨境移交、私营贿赂及毒品犯罪研究

　　　　　　　　　　　　　赵秉志　赵国强／主编

近现当代传媒与港澳台文学经验　　　朱寿桐　黎湘萍／主编

一国两制与澳门特区制度建设　　　　冷铁勋／著

澳门特区社会服务管理改革研究　　　高炳坤／著

一国两制与澳门治理民主化　　　　　庞嘉颖／著

一国两制下澳门产业结构优化　　　　谢四德／著

澳门人文社会科学研究文选（2008～2011）（上中下）

　　　　　　　　　　　《澳门人文社会科学研究文选
　　　　　　　　　　　（2008～2011）》编委会／编

澳门土地法改革研究　　　　　　　　陈家辉／著

澳门行政法规的困境与出路　　　　　何志远／著

个人资料的法律保护　　　　　　　　陈海帆　赵国强／主编

澳门出土明代青花瓷器研究　　　　　马锦强／著

动荡年代　　　　　　　　　　　　　黄鸿钊／编著

当代刑法的理论与实践　　　　赵秉志　赵国强　张丽卿　傅华伶／主编

澳门行政主导体制研究　　　　　　　刘　倩／著

图书在版编目（CIP）数据

转型时期的澳门政治精英/蔡永君著. －－北京：社会科学文献
出版社，2016.8
　　（澳门研究丛书）
　　ISBN 978 － 7 － 5097 － 7184 － 6

　　Ⅰ.①转…　Ⅱ.①蔡…　Ⅲ.①政治人物－人物研究－澳门－
现代　Ⅳ.①K827＝7

　　中国版本图书馆 CIP 数据核字（2015）第 320908 号

· 澳门研究丛书 ·

转型时期的澳门政治精英

著　　者 / 蔡永君

出 版 人 / 谢寿光
项目统筹 / 王玉敏　沈　艺
责任编辑 / 沈　艺　王晓卿

出　　版 / 社会科学文献出版社·当代世界出版分社（010）59367004
　　　　　　地址：北京市北三环中路甲 29 号院华龙大厦　邮编：100029
　　　　　　网址：www. ssap. com. cn
发　　行 / 市场营销中心（010）59367081　59367018
印　　装 / 北京季蜂印刷有限公司

规　　格 / 开　本：787mm × 1092mm　1/16
　　　　　　印　张：20.75　字　数：350 千字
版　　次 / 2016 年 8 月第 1 版　2016 年 8 月第 1 次印刷
书　　号 / ISBN 978 － 7 － 5097 － 7184 － 6
定　　价 / 79.00 元